中川原德仁 著作集

第二巻　ドイツ・オーストリア研究

凡例

- 中川原徳仁著作集第二巻には一九八八（昭和63）年から二〇〇六（平成18）年の間に久留米大学公開講座において行なわれた講演を収載した紀要ならびに書籍と、一九七三（昭和48）年から一九九二（平成４）年の間に執筆された稿を収載した。
- 本著作集掲載論文の著者名は中川原 徳仁であるが、旧姓である松隈姓の時代（一九七九年以前）に発表されたものも含む。
- 本著作集の編纂にあたり、各論文は原則として発表当時の文章を基本として大幅な改稿は行なわず、一部（数行程度）の改稿・削除、用字・語句などの誤記・誤植の訂正のみとし、必要最小限の加筆補正・修正にとどめた。但し、引用文の〈 〉を「 」に、「 」を〈 〉または《 》に改めている部分がある。
- 組版については引用文などは改行し、単行本としてより読み易いように改めた。
- 外国語の表記における国名・地名ならびに人名について、発表当時の表記を一部改めた。
- 各論文タイトルのあとに当該論文の発表年を入れているが、論文タイトルの一部と混同されないよう「刊」の字を付した。

編集部

まえがき

この第二巻では、全六部構成の第三部ドイツ研究と第四部オーストリア研究を収録した。ドイツ研究においては、日本の戦後復興過程との比較考察が胸の内では最大関心事で、西ドイツの戦後復権のプロセスが、時事的な分析の対象であった。今日では歴史編として読むこともできよう。内容的には、ソ連の対独警戒心が極めて厳しく、ヨーロッパ政治過程を見る限り、ドイツ問題が東西冷戦の主動因であったことがうかがえる。

第四部オーストリア研究については、奇縁というか、偶然の機会に導かれてオーストリアに吸い寄せられたことに始まる。この巻を編集していると、ウィーンでの心ゆたかな生活の数々が思い起こされる。お世話になった方々になつかしい思いが消えない。

多くの残念の思いを懐きながら、第三部、第四部を読み返し整理していると、興味深いことに気がついた。西ドイツの戦後政治過程は、日本との対比だけでなく、自分がそこに住んで現時的に思索したオーストリア第二共和制との比較考察の対象ともなっていたのであった。私には日々学ぶことが多かったのである。また逆に、オーストリアの第一共和制の歴史分析をしていた際には、ドイツのワイマール共和制との関連的考察が常に底流にあった。

さらに、オーストリアの第一共和制を分析しようとすれば、全ヨーロッパが視野に入り、また西ドイツの政治過程を見ようとすれば全ヨーロッパが見えてくる。このような視野の関連する体験は、その後の比較政治学的な研究手法へと私を導いたようである。

テニスの試合中に、思いもかけず両眼の網膜を傷つけ、意図した研究テーマを悉く未完成にしてしまった悔いは極めて深い。しかし、感性や思索力はかえってとぎすまされたかもしれない。

さて、この巻には、瀬口 誠君の力作を特別寄稿として、収載してもらうことにした。内容的に、私の第一共和制研究の続編ともいうべきものとなっている。中国に住んで繁忙を極めるなかで、私の求めに快く応じてくれたことに感謝したい。

この巻の完成は、当初の予定より半年以上もおくれることとなった。未完成稿を含んでいたこと、視力のうえで無理を避けたこと、などが主因であったが、いつもながら根気よく励ましてくださった宮帯出版社の田中佳吾さんに、あらためて心よりお礼を申し上げる。

中川原德仁

二〇一九年一〇月二一日

（第一巻 まえがき）

日本人男性の平均寿命は、八十歳を超えた。だとすれば、現在八十五歳の私は、さほどの高齢者ではない。そう思えばまだ知的な作業と遊びに意欲が湧いてくるというものだ。そういうわけで、著作集を出版する決心が漸く固まった。

私の前半生の執筆活動は、二十歳台後半に始まって、五十歳台の後半に中断している。それは一九八九年、ちょうどソ連が崩壊した年に、両眼を負傷し、半ば視力を失ったためであった。ところがそれ以降の世界は一変した。私の研究も変化せざるをえない。だが当時の視力では、膨大な資料を読み解いて大きな論文を書くことは不可能であると自覚せざるをえなかった。歴史研究は過去を対象とするが、国際政治学は現在を対象とし未来を構想する。十数年以前に著作集を考え始めたものの躊躇したのはそのためであった。

私の前半生は、二十世紀後半である。歴史的には戦時期・敗戦期・冷戦期に当たる。私の執筆活動はこの危機の時代を強烈に意識し、直接の対象としている。その意味では、私の作品は、歴史分析・現状分析・理論分析のいずれをとっても二十世紀後期を反映した思想性が強い。これは認めざるをえない。したがって二十一世紀的な世界分析の処方としては有効性は薄いであろう。しかし即効性はないかもしれないが、たとえば帝国主義論にせよ、また国家論にせよ、積み重ねられた議論や実証のうえに発展をとげて行くものである。世界が変化すればなおさら、過去の累積をふり返らなければならない。そのような時期が必ずくり返して訪れるものである。

ところで、著作集を企画してみると、私の諸論考は、帝国主義論、国家論、ドイツ研究、オーストリア研究、国際政治論、政治エッセイの六部に整理することができた。それゆえ当初は六巻構成を考えたが、できれば一年間でこの過去との対面作業を終えることを望んで四巻構成に変更した。政治の学究には、己の内部で常に現在と対決しながら、未来に思いを馳せるという宿命的な性がある。視力と体力の用い方をはかりながら、次の新しいテーマに進みたいとの思いが強い。制度の呪縛から自由な後期高齢者としての生きざまを考えるのである。

著作集の内容については、著作それ自体に語らせること以外にない。しかし、私のような異端の説が、こういう形で遺ることも決して無意味ではないであろう。ところで、この著作集には、論争的論文が多く含まれている。相手は私より年長の方が多く、殆どすでに鬼籍に入られたようで、届くとも思えないが、ぶしつけな言葉の数々を投じてきた失礼をお詫びしたい。

この著作集第一巻は、わが生涯の師であった具島兼三郎先生に捧げる。読み返していて、いくつかの作品に関して、先生の批評の言葉が鮮やかによみがえってくる。刊行に際しては、企画の段階から「禅問答」を楽しませていただいた宮帯出版社の田中佳吾氏にあつく御礼を申し上げる。

中川原徳仁

二〇一七年八月十五日

目次

中川原徳仁著作集（第二巻）ドイツ・オーストリア研究

目次

《第三部》 ドイツ研究

I

冷戦——危機の時代

第一章　ドイツをめぐる冷戦の起源

（一九七五年刊）

第一節　ソ連の目標——安全保障
第二節　ドイツ占領問題の意味
第三節　ドイツ分割問題の意味
第四節　賠償・経済問題の意味
第五節　ソ連の国家主義・米のユニヴァーサリズム

第一節　ソ連の目標――安全保障

客観的な力の作用と策定

冷戦の原因や責任をドイツ問題にかかわらせる論議にもイデオロギー過剰で不毛のものが少なくない。しかし、冷戦神話が洗いなおされる過程で、東西両陣営の策定者たちの主観的観測や意図を超えて、客観的な諸力が働いていたことが見直されてきた。ローズヴェルトの末期からトルーマンへの政権継承の時期における策定過程の具体的解明、およびクレムリンの真の意図や動機についての後年の再認識は、おそらく、ドイツ問題を冷戦の形成期に位置づける仕方にも変更を要求するものであろう。またかなり以前から部分的に明らかにされつつあった微視の史実の一部は、新しい全体的なコンテキストのなかに再評価を与えられるであろう。

Ｌ・Ｊ・ハレー（Louis Halle）は、冷戦の本質は善と悪との対決ではないという。冷戦では、「歴史的状況じたいが不可抗的であり、ソ連には進むべき道を選択する余裕はなかった。そしてソ連の動きは米国とその同盟国の反応を呼び起し、かくして冷戦は始まったのだ」と、客観的諸力の作用に理由を求める。同じことは、アメリカとその同盟国の動きがソ連の反応を呼び起したのだ、とメダルを裏返して言うこともできよう。

そのハレーの注目する客観的動因とは、ヨーロッパの政治は遥かな時代からバランス・オブ・パワーを中心に変動してきたのであり、しかも依然としてヨーロッパの力の状況が世界的な力のバランスの中心をなしている、との認識に基礎を置くものである。すなわち、この勢力均衡の客観的で伝統的な法則を、連合諸国は無視し、一九四三年一月、米英両国は、侵略的勢力の徹底的排除ならびにソ連との戦時同盟の堅持という必要にもとづいて、ドイツ（イタリアおよび日本）の無条件降伏を決定したのであった。その戦争目的は、単にナチ集団の一掃ということにとどまらず、ドイツ軍国主義の温床を徹底的に破壊し、永久にその復興を阻止することに向けられていた。だが、ドイツを破壊した後に生じる力の真空を、誰が、どのように埋めるかについての見通しは何も考えられていなかった。予め危険な力の真空をつくらないように配慮されていたら、またヒトラーによって失われた勢力均衡を回復することが目的とされていたら、敗者の勢力の壊滅を図らないことが賢明とされたであろう。しかし、ローズヴェルトもチャーチルもドイツの打破と無力化に意力を集中し、ドイツの軍事力の破壊に続いて、かえって西側連合諸国の軍事力縮小を希望したのであった。「残ったのはソ連だけであった」。伝統的に、安全保障の境界もしくは緩衝帯を西方に押しひろげようとするインタレスツに導かれてきたソ連の力は、真空化した東ヨーロッパに拡大し、さらにヨーロッパ一円に拡大し続けるように思われた。諸国共産党がクレムリンの思うとおりに操作できる道具であるとみなされたことが、この怖れをいっそう強めた。ヒトラーの去った後に発生した「勢力均衡に対する新しい挑戦」――それが冷戦の起源であったというのである。〔註1〕

ハレーは、右のように、対ドイツ戦争の目標の設定の仕方、したがってまた、その論理的必然として対独戦の終結プラン、もしくは戦後処理プランの立て方に疑問を投げかける。すなわち、客観的な力の働きに策定者たちが盲目的であったことが冷戦を現実化したと批判するのである。この「勢力均衡」という国際関係における規定要因を客観的で不可避的な力として絶対視する立場、および、ロシアのもつ「防衛的拡張」の安全志向を九世紀あるいは四世紀まで遡って宿命視する立場が、果たしてどの程度まで妥当性をもつものかは議論の余地を残すであろう。しかしながら、すくなくとも、第二次世界大戦の戦後処理にかんして、クレムリンがイデオロギーや「世界革命」よりもソ連の国家的安全保障に重きを置き、そのための勢力均衡に腐心したとする認識は、かなりの説得性をもつものと思われる。

ソ連の対独政策の目標

ソ連にとって、ドイツ問題は、戦時中に連合国が決定に到達すべき中心的な、かつ最も重大な政治問題であった。スターリンは、ドイツにかんして、もし厳格な管理が行なわれなければ再びソ連の安全を脅かすようになるだろうと信じていた。〔註2〕彼は「過去を未来に投影して」、近い将来にドイツの報復がありうると予想していたのである。たとえば、「彼らは復活するだろう、一二年から一五年くらいたてば、彼らは再び立ち上がるだろう」とスターリンがチトーに語ったと伝えられる。〔註3〕このスターリンの囚われた感情は、「祖国」に恐るべき災厄をもたらしたドイツにたいする当時のロシア人の気持ちを代弁するものであったが、第一次世界大戦末期の「侵略者ドイツ」にたいするレーニン、トロツキーたちの柔軟で開かれた態度と較べるとき、そのコントラストはあまりにも鮮やかだといわざるをえない。

第二次世界大戦の終結に際して、ソ連の対独政策の目標は三つあったとみられる。

①ドイツの戦争能力を破壊すること

②将来のドイツの野望を抑えるため西側連合諸国と協力すること

③ソ連の戦後復興を援けるためにドイツからの物質的補償を得ること

の三つがそれであった。〔註4〕いかなる事情があったにせよ、結局、西側は、これらの目標、期待にかんしてソ連に挫折感を味あわせることになる。そして、その挫折感が、対独安全保障の最も確実な手段として、ソ連占領地区の分離、社会主義化への路線を避けようもなく選ばせるに至ったと考えられるのである。

戦後協力の基礎──ドイツ問題

E・A・C（ヨーロッパ諮問委員会）アメリカ代表の政治顧問の経験をもつP・E・モーズリー（Philip E.Mosely）は、一九五〇年に書いた論文の「まえがき」で、「第二次世界大戦中、英国、ソ連、米国という三主要連合国間に、戦後協力を永続的に確保するための基礎を置く現実的なチャンスがあったとすれば、それは、ドイツ問題とドイツ軍国主義の復活にたいして払われた警戒をめぐってだけでしかありえなかった」〔註5〕と指摘している。

人びとは、しばしば、アメリカに戦時同盟の破棄をよぎなくさせたソ連の「背信」の証拠としてポーランド問題をとりあげるけれども、ソ連の対ポーランド政策の背後には常に対独警戒心が働いていたのだ。小国ポーランドがそれ単独で、その政体がたとえどのようなものであれ、大国ロシアにとって脅威でありえたことはない。ポーランドをはじめロシアへの侵攻の回廊もしくは拠点たりうる地域の諸国にたいするクレムリンの頑なまでの対ソ友好要求は、スターリンがドイツ帝国主義の復活を確実視していた事実と分かちがたい関係にあった。したがって、ドイツ問題について連合国間の共同政策を実現し、侵略者ドイツの再現にたいする悪夢を払うことこそ、東ヨーロッパの諸問題をはじめ東西間の懸案を妥協的に処理するためのカギであったと考えられよう。

モーズリーは、「もし各国が、この事業に協力しうるならば、その他の諸問題、たとえば東欧諸国の内政的独立のためにとられるべき包括的な措置の問題についても、満足できる妥協に到達しうるであろう。逆に、大国の知性と中庸を試すこの決定的な問題に失敗したならば、ドイツはじめヨーロッパの全体が、未解決の分裂状態に陥り、優越的地位をめざす、より激烈な新しい競争が、新たな競争者の間で争われることになるであろう、と思われた」〔註6〕と述べているが、この意見は適切であったというべきであろう。

第二節　ドイツ占領問題の意味

ドイツの占領管理

ソ連の戦後ドイツ問題への態度は、政策面でみるかぎり、決して一貫したものではなかった。それは、米英側の策定の変動や停滞に対応して受身で変化をよぎなくされた。戦時中に提出され、米英ソ三国の交渉議題となった対独戦後処理問題は、大略、占領（Occupation）、分割（Dismemberment）、賠償（Reparation）（経済問題を関連的に含む）の三つの分野に分類できるだろう。実際に戦後になってからは、フランスを加えた四ヵ国共同管理の枠内の問題として、非武装・非ナチ化、経済問題（賠償問題を含む）、行政再組織の問題、ベルリン問題等が具体的に解決を迫るものとなってくる。また東部国境の改定に関連して難民問題も浮かび上がってくるであろう。

ドイツを占領管理するための三国プランは、一九四三年一〇月のモスクワ外相会議で第一歩を踏み出し、対独政策の共同責任および共同占領の原則が合意された。占領地域については、同会議の決定で設立されたE・A・C（ヨーロッパ諮問委員会）で討議、交渉が行なわれ、一九四五年二月六日、フランス占領地域とベルリン連絡通路の問題を除いて、協定が成立した。

ソ連の占領地域は、一九三七年以前のドイツの四〇％の領土、三六％の人口、三三％の産業資源を包含すると評価された。これは英国案にもとづいたもので、ソ連は大ベルリン共同占領にも簡単に合意した。「ソヴェトが、それ以上の条件を出さず、ドイツの三分の一をわずかに越えるだけの割当を受け入れたことは、戦後ドイツ処理問題に、中庸かつ融和的な態度を示す徴候だと思われた。」〔註7〕

英米間の占領地域の画定は難航したが、ソ連はこれに対し、傍観的態度をとった。ただし、早期解決とそれによる三国協定の促進を希望したのであった。フランスが新たに占領地域を分担する問題は中途から提起されたが、ソ連は、戦勝への貢献度ならびに戦後管理の実務的有効性にひずみが生じる可能性を盾にこれに反対した。しかし、米軍のヨーロッパ撤収後、長期にわたって対独安全を保障するにはフランスの強国としての再建と対独発言権が不可欠だと主張する英国の説得に漸次譲歩し、最終的には、占領地域を英米地域から割譲することを条件に同意するに至ったのであった。

このような交渉の間、占領地域を事実上政治的分割地域と化すような企ては、いずれの側からも、直接的にも間接的にも示されなかった。その後一九四五年夏のポツダム会議でドイツの統一的管理が合意されたことは周知のところである。

ドイツ分割の問題

ドイツ「分割」の問題にかんしては、ソ連の態度は他の問題にくらべ最も浮動的であった。

ドイツ分割が持ち出されたのは、一九四一年一二月、チャーチルが訪米した際、その可能性を示唆したのに始まる。四二年一月、ローズヴェルトは国務次官サムナー・ウェルズ（Sumner Welles）に指示して、国務省内の「戦後問題諮問委員会」に当問題の研究が付託された。ついで四三年三月、イーデン（Anthony J.Eden）英外相のワシントン訪問中、「分割」について最初の公式討議が行なわれ、米大統領との間に一致がみられた。

同じ頃、ソ連側の意向が間接に伝えられた。リトヴィノフ（Maxim Litvinov）がホプキンズ（Harry Hopkins）に対して、ソ連はドイツ分割を欲していると述べ、また駐英大使マイスキー（Ivan Maisky）を通じてイーデンは、ソ連がドイツの分割か分権化を希望している旨の確信をいだいたというのであった。〔註8〕

四三年一〇月のモスクワ外相会議では、個人的にはドイツ分割に懐疑的だった国務長官ハル（Cordell Hull）が、大統領の指示に従って〝経済的協定によってのみ結合された三ないしそれ以上の国家にドイツを分割する〟案を提示した。〔註9〕討議はわずかしか行なわれなかったが、三国とも、政府のトップ・レヴェルは分割に賛成だが、専門家レヴェルには異論が多いことが報告された。〔註10〕

一一月末に開かれたテヘラン会議では、ローズヴェルトがドイツを五つの国に分割し他に二地域を国際管理下に置くという案を提出し、チャーチルは南北二分割案を示した。これらにたいしスターリンは微妙に冷淡な態度をとり、ドイツ人側から激しい再統合の運動が展開されるであろうことに懸念を表明したのであった。〔註11〕

アメリカ政府部門では、ドイツ分割案について意見の対立が激化しつつあった。前述の国務省戦後問題諮問委員会および国務省内各部局共同委員会で四三年以来討議が行なわれ、国務省政策覚書が作成されたが、その内容は「分割」に否定的であった。その主な理由は、第一に、ドイツ人の意思に反した分割によって非軍事化の維持は困難となるだろうと予測されることであり、第二に、経済的にドイツの存続が困難になるであろうということであった。

同覚書が示した「予言」的な懸念は、三占領地域への分割がすでに原則的に決定しているのに、終戦前に有効な三国間の戦後政策協定に達しなければ、占領は事実上の分割に陥ることになろう、というものであった。〔註12〕

米の策定空白と英ソの不安

だが、この国務省覚書は政府レヴェルの政策を決定するに至らなかった。四四年夏には、ドイツの分割と農業国化の案を骨子とする財務省のモーゲンソー・プラン（Morgenthau Plan）が立案され、国務省および陸軍省の猛反対にもかかわらず、九月の第二次ケベック会議では、ローズヴェルトとチャーチルの間で同プランに承認が与えられたのであった。しかし、政府内の激しい対立は、この直後ローズヴェルトに影響を与え、彼自身、モーゲンソー案から後退するとともに、〝いまだ占領していない国家に対する詳細な計画の作成は好ましくない〟との口実で、策定の中止を命じたのであった（一〇月二〇日）。〔註13〕かくて国務省、陸軍省は、「分割」にかんする決定を当面阻止することには成功した。だが、以後四ヵ月以上も策定に空白期を生じさせ、情勢の進展にたち遅れるとともに、ソ連、英国に不安を与える結果になったのであった。

四四年一〇月のチャーチルとイーデンのモスクワ訪問は、かかるアメリカ側のドイツ問題にかんする策定の動揺期に行なわれ、戦後対独政策が不明確なまま、東欧・バルカンについて勢力圏（sphere of influence zone of influence）のとりきめが結ばれたのであった。〔註14〕

本来は、ドイツの将来にたいする連合国側の策定と相互の長期協定が、東欧・バルカン問題の策定にとって不可分であったにもかかわらず、現実はそのような方向に進まなかったのである。もし、長期的で総合的な協定を欠いたままソ連が勢力圏的発想で自国の安全保障を追求するとすれば、それは伝統的なパワー・ポリティクスの方向へ収斂せざるをえないであろう。翌年ヤルタの主要議題であった国際連合構想に関連して、スターリンが、この国際機構による安全保障の機能よりも東欧勢力圏の支配確保にいっそうの信を置き、かつ執着を示したことは決して偶然ではなかったのである。

ただし、ここで注意しておきたいのは、四四年一〇月の勢力圏交渉の段階では、スターリンはいまだドイツ（もしくはその一部）をソ連にとって安全保障上不可欠の地域（勢力圏）に含まれるとはみなしておらず、それ（ドイツ）に対する将来の安全保障を考慮していたと見られることである。

第三節　ドイツ分割問題の意味

ソ連は三国共同保障を求める

四五年二月のヤルタ会談では、このドイツ分割問題をめぐって、それ自体に活発な議論が注がれることはなかったが、ソ連の対独政策の不確定、不安感がいっそうつよく発現されたことに注目したい。

まず二月五日午前の三国外相会議の席上で、モロトフ（Viacheslav.M.Molotov）は、ドイツ問題の研究ではソヴェトは英米に立ち遅れると発言し、相手側から分割の言質をとるのみで、ソ連自身の態度を明確にすることは保留した。午後の本会議では、スターリンがこの問題について口火を切り、テヘラン会談でのローズヴェルト案を再確認した上で、次の二つの注目すべきニュアンスの弁明を行なった。

一つは、テヘランでは自分はローズヴェルトのドイツ分割提案を支持したけれども、勿論あれは意見の交換にすぎなかったのであるというのであった。いま一つは、前年一〇月にチャーチルが訪ソした際、ドイツ二分割案を提議したが、米大統領がいなかったのだから、この件では協定は成立しなかったと考えるというのであった。明らかにスターリンは、ドイツ分割の決定に際して、分割の結果生じるドイツ人の反発が将来ソ連に向けて集注されるような事態を避けようと欲し、三国共同責任で確実な対独安全保障を実現しようと、可能性を模索していたのだと解されよう。

国務長官として同会議に臨んだE・R・ステッティニアス（Edward R.Stettinius）は、このようなスターリンの発言を、米英両首脳に三国共同保障について最終的な態度の決定を迫ったものと受けとっている。〔註15〕これに対しチャーチルは、同問題を特別委員会を設置して付託するよう提案した。スターリンはさらに、ドイツに課すべき降伏文書のなかに「分割」の意図を明示するよう示唆した。ローズヴェルトは、外相レヴェルの会議に計画を委ねるよう提案して、三首脳はこれに合意した。

この決定をうけて、翌六日の外相会議は、降伏文書に記載すべき「分割」条項について論議をかわした。モロトフは、ドイツ分割について三国が共同責任で措置をとることに一段と確実な言質をえようとする態度に終始した。イーデンは明確な公約を与える文案に反対した。午後の本会議でソ連は「および分割」という文字のみを挿入するという米案にようやく譲歩し、E・A・Cの起草になる降伏文書第一二条Aを、ドイツに対する最高権威の行使において、三国政府は「ドイツの完全武装解除、非軍事化および分割を含む、将来の平和と安全保障にとって必要と思われる諸処置をとる」と規定することに同意した。〔註16〕いわゆる「ヤルタ変更」条項といわれるものである。七日の外相会議では、モロトフは、ドイツ分割の手続を研究する目的で、イーデン、ワイナント（John G. Winant）、グーゼフ（Fedor T. Gusev）からなる三国の「分割三人委員会」をロンドンに設けるよう提案し、三国で合意が成り立った。

分割三人委員会

三人委員会の第一回会合は秘密のうちに英外務省で三月七日に開かれた。討議で合意の成った事項にかんし、ウィリアム・ストラング（William Strang）卿の手によって覚書が作成されたが、その第一部には、降伏後のドイツ処理に当たって、連合国側の主要目的は、〝将来にわたってドイツによる攻撃の復活を防止することにある〟と延べ、また、〝この目的達成の良策を研究する際、考察すべき問題の一つは、それが非軍事化、武装解除の補助手段である産業の破壊と統制の如き手段で達成しうるかどうか、あるいはドイツ分割がそのためには不可欠であるかどうか、である〟と記されていた。

「つまり、この覚書は、明らかに、分割にかんする具体的諸決定を、ドイツの攻撃力回復を予防するためにとられるべき軍事的、経済的方策という、先行する広汎な諸問題の討議に従属せしめたのであった。」〔註17〕これは、「分割」問題をあくまで総括的な対独安全保障の有効な方法のなかに位置づけようと意図するソ連の立場においては大いなる前進であり、成果であった。

三月二六日、グーゼフにたいするモスクワの訓令は、「グーゼフ書簡」として三人委員会に示されたが、それは、

①ストラング覚書に反対でないこと

②ドイツ分割にかんするヤルタ決定は義務的分割の計画ではないこと

③分割は、他の諸手段が十分でないとわかった場合にドイツの有害性を除去する可能性を示すものであること

を明白にしていた。〔註18〕ソ連は、依然として、原則的には分割計画に言質を与えていないのであった。

米は最終決定を延期

他方、米代表ワイナントに届いたローズヴェルトの（最後の）訓令（四月一〇日）は、依然として、「わが国の態度は、（分割について）研究し、最終的決定を延期するにあると考える」というものであった。〔註19〕四五年五月七日、ランスで調印されたドイツ降伏文書には、「分割」にかんする「ヤルタ変更」は記載されていなかった。この独断行為は、ＳＨＡＥＦ（連合国派遣軍最高司令部）およびその背後の米陸軍省が、「分割」条項を無視したか、無関心であったかによる。ソ連は、六月五日に発せられた四ヵ国最高司令官によるドイツにかんする宣言から、「分割」を除外することに同意した。すでに五月八日、他の連合国に相談することなく、スターリンの「人民への声明」は、ソ連は「ドイツを分割ないし解体する意図をもたない」と表明していたのである。〔註20〕

モーズリーは、戦時中に連合国が対ドイツ政策を首尾一貫させることに失敗したことが、本来一時的な性質の軍事的占領を事実上のドイツ分割に発展させてしまったのだと指摘する。〔註21〕しかし、ソ連の立場に目を注げば、クレムリンは米英の確実な三国共同による対独安全保障の意思をついに摑みきれなかったのだ、といえるであろう。

第四節　賠償・経済問題の意味

ソ連の賠償要求

対独賠償問題の論議は、一九四一年九月、モスクワにおいて戦時補給にかんする三国会議が開かれた折に、はじめてスターリンによって持ち出された。その折には、ソ連は米英側の反応を得ることはできなかったが、ついでイーデンが訪ソした際、スターリンは再び問題を提起した。イーデンは、英政府の態度として、現金支払いには反対だが、占領地から現物で償還させることには賛成である旨を答えた。〔註22〕

一九四三年三月、マイスキーは訪米直前のイーデンを訪ね、ソ連政府の賠償要求の強い意思を伝え、「現金でなく現物で」という西側連合国の考えに従うつもりであると述べた。しかしながら、ワシントンにおけるローズヴェルトとイーデンの会談では、賠償問題には深い関心を払わず、フランスのヴィシー政権に対するアメリカの関係、ドイツの分割と治安、ソ連の対ポーランド政策、および戦時・戦後を通じてのソ連との協力の可能性について主として論議がかわされるにとどまった。〔註23〕ソ連の賠償要求が、戦後協力に不可欠の包括的な経済協力にかかわる問題であるとの認識は、いまだ米英の策定レヴェルには浮かんではこなかったのである。

一九四三年一〇月のモスクワ外相会議で賠償問題は議題となり、ハルのプランが提出された。それは、ソ連が蒙った物質的損害をドイツが賠償すべきことが明白に支持され、ただし支払額は三国の代表によって構成される賠償委員会が決定するとあった。さらに同プランは、

①現金でなく現物およびサーヴィスによる支払い

②ドイツの攻撃によって失われた非軍事的財貨の損失に比例した補償

という二原則を示し、また、ハルは、ソ連経済の快復に必要な物資の量と性格を確定するよう勧告した。〔註24〕いうなれば、ここでハルは、賠償問題について指針となる諸原則と手続方式を明示したのであって、以降ソ連は、この基本線に沿って主張を展開することになる。

米は無政策の政策

だが、このような米政府の「協調的ジェスチュア」は、まもなくドイツにたいする「無政策の政策」(a policy of 'no policy')によって失われた。一九四四年八月、E・A・Cの米代表ワイナントは賠償政策にかんする訓令を要請したにもかかわらず、九月段階には、すでにローズヴェルトが、前述の米政府部内の意見対立に影響されて、賠償問題を含む戦後ドイツ政策の策定に気乗りうすになっていた。

同年初秋、ローズヴェルトに一時期影響力をもったモーゲンソー・プランは、ソ連が期待しうる賠償の内容について厳しい制限を含んでおり、そのドイツ分割構想とともに第二次ケベック会談の一時期、米英首相の受け容れるところとなったがゆえに、またソ連の考え方に影響を及ぼさないではいなかった。このプランの賠償政策は、ソ連が戦後の一定期間ドイツの生産から賠償を得ることを望んでいたのにたいし、既存工業施設の撤去ないし使役による補償に限ろうというものであった。〔註25〕

財務省のドイツ非工業化政策案にたいする国務省・陸軍省の猛反対に会ったローズヴェルトは、九月二九日付ハル宛覚書で、「現段階では、国務省や他の省がドイツ工業の処理にかんする英国、ソ連の考えを打診して何かよい目的に役立つだろうとは考えない。勿論、このようなケースについて、二級レヴェルでさえない、三級レヴェルのE・A・Cで取り上げるべきではない」と指示した。〔註26〕「分割」にかんする故意の沈黙は、戦後ドイツの工業問題に、したがって賠償問題に、拡大したのであった。その沈黙のかげで、国務省は、ドイツ分割案に代る連邦制ドイツの構想ならびに戦後ドイツ経済の基本案を、練りあげつつあった。九月一日付国務省覚書、九月四日付国務省覚書（五日、内閣委員会に提出）および九月二九日付大統領宛国務省覚書（一〇月一日提出）が、その内容を伝えている。

「戦後ドイツ経済」案の矛盾

連邦制ドイツ案について詳述することはここでは措くとして、ともかく、戦後ドイツ経済案の骨子には、後に対ソ関係で桎梏と化すような互いに矛盾しあう二つの要素が含まれていた。すなわち一つは、財務省案のドイツ「田園化」案にたいする反感に誘導されつつ、〝ドイツに対する打撃はヨーロッパ全体にとって打撃となる。ドイツ工業を完全に破壊することによって、ドイツが生産する原料資源に数世代にわたって依存してきたヨーロッパ経済を部分的に破壊せずにはいない〟という思想であった。〝ドイツ経済の統一性の解体は、ドイツにとってのみでなく、ヨーロッパ全体の経済的安定にとって重大な危険をもたらすだろう〟〔註27〕ともいうこの考え方は、本質的に、厳しいドイツ分割案とあい容れる余地はなかった。いま一つの要素は、次の一文に要約されていよう。

「われわれの述べた経済的目的は、第一にドイツの戦争能力を不能にすること、第二にヨーロッパにおけるドイツの経済的支配を永久に排除することであった。短期的目的としては、連合諸国民にたいして加えられた危害の補償、賠償の行為をドイツが遂行することを要求するものであった。

われわれは、最初の二目的を達成するために五つの具体的な勧告を行なった。

①平和的目的への転換を不可能にするすべての工場を破壊し、その再建を阻止する

②その他すべてのプラントの平和的製造業への転換を実施する

③ドイツを世界市場に依存させる改革を課すことによって自給自足を除去する

④ドイツの再軍備を妨げることを目的として貿易ならびに基幹産業にたいする管理を確立する

⑤大工業家および大地主を権力の地位から排除する」〔註28〕

後者は、西側の資本主義諸国にとって恐るべき経済的競争相手としてのドイツを弱め、三流国に押し下げるという動機も結果論的には読みとれるかもしれない。しかし、率直に見て、この要素は第一要素との和解しがたい矛盾を内包するもので、ドイツ侵略主義の再現を怖れる連合諸国民の立場、および、対ソ協調の基本条件としての対独安全保障への配慮が、影響していたとみなしてよい。対独占領政策を在欧米軍司令部に指示した「JCS一〇六七」（統合参謀本部司令一〇六七号）の基本線は、この第二要素に沿ったもので、それゆえに、初代の駐独アメリカ軍政長官L・D・クレイ(Lucius D. Clay)やその顧問たちにひどい衝撃を与えたのであった。〔註29〕

賠償をめぐる米ソのギャップ

もとより、そのようなアメリカ政府舞台裏の葛藤、大統領の「沈黙」、国務省の新政策案などを、ソ連が

知る由もなかった。四四年一〇月の英ソ首脳会談で、チャーチルが出したドイツ分割案はモーゲンソー案に添うものであったし、その折、スターリンが、チャーチルのウィーンを首都とする南ドイツ連邦案にたいする反対を撤回したのも、第二次ケベック会談の気まぐれが英ソ両国には影響力をもっていたものと考えられよう。〔註30〕

すくなくとも、一九四四年夏から年末にかけて、米政府部内の策定活動やトップ・リーダーのレヴェルで、賠償問題が第一級の関心事でなかったことは確実であろう。だが、ソ連にとっては、事の性格は正反対だったのである。アメリカ側は、このギャップに気づいていなかったか、または気づいていたがアメリカの当時の立場がそれを無視させたか、いずれかであろう。一一月半ばには、国務長官が交替し、Ｅ・Ｒ・ステッティニアスが昇任した。ハルの引退が情勢の評価と策定のあり方に全く変化をひき起こさなかったとみることはできないであろう。しかしステッティニアスは、基本的にはハルの在任末期に作成された前記の国務省政策案を踏襲したのであった。

ヤルタ会談までに賠償問題にたいするアメリカの態度を確定することは困難であった。国務省は、二通の報告書——「ドイツにたいする経済政策」と「ドイツにたいする賠償政策」——を用意したが、いずれも、ソ連の賠償要求に理解を示したものではなかった。ドイツの生産力水準を、輸入にたいする支払能力、ドイツ民衆の生活維持、占領軍の経費負担のための必要を充たす限度と定めていたが、賠償については、他の重要目的に優先させせないという原則が敷かれていた。それは、連合諸国の協力という現実の必要に反逆していた。この非合理は、ソ連の対独賠償取立て要求には、〝合理的な限界内では〟あえて反対する必要はないという消極的方針で糊塗されたのであった。〔註31〕

ソ連の基本原則と動機は

「アメリカの態度、賠償と分割にたいする曖昧さは、他の連合諸国にとってはミステリーであった。」〔註32〕

一九四五年一月、ソ連の外務次官に転じていたマイスキーは、ハリマン（Averell W. Harriman）米駐ソ大使に、ソヴェトの計画は、賠償と分割にかんする西側外交の企画、構想を円滑に融和させることにある、というソ連政府の意向を伝えた。とりわけマイスキーは、ソ連政府の主要目的が安全保障にあることを強調した。ソ連の賠償・経済政策の基本原則は次のとおりであった。

①ドイツの重工業は、再軍備に利用されうる設備を撤去される

②賠償支払いは、短期間で、役務提供を含むことができる。賠償額は、安全保障の必要に適応させられる。賠償の配分は、一九四三年のハル勧告に基礎を置き、敵の行動によって惹起された損害に最優先権を認めるべきである

③産業非軍事化、工業撤去は、ドイツが民衆の需要を充たし、輸入に支払うことを妨げてはならない。軽工業、農業の拡張は激励される〔註33〕

ヤルタでは、右の基本線に則して主としてマイスキーが賠償問題についてソ連政府の具体的実施案を開陳した。〔註34〕だが遂に、この問題については協議の手続が定められたのみで、米英側から最終的な言質は与えられなかった。アメリカの真意がどこにあれ、ソ連の賠償要求を抑えるとすれば、その代替案は、ソ連の経済復興援助の要求を満足させる借款の提供以外にありえなかったであろう。

ヤルタで、ソ連政府は、ドイツから現物賠償を獲得する意思のあることと併行して、アメリカから長期の借款を得たいと希望している旨を公式に明らかにした。すでに年初から、ハリマンとモロトフとの間で、こ

の問題の討議が行なわれていた。また、アメリカのモーゲンソー（Henry Morgenthau）財務長官は、一月一日付の大統領宛書簡で、「もしいまわれわれが進んで、戦後の再建時期にソ連を援助する具体的計画を提示するならば、現在われわれがソ連の諸問題と政策にかんして直面している多くの困難を解決するのに大いに役立つだろうと確信します」と進言していた。〔註35〕武器貸与法の効力期限は迫っており、アメリカ議会は、同法の有効期間のみ借款問題を交渉する権限を大統領に与えていた。各方面からみて、ソ連の対独賠償要求と対ソ借款問題とは密接にからんでいたし、ドイツの経済的復活の可能性への対処をも含む経済問題全般が、ソ連の対独安全保障要求ならびに戦後の三国協力の見通しに深いかかわりがあったのである。

戦後協力へのチャンス

モーズリーは、協力関係を確固たるものにするためには、ソ連経済再建の援助に多大の努力を払わねばならなかったのだ、と述懐している。対独戦の勝利が確実視されるようになるにつれて、クレムリンは、西側が今までほどソ連を必要としなくなりつつあるとの心象を形づくりつつあった。〔註36〕武器貸与法（the Lend-lease Act）による援助の突如打切り、ソ連の借款申込みにたいするアメリカの冷淡な態度、つづいて西ドイツ地区からの賠償支払い停止、英米両占領地区の経済統合、などと糸をたぐっていけば、それらはソ連の否定的心象をいっそう固めるのに役立ったとみなしてよい。後にマーシャル援助計画にソ連・東欧の参加を求めても、それはソ連「勢力圏」に対する門戸開放、経済侵略の企図と受けとられるのみで、ヤルタ前後からポツダムに至る時期に失われた戦後協力へのチャンスはもはや回復されることはなかった。共同の勝利のために最大の犠牲を払ったソ連の痛手を癒すことが、戦後協力関係の不可欠条件だったとすれば、「第二次世界大戦中に米国が実現しようと思えばできた政策よりも遥かに総合的な政策が必要であった」〔註37〕のである。

米英両国との協力の上に将来の再建ドイツの脅威に備えようと欲し、かつ、敗れた侵略者からの収奪と西側からの経済援助によって戦後復興を急ごうとしたソ連の計画が停滞し、ついに挫折の色を濃くするにつれて、ソ連は独力で対ドイツ安全保障と自国の戦後再建を達成する道をよぎなくされた。ソ連の国家的安全保障にとって必要な地域（勢力圏）に東ドイツ地区を組み込み、そこにクレムリンに忠実なコミュニストの政権を擁立するという路線が、同占領地区からの経済的収奪を停止して採用されるようになるのは、西側連合諸国との間でドイツ問題での一致が全く望めなくなってからであり、西側がドイツの東西分離策を実施した後であった。

第五節　ソ連の国家主義・米のユニヴァーサリズム

ソ連政策の揺れ

ホフマン（Stanley Hoffmann）によれば、次のように指摘がなされる。最近アメリカの冷戦修正学派は、「ソ連のドイツにたいする感情のアンビヴァレンス、二つの可能な路線の間をソ連の政策が常に動揺していたこと、つまり、もし完全に可能であれば西側諸国と協力して全ドイツを統制する、しかし、もしそれが可能でなくなったならば、その際にのみドイツを分割する、という二つの路線の間を振り子のように往き来していたことを指摘した……。」「いずれの路線にも、全ドイツにたいするソ連の排他的な支配というような企ての形跡はみられない。また、修正学派は、ソヴェトは根本的にはドイツが西側の潜在的な反ソ連の根拠地になることを妨げることに主たる関心をいだいていたのであって、米英両国が西ドイツを主権的に組織しはじめたのちにいたるまで、東ドイツの国家化には着手しなかった、と主張している……。」「すなわち、ドイツ分裂の悲劇は、四大国管理の下における中立化されたドイツの構想に米英が敵意をもったことから生じたのであった。」

もっとも、ホフマンはそう述べたあとにつけ加える。

「この構想が果たして実行可能であったか否かは別の話である。私見でははなはだ疑問に思われる」と。〔註38〕

ヨーロッパ資本主義の危機感

この三国協調ないし四大国管理の構想が戦後において決定的に崩れたのは、コルコ夫妻（Joyce and Gabriel Kolko）によれば、根本的には、〝資本主義〟の危機感、再建要求によるものであった。すなわち、「第二次世界大戦後、ヨーロッパ諸国では、イギリスを除いて階級闘争が激化し、飢えと経済的マヒ状態に加えて政治不安が一般化した。この現象とソ連のパワーとは結びつけて考えられた。そのことが、米ソ関係を規定し、アメリカのヨーロッパ資本主義の再建方針を決めさせることになった。ヨーロッパの変動とアメリカの平和目標との密接な関係は、ヨーロッパ諸国の事件にたいするアメリカの介入の問題をひき起こし、そのことが戦後の時代における全歴史過程を深く特色づけたのである。」〔註39〕

ハレーもまた〝ヨーロッパ資本主義の危機〟説を裏づける。すなわち、イタリア、フランスでは共産党の勢力が急進し、イタリアでは、一九四五年一二月に党員数一七六万人余、その半年後には二一二万五千人に達した。フランスでは、一九四四年に三八万五千人、四五年には一〇〇万人で、総選挙で第一党に躍進した。両国共産党とも戦後初代内閣に閣僚を送り込み、とくにフランスでは、副首相、国防大臣、ほか三つのポストに就いていた（イタリアでは四ポスト）。他方、両国は社会的、経済的に今にも行き詰りそうな形勢にあった。一九四六年から四七年の初頭にかけ、英国を含む西ヨーロッパ全体が崩壊寸前の状態にあった。イタリア、フランスでは、無政府状態に近く、共産党が政権をとるのは時間の問題と考えられた。〔註40〕

しかし、実際には、モスクワはイタリア、フランスの共産党が政権をとることを希望していなかったのである。ユーゴスラヴィア、ギリシャ、中国の共産党はスターリンの意向に背いて政権奪取をめざし、内乱へ突入したが、イタリア、フランスの共産党はモスクワの指示に忠実な人物が指導権を握り、「祖国」の戦後復興に協力したのであった。だが、西側資本主義の立場から見れば、これら両国の共産党が強力なことはソ連が強力なことであり、国際的な危機感を高めたのであった。

ドイツ情勢への危機感

コルコやハレーの説くような西ヨーロッパ資本主義の政治・経済危機に対する危惧が西側に支配的であったとすれば、それはまた、ドイツの情勢にたいする危機感とたしかに不可分であった。実際に、まず経済面では、ドイツの工業活動水準にたいする扱いは、短期間に懲罰的なものから復興援助的なものへ移行した。ソ連が東ドイツ地区から工業施設を「賠償」撤去している最中に、西側地区、とくに英米占領地区では、経済活動の地区間統合が図られ、復興しつつある経済活動を西側の資本主義活動全体に接合する方向が企てられていた。

政治面では、いちはやく東ドイツ地区で結成されたＳＥＤ（社会主義統一党）の影響が、西側地区に及ぶことを抑制する政策がとられた。西側三占領地区のいずれにおいても、ＫＰＤ（ドイツ共産党）とＳＰＤ（ドイツ社会民主党）の合同、もしくはＫＰＤとＳＥＤとの合同は、占領軍当局によって承認されなかった。「全ドイツ」的な政党を樹立しようとする企図の目ざすところは、ソ連占領軍の後援によって創出されたソ連占領地区内における共産党の権力的地位を、全ドイツの平面においても利用し、西ドイツの諸情勢に影響を及ぼすために利用するところにある、とみなされたのであった。実際、一九四七年五月末の時点で、東側地区のＳＥＤは党員数一七八万六千人余、西側地区のＫＰＤの党員数は三二万四千人余であり、したがってもし西側地区においてＳＥＤが認可されたあかつきには、直ちにすくなくとも総数二一〇万人を算えたであろうとみられる。すなわち、ＳＥＤとＫＰＤの全ドイツ的な統一政党は、数的かつ勢力的に最強の政党となる可能性を秘めていたのであった。〔註41〕

ソ連の国家主義

しかしながら、終戦直後、イタリア、フランス、ドイツにおける共産党勢力の伸張は、それぞれが仮に社会主義政権への可能性をなにがしか現実に孕んでいたとしても、ソ連がこれら三国における社会主義の樹立を意図したことの証拠とはならない。たとえソ連が、これら諸国のコミュニストのなかからクレムリンに不忠実な分子を慎重に除去し、厳重な統制下に置こうとしていたとしても、そのことがソ連じたいの「世界革命」ないしヨーロッパ革命の意図の存在証明には決してなりえないのである。

ドイッチャー（Isaac Deutscher）は、スターリンの行動は多くの奇怪かつ顕著な矛盾を示していて、それらの矛盾は、彼がとくにすぐれた革命計画を持っていたことを暗示しない、それどころか、むしろ計画らしい計画は全くなかったと感じさせられる、として、幾つかのもっとも顕著な矛盾の例をあげる。

まず、スターリンは、ポーランドの東部国境の決定で譲歩しなかったし、キエフの帰属問題でも頑固に主張を貫いた。これらは、その他のポーランドにたいする非情な諸政策と同様に、ポーランドの社会主義革命を予め意図した者のとるべき方策であったとは考えがたい。同じように、オーデル・ナイセ以東のポーランドへの割譲（ポーランドは別に希望していなかった）、東部ドイツ人の放逐、ドイツ（オーストリア、ハンガリー、ブルガリア、フィンランド）にたいする賠償要求、ドイツの工場施設の八〇％を停戦後二年以内に解体せよとの要求（事実上ドイツ革命を担うべきプロレタリアートの分散を意味する）等々、いずれも、スターリンがドイツもしくは東ドイツの革命を計画していたとする仮説に背くものであった。

「どんなに憶測をたくましくしようとも、これらの政策は、どれ一つとして革命への踏石の一つだということはできない。それどころか、これらの措置の一つ一つを通じて、スターリンはみずから、革命を阻む巨大な障碍を営々として築きあげているのであった。」〔註**42**〕

ドイッチャーは、スターリンのその動機を、やはり近い将来にドイツが報復するであろうとの予想、に求

める。あるいは、

「スターリンは何よりも第一に、ソ連の内部と外部の社会的現状を維持することに関心を持っていた」〔註43〕

と見る。そのことが、スターリンの国際政策に本質的に保守的な性格を付与したのであり、彼自身の国家主義と革命主義の相剋が、ドイツにおいて最も鋭い形で現われ、反革命といってもよいほどの国家主義的要素が、ドイツにたいする態度において最も長期間にわたって優位を占める結果をもたらしたのである、と解釈するのである。

なかば革命、なかば征服

ベルリンの国会議事堂に掲げられたソ連国旗は、ドイツ革命の勝利ではなく、革命ロシアのドイツにたいする勝利を象徴するもの であった、と端的に述べているように、〔註44〕ドイッチャーは、東欧・東ドイツにおいてソ連の推進した革命を「上からの革命」あるいは「なかば革命、なかば征服」と特徴づける。スターリン自身は、断じて「世界革命」を意図したわけではなかったが、客観情勢の力に押されて、ソヴェト国家主義と地域革命との奇妙な結合を、結果的には遂行することになったと評するのである。スターリンのこのようなアプローチは、彼自身の深い西欧不信、大衆不信に根ざしていたとも述べられる。

かつて、ソ連＝ポーランド戦争でも、ソ連＝フィンランド戦争でも、プロレタリアを含む民衆は革命ロシアを決して歓び迎えなかった。第二次世界大戦末期から戦後にかけても、東欧・東ドイツで「自由選挙」を行なった場合、社会主義政権もしくは対ソ友好政権が成立する確たる見通し、確たる自信を持ちえなかったところに、ソ連のアキレス腱があったのだ。それに反して、確実な勝利の見通しがあったギリシャ、ユーゴスラヴィアでは、スターリンはチャーチルとの勢力圏協定を忠実に守って、これら諸国の共産党を支援しようとはしなかった。中国共産党にたいしても、決して政権奪取を要求したのではなく、国民的連合への参加と戦後タリア、フランス共産党にたいする態度も中国の革命を支援する性質のものではなかった。また、イ生産復興への積極的協力を指示したことが知られている。

東欧勢力圏諸国の政府からブルジョア派を最終的に排除したのは、フランス、イタリアの政府から共産党閣僚が排除された後であった。東ドイツにかんしては、ソ連は本来的な勢力圏とみなしていたのではなかった。占領がながく続けば、社会主義ソ連が資本主義的復興の政治・経済政策をとる筈はなかったともいえようが、そのこと以上に、対独安全保障が西側と共同して得られないことが判明したことが、最も確実な単独保障として軍事的支配下にあった東ドイツの社会主義化を選択させるに至ったと考えられるのである。

そのこと自体は冷戦の原因ではなく、西側の冷戦政策にたいする防禦反応であったといえよう。ただ、東欧・東ドイツ等にたいするスターリン的方法が、すなわち一国社会主義的方法の延長ともいうべき国家主義的な国際政策の特徴的性格が、冷戦の形成を促進したのみでなく、後追い的に西側の冷戦政策を世論のまえに合理化し、正当化する口実を与えたと考えられるのである。

トルーマン宣言のユニヴァーサリズム

以上のような歴史解釈は、トルーマン政権初期の策定根拠に疑問を投げかけずにはいないであろう。トルーマン・ドクトリンの性格について、トルーマン自身は、「それはどこに侵略があっても、直接、間接を問わず、平和が脅威を受ける場合には、アメリカの安全保障にかかわるものとみなすと宣言した」ものであったと述べている。〔註**45**〕

それは、第一に、ソ連の国際政策と各国におけるコミュニズムの活動を世界支配への一体の動きとして把え、アメリカのグローバルな介入、干渉を宣言したものであった。トルーマン宣言の「ユニヴァーサリズム」と称されるものだが、現在では、当時のソ連の対外政策は、動機の点でも地域的にもきわめて限られたものであったこと、西側の各国共産党の活動が、ソ連の国益に従属する面はあったにしても、ソ連の侵略的膨張を意味するものではなかったこと、は明らかであろう。

第二に、アメリカのこのグローバルな干渉主義は、政治、経済、軍事のあらゆる手段に訴えてソ連＝共産主義を「封じ込め」ることを宣言したように理解されたのであったが、実は、この時点でアメリカは軍事力を使用する意思も、実際の準備も持ち合わせてはいなかった。原爆による対ソ圧力も、ヨーロッパにおける軍事バランスを考えれば、実効があったとは信じがたい。だが、政策宣言のレトリックや原爆独占政策は、現実にはソ連を激しく刺戟し、冷戦過程を決定的にしたのであった。

現在では、アメリカの政策の実際は、当時は地域的に限定されたものであり、経済的、政治的な非軍事的手段に限られていたこと、軍事的手段をも含み、グローバルな軍事干渉態勢へ移行し、ソ連と各国共産主義とを完全に混同するようになった段階は、朝鮮戦争以降であると解釈されている。〔註**46**〕しかし、トルーマン政権の内部に、封じ込め政策に軍事力が不可欠であることを主張する部分がつとに存在したこと、〔註47〕あるいはトルーマン宣言のレトリックが米国内の議会や世論に訴えて対外援助および軍事力再拡張のための財政支出を可能にする意図に導かれていたこと、〔註48〕などを考慮すれば、やはり、グローバルな軍事干渉主義は、策定過程の総体としては、次第に準備され、進行しつつあったと考えることが可能であろう。

冷戦の客観性と主観性

冷戦を不可避にした直接的な措置をどちらが先にとったか、その道義的、政治的責任はどちらにあるか、などを詮索することには、イデオロギー性がともない、かなり不毛な部分が多いと言うべきかもしれない。歴史をかえりみれば、一九一七年、レーニンやトロツキーらを深く失望させた米英両国の反ソ性は、〔註49〕その後も決して消え去ってはいなかった。ドイッチャーは、ヒトラーと戦うために西側連合国は〝本来の階級敵〟と一時的に同盟したのであり、その必要な同盟の結果失った東ヨーロッパをとり返そうとしたところに冷戦の起源があったのであり、もともとこの政略結婚は永続しうる見込みはうすかったのだ、と言い切る。〔註50〕ハレーの説とは異なるが、これもまた諸個人、諸集団の主観的要素を超えた客観的な力を高く評価する一つの立場である。それらの見方によれば、トルーマンは政策の大転換をなしとげたのではなく、客観的な圧力のもとでアメリカの対ソ政策を転換させたローズヴェルトの政策を、伝統にひき戻したということになるかもしれない。

しかし、策定者たちを衝き動かした「客観的な力」が、米ソ共存の絶対的不可能性を指向するものであったとまでは考えがたい。客観的な構造にたいする政策的アプローチには、常に複数のオプションズがありうると考えるべきであろうし、そうして初めて策定過程は、現在的に科学的方法化の対象たりうるわけである。

その点で、主観と客観の相対的離反を証示するホフマンのつぎの指摘は興味深い。――アメリカにおける冷戦修正学派の正統派批判は、アメリカ外交の一つの興味ぶかいパラドクスを浮き彫りにしてみせた。すなわち、冷戦史の再検討から明らかになったところでは、正統派のソ連非難の論拠とは大いに異なり、

「パワー・ポリティクスの古典的理論に依拠して行動したのはソ連であったのにくらべて、バランス・オブ・パワーのゲームを演じる古典的な大国のようには全く行動せず、グローバル・ヴィジョンを持ったイデオロギー国家のように行動したのは、アメリカであった。つまり、アメリカは、ソ連がそのように行動したとわれわれが考えた、そのやり方で行動したのであった。」〔註51〕

〔註1〕Louis J. Halle, The Cold War as History, Chatto & Windus,1967,pp.1-41. ルイス・J・ハレー、大田 博訳『歴史としての冷戦　力と平和の追求』サイマル出版会、一九七一年、一―三三頁。
〔註2〕Diane S. Clemens, Yalta, Oxford U. P.,1970,p.28.
〔註3〕D. S. Clemens,ibid.,p.28; Milovan Djilas,Conversation with Stalin,Har-court,Brace and World,1962,pp.114-115.
〔註4〕D. S. Clemens,ibid.,p.28.
〔註5〕Philip E. Mosely, The Kremlin and World Politics : Studies in Soviet Policy and Action, Vintage Books,1960,p.115. フィリップ・E・モーズリー、山川雄巳・木村 汎訳、猪木正道監修『ソヴェトと世界政治』論創社、一九六二年、一〇四頁。

〔註6〕P. E. Mosely,ibid.,p.155. 同訳書、一〇四―一〇五頁。
〔註7〕P. E. Mosely,ibid.,p.171. 同訳書、一一一頁。D. S. Clemens,op.cit.,p.34.
〔註8〕Robert E. Sherwood,Roosevelt and Hopkins : An Intimate History,Harper,1948,pp.711,713,720; Anthony J. Eden,The Reckoning,Houghton Mifflin,1965,p.406.
〔註9〕Cordell Hull,The Memoirs of Cordell Hull,Vol.2,Macmillan,1948,pp.1265-66.
〔註10〕P. E. Mosely,op. cit.,p.137. 同訳書、九四頁。D. S. Clemens,op.cit.,p.29-30.
〔註11〕P. E. Mosely,ibid.,p.137. 同訳書、九四頁。Hull Memoirs,Vol.2,p.1287.
〔註12〕P. E. Mosely,ibid.,p.139. 同訳書、九五頁。
〔註13〕Morgenthau Plan およびそれをめぐる諸問題については、さしあたり、H. G. Gelber,"Der Morgenthau-Plan,"Vierteljahrhefte für Zeitgeschichte,1965,S. 374-402; Hull Memoirs,Vol.2,pp.1602-22; R.I.I.A.,Survey of Inter-national Affairs 1939-46: Four-Power Control in Germany and Austria 1945-46,Oxford U. P.,1956,pp.17-23; Drew Middleton,The Struggle for Germany,The Bobbs-Merrill,1949,pp.27-38,161,173,269; Eugene Davidson,The Death and Life of Germany,Jonathan Cape,1959,pp.8-9 参照。
〔註14〕この秘密の勢力圏とりきめは、内容的には一九四一年以来ソ連の要求するところであったが、公式には一九四四年六月、ソ連の東欧進出に何らかの歯止めをかけようとしたチャーチルの提案で締結された。ローズヴェルトは、その報告を受けながら、はっきりとは反対しなかった。このためスターリンは、イギリスとアメリカは、一九四四年六月の協定で、バルカンの大部分をソ連に委ねたものと了解した。同年一〇月、チャーチル、イーデンがモスクワを訪問した際、この協定は確認され、拡大された。協定の内容は、ソ連はブルガリア、ハンガリーで八〇%の優位、ルーマニアで九〇%の優位、イギリスはギリシャで九〇%の優位を占めることを認め、ユーゴスラヴィアでは五〇対五〇というもので、最初は「軍事的行動の権利」とみなされたものが、次第に政治的勢力

圏を意味するものへと変って行った。米英両国がそれぞれ不可侵の勢力圏を保持してきたことが、スターリンの立場を支えたとも言えよう。手近な参考としては、Arthur M. Schlesinger,Jr.,The Crisis of Confidence : Ideas,Power and Violation in America,Houghton Mifflin,1969,pp.113-119; Isaac Deutscher,Stalin: A Political Biography,Rev.ed.,Pelican Books,1966,pp.502-503; 上原和夫訳『スターリン』II　みすず書房、一九六四年、一七四頁。Hull Memoirs,Vol.2,pp.1451-59; James F. Byrnes,Speaking Frankly,Harper,1947,p.53; David Horowitz,Imperialism and Revolution,The Penguin Press,1969,pp.85,87; D. Horowitz,The Free World Colossus,Rev. ed.,Hill and Wang,1971,pp.26,56; L. J. Halle,op. cit.,pp.68-69. 同訳書、五四―五五頁。

〔註15〕エドワード・R・ステッティニアス、中野五郎訳『ヤルタ会談の秘密』六興出版社、一九五三年、一〇八頁。(Edward R. Stettinius,Jr.,Roosevelt and the Russians: The Yalta Canference,Doubelday,1949.)

〔註16〕E・R・ステッティニアス、同書、一一八―一二一頁。P. E. Mosely,op. cit.,p.141. 同訳書、九六頁。D. S. Clemens,op. cit.,pp.147-150.

〔註17〕P. E. Mosely,op. cit.,pp.142-144. 同訳書、九七―八頁。

〔註18〕P. E. Mosely,op. cit.,p.144. 同訳書、九八頁。

〔註19〕P. E. Mosely,op. cit.,p.145. 同訳書、九八頁。

〔註20〕P. E. Mosely,op. cit.,p.153. 同訳書、一〇二頁。

〔註21〕P. E. Mosely,op. cit.,pp.143-154. 同訳書、一〇三頁。

〔註22〕D. S. Clemens,op. cit.,p.37.

〔註23〕R. Sherwood,op. cit.,pp.388,713-714; D. S. Clemens,ibid.,p.37.

〔註24〕Hull Memoirs,Vol.2,pp.1286,1303-4.

〔註25〕James P. Warburg,Germany: Bridge or Battleground,William Heine-mann,1946,p.276. Drew Middleton,The Struggle for Germany,The Bobbs-Merrill,1949,pp.35-36.

〔註26〕Hull Memoirs, Vol.2,pp.1619-20.
〔註27〕Hull Memoirs, Vol.2,pp.1606-7.
〔註28〕Hull Memoirs, Vol.2,p.1619.
〔註29〕Robert Murphy,Diplomat among Warriors,Pyramid Books,1964,p.281.
ロバート・マーフィー、古垣鉄郎訳『軍人のなかの外交官』鹿島研究所出版会、一九六四年、三一三頁。
〔註30〕D. S. Clemens.op. cit.,pp.39-40. Lord Charles Moran,Taken from the Diaries of Lord Moran,Houghton Mifflin,1966,p.208.
〔註31〕D. S. Clemens,,ibid.,p.41.
〔註32〕D. S. Clemens,,ibid.,p.41.
〔註33〕D. S. Clemens,,ibid.,p.42.
〔註34〕E・R・ステッティニアス、前掲書、一一三―一一六頁、一三九―一四二頁。
〔註35〕E・R・ステッティニアス、同書、一〇六頁。
〔註36〕R. Sherwood,op. cit.,pp.883-916.
〔註37〕P. E. Mosely,op. cit.,pp.155-156. 同訳書、一〇五頁。
〔註38〕S. Hoffmann,op. cit.,pp.10-11.
〔註39〕Joyce and Gabriel Kolko,The Limits of Power,Harper,1972,p.111.
〔註40〕L. J. Halle,op. cit.,pp.86-88. 同訳書、七一―七三。
〔註41〕Hans Kluth,Die KPD in der Bundesrepublik: Ihre Politische und Organisation 1945-1956,Köln,1959,S.20-25.
〔註42〕I. Deutscher,Stalin,p.523. 同訳書、Ⅱ、一九二頁。
〔註43〕I・ドイッチャー、山西英一訳『現代の共産主義――歴史の逆説』番町書房、一九七四年、一九三頁。
(Isaac Deutscher,Iroinies of History: Essays on Con-temporary Communism,Oxford U. P.,1966.)

〔註44〕I. Deutscher,Stalin,p.525. 同訳書、Ⅱ、一九三頁。

〔註45〕Memoirs by Harry S. Truman,Vol. 2: Years of Trial and Hope,1946-1952,Doubleday,1956,p.106. 堀江芳孝訳『トルーマン回顧録』第二巻、恒文社、一九六六年、八八頁。また Senate Committee of Foreign Relations,A Decade of American Foreign Policy: Basic Documents,1941-49,Greenwood Press,1968,pp.1256-57 .

〔註46〕John L. Gaddis,"Was the Truman Doctrine a Real Turning Point?" Foreign Affairs,Jan. 1974,pp.390-392 .

〔註47〕一九四六年九月（トルーマン・ドクトリンの六ヵ月以前）、大統領顧問クラーク・クリフォードはトルーマンの求めに応じて対ソ関係にかんする政府内の報告書を作成した。それは、はやくもソ連「封じ込め」のグローバル・ポリシーを提唱したもので、その手段としては、プロパガンダ、経済援助およびもし必要とあれば原子力戦争、もしくは生物学的戦争をも排除しない軍事力の使用を考慮したものであった。それはアメリカの力と決意をソ連に確信させようとすることを目的としていた。Clark Clifford's Memorandum to President Truman: American Books,1968. J. L. Gaddis,ibid.,p.389.

〔註48〕J.L. Gaddis,ibid.,pp.389-390,394.

〔註49〕Edward H. Carr,The Bolshevik Revolution,Vol.3,Macmillan,1953,pp.21-25. 宇高基輔訳『ボリシェヴィキ革命』第三巻、みすず書房、一九七一年、二二―二五頁。

〔註50〕I・ドイッチャー『現代の共産主義』一九四頁。

〔註51〕S. Hoffmann,op. cit.,p.11.

第二章　西ドイツの戦後復興とナショナリズム

（一九六七年刊）

序

一　汎ヨーロッパ主義と新しい国家主義

二　ボン共和制内部における旧ナチ

むすび

序

元来、ナショナリズムの発展は、資本主義発展の政治的一側面であり、資本の運動の世界的論理との連関に対応して表出する民族の内的ならびに外的な自己表現の政治活動である。それに照応するイデオロギーとしてのナショナリズムは、民族の内部に伝承されてきた未固形、未組織の伝統的諸観念が、国民的統合の社会的ダイナミズムに捉えられ、融熱のルツボの中でその時代の運動に自己を対象化し、より体系的な意識の諸形態をとるに至るのである。イデオロギーは政治運動において自己を物質的力に転化させ、運動はまたナショナル・イデーに新たな生命を吹きこみ、その質量を増幅していく。イデオロギーの系譜的発展性と社会的ダイナミズムとの相関は、そのようなものであり、伝統とか復古とかの表見下にたえず歴史的な創造が遂げられているのである。

ナショナリズム現象は、このように歴史的社会的な現象なのであるが、それの現実の現われ方は、多分に自然発生的で、情緒的な民衆意識、民衆感情の形態をとっているようにみえる。より理念的、定型的な民族観は、むしろエリートのものである。だが、ナショナリズムの運動にみられる指導者と民衆との関係は、指導者が民衆の自然成長性に拝跪《はいき》し、もっぱら状況反応的である、というようなものではありえない。時代の部分神話を、打ち消し、誘導し、一面化し、増幅し、狭い水路に導いて政治エネルギーに転化させる。あるいは民衆の発意のある一面をつかんで、外的衝撃を利用しつつ新しい形式の神話を民衆に注入することさえも起こりうる。重要なのは、そのような政治操作を掌握する権力主体じしんがやはり時代の子であるということなのである。したがって、ナショナリズム現象の歴史的、社会的な把握には指導主体の問題を決して欠くことができないのである。

ところでドイツ・ナショナリズムの形成は、ナポレオン戦争と解放戦争の時期までさかのぼる。当時はシュタインの改革にみることができるように、民主主義の改革要求と民族的統一の要求とは不可分であった。しかし、一八四八年には、民主革命と民族統一という二重の課題を担ってフランクフルト国民会議に結集した自由主義派は、自己の分身であるプロレタリアートの進出に怖れをなして、民主主義のための徹底した闘争を回避し、プロイセン＝ユンカー勢力との有産者同盟へと歩み寄った。この政治的後退は、自由主義派の多数が、西方からの外圧を東方において代償するという、ブルジョア的利益関心にもとづき、プロイセン＝ユンカーの軍事的封建的な東方植民欲を積極的に支持するという、ショーヴィニズムへの転落と表裏一体をなしていた。民主主義に背理したナショナリズムのゆくてには、民族的利己主義ないし他民族抑圧が避けがたい。ドイツ自由主義はそのことによって政治的・軍事的にプロイセン軍国主義に身をゆだね、その時以来、政治的狂気や蛮行にたいして抑制装置たりうるいくらかでも強力な自由主義的反対派は、ドイツの政治生活より姿を消すのである。〔註1〕

ビスマルクは、プロイセン軍国主義の遺産を引き継ぎながら、周辺諸国からの外圧感をたくみに利用することによって、プロイセンのヘゲモニー下に民族統一を達成した。また産業ブルジョアジーとユンカーとの政治的同盟にもとづく支配機構をつくりあげ、「上からのボナパルティズム」への道を拓いた。ドイツ・ナショナリズムに特徴的な権力主義的性向は、この時代に決定的となった。それにもかかわらず、ビスマルク時代の対外政策は、ヴィルヘルム時代やナチ時代の帝国主義的膨張主義とは異なった特徴をもっていた。ドイツの内部団結がいまだ十分に固まっていず、また統一の果実を資本が貪欲にむさぼっている最中に、いたずらに周辺諸国を刺激して二正面作戦に陥ることの愚を正確に悟っていた。独裁的方法で築いた帝国を内部的に強力な軍事的・政治的統一体に完成することに力点をおいていたので、新たな侵攻を用心ぶかく避け、ヨーロッパの勢力均衡の保持に努力を傾けたのであった。国際的孤立を避け、東と西の力のバランスの間隙に自己の策謀の領域を設定し、東への接近において西を牽制し、西との同盟によって東に対抗する――ドイツ帝国主義の「平和的」進出の時期にいつも現われる対外的態度のパターンは、この時代に基礎をかたちづくったのである。

ドイツ・ナショナリズムの発展にたいするビスマルク時代のいま一つの貢献は、統一以後のドイツ資本主義の異常な上昇期に照応する労働者運動のたくましい伸長にたいして、弾圧策一方では成果があがらぬとみるや、やはり経済成長によって可能にされた経済的政治的な一連の譲歩によって、労働組合や社会主義政党の指導者の利益をドイツ国家の利益につなぎとめる試みに出て、社会愛国主義の種子をまいたことであった。それは、後進的で急上昇的な資本主義における、ボナパルティズム的支配の方法として現出したが、その成果は、後続のヴィルヘルム時代において豊かに収穫され、独占資本主義下における労働者の体制馴化の方法として、広範に発展させられた。自由主義的反対派が存在しないのみでなく、強力な社会主義的反対派、根本的な体制変革の展望をもつそれを欠いた帝国主義国では、民主主義の廃墟の上に、排外主義的ナショナリズムの巨大な建造物をゆるすことになる。ましてドイツの社会主義者は、当時、国民戦線の補完物に転化して行ったのである。

一八九〇年ヴィルヘルム二世の時代が始まると同時に、ドイツ帝国主義の膨張主義的登場が開始される。それとともにドイツ・ナショナリズムの独特な性格、ウルトラ・ナショナリズムが鮮やかに形成されてくる。資本主義発展の独占段階は、プロイセン主義をドイツ帝国主義の侵略的な道具に転化させた。ドイツ帝国主義は〝プロイセン主義のもつあらゆる軍国主義的・半絶対主義的特徴〟〔註2〕を身におびて、国際闘争場裡におどり出たのであった。

一九一八年の敗戦と革命は、ドイツ帝国主義を根底から一掃し、プロイセン「軍人王」以来二〇〇年の軍国主義的伝統との決別を宣する機会を与えた。革命の直前に、軍部の指図によってウィルソン的自由主義への迎合、議会主義的方法の採択が行われたことは、帝国の瓦解がイデオロギー的崩壊を伴っていたことを示すものであった。労働者や兵士の大衆的な左翼化にたいして反動勢力が一戦も交えず、皇帝の帰還もなしえなかったのは、かかる国家のイデオロギー的崩壊を物語るものでしかない。したがって帝国主義の物質的基礎の完全な清掃をめざすスパルタクス団の攻勢を撃退してレーテを無害と化したあと、あらゆる既存の社会的、政治的集団の間の妥協を本質的目標とし、相反する利害を調整した多元的政治構造〔註3〕をワイマールの国民議会と憲法の中に実現したことは、実は、レーニン的自由とボルシェヴィキのソヴェト的解決方式に挑戦し、社会民主党多数派を含む所有者的利益の全体が一致して求めたナショナルな政治的再統合の方途にほかならなかった。しかしこの多元的国家構造は、独占資本と反動官僚、参謀本部と社会民主党などの諸勢力を、反ボルシェヴィズムと外圧への対抗にもとづくドイツ国家の再建という共通項でくくり、その内部にプロイセン主義の軍国主義的・ボナパルティズム的遺産を継承する、いわばうつわであった。「ドイツ帝国主義の代表者たちにとってもっとも心にかかっていたことの一つは、数世紀来のプロイセンの軍事的伝統を『ワイマールの不幸な時代』にあってなお生かしつづけること——かくてヴィルヘルム二世の政策を根本的に改善してやり直すための新しい武器を用意すること、これであった。」〔註4〕

帝国主義の復活とは、一般的にいえば、帝国主義諸強国による世界の独占的分割支配の陣列からいったん脱落した資本主義国が、自己の内発主体性を再強化することによって、再び世界の経済的、政治的支配の体系へ能動的主体として復帰していく過程を意味する。政治的側面としては、資本の対外的膨張を不可避、不可欠とするような資本主義の国内再蓄積、独占の経済的主体性の再建に並行して、国内の階級的分裂を抑圧的に超克する政治的支配の再確立、資本の対外膨張のテコとしての国家主権の回復が、まず遂げられるであろう。つぎに、世界市場への主要な競争者としての再登場、資本輸出の再開、国際独占体への参加など、その他世界経済における能動的主体としての再起が進むのに平行して、世界政治における支配主体としての再起を立証する諸徴標、他民族抑圧と反革命の国際的な政治機構や政治同盟ないし軍事同盟への参加が現出するであろう。

このような復活過程に対応してナショナリズムの態様も変化していく。まず復活の初期段階では、国内の階級的攻勢と外圧から国家を救済することが主題であるところから、「防衛的」性格が影を濃くしがちである。ワイマール時代を通じて、シュトレーゼマンの「履行政策」に代表されたように、西方との協調を根幹とし、東方ともラッパロ路線を踏襲することによって、均衡戦略への復帰がみられた。それは外面的には著しく「国際主義的」でありながら、国際的孤立からの脱却、世界市場への復帰という国家利益の動機に基礎をおいていたのである。強大なドイツの復興が、ワイマール連合の諸勢力にとって共通の悲願であった。ただ、当時の内外情勢がワイマール民主主義という多元的政治構造の構築をよぎなくさせていたとするならば、同じ内外情勢によって規制されたナショナリズムの態様が、そこにありえたのであった。

公認の政府的路線としては「ブルジョア民主主義的」ナショナリズムが策定を特色づけた。しかしその背面では、ワイマール体制自体を「国家《ライヒ》」への裏切りとみなす極端な国家主義者の一群が、ほかならぬワイマール民主主義の多元的権力構造に庇護されて突出の機会をうかがっていた。世界大恐慌の波が大西洋の東岸を洗いはじめた一九二〇年代の末に、超国家主義は「以前にもましてドイツ人の精神生活に侵入した。最後には文学、哲学、教育、倫理、さらには神学や宗教までが、この観点からのみ評価されるに至った。かくて国家主義そのものが宗教となり、国家ないしドイツ国民は神秘的、神話的な、より高次の現実となった。」〔註5〕

西ドイツの第二次大戦後の復活を制約する条件はきわめて厳しかった。資本主義の危機の深化の新段階という一般的情勢に加えて、ドイツをめぐる特殊な状況には、西ドイツの独占に死滅の予感を与えるに十分なものがあった。東西冷戦の公然化と西側占領軍による西ドイツ内の反ナチ統一勢力の分断と抑圧のみが、辛うじて西ドイツ独占に回生のチャンスを与えたのであった。冷厳な内外の制約条件下でボン・デモクラシーが発足したが、戦後ナショナリズムの態様は、西ドイツの戦後復活の存在条件とボン体制の政治的体質によって性格づけられてきたといってよいであろう。政治、経済、軍事、文化、教育のあらゆる面で西ドイツの「新生」を印象づけてきたオイロパ・イデーは、はたして真に国家主義との訣別の決意の産物なのであろうか。それとも国家主義的動機を深く蔵したイデオロギーの一形式にすぎないのであろうか。

本稿での限定的な主題は、第一に、公認の汎ヨーロッパ主義と国家主義的動機との距離の考察を試みることである。一見アンチ・ナショナリズムとみえる事象の背面に、意外に国家的伝統性、ドイツ的正統性の放香が高いことに気づくのである。ついで、ワイマール体制が自己の体内にプロイセン主義の温床を宿していたこと、またその民主主義の運命が外圧感の調整と経済的繁栄の維持とに負うところが多大であったことに徴して、ボン体制の政治的体質が、今後の状況いかんで、はたして反民主主義的超国家主義的志向に途をひらく兆しはないのか、少しく検討を加えてみたい。

一 汎ヨーロッパ主義と新しい国家主義

戦後西ドイツの世論のなかには、一個の強力な国民国家への道か、それとも統合されたヨーロッパの一部分としてのドイツへの道かという選択問題が、中立か西方との同盟か、という問題を横断して争点たりえた。

けだし一個の強力な国民国家への道は、中立政策をとることによっても、また西方との同盟維持によっても追求されうるものであったし、同様にヨーロッパ統合は、世界政治における第三勢力へのコースとして考えることも、あるいはまた米国を含む、より大きな統合へのコースとみなすことも可能だったからである。

しかし国民的存在としての国際社会へのかかわり方について、このような選択が提起されたのは、ドイツ史においてこれが初めてではなかった。マイネッケによれば、一九世紀中葉においては世界市民主義と国民国家との総合が一団の精神的指導者たちの努力であった。だが、この古典的自由主義者の一団がつくりだそうと試みた総合は、二つの方面から重大な危機にさらされ、徐々にくつがえされていったという。第一の危険は、本来相互に調和させられるべき二つの生活領域、すなわち君主制的＝軍国主義的構造をもつプロイセン国家と資本主義的な営利や教養の利益に目を向けていた上層市民とからやってきた。

いま一つの危険は、一九世紀の基本的潮流、すなわち中産階級を基礎とする国民的運動と、増大しつつある大衆に基礎をおく社会主義運動という、二つの大浪の相互交叉、それぞれの一面的発展に起因した。二〇世紀への転換期にとくに台頭した否定的傾向のあと、第一次世界大戦の最中になって、ドイツ社会民主党は従来国民的原理に敵対的であるとみられていた国際的原理の立場から、国民戦線に加盟することによってみずから国民的理念の一つの補足物に変化していった。マイネッケはこれを、国民的な市民階級から生じたものと社会主義的な労働者階級から生起したものとの、内面的に互いに一致させようとする多望な試み――世界市民主義と国民国家との再度結合の試み、と呼んだ。それはのちに、中央党、多数派社会民主党、民主党の間に結成されたワイマール連合にいたる完全な第一段階であった。〔註6〕

マイネッケのこのような理念的把握が現代史をどこまでリアルに蔽いうるかは改めて検討を要するであろうが、ワイマール時代の社会民主党政府あるいはシュトレーゼマン外交によって示された路線は、種々の複雑なニュアンスが含まれているにせよ、ヨーロッパ主義と国家主義的立場との一種の結合を意味していた。ドーズ・システムに具現されたところは、一面において米国を含む西方世界との協調であり、他面において国民国家的利益のあくなき追求でもあった。ブリアンによって提起された独仏和解と経済的結合の深化を土台とするヨーロッパ統合案に、シュトレーゼマンが好意的な反応をみせ、ドイツ国内にも一定の動きがあったことは、ワイマール民主主義がヴェルサイユ強制と国内の超国家主義勢力による圧力をこうむりながらも、汎ヨーロッパ主義的アプローチの一面を保持しえていたとみなければなるまい。しかしながら、国民国家的利益として表現される資本の論理が、より重点的に、自己貫徹の形態として直接に国家主義的アプローチをとるか、それとも汎ヨーロッパ主義的なアプローチをとるかは、敗戦帝国主義としてのドイツがおかれていた国際的境位と内政的事情との両面から規制された一種の権力現象であるとする基本的理解を見失うわけにはいかない。

同様の見地は、ナチ時代のブルジョア＝ユンカー的反対派、すなわちクライザウ・サークル（モルトケ派）やゲルデラー一派（七月二〇日グループ）がいだいていたとみられる「反国家主義的」＝汎ヨーロッパ的精神についてもあてはまるのであって、やはり西に連合国の強大な圧力をうけ、東にソ連の「ボルシェヴィズムの脅威」をひかえたドイツ資本主義の国際的境位、およびナチ支配の極限状況と、瓦解後に訪れるであろう革命の恐怖などにはさみつけられたブルジョア＝ユンカー的分派の国内的地位と切りはなして考えることはできないであろう。これら「抵抗派」の正統性を論証しようとするロートフェルス自身も、抵抗の基本的動機を「非人間的なるものにたいする人間的なるものの反逆」と語りながら、「政権の崩壊が、ロシアによる征服と、全ヨーロッパにおけるコミュニストの氾濫という結果になってはならない。また当然ながら、反対派の軍部指導者たちもまた、いずれは降伏という事態が起こらざるをえないにしても、まず西部戦線において、しかもできうれば、東部戦線での防衛がそのまま維持されるか、もしくは西側と協力して維持されるという見通しのもとに、降伏することに賛成であった」と述べてはばからないのである。このことは、「中部ヨーロッパにおける、別の基盤に立つ国際的協力の形態をめざして活動していた」新保守主義勢力の汎ヨーロッパ的精神の「崇高な」国民国家的動機、ならびに階級的本性を立証している。〔註7〕

　戦争終了後、西ドイツにおける国家イデオロギーの再建は、ドイツ共産党ないしドイツ社会主義統一党が投入した一八四八年の革命的民主主義の伝統への回帰を呼びかける国民的再統合のイデーを排除しながら、マイネッケのいう「ほとんど一つの奇跡のようにドイツ民族に与えられたゲーテ時代の神聖な遺産」〔註8〕——世界民主主義（精神形成的な力）と国民国家（国家形成的な力）との総合をドイツ精神の正統とみたて、ワイマール時代の汎ヨーロッパ主義、あるいは新保守主義的な反ナチ派の抵抗理念を継承することに発していたのである。

　その汎ヨーロッパ主義の基礎をなす要素の第一は、反コミュニズムである。戦後、「ヨーロッパという観念は、ドイツではすぐに民衆の気に入った」が、それは「一二年間にわたるヒトラーの宣伝のなかから生まれた反共産主義が、非常に多くの西ドイツの住民のなかにあれほど盛んであった」〔註9〕ことと決して無関係ではなかったのである。

　第二の要素は、ドイツの中立に基礎をおく民族的再統一という要求にたいする代償である。西ドイツの支配的利益は、「中立」と「統一」のうちに、資本主義的復活にとっての桎梏《しっこく》をみてとったにちがいない。民衆にたいしては「政府形態、経済制度、安全、平和な生活」を犠牲に供するか否か、という問い方が行なわれた。〔註10〕素朴な民衆にとっては、経済生活の安定と西方一辺倒とは共通の分母を有するものと受けとられがちであった。アデナウアーは、「まず強くなり、それから交渉する」〔註11〕という、力を背景にしての東ドイツの併合をめざし、その強くなることの源泉を西側との政治的、軍事的同盟に求めた。冷戦型の国家と政策がこうして宿命的となったのである。

第三の要素は、なお隠然たる影響力を保っている「狭いナショナリズム」にたいする対抗シンボルとしての機能であった。具体的利益との関連でヴィジョンを描きだし、民衆エネルギーを先取りしていく政治技術が必要とされた。

だが、いずれよりも重要な西ドイツの汎ヨーロッパ主義のモティーフは、それが、第二次世界大戦後の世界政治・経済の特殊的構造のもとで西ドイツ資本主義が不可避的にたどらざるをえなかった復権コースを反映するものだった点にある。オイロパ・イデーの根本動機は、「人類」とか「ヨーロッパ」におかれていたのではなく、明白にドイツの国家的利益に発していた。

E・グーテンベルクによれば、「西ドイツの産業、経済全体が、このヨーロッパ共同市場にたいして積極的に対応している問題は、むしろ第一に政治的な理由からである」。まず、敗戦により国土が以前の三分の一に縮小されてしまった。また共産圏に直接つながっているので、つねに孤立を感じなくてはならない。「このことからもわかるように、西ドイツは自然、他のヨーロッパ諸国に支柱を捜し求めようとするわけである。」〔註12〕

西ドイツに固有の動機にもとづくヨーロッパ主義への新しい船出は、西側諸国を駆りたてた冷戦の諸モメント、および統合へ向かおうとする戦後の西欧諸国の新しい能動的な動きと応じ合った。ヨーロッパを包摂するパクス・アメリカーナの気運、その影響下における経済、政治、軍事の諸領域にわたる統合の運動は、「国際政治において受動的客体であることをやめて、能動的主体になることにおかれた」〔註13〕ドイツの外交政策の第一目的に対応した。エアハルトによれば、「ぜったいに見落としてはならないことは、ヨーロッパと世界とにおける経済統制構想の完成が、いかようにもわが国の諸方策に先行していたか、または、よく噛み合っていたか、ということである。このような事例があったので、ドイツの世界市場復帰はいわば翼を与えられたようなものであった。」〔註14〕彼はかかる事態を、「経済に先行する政治意思の優越」とみなしたのである。

以上の検討で明らかなように、西ドイツの汎ヨーロッパ主義は、国家や階級の動機を超越したものではなく、資本の論理を基底とした国家的動機にもっとも深く根ざしていた。ところで、西ドイツの政権は、資本の再蓄積を強行し、ヨーロッパ統合に参画していくそもそもの基盤として、連邦共和国という、一民族内における分裂国家の正統性を、民衆の間に確立せねばならなかった。民族を分断して創設された国家に、自然的な装いをこらさねばならない。この要請にもとづいて、政権内部から連邦共和国の正統性の根拠が示される。

「唯一の正統的ドイツ、全ドイツのための唯一の代弁者、ドイツ人の生活様式とドイツの伝統の唯一の守護者、ドイツ人の安定の唯一の保証者は、連邦共和国である。この権利の主張は、人口や領土の大きさ、経済上の重要性によるのみでなく――これらも重要な要素ではあるが――われわれの政治的、経済的な諸制度が連邦共和国を唯一の正当なドイツの継承権者たらしめるのである。」「連邦共和国がドイツである。そのほかにあるすべてのドイツ領は、われわれから奪われたものである。そしてわれわれのために留保されているのであり、われわれに返されなければならない。」〔註15〕

同様に、民衆の民族的伝統の意識、国家的感情にたいして、熱烈な呼びかけが、政権の側から行なわれる。「歴史観と国家観は、ドイツ国民がこうむった身体的ならびに精神的な被害の犠牲に供されたのである。われわれは、それを注意深く育成して再生させねばならない。」ドイツの団結と統一にかんするシュタインの警告に立ち帰り、新しい浄化された国家意識を成長させるのが今日の課題である。「祖国について語るときに、われわれの心を動かすものは、圧制の下に住んでいる勇敢で忍耐強い同胞への思いであり、不幸な、分割されたわれわれの国にたいする愛情であり、全力をあげて祖国に奉仕し、必要とあれば祖国を防衛しようとする至情である。このように考えると、祖国とは、よき隣人愛を意味し、またヨーロッパの同胞と文化に同じく属する者として協力しようとの意思を意味している。」〔註16〕

一九五〇年一〇月、ゴスラーで開かれたキリスト教民主同盟（CDU）の全国大会において、大会の標語に伝統的な国家「ドイッチラント・リート」の第三歌節からとった「統一と正義と自由」を掲げて、国外に憤激の嵐をまき起こしたことは有名である。アデナウアーは、この歌節がナチによって禁止されていたことを指摘したのち、つぎのように弁明した。――「もし民主的諸政党がドイッチラント・リートを遠慮しなければならないとするなら、国家主義者たちの運動にこれを任せるほかない。」「私の考えでは、連邦共和国の最も重要な仕事の一つは、ワイマール共和国とちがって、国家主義者たちの手で踊らされないように、彼らに宣伝の材料を供給することを避けるように、そしてドイツ国民の真正の国民感情を、正しい河床に流れていくように配慮することである。」〔註17〕そこにはナショナル・シンボルを国家主義者に先行して提示し、民衆エネルギーを先取りしていくという政治技術の発想がみられる。だが反面、そのことは、自己の政治基盤に大量のナショナリズムのエネルギーをとりこみ、かえって自己の体質変化をよぎなくされる危険性を秘めてはいないだろうか。

ともあれ西ドイツにおける汎ヨーロッパ主義は、楯の反面として「新しい国家主義」とも呼ぶべき国家意識、祖国意識であることがわかる。ナショナリズムとしてのその性格と発展は、いつにボン体制の政治的体質に、空洞化がますます進行しつつあるといわれるボン・デモクラシーの発展内容に、依存するものといえよう。一九四九年頃まではドイツ史にたいする反省と新しい歴史像への努力がまだかなり広く存在したが、五〇年代にはいって、経済的復興と国際政治における能動的主体への転化が緒につくにつれ、復古的傾向が目立つようになったということは、ボン体制について厳しい観察をする人びとの一致して認めるところであろう。〔註18〕ヒトラーにたいする肯定的感情さえもしばしば現われ、反コミュニズムのモティーフのかげに、対独戦、対独制裁は歴史的な過誤であったとする説すらも出ているといわれる。東ドイツの歴史学会では、数年来、西ドイツ歴史教育、歴史研究に現われた復古的ないし親ナチ的傾向を批判し続けている。〔註19〕

二　ボン共和制内部における旧ナチ

ロートフェルスの著作『第三帝国への抵抗』の〝まえがき〟では、最近の一〇年余の間に西欧諸国でドイツ抵抗運動（反ナチ運動）にかんする判断の急激な変化が生じた理由のなかでも、「自由主義と全体主義の二つの陣営に分かれた世界において」抵抗の問題そのものの役割が一つの普遍的、歴史的な意義を獲得したことに、とくに注意を向けている。これはナチにたいするブルジョア＝ユンカー的抵抗派のもっていた親西欧的・反ボルシェヴィズムの「正統性」が漸くにして陽の目をみるに至ったことにたいする満足を表明するものであろう。彼は、L・B・ネーミアーやJ・W・ウィーラー・ベネットの研究が、「実際のものであれ、曲解されたものであれ、ともかく『愛国的』あるいは『国家信仰的』態度」のゆえに抵抗派を非難していることに不満であり、「『真のプロシャ軍国主義』の伝統は、それがドイツになお存在した限りにおいては、国家主義的、デマゴーグ的な放埒さにたいする全くの制約になったという事実である。おそらく、この伝統の基本的内容の多くが時代精神を超越して生きのびるに至らなかったことは、むしろ惜しみてあまりあることであろう」と述べ、プロイセン軍国主義を免罪する立場をとっている。ところがその彼も、「今日、ドイツ国内での非難攻撃では、その戦線が逆の形になっている。つまり、それじたい防ぎようもなかった破局的発展の根拠を……『ドイツの内訌《ないこう》』のうちに求めようとする声が存在している」と、「背後刺突伝説」(Dolchstosslegende) の再生の危険を嘆かざるをえないのである。〔註20〕

T・H・テテンズは、ベルリン生まれで、一九三四年に強制収容所を脱出し、三八年には米国へ亡命したドイツ人であるが、一九六一年の著書〔註21〕において、西ドイツの政治的・道義的退廃とそれに関与した米国の責任を鋭く衝き、親ナチ的感情が西ドイツ民衆の間にいまだに根強く、旧ナチ分子とその勢力がほかならぬボンの国家機構に巣くい、庇護されている事実を指弾している。

彼はまず、一九五七年四月、南ドイツのオフェンブルグという町で起こった事件について記述している。強制キャンプの経験をもつクルト・リーザーという名の混血ユダヤ人が、とあるレストランでルードヴィッヒ・ツィントという人物に話しかけられ、会話なかばでナチの大量虐殺にかんして口論となり、ついに裁判にまで発展したのである。口論のなかでツィントは、

「わたしの意見ではガス室に送られたユダヤ人はあまりにも少なすぎた。」「わたしは、戦争中、わたしや仲間が数百人のユダヤ人をシャベルで頭蓋骨をぶちのめして殺したことを誇りに思っている。これからも躊躇せずにそうするだろう。」

などと叫び、果てはなぐりあいの喧嘩となった。

国際的な新聞種にまでなった「ツィント裁判」においても、ツィントは、「ユダヤ人との闘争」というナチの原理は過去においても正しかったが、今日もなお必要であると確言してはばからなかった。しかし、著者のテテンズが注目したのは、この被告が町の教育委員で、新しい世代を教導する立場にあったこと、また法廷をとりまく町民の雰囲気が圧倒的にツィントに同情的であったことであった。そして、法廷が一年の刑を宣告すると、とたんにツィントはエジプトに逃亡してしまった。この事件は、地方によって差があるとはい

え、反セミティズムの感情がかなり民衆の間に根強く生きつづけていることを印象づける。ユダヤ人問題が戦後影をうすくしているのは、ドイツ人の改心によるというよりは、大虐殺によって戦前約五七万人いたユダヤ人が二万人に減少したためである、といわれていることをうなずかせるものがある。

またテテンズは、一九五三年一月に発覚した旧ナチの高級官僚七人によるクーデターの陰謀について述べている。彼らは、一二五名の重要な旧ナチ分子からなるグループの指導者で、アデナウアーの連立政府の与党である三つの保守政党に潜入することを狙っていた。その最終目標は、〝ボン社会制度の打倒〟であった。首領のヴェルナー・ナウマン博士の供述によれば、彼の計画がもし成功したら、来たるべき選挙はその種のものの最後となったかもしれなかった。

一味の逮捕は英当局の手によって行なわれたのであったが、『タイムズ』紙は、ボンの『ゲネラル・アンツァイガー』紙から引用して、英国は「危険なドイツ人との直接の同盟にはいろうとするアメリカに警告する目的で全事件を工作した」と記した。『タイムズ』紙の記者は、「ドイツの民衆感情が、逮捕された七人の旧ナチ分子の擁護に結集しはじめた」と報じた。指導的なボンの官僚や政治家たちは、西ドイツの新聞の大方に援護されて、〝英当局がドイツの厳密に国内的な問題に干与した〟ことを非難した。一味の陰謀にたいして原則的批判を述べた新聞はきわめて少なかった。

西ドイツの官辺筋および新聞の主たる関心は、アデナウアーが「ヨーロッパ防衛共同体条約」の批准を急いでいて、もっともデリケートな国際的情勢におかれている最中に、ボンにたいして「非公正な」行為があえて行なわれたという点にあった。当のアデナウアー首相は、英高等弁務官サー・イヴォン・カークパトリックが事前に自分に相談してくれなかったことに、とくに烈しく憤ったのであった。アデナウアーと司法長官デーラーは、英当局にたいし、被告たちの裁判権を西ドイツに移管するよう要求、これを実現した。

裁判が開始されると被告らの弁護士たちは、訴訟の抑圧と被告の釈放を要求して連邦政府に圧力をかけた。『ブレマー・ナハリテン』紙（一九五三年六月一五日付）によれば、弁護士たちは、もし被告がただちに釈放されないならば、事件の真の背景を公然と論議する、と脅迫したのであった。六月末、被告らは突然釈放された。翌年一二月には、連邦基本法にたいする反逆の陰謀が明らかであったにもかかわらず、最高裁判所は一回の審理も行なわないまま訴訟を棄却した。

西ドイツの民主的な新聞が英側から得た資料によると、旧ナチがボン体制の内部に広範に浸透していること、および国内のナチ組織が国外の指導部と連絡していることが明らかであった。陰謀の一味は、当時アデナウアーの連立与党であった自由民主党、ドイツ党、難民党に地歩を占め、右翼の諸政党を合して新政党を結成する計画をもっていた。彼らの当面の戦術の第一は、民主主義的組織を新しいナチ運動がその背後で組織化されるための〝かくれみの〟として利用し、アデナウアーについては、新しい権力が妨げなしに発展しうるために、かつてのワイマール時代のシュトレーゼマンの役をふりあてることであった。

資料は、はるか以前から、彼らがアデナウアー政府、諸政党、各州議会内における多数の重要な地位を獲得したことを、みずからの成果として誇っていることを示していた。第二の戦術的な狙いは、他日政治的行動の道具として役立てることができるように、旧軍人や難民に工作して直接的に大衆を組織化しておくことであった。テテンズは、ボン共和制の全政治構造を見わたすとき、ナチスがあらゆる場所に静かにカムバックしているという結論が避けられない、という。首相官房をはじめ各省、各政党、議会、州機構、警察、学校、報道部門など、あらゆる分野で、中・下層のポストはもちろん、多くの枢要な地位にも深く食い込んでいると指摘し、陰謀家たちが「戦後作戦」における成功を誇るだけに、西側連合国の対独政策は失敗だったと述べている。

ことにアデナウアーの首相官房において、二人の旧ナチが影響力をふるっていたという。一人は官房長官のH・グロープケであり、いま一人は高級外務官僚のH・ブランケンホーンである。両名はかんばしくない過去の記録にもかかわらず、アデナウアーが戦後政府を再建する当初から重用されてきた。

グロープケは、ナチ支配下においては、政府法律顧問として、またユダヤ問題局の長として、人種法の作成や〝ユダヤ問題の最終解決〟に直接参与した。一九三八年内相フリックは、彼を「わが省内の最も有能で敏腕な官吏」と賞賛し、「ナチの大義にたいする忠誠と不断の精勤」を認めて政府顧問の高級官僚職に推薦した。『デア・シュピーゲル』誌の記事によれば、彼はアイヒマンとの共同作業で、より重い罪責の部分を背負っているという。戦後の彼について『ディ・ヴェルト』紙は、〝ドイツ国家という船の司令塔にいる第二の指揮者〟あるいは〝いつでもアデナウアーに面会できる唯一の人物〟と評し、「グロープケの政治権力は、彼の主人から発する信頼に、また彼の独占的な手細工とみなされるべき官僚機構への支配にまったく依拠している」とつけ加えた。

テテンズは、「なぜアデナウアーが本当の民主的な文官勤務にふさわしい人物を見いだそうとしないのか、決して説明されたことはない。このミステリーの背後にたとえ何がよこたわっていようと、事実は、ナチのヒエラルキーに忠実に奉仕したハンス・グロープケが、連邦共和国の最も権力ある人間の一人となったということである」と述べている。おそらくグロープケの巨大な権力の根源は、占領下に甦った国家の体質からして、国家ことに官僚組織の再建に当たって旧官僚の力を借りなければならなかったという事情によるものであろう。

またA・J・ハイデンハイマーによれば、首相は対外政策に専念しなければならなかったので、国内政策上の問題は官僚にしばしばゆだねられ、とくに各省間の調整にかんしては、官房長官に他の大部分の閣僚を凌駕する権限の成長を許すことによって、これを解決した。このように大部分の閣僚の役割を第二義的なものに引き下げることによって、内閣は首相にとって最も忠実な政治機関となったという。〔註22〕

けだしグロープケは、官僚組織をぎゅうじることによって首相の信望にもこたえ、その地位を不動のものとしたのであった。テテンズの究明によれば、敗戦後いち早く米国に身売りすることによって生きのびたヒトラーの情報主任将校R・ゲーレンの機関は、一九五五年以来連邦政府のもとで公式の情報機関となり、米国の援助によって世界的組織に肥大したが、グロープケの直接の支配下におかれていたという。また連邦広報局も彼の直接指導下にあった。さらにまた、ワイマール共和国を葬送した授権法の起草にあたった彼の経験は、ボン共和国においては「緊急事態法」の起案に貢献することとなった。

「グロープケが西ドイツの再ナチ化の陰謀に他の誰よりも多くをなしてきたということは、ありうることである。彼は政治的風向きの変るのをひたすら待機している旧ナチスに多くの枢要な地位を占めさせたというかどで反対派に非難されてきたのである。」(テテンズ)

ブランケンホーンは、やはり、新しく外務省を組織する仕事で首相に信任されたのであった。テテンズの分析では、一九四五年崩壊のずっと以前に、ナチの外交官たちは、戦後早急に復帰するための入念な準備工作を行ない、逮捕を免れて潜行したという。一九四九年、『ノイエ・ツァイトンク』紙は、リッペントロープの一味が外務省に復帰しようと準備していると警告したが、アデナウアーはこれを黙殺した。首相はブランケンホーンとリッペントロープとの親密な関係を知っていたにもかかわらず、彼を顧問として外務官僚組織の再建をはかったのである。

一九五二年一〇月二二日の国会討論において、首相は、ボン外務省内にひそむナチ外交官を暴露しつづける少数の新聞を非難し、脅迫した。進歩的ジャーナリストの追及は執拗で、たとえばバヴァリア・ラジオ放送のディレクター、ヴィルヘルム・フォン・クーベは、ボン外務省の指導的官僚の少なくとも八五％は旧ナチ党員であると主張していたのである。ついに国会は調査委員会を設け、しらべた結果、旧ナチ・グループが枢要な地位にそのメンバーを送っていることを認めた。報告書は、一連のメンバーの役職からの追放、および旧ナチ分子が外交使節に任命されることの阻止、人事局に勤務することの禁止を要求した。

アデナウアーは国会の弁明において、比較的高い地位にある外交官のうち六六％が旧ナチであることを認めたが、しかしこのような熟練者に依存しなければ外務省の再建は不可能であった、と付言したのである。改善はいっこうに行なわれず、委員会の勧告は無視されたまま、人事局はいぜん旧ナチの支配下におかれた。アデナウアー以来の汎ヨーロッパ主義、ないし冷戦利用の対外政策が、このような外務官僚組織によって担われてきたという事実を見のがしてはなるまい。

旧ナチスは、西ドイツの国家・行政機構にかぎらず、経済部門、軍部、司法部、科学者などの内部にも広範に浸透しているとみられている。〔註23〕たしかに、ボン共和制と旧ナチとの距離は、表面上は法律的禁止によってナチの再生が禁圧されているために、合法的な至近性を示してはいない。しかし、諸々の社会機構の内面に照明すれば、両者の親近性が日常化している様子である。東ドイツ側では、この事実を重視して、「報復主義者」がボン体制内部で実権を握っていると指摘するのである。もっとも、過去の誤った指導に従った責任を改心したのちも厳しく問うのは賢明ではない、という言い分も一理あるには違いない。

だが、歴然として否定することのできない事実は、伝統的な国家機構——とくに官僚組織が徹底した改革をとげないで連続性を保っていること、第二に、現体制にたいする右からの「反逆」が大目にみられ、現国家のこれにたいする態度にあいまいさがあること、第三に、ナチズムにたいする民衆の共感は軽視できないものがあり、現体制がこの民衆感情との妥協のなかに生きていること、であろう。

緊急事態法の制定をめぐる議論にもうかがえるように、〝防衛力ある民主主義〟の防衛力は、もっぱら東に、また主として左翼に向けられていて、肝心のところでボン・デモクラシーは空洞化する危険をかかえていると言えるであろう。

むすび

アデナウアーによって難民党からＣＤＵに引き抜かれたテオドール・オーベルレンダー（一九五三―六〇年、難民相）は、ミュンヘン一揆以来のナチであることを豊富な資料でバクロされ、辞職に追いこまれた。〔註24〕また前述のグロープケも、一九六二年に東ドイツの最高裁判所の欠席裁判で終身刑を宣告され、辞職のやむなきに至った。しかしいずれも、訴追の手をゆるめず、そこまで追い迫ったのは、東ドイツ側の努力であった。西ドイツ内に有効な反体制勢力が存在せず、社会民主党（ＳＰＤ）がますます社会愛国主義へのめり込んでいる状況では、ボン・デモクラシーの空洞化は避けがたいといわねばならない。そして、その体制空洞化を媒体として、いわば一種のブルジョア民主主義的ナショナリズムの内部に反民主主義的＝ファッショ的ナショナリズムへの傾向が浸透しつつあるようである。それは、国家権力の集中化と社会民主党の体制内化に伴う議会の虚構化、などに象徴される西ドイツ復活の一段階に対応する、ナショナリズムの反動化――超国家主義への傾きである。歴史的に蓄積され、ナチ時代に頂点に達した民族的エゴイズムの土壌が地味豊かであるため、国際関係における新たな孤立化と経済的停滞が兆すごとに、この傾きは容易に拡大することになるのではなかろうか。

一九六五年九月の総選挙、および六六年の地方選挙におけるドイツ国家民主党（ＮＰＤ）〔註25〕の進出は、ナチの再来として警戒され、世界中が目を光らせはじめた。ナチス残党の集団といわれるNPDの支持者は、ナチスと同じく中小企業主、中・低所得層の市民が中心とみられているが〔註26〕、こうした下からの運動の可能性は、現体制のかもしだす政治的空虚感と民衆の政治的期待感とのギャップということもさることながら、究極的には、西ドイツの資本主義的復活にともなう国家権力と既成政党の政治的・道義的退廃の深化が進むのであれば、それにつれて拡大するものであろう。


〔註1〕一八四八年ドイツ革命におけるショーヴィニズムの問題については、矢田俊隆『近代中欧の自由と民族』吉川弘文館、一九六六年。

〔註2〕A・アブッシュ『ドイツ―歴史の反省』道家忠道・成瀬 治共訳、筑摩書房、一九五五年、一七七頁。

〔註3〕ワイマール民主主義の多元的構造については、フランツ・ノイマン『ビヒモス―ナチズムの構造と実際』岡本友孝・小野英祐・加藤栄一共訳、みすず書房、一九六三年、一七―二〇頁。

〔註4〕A・アブッシュ、前掲書、二二一―二二二頁。

〔註5〕F・ノイロール『第三帝国の神話』山崎章甫・村田宇兵衛共訳、未来社、一九六三年、二八頁。

〔註6〕F・マイネッケ『ドイツの悲劇―考察と回想』矢田俊隆訳、弘文堂（アテネ新書№43）、一九五一年、一四―一五頁、四〇頁。

〔註7〕H・ロートフェルス『第三帝国への抵抗』片岡啓治・平井友義共訳、弘文堂、一九六三年、二二三頁、二三八頁、二六〇頁。

〔註8〕F・マイネッケ、前掲書、一四頁。

〔註9〕A・グロセール『西ドイツ―ドイツ連邦共和国』大島利治訳、白水社（文庫クセジュ376）、一九六五年、一二七頁。

〔註10〕H. Speier and W. P. Davison (ed.), West German Leadership and Foreign Policy, New York

1957,pp.291-293.

〔註11〕パウル・ゼーテ『ボンとモスクワの間――戦後のドイツ問題』朝広正利訳、岩波書店（岩波新書）、一九五九年、五二頁。

〔註12〕E・グーテンベルク『ドイツの奇跡（I）産業復興』篠田雄次郎・島野卓爾共訳、日本能率協会（マネジメント新書　第5）、一九六二年、二五頁。

〔註13〕A・グロセール、前掲書、一二三頁。

〔註14〕L. Frhard,Deutschlands Rückkehr zum Weltmarkt,Düsseldorf 1954,S.41.

〔註15・16〕G. Schröder,Decision for Europe,Trans. By D.J.S. Thompson,London 1964,pp.75-77.

〔註17〕鹿島守之助『新生西ドイツ――アデナウアーを中心にして』鹿島研究所出版会、一九六五年、七五―八一頁。

〔註18〕宮田光雄『西ドイツ――その政治的風土』筑摩書房（グリーンベルトシリーズ38）、一九六四年。篠原正瑛『現代ドイツ』弘文堂（フロンティアライブラリー）、一九六六年。

〔註19〕Joachim Streisnd,1945-1965: Die Befreiung vom Faschismus in Geschichtsschreibung und Geschichtsdenken in den beiden deutschen Staaten,Zeitschrift für Geschichtswissenschaft,Heft 3,1965.

〔註20〕H・ロートフェルス、前掲書、七―八頁。二〇―二二頁、二五―三四頁。「背後刺突伝説」および第二次世界大戦後における再生については、Joachim Petzold,Die Dolchstoßlegende: Eine Geschichtsfälschung im Dienst des deutschen Imperialismus und Militarismus,Berlin 1963.

〔註21〕T. H. Tetens,The New Germany and Old Nazis,London 1961.

〔註22〕A. J. Heidenheimer,Adenauer and the CDU,The Hague 1960,p.216.

〔註23〕National Council of the National Front of Democratic Germany,Brown Book: War and Nazi Criminals in West Germany,1965.

〔註24〕The Committee for German Unity, The Truth about Oberländer,1960.

〔註25〕一九六四年一一月に創立。一九六六年中にヘッセン、バイエルン両州で議席を獲得したのを皮切りに、翌六七年にはシュレスヴィッヒ・ホルシュタイン、ラインラント＝ブファルツ、ニーダーザクセン、ブレーメンで、六八年にはバーデン＝ヴェルテンブルクで、議席を得た。西ドイツ一〇州のうち七州で州議会への進出を果たしたのであった。六九年九月の総選挙では初めて連邦レヴェルの政治に進出なるかと思われたが、党の内紛などのため振るわず、五％条項の壁を破ることができなかった。

〔註26〕NPDの支持層の分析については、John D. Nagle, The National Democratic Party: Right Radicalism in the Federal Republic of Germany,California 1970,pp.123 ff.

第三章　西ドイツの大連立内閣と緊急事態法

（一九六八年刊）

(1) 大連立政権成立の背景

一九六六年末、西ドイツの社会民主党（SPD）は、一七年の野党生活をやめて、キリスト教民主同盟・キリスト教社会同盟（CDU・CSU）と連立政権をつくった。いわゆる「大連立」の成立であった。この大連立内閣が成立した背景には、いくつかの経済的ならびに政治的事情が存在した。かなり深刻な危機感と打開すべき壁が意識されたからこそ、連邦議会の四九六議席中四四七議席を占める議会内の一大安定勢力が求められたと考えてまちがいない。

当時、西ドイツの保守勢力にとってさしせまって解決すべき課題は、三つの方向にみられた。

第一は、エアハルトの「社会市場経済」政策が限界をあらわし、構造的不況が浸透してくるにつれて、政府の強力な指導性にもとづく連邦財政の改革が必要とされたことであった。六六年秋頃から鉱工業生産は前年水準を下回り、失業者数も記録破りにふえ、一時は三〇万人以上の外国人労働者を「輸入」してまで労働力を補おうとしていたのが、一転して安い労賃で働く外国人労働者に対して失業にあえぐ人びとの反感が高まるしまつであった。ルール炭坑地帯の労働者の攻勢は、ノルトライン・ヴェストファーレン州の選挙でCDUを敗北させ、それがエアハルト首相の政治指導力に関する保守勢力内の不信表明のきっかけとなったといわれる。財界は公共財政膨張をひきしめる決定的な措置として、憲法で定められた地方自治体の財政自主権を大幅に制限し、起債などの自由を奪うことを要求した。合理化諸政策の基本的な環として、財政権の中央集権化を必要不可欠とみなしたのであった。だが、この要求をみたすためには、憲法の改定が必要であった。州代表で構成される連邦参議院の抵抗をのりきり、連邦議会でも三分の二の多数を獲得せねばならなかった。エアハルトにそのための政治力が欠けていたのが、首相の座を降りなければならなかった理由の一つであった。大連立内閣のもとで、やすやすと経済安定法は通過し、エアハルトの去ったあとにエアハルトの提唱した「組織された社会」への一歩が進められたのである。

第二は冷戦を前提としたアデナウアー以来の西方一辺倒と力の政策がようやく行きづまり、米・ソ共存やNATOの解体傾向のなかで、国際的孤立を避ける必要にせまられたことであった。アデナウアーは、東西ドイツの民族的統一よりも西方との同盟、軍事力の復活を優先させ、「西欧における西ドイツの軍事的寄与」の代償として、政治的・経済的ヘゲモニーの回復を目的意識的に追求してきたのであった。それが六千万たらずの人口に対して日本の二倍に近い軍隊を保有するようになったにもかかわらず、また経済的には、西側世界内でアメリカにつぐ経済的実力をそなえたにもかかわらず、政治的発言力の点ではいぜんとして世界の二流国の地位にとどまってきた。そこから核保有もしくは核の共有についての強い要求も出されたのであったが、かえってそのことは東西両世界の中で西ドイツに対する深い警戒心と疑惑を生むことにしかならなかった。

米・ソ共存が進み、フランスがNATOの軍事機構を離脱して東西和解に独自の動きを開始したことは、それまで、〝欧州の安全保障問題の解決よりドイツ問題の解決を優先させる〟ことを原則として同盟諸国に要求してきた西ドイツにとっては一大ショックであった。しかし、長年、反共主義で国民を教育し、また東プロシャや東ドイツから逃れてきた人びとの強烈な反共意識を保守政治の基盤にとり入れていた手前、にわかに方向転換することも容易でなかった。東ドイツと国交をもつ国とは絶交することを建てまえとする「ハルシュタイン・ドクトリン」を破ることは、「連邦共和国のみを唯一の正統ドイツ国家とみなす」という国家の存在理由に対する重大な打撃を意味した。冷戦型の動脈硬化症におちいったCDUだけでは局面の決定的な打開は不可能であった。大連立内閣では、「大西洋派」のエアハルト＝シュレーダー路線から「小欧州派」のキージンガー＝シュトラウス路線への転向によって独＝仏関係を再修復する一方、社会民主党のブラント外相、ヴェーナー全独問題相のなどのイニシアティブで、東欧関係の打開に努力を傾けている。

もっとも、東欧関係の「改善」努力が、西ドイツの国是ともいうべき反共主義を放棄したこと、ないし修正したことを意味するものではない。社会主義諸国の関係にみられる分裂と多元化傾向に着目し、ソ連の統制力で一元化されてきた東欧をかきまわすことは、それだけでも西側にとって有利である。社会主義的建設で種々の問題をかかえている東欧諸国にとっては、西ドイツの進んだ工業力は好ましい交易相手にちがいない。

東欧の社会主義諸国に芽生えた「民主主義的傾向」が、東欧の団結を優先させ、かつ東ドイツを後援することを国際的義務とみなす、という線からかなりへだたりつつあることは、われわれが見るとおりである。ルーマニアについでユーゴスラヴィアが西ドイツとの国交に踏み切った。西ドイツの指導者たちには、東欧の分裂を促進すれば東ドイツは孤立するであろうという思惑が働いているにちがいない。また、政治的なねらいばかりでなく、経済的苦境の克服をなによりも輸出ドライブに賭けている西ドイツにとって、社会主義諸国との交易や国交の拡大は、経済戦略的にみても従来のタブーを破る変化をたどっているといえよう。中国との交易でも、日本、イギリスに迫る伸びを示している。

東ドイツに対しては、ヴェーナーを中心に慎重な取り組みがなされているが、東欧圏における東ドイツの孤立化を図ること、ウルブリヒト体制の「自由化」を促進し、さらに〝共産主義の自壊作用〟を待つという目標を今も捨ててはいない。経済交流をしだいに拡張しようとの動きもあるが、ブラントにしろヴェーナーにしろ、共産主義の東と統一することを真剣に考慮していると考えるのは当っていない。しかし、東ドイツにも〝もうひとつの経済奇跡が静かに進行している〟といわれるように、戦争による荒廃、工業基盤の欠如、政策の失敗などの劣悪条件を克服して、東ドイツも世界の工業国に列しつつあり、その国家的存在を西ドイツも含めた西側世界がながらく無視したり軽視したりすることは現実が許さないであろう。

西ドイツの反共立国の根底がゆらぐようなことになれば、ボン体制に対する左右からの攻撃、ことに右の反共アレルギーは、軍部の動きと相まって、国内緊張をひきおこさずにはいないであろう。また、国内における急進的民主主義の勢力や社会主義の影響力が力強く息を吹きかえすことにでもなれば、西ドイツの保守勢力は、国内抵抗と東ドイツの脅威とのダブルイメージのまえに自失するかもしれない。共産党の非合法化、社会民主党の体制内化によって、思想的一元化の上に安定を図ってきた西ドイツの支配層が、一九三〇年前後に経験した大恐慌の再現を最も恐れているといわれるのはおそらく真実であろう。緊急事態法の企画は、東からの侵略に備えるというのみではなく、国内支配の将来について自信が十分でない証拠であろう。

(2) 極右政党の進出

西ドイツの支配層が大連立を必要とした第三の課題は、六六年一一月のヘッセン州議会選挙およびバイエルン州議会選挙においてネオ・ナチといわれる国家民主党(NPD)が、それぞれ八議席と一五議席を獲得したことに対応するものであった。五〇年代の初期にいちど右翼政党が進出をはかったことがあったが、非合法化の措置と政府、与党の右傾化によってエネルギーを吸収され去勢されたかにみえていた。それが、西ドイツ民主主義の空洞化によってかもしだされる政治的空虚感や中央政治に対する期待はずれと結びついて、再び極右勢力抬頭の兆を示しはじめたのであった。ボンの政治指導者たちは、地方レベルでのネオ・ナチの進出が国の内外に大きな反響をよんだことに驚き、西ドイツ国民の九〇パーセント以上は健全な政党に投票しているし、NPDに対する支持票の多くも浮動的なものが多く、中央政界の動揺に応じて生じた一時的現象にすぎない、と、できるだけ事態を軽く扱う態度を表明していた。しかし、六七年に入ってもＮＰＤの進出は続いた。やがて同党の内紛もあってやや停滞気味だとはいうものの、状況いかんでは六九年の総選挙で国会に進出する怖れさえ感じられた。

そこで考えだされたのが、例によって選挙法の改正であった。これまで、五パーセント条項というのがあって、候補者が直接当選するか、もしくはその政党が五パーセント以上の総得票をおさめるかしなければ、議席を持ちえないしくみである。しかしなおその制限をこえて伸びてきたのであるから、さらにこれを封じる方法が制度面で考慮されはじめたのであった。イギリス風の小選挙区制で二大政党制を確立しようという計画が、現在の大連立政府によって検討中だと伝えられるが、これが実施されれば、おそらく中央政界から完全にしめだしをくらうであろう自由民主党（ＦＤＰ）は、党の死活問題であるから猛烈に反対することは明らかである。いずれにせよこの法改正はＣＤＵ・ＣＳＵと社会民主党の協力がなければ達成されないのであり、大連立の一つのねらいもそこにあったと考えられる。一方で、強力な執行府と安定した議会勢力を誇示することで民心を掌握しつつ、他方で小党が進出してキャスティング・ボートを握る事態を制度改定により避けようともくろんだのであった。

だが、もともと極右政党が再進出のチャンスをつかんだのは、社会民主党も含めて中央政界の頽廃と無能に原因であったのである。ことに、左翼には非常に厳しくつらくあたり、右翼には甘いボン政界の基本態度、反共主義の画一的なムードが、極右勢力の伸びる地盤をかねて温存していたといってもよいであろう。

実際、六六年にＮＰＤが発表した「宣言」を読んでみると、西ドイツの国際的境遇に対する感情的反発、内外の諸問題に対する国家主義的ないし民族主義的な強調が特徴的だが、しかし個々の論点では、今日の西ドイツの政治的風土にかなりマッチしたものが多く、同じようなことは、ボン政府の要人たちの口からもしばしば聞かれるくらいなのである。アデナウアーにしても、シュトラウスやシュレーダーという実力者たちにしても、西ドイツの再軍備が進むにつれて勇ましくなり、これまで公の場所でたびたび国家への忠誠とか国家の歴史に対する意識の昂揚などについて強調してきたのである。また、ボンの政府官庁の内部に、旧ナチの高級官僚たちが多数ひそんでいること、国防軍にも、ヒトラーと協力した高級軍人や旧ナチの将校たちが、基幹部分として返り咲いていることは、よく知られている。そういう保守的、反動的な土壌が残されているうえに、中小企業者や中低位所得層の不景気への不安、対外政策の手詰りや国際的孤立化に対する民衆のいらだち、中央政界のかけひき政治に対する失望と倦怠、などがたがいにからみあって、ボン・デモクラシーに動揺をひきおこしているのであるから、制度的なやりくりで米英流の二大政党制の形式をつくりだしてみても、それは一時しのぎの臭い物にフタで、根本的な解決にはならず、反デモクラシー的な体制外エネルギーを裏側に蓄積することになりかねない。

最近の世論調査によれば、とくに石炭不況に苦悩するルール地方において、極右のNPD支持と左翼の「ドイツ平和同盟」（DFU）支持が伸びているという。また、NPDやDFUが伸びた地方では概して社会民主党の支持が低下するという傾向が現われている。明らかにこれは、選挙法の責任ではなく、現在、中央議会や地方議会に勢力を持つ諸政党の失敗にほかならない。その責任を選挙法の操作で逃れようとするのは、既得権擁護のためには寡頭制をやむなしとする発想であり、民主主義の否定へ通じる道を地ならしすることとなろう。

しかし、ほかならぬこのような議会外反対勢力の伸びる傾向が、現在の与党を選挙法いじりに駆り立てるのである。ゲルステンマイアー、フォン・ハッセルらのCDU幹部、社会民主党ではアレックス・メーラーなどが、六九年総選挙に間に合うように選挙法を改定せよと迫っているといわれる。大連立内部では、単純多数当選制の小選挙区制度に改めるという点では意見が一致しているが、さらに具体的な点では、互いに利益の思惑が対立していてまとまらず、ついに、新小選挙区制は七三年総選挙から実施すること、六九年には〝過渡的措置〟をとらないこと、で妥協がついたようである。ということは、現在の大連立内閣が、〝二、三の問題をかたづけるため〟の短期間のものと公約されてきたのが、さらに延長される公算がつよい。社会民主党の若手や一部の地方支部からの上層部批判はいっそう強くなろうし、長期大連立がさらに政治的空虚感を生むことになれば、ＮＰＤやＤＦＵに支持が増すことも予想される。

（3）緊急法への流れ

大連立内閣の〝期待された効用〟について三点をあげて説明してきたが、とくに第一の経済改革面では、〝社会民主党のエアハルト〟と称されるシラーが経済相をつとめ、新ケインズ主義派としての立場から、エアハルトとは対照的な〝管理経済〟政策を強硬に展開しつつある。引退したエアハルトなどの〝自由市場〟派からの攻撃はうけながらも、キージンガー内閣のかげの実力者シュトラウス蔵相の強い支持を背景に、西ドイツ経済の頽勢挽回に懸命である。社会民主党でケインズ主義者というのは、日本の感覚ではピンとこないかもしれないが、西ドイツ社会民主党は、西欧の社会民主主義政党がおおむね脱イデオロギー化しているのにならって、実質的には社会主義を放棄し、とくに五〇年代後半頃から党の執行部に進出した幹部の間では、この傾向が支配的である。党機構の伝統的な保守的体質もあって、下部の意見や批判が上部に反映されたり、反対派の代表が上部に選出されたりする可能性はきわめて乏しい。六七年一一月、ゆかりの地バードゴーデスベルグにおいて（五九年この場所で階級政党の原則とマルクス主義を最終的に放棄した綱領が採択された）ひらかれた全国大会では、副党首で大連立の推進役であったヴェーナーの政治的行動に代議員の非難が集中した。また、シラーに対しては、ルールの炭坑地帯では失業者が続出して苦しんでいるのに、政府資金はこれを無視して資本家本位に支出されている、との批判がくわえられた。社会民主党が、大連立によって議会内安定勢力を確保し、その勢力の上に強力な執行府の寡頭専制を実現することに協力しているとするならば、それによっていったい、いかなる「理想」を地上にもたらそうとしているのか、ということが、民主主義の立場から、また、労働者や社会民主党員の立場から、あらためて問われているのである。

緊急事態法の問題は、そのような根本的な問いかけに客観的に答える内容をもっている。緊急法とは、立憲議会主義のもとにおいて、「公共の安全を保持しまたはその災厄を避けるために」、憲法ならびに議会の機能を停止し、行政府もしくはその少数者に法律にかわる命令とその執行を可能ならしめる法律であり、基本法（憲法）のなかに非常の事態における基本法の停止や制限について定めた条項を設けるものである。西ドイツでは、一九四九年、基本法制定のさいにその条項の必要が論議されたが、ワイマール憲法第四八条における大統領の緊急命令権が乱用されて一種の大統領独裁制をもたらし、ヒトラーの独裁制を容易にした苦い経験が、まだあまりにも人びとの記憶になまなましかったので、採用されずにすんだのであった。

だが周知のように、西ドイツ国家は冷戦の産物であり、厳しい冷戦世界のなかで、国家構造じたいも、しだいに冷戦型に変容し、再軍備のスタートとそれをめぐる激しい国内対立によって、ボン・デモクラシーにある種の権力主義的〝防衛措置〟を講じる必要が叫ばれるようにになった。元内相、外相で、現国防相をつとめるCDUのシューレーダーが好んで用いる「防衛力ある民主主義」がそれで、実はデモクラシー一般ではなく、現存するボン体制という具体物にそなわる「防衛力」を意味した。

ワイマール時代の経験では、当時のエーベルト大統領（社会民主党員）にしろヒンデンブルク大統領（元帥）にしろ、共和制の〝防衛〟を緊急命令権に託したのであった。しかしそのような法律や制度によっては共和国はまもられず、結局ナチに屈したのであった。だが一九二〇年のカップ一味の反乱にさいしては、労働者の政治ゼネストがこれをほうむり、共和制を擁護する実例を示した。このことは現実に民主主義を〝防衛〟する力が、民主主義によって実質的な利益を享受する社会的勢力にほかならないことを証明している。法律や制度はそのような社会的勢力に根をおろしたとき、最も民主的であり、効果的な〝防衛力〟たりうる。

しかるに、シュレーダーの言う〝防衛力〟とは、逆に、カップ一揆を鎮圧した労働者にほこ先をむけたもののように思われる。ワイマール時代の緊急命令権も、彼によれば、適切に用いられなかったのだ、ということになる。このような権力主義的発想は、アデナウアーが、「連邦共和国を下から切り崩そうとする企てやサボタージュは」東ドイツから起こされると考え、「平和が救われるのは、適切な戦力が編制されることによって、侵略は侵略者自身を危地に陥れるものであることが侵略者に明示される場合においてのみである」と信じた、〝力の政策〟への過信、冷戦型の思想と深いかかわりをもつものである（「アデナウアー回顧録」佐瀬昌盛訳、河出書房、一九六八年参照）。すなわち、西ドイツ内部の労働者の抵抗は、東ドイツの陰謀と同一のものととらえられ、相手側にまさる武器の誇示のみが平和を護るという考え方である。それでは、一八四八年革命以来のドイツの急進的民主主義の伝統、カップの軍事独裁を追い払った〝民主主義の防衛力〟は、危険視され、敵視されることとなる。民主主義を基盤に東ドイツとの民族的統一を展望することも不可能になる。

ともあれ、西ドイツにおいて提起された緊急法導入の企図の背景に、そのような基本思想があったことに注意しなければならない。現在、緊急事態法の制度的体系を完備するためには、エアハルト政権から現政権にひき継がれて、基本法改定案が提出されているのであるが、連邦議会を通過させるためには、またもや社会民主党の賛同が必要とされている。緊急法の内容と社会民主党指導部の態度を見ていると、「組織された社会」の完成のための最重要課題としてこの緊急法を成立せしめることが、あるいは大連立結成の最大の意図であったかもしれないと疑われるのである。

(4) ボン基本法の防衛補足

「国家的安全保障」の口実にもとづくボン基本法への修正は、朝鮮戦争と東西対立激化の直接的影響下にはじまる。一九五一年、国家の安全を強化するための刑法改正が行なわれた。この改正法により、国家に対する罪をおかしたカドで裁判に付された例が、その後一〇年間に一〇万件におよんだといわれる。この種の罪名と裁判では、基本法に保障された出版、表現の自由は、平気で侵害されたのであった。有名な一九六二年の「シュピーゲル事件」も、この法律の適用をうけたものであった。

ついで、五五年五月、西ドイツがNATOに加盟し、五六年、新国防軍が発足するにあたって、三月、基本法の修正(防衛補足)が、一五一名の社会民主党議員中二〇名の反対だけで可決された。そのさいに付加された基本法「第五九条」は、一種の緊急事態の確定手続について定められた。

(1)国防の場合(戦争・事変)が生じたことの確定は、連邦議会がこれを行なう。その議決は、連邦大統領によって公布される

(2)連邦議会の集会に、克服しがたい障害がある場合において、遅滞すれば危険を生ずる恐れがあるときには、連邦大統領は、連邦総理大臣の副署をえて、この確定を行ない、かつこれを公布することができる。連邦大統領は、事前に連邦議会議長および連邦参議院議長の意見を聞かねばならない

ここには、いわゆる「外からの脅威による緊急事態」の布告にいたる手続要件がのべられているが、とく

に第二項の規定に注目しなければならない。これを、非常のさいにおける連邦首相の軍事統帥権、および連邦国防会議（内閣委員会）に対する政治指導権と軍事指導権の集中、などと考えあわせると、緊急事態の布告とその場合の執行権について、いかに少数独裁体制が確立可能かが明らかであろう。また、同じく五六年修正で補足された「第一四三条」には「国内の危急の場合に……」と述べられており、いわゆる「国内からの脅威による緊急事態」を想定していることがわかる。

この五六年基本法修正によって、緊急事態布告が合法化され、防衛出動が可能になったが、また同時に、この修正により、その後の緊急法の制定、拡充に大きく道が打開されたのであった。

いわゆる「緊急事態法」案は、一九六〇年一月一三日、当時の内相シュレーダーによって議会に提出された。これに対しては、労働組合の反対、知識人の批判がきびしく、総選挙を間近くひかえていたことも作用して、採択されるにいたらなかった。この間の事情によって、議会の三分の二を獲得するためには、野党の社会民主党の協力が絶対必要であることが、提案者の側にはきわめてはっきり自覚された。一九六二年にも、シュレーダーの後任者ヘッヒャルによって第二次法案が提出されたが、今度は国際情勢に妨げられて、政府は形勢不利と判断して引込めざるをえなかった。

六三年一〇月、アデナウアーが首相の座を降り、エアハルトが政府を組織したが、緊急法に関する態度には変化がなかった。国内の民主的な諸勢力の反対運動は六五年前半にとくに激しかったが、新政権はこれにきびしい弾圧策をもってのぞみながら、議会では緊急事態法に関する一括法案を上程し、一気に可決しようと図った。社会民主党の指導部は、政府・与党との間で、法案支持について了解を与えていたといわれる。しかしながら、知識人、科学者の労働組合に対する民主主義防衛の呼びかけが行なわれ、それに呼応して、多数の社会民主党地方組織を含む青年、学生、婦人の民主的な団体が、緊急法の採択に反対する声明を発表した。この反対運動がかなりの広さをもっており、六五年秋の総選挙に影響しそうだと判断した社会民主党は、法案のうち基本法の改正手続を必要とする部分について賛成投票しないことを決定した。だが、単純多数決で成立の可能な〝単純緊急事態法〟に対する抵抗を、先頭に立って盛り上げようとするなんらの姿勢もとらなかった。かつて再軍備反対運動の場合もそうであったように、選挙への配慮が同党の態度決定にそのつど影響を与えただけで、基本的な点で政府・与党との対決を考えていたわけではなかったのである。

エアハルト政権が用意した緊急事態法は、大がかりな体系をなすもので、次の三つの要素からなっていた。

（1）基本法の修正にもとづく緊急事態法。国会の三分の二以上の支持が必要

（2）一群の〝単純〟緊急事態法で国会の、過半数の支持で成立可能

（3）緊急事態の発生と同時にただちに制定されるべき諸政令で、その草案は政府の手に極秘に保管され、国会にも知らされない

右の三要素のうち、第二にあたる諸法律が六五年秋の選挙までに議会を通過した。それには七つの法律が含まれていた。

（1）交通の安全を確保するための法律。これによれば、緊急事態のさいには自家用車の所有は停止される

（2）食料を確保するための法律。緊急事態における食料統制と食料配給制の実施計画を主とする

（3）経済の安全を確保するための法律。産業経済と生産に対する国家の強権的介入を認め、戦時統制の諸措置を考慮したものである

（4）水を確保するための法律。非常のさい、水資源の確保と供給を統制することを目的とする

（5）民間防衛団編制のための法律。いざというとき民間防衛隊を二〇万人編制することを主目的とする

（6）退避壕を建設するための法律。非常用出口とガス防禦用気密扉をつけた退避壕の建設を義務付けている

（7）自主的防衛のための法律。国民が自己負担で灯火管制用の設備、食料品の貯蔵、ガスマスク、家庭用防空用器具などを用意すること、および一六歳から六五歳までの国民に対し防空訓練への参加を義務づける

これらの法律をざっとながめればわかるように、そこにのべられた緊急事態への対応は、非常のさいに急にとりくんで成功し役立つものではない。その意味では、準戦時体制を思わせるものであり、〝平時における戦時体制法〟だと非難されるのも当然であろう。一九六五年というヨーロッパの情勢のなかで、このような準戦時体制が他国にさきがけて用意されねばならなかったのだろうか。ところが注目しなければならないのは、六五年六月にこれらの諸法律が国会で可決されたさい、これに反対投票したのが社会民主党の一二名とFDPの一名だけであった事実である。民主主義の防衛の観点からすれば、そのような議会内の事態こそ〝緊急事態〟だといわねばならなかった。

六五年九月に総選挙で勝利したエアハルト政権は、緊急事態法の通過が国内政策における主要課題であると声明し、基本法の修正を強行することによる緊急事態法の体系的完成を目ざした。六六年秋にいたるまでの経過は、前述したようにエアハルトが内外政策に行き詰まり、党内指導力の点でも、その力量不足が明瞭になり、ついに、世界の耳目をひく政変劇がみられたのであった。あのような政局の動揺がなければ、六六年の年内には改憲緊急法は議会を通過するのではないかと観測されていたのである。

（5）改憲緊急事態法の内容

CDUのキージンガーを首班とする大連立内閣には、かねて緊急事態法を手がけ、あるいは推進してきた

人々が名をつらねた。CDUのシュレーダーが国防相に、シュピーゲル事件で閣僚を辞めていた「強力な男」CSUのシュトラウスが影の首相として蔵相の位置に、前内相リュッケは留任、前国防相フォン・ハッセルも難民相としてとどまった。最初のうちは、外交政策面、経済政策面に重点をおいているかに見えたが、やはり予想どおり新政権百日後の六七年三月一〇日、政府は正式に新改憲法案を決定し、公表した。おそらく新法案は社会民主党の顔を立てた程度の修正で再提案されるだろうと予測されたのであったが、観測たがわず、本質においていかなる変更も加えられなかった。ちがった点は、たかだか、連邦議会にいわゆる〝一般委員会〟が設立されること、および、法案に〝特別に危険な状態〟という新しい規制概念がもち込まれた点にすぎなかった。しかし、最も重大な事情の変更は、今や社会民主党首脳部の直接参与のもとでこの法案が決定されたということであった。大連立内閣の成立は、改憲緊急事態法案のまえにたびたび立ちはだかった障碍が大きく克服されたことを意味したのであった。それに対して、議会外の抵抗がいっそう盛りあがることによって、内閣の分裂を期待するむきもあるが、前述のように、六九年の総選挙後までも大連立は続くのではないかと見られる有様であり、政府としては六八年中に議会を通したい考えであるから望みは乏しいであろう。

「緊急事態議会」法案といわれる現在審議中の改正法案はあらまし次のようなものである。

連邦議会は、三分の二の多数決によって三三名の議員（衆議院二二名、参議院一一名）よりなる「合同委員会」を設立する。また連邦議会は、単純多数決によって〝特別に危険な状態〟を宣言することができる。それと同時に議会の活動は停止し、「合同委員会」にひき継がれる。「合同委員会」は単純多数決で必要な法案を可決する。「特別に危険な状態」は、連邦共和国に対する武力襲撃の場合、「もしくはそのような襲撃の脅威」が存する場合、宣言されうる。「合同委員会」は、単純多数決により、「特別に危険な状態」の宣言が緊急案件であることの決議を採択することができる。そしてもし連邦議会が間に合うように召集されえない場合は、委員会みずから「特別に危険な状態」を宣言することができる。

このような法案が通過すれば、たとえば現状では、ＣＤＵ・ＣＳＵと社会民主党の幹部から「合同委員会」のメンバーが選出され、その内部で連立の多数派が一七名の過半数を制することとなろう。これを前述の基本法「第五九条ａ」ならびに「第六五条ａ」（軍隊に対する命令権、司令権を首相と国防相に集中）と関連させて考えれば、連邦首相、大統領、国防相に「合同委員会」の過半数一七名を加えた僅か二〇名に、すべての立法権限、行政権限、軍事指導権が集中することを意味する。この点は、エアハルト政府の「第五九条ａ」修正案が、連邦首相と大統領は合議のうえその責任において緊急事態を宣言することができる、としていたのに比して格段の改善だとみなすむきもあるが、はたしてそのように評価できるであろうか。むしろ旧法案にあった〝連邦議会のみが緊急事態の存在を宣言することができる〟という条項を除去しただけは後退したとする見方もなりたつのである。

次に問題になるのは、「合同委員会」は議会の活動が停止されたのち、いかなる緊急法令を定立するのかという点である。

エアハルト政府は、すでに四〇以上の緊急法令を準備し、厳密な秘密保管をしているといわれていた。ところが、東ドイツに本拠をもつ「民主ドイツ民族戦線」（ＮＦＤＤ）は、六六年五月に資料を公刊し、そのなかで、極秘で門外不出であった筈の法令案をばくろした。かつて内相リュッケは、〝これらの法案を見た人びとは顔面が真青になった〟と言ったそうだが、このばくろにはかえって青くなったかもしれない。

全体主義的な軍事独裁体制の到来をもたらす可能性もある緊急諸法令には、たとえば次のようなものがある。

「安保措置に関する緊急令」

警察は、緊急事態にさいして反逆罪、反政府活動、もしくは国家防衛や駐西独軍隊の安全に対する犯罪とみなされる諸活動を犯したり、助けたり、扇動したりする嫌疑のある市民を逮捕する権限を有する（第一条）。内相は、連邦共和国の内外の安全をはなはだしく損いかつ危くする団体を禁止する権限を持つ（第二八条）。


「一般市民の勤務に関する緊急令」

当局は、一八歳から六五歳までの男子および一八歳から五五歳までの女子の全成年者に対し、強制的な労働徴収の権限をもつ（第九条）。重要な軍需企業に労働者を強制保留するのみでなく、他の戦略的に重要でない企業から労働者や官吏を強制移動させることができる（第五条）。欠勤者や忌避者は二年以下の懲役に処せられる（第六三条）。もちろん、この緊急令によれば、ストライキは不服従として厳罰に付せられるであろうし、基本的な労働権の一切が停止されるであろう。


「自衛法に関する緊急令」

各企業に公的秩序維持および調査の活動に従事する機関を設置する。


「刑法の修正に関する緊急令」

安全を保障するために、国防軍、「緊急警察」、民間防衛隊、その他〝国内反乱〟を抑制するための軍事団体に無制限に徴用しうる権限を保障する。またいわゆる政治刑法の分野での刑罰を加重し、禁固は重労働に変更される。


「憲法擁護局および連邦犯罪調査局の権限に関する緊急令」

政治的調査および対抗内偵などの機能をもつ前者は、政治的犯罪の分野において逮捕権を含む執行権限を与えられる。〝信頼できない分子〟のための〝監護〟収容所が企画されている。

そのほか一連の緊急法令をあげていけば、際限のない〝国家防衛〟、〝政治的犯罪〟の予防、鎮圧に関する強権の発動がみられる。そのような緊急令が国民の監視のとどく国会において審議されるのではなく、緊急事態が宣言され、軍隊が防衛出動した管制下で、「合同委員会」において一気に可決され、発動をみるのである。しかも、内的要因にもとづくものであれ、外的要因にもとづくものであれ、「特別に危険な状態」の判断基準はきわめてあいまいである。

(6) ヤスパースの警告

ヤスパースは次のように警告している。

「連邦共和国においては、祖国派は、国家自体をつくりかえることにより、ほとんど気づかれずに勝利を収めている。独裁への途上で行なわれているがなお阻止されているものは、非常事態立法により、この法律の道具を利用して、いつの日にか実現されるだろう。ヒトラーが、ドイツでは合法性の道によってのみ権力を握りうることを認識し、これを獲得してからすべての合法性を廃止したように、独裁は非常事態法の助けにより同じことをやってのけるだろう。」(「世界」、六七年一月号)

六六年五月、西ベルリンで開催された西ドイツ労働総同盟（ＤＧＢ）の第七回大会は、緊急事態法に反対の態度をうち出した。政府によって用意されている秘密の緊急法令を非難し、西ドイツの労働組合は、基本的人権と基本法に保障された諸原則をまもる決意であることを再び宣言した。同年六月の社会民主党大会では、鋭い論争が起こった。そのような論争は初めてではなかった。しかしこのたびも、指導部の巧妙な策謀と、「党の統一と団結」を要請する多数の圧力の下に、緊急事態法の必要性を再確認する決議を一定の保証付きで通過せしめた。社会民主党の指導部は、労働組合、市民を民主主義防衛に立ちあがらせる平素の準備こそ最良かつ最強の共和国防衛であったことを教えるワイマール時代のさまざまな経験に学ぶことを拒否し、ますます資本側へ歩み寄ることによって、また全面的な軍事国家体制を共和国擁護の最終保障とみなす立場をとることによって、再びボン・デモクラシーと自己の運命にある種の宣告をくだそうとしているかに見えるのである。

昨年一二月二〇日付の『ディ・ヴェルト』紙は、〝最近四週間に〝三万人以上の教授や学生たちが、「緊急事態法に反対する大学宣言」に署名したことを報じている。フランクフルト大学の学生同盟議長ハンス＝ユルゲン・ビルクホルツによれば、この宣言の目的は〝連邦議会のメンバーに圧力を加えること〟であるという。署名者たちは、〝次の連邦議会選挙では、われわれは基本法のこの変更を支持したどの候補者にも投票しない〟と主張しているといわれる。署名集計は中間的なもので、さらに継続され、近い将来に公表する計画だそうである。このような知識人、学生の大衆運動の提起が、労働組合や社会民主党下部にどのような反響を呼び起こすかが、当面、乏しい中での一つの可能性であるだろう。

西ドイツをめぐる国際環境は、軍事的攻撃の危機がさしせまっているようにはとても思えない。連立政権の外交政策じたいが、いろんな策略を秘めながらも東欧諸国との関係改善に精力的な努力を傾けている状況なのである。つまり、「外からの脅威による緊急事態」は考えられないのである。むしろ反対に、西ドイツの軍事体制の強化や、米・英駐留軍の削減などによる西ドイツ国防軍の重みの増大、あるいは執拗な核兵器への欲求などが、ヨーロッパの安全にとって最大の危険要因とみなされるのである。このような西ドイツの政治状況は、「三矢計画」のような緊急計画をも聞かされ、防衛力強化と国防意識の昂揚が政府要路者たちから積極的に提唱されている今日の日本を考えると、決してよそごととばかりは思えないのである。

第四章　軍事的主体の再結集

（一九六八年刊）

序――再軍備と政治的復権

一　軍事的主体の再結集

二　軍部とボン国家

むすび――「制服の市民」

序——再軍備と政治的復権

西ドイツ復興の第一期ともいうべき一九四九年九月頃までは、再軍備問題は、少なくとも公式的地平上にはまだ現われていなかった。それが論議されはじめるのは、両ドイツ国家の樹立を頂点とする東西ブロック化がほぼ完了したあとであった。両陣営は、欧州とドイツの政治的分割を軍事的手段によって固化する段階へ移行する。それ以前もそれ以後も、冷戦の過程は、西ドイツにとって政治的復権のために、経済的障害の除去のために、好都合に利用されえた。利用しつつ、みずから欧州における冷戦発展の主要局面を形づくったのであった。

連邦共和国の成立後も、占領条例の存続によって西ドイツの国家主権はかなりの制限を受けていた。西ドイツ基本法にたいする西側連合国の留保事項には、軍備撤廃と非軍事化、産業解体と非集中化、対外的事項（外交権）、外国貿易および為替管理、基本法の変更、その他が含まれていた。したがって、西ドイツにたいする西欧防衛への寄与の要請が米国務省の主導のもとに強くなったことは、アデナウアーに完全主権回復への絶好の武器を与えたと思われる。

アデナウアーが自国の再軍備に関連してめぐらした考慮には、三種類あった。一つは、東ドイツにおける三〇箇師団をこえるソ連兵力の駐留ならびに東ドイツ人民警察の強化にたいして西ドイツに強固な軍事力が建設されていないことについての不安であった。彼は、東ドイツが法外に高くつく危険を予測しないかぎり、〝東ドイツ人民警察による攻撃〟が確実にありうると信じていた。この際、力による対抗のみが相手にそれを断念させ、東ドイツの民衆を西側へ吸引するであろう、という冷戦の論理が彼の思考を貫いていた。〔註1〕

また一つは、再軍備が西ドイツの政治的復権に大いに幸いするであろうとの期待であった。

「欧州防衛にドイツが寄与するための前提条件は、私の考えでは、ドイツを他の欧州諸国民と完全に対等におくことであった。同等の義務は、同等の権利を前提とする。私は、再軍備は、世界におけるわが国民の政治的地位にとってすこぶる大きな影響を及ぼすであろうと考えた。再軍備は、連邦共和国に完全な主権を得させる道であるかもしれなかった。そのことは、再軍備を、ドイツの政治的将来にとっての基本的問題たらしめるものであった。」〔註2〕

アデナウアーのメモワールにはそのように述べている。第三の考慮は、西ドイツの、自立的な国軍の建設には内外の抵抗が大きいが、欧州軍の統帥下でのみ寄与するということであれば容認されうるであろうし、欧州軍の前提となる欧州連合に参加すれば西ドイツの国際的復帰の第一歩となるであろう、という打算であった。〔註3〕

アデナウアーの公式的態度は、一九四九年一一月二二日のペータースペルグ協定の頃までは、西ドイツ再武装の意図を完全に否認していた。しかし、同年一二月初旬には、すでに微妙な変化が兆していた。米紙『クリーヴランド・プレイン・ディーラー』のインタヴューに応じて、アデナウアーは、一方で西ドイツ再軍備に反対であるとの従来の意見を述べながら、そのあとつけ加えたのであった。〃ドイツ人が外国軍隊に志願するという傭兵制には反対である。〃もし西側防衛へのドイツの参加が要求されるならば、それは欧州の指揮権下におかれた欧州軍内部のドイツ兵団でなければならない。だが、それはあくまで直接的危機の場合にかぎられる。〃〔註4〕

西ドイツ再軍備への移行にかんして、一九五〇年の諸情勢は、六月二五日（朝鮮戦争勃発）を境にはっきり二分されるという。七月三日、アデナウアーは、正式書面で、駐西ドイツ高等弁務官府にたいし、西ドイツ防衛の装備が増大させられるよう要請した。八月一一日、W・チャーチルは、シュトラスブルクの「欧州会議」（Europarat）で西ドイツの再軍備を促す演説を行なった。〔註5〕八月一七日、アデナウアー首相は、ペータースベルクにおいて西側三国の高等弁務官と会談して、西ドイツ再武装の具体的措置、方法について討議した。〔註6〕八月二九日、彼は高等弁務官府の求めに応じて西ドイツの「安全保障にかんする覚書」を提出し、それは九月のニューヨーク外相会議ならびにＮＡＴＯ理事会で検討された。覚書では、西ドイツに駐留する連合軍の増強が西ドイツ国民の西側への帰属感を鼓舞するであろうことを強調した。同時にまた、西ドイツ警察隊の設立を要求し、そのかわり欧州軍に服務するドイツ人兵団の創設を保証すると述べていた。また、占領条例を修正すること、ことに高等弁務官府の権限をいっそう縮小することが要求された。

ニューヨークの三国外相会議では、アメリカの強いリーダーシップのもとに、アデナウアーの要求がほとんど全面的に承認された。すなわち、対独戦争状態を正式に終結させ、ボン政府を唯一の正統ドイツ政府として承認すること、ＮＡＴＯ条約第六条に規定ずみの西ドイツおよび西ベルリンを防衛地域に含める原則をいっそう明確に再確認し、駐留軍を増強すること、西ドイツに移動警察隊を創設し、それをラント段階で編制するが、非常の際には連邦政府が掌握しうるものとすること、および、独立したドイツ国軍の建設は望ましくないが統一欧州軍の下級単位にドイツ人部隊を編入すること、が採択された。同月のＮＡＴＯ理事会では、ＮＡＴＯ軍事委員会にたいし、西欧防衛体制に西ドイツ部隊を効果的かつすみやかに参加させるプランを具体化するよう指示した。〔註7〕

情勢を決定的に促進したインパクトは、明らかに朝鮮戦争であった。一九五〇年一〇月の「プレヴァン・プラン」の発表は、西ドイツ部隊の統一欧州軍参加について従来のフランスの消極的態度を一歩踏み越えたもので、西ドイツ再軍備の最大の障害であった独仏関係が、対独警戒心や世論の反対を越えて進みはじめたことを意味した。だがなお、西ドイツの新国防軍が発足するままでの道のりは、決して平坦ではなかった。

〔註8〕一九五二年五月に調印をみたヨーロッパ防衛共同体（EVGまたはEDC）条約は、フランス国民議会で棚ざらしされたうえ、朝鮮戦争の終結も影響して、一九五四年八月、ついに否決された。西ドイツ再武装が法的に可能となったのは、一九五四年一〇月二三日調印、一九五五年五月五日発効のパリ諸条約にもとづいてであった。占領条例の撤廃、西ドイツ主権の完全回復（ただし、ベルリンにかんする、およびドイツの再統一と平和条約の規律を含むドイツ全体にかんする権利と責任は西側三国に保留）をとりきめた「ドイツ条約」（一九五二年六月二六日調印）も、それと同時に漸く発効した。五月九日、西ドイツはNATOと西欧連合（WEU）に正式に加入するに至る。

西ドイツの再軍備については、まだ歴史的考察がいきとどいているわけではないが、一つ特徴的なことは、ボン国家の側に一定の政治戦略にもとづく主体性が認められることである。厳しい国際的諸制約、国内的不安のさなかにそれがありえたことは注目しなければならない。ただ、アデナウアーの決定が、再軍備問題の取扱いに関連して、両ドイツ統一よりも西ドイツの復権を優先させたのと同じような関係が、民主主義の十分な定着と復権要求との関係においてもみられたのではないか、との疑いは、今後ボン・デモクラシーの動向に伴って問いつづけられるであろう。かぎられた紙幅で接近を試みる本稿の二つの主題も、そのことに関係せざるをえない。すなわち、第一に、国防軍創設のための軍事的主体の再結集はいかにして可能とされたか、第二に、ボン国家内における新国防軍の位置づけはどのように理解されるか、を試論的に問うことである。いずれもボン・デモクラシーの体質の評価に接近することであり、ワイマール共和国の先例に照らしても、今後なおこれらの問題は、ボンの議会、政党などの分析とともに追跡されねばならないであろう。

一　軍事的主体の再結集

（1）

一九四五年八月二日のポツダム議定書は、ドイツの軍事的主体の完全な解体を求めた。「ドイツ国の完全な武装解除および非軍事化ならびに軍事的生産に使用できるドイツ国のすべての工業の除去および管理。この目的のため、ドイツ国のすべての陸軍、海軍、空軍、ナチス親衛隊、ナチス突撃隊、特高警察および秘密警察は、参謀本部、将校団、予備将校団、軍事学校、在郷軍人団ならびに他のすべての軍事的および準軍事的団体、ドイツ国において軍事的伝統を存続させることに役立つすべてのクラブおよび協会とを含むすべての団体、職員および施設とともに、ドイツ国の軍国主義およびナチズムの復活または再組織を永久に防止するような方法で、完全かつ最終的に廃止されなければならない。」〔註9〕うたがいもなく、このとりきめは、非ナチ化を要求しているだけでなく、フリードリヒ大王、シャルンホルスト、クラウゼヴィッツらを神とするプロシヤ＝ドイツ軍国主義の伝統にも存続を許さず、その伝統を生きながらえさせ、あるいはよみがえらせるような団体、施設の一切を根絶することに同意したものであった。なかんずく、第一次世界大戦後において非合法にドイツ国防軍復活の根幹となった参謀本部（Generalstab）ならびに将校団（Offizierkorp）は、このたびは、その活動はもちろんのこと存続すら認められなかった。

ポツダム協定による厳しい禁止のほかにも困難な事情があった。軍事的敗北はナチの罪責に参与した不名誉を伴っていた。ニュールンベルクの主要戦犯の裁判は、多分に国防軍に対する裁断でもあった。また、大戦と敗北はきわめて多数の有能な将官を喪失させた。陸軍の場合、戦死二一九名、自決五五名、ナチの軍法会議により処刑されたもの二〇名、戦後に戦犯として死刑を宣告されたもの三六名であった。空軍は一〇一名を失い、海軍は六四名を失った。喪失の総数は七六八名におよんだ。一九四五年には、たいていの将官と参謀将校は戦勝国の手に拘禁されることとなった。ごく少数の者のみが、スペインや南米など、外国へ亡命する機会をつかんだのであった。このように、戦時の損害と敗戦の打撃によって、かつての軍指導部は瓦解し、解体したに等しかった。〔註10〕

しかし、再軍備――軍部の復活――のためには、その基幹部分の再結集ないし再建が不可欠であった。過去より完全に絶縁したところに新しい基幹を創りだすには、西欧の危機感はあまりにも切迫していたし、西ドイツの軍事的貢献を求めるアメリカの要求は性急であった。また、その再武装の動機、それを要求している国家の性質が、旧国防軍の残部にとってどの程度まで背馳《はいち》するものであったか、それはなによりその後のなりゆきが説明していよう。国家機構の中枢部分としての軍部の復活が、旧機構エリートの専門的技術や組織指導力に依存しなければならなかったという点では、アデナウアーが、内務機構の再建にさいしてグロープケに依拠し、外務機構の再建でブランケンホーンに委嘱した事情に類似したものがあったと考えられる。グロープケもブランケンホーンも旧ナチの特権官僚であった。〔註11〕

ところで、軍部の場合、比較的短期の拘禁を終えた参謀将校たちは市民生活に復帰しつつあったが、すぐに安定した生活を得ることは困難で、旧参謀本部のカストは、制度として拠りどころを失っただけでなく、人的なつながりさえ四散する傾向は避けられなかった。もしそのような状態が長期間続けば、旧参謀本部を中枢とする旧軍部の人的紐帯《ちゅうたい》はその痕跡を希薄にしていったであろう。しかし、この分散化傾向にたいして阻止的に作用した要因が二つあった。第一の要因は、将官や参謀本部将校たちの一部が、一九四五年から四七年にかけて、西ドイツの有力企業に避難港を見いだし、再出発の機会をうかがうことができたことであった。第二の要因は、彼らの団結の維持と新時代への適応の条件が、占領軍のラーゲル内に発見されたことであった。

まず、第一の要因であるが、旧軍の幹部と大企業とのつながりは、すでに敗戦前に存在していたものであったが、それが戦後に軍の基幹部分を温存するために利用され、また再軍備が進行しはじめると新たな産軍結合を生み出す人的基礎となりえたのであった。戦後大企業に身を寄せた代表的な高級軍人としては、ミルヒ元帥（クレックナー・コンツェルン）を筆頭に、マイスター、ボーデンシャッツ、ヴェンク、ライヤース、マンタイ、マントイフェル、フィリップス、オスターカンプ、コンラッド、ガランド、ヘンシュケ、カイパーなどの将星がみられる。その他、参謀本部将校の名は数多い。〔註12〕そのままコンツェルンや企業家団体の首脳部にとどまったものとしては、メーントゥセン＝ボールケン（元海軍中将、西ドイツ産業連盟の軍備問題部ならびに産業防空部の部長）、ヴェンク（元機甲兵団将軍、ディエール商会総支配人）、ガーマー（元陸軍少佐、騎士十字勲章受賞者、ヘクスト染料工業取締役からＡＥＧの取締役会長）、オーヴァベック（元陸軍少佐、マンネスマン会社総支配人）らが代表例である。〔註13〕また一時、企業の指導的な地位につき、一九五五年、連邦国防軍（Bundeswehr）の発足以降、再び制服を着用した元職業軍人将校の数は決して少なくなく、一九五六年一一月に入隊した元職業軍人将校のうち二〇％は指導的な企業人としての経験者であった。それから一〇年近い一九六六年初めに、連邦国防軍将官の二八％が企業人経験の保持者であった。〔註14〕一九五五年以降、ことに一九五七―五八年頃から、ＮＡＴＯ諸国との協調関係の内部で西ドイツの防衛生産が復活し、防衛予算の順調な伸びとともに軍事的投資も増額するなかで、こうした産業人と軍上層との人的結合が特殊な意味をもったとする指摘は、あながち根拠のうすいものではないと思われる。〔註15〕

第二の要因は、占領軍の使役グループに、旧参謀本部の中枢部分が結集されたことである。ケーニッヒシュタイン、オーベルウルゼル、アレンドルフのラーゲル内において、米軍司令部の「歴史課」(Historische Abteilung)の管理下に、第二次大戦の歴史編纂にたずさわり、〝将来のための教訓と知識〟をひきだす仕事を与えられた。元参総長の三将軍、ハルダー(在任期間一九三八年一〇月三一日―一九四二年九月二日)、ツァイツラー(同一九四二年九月二四日―一九四四年七月二〇日)、グーデリアン(同一九四四年七月二〇日―一九四五年三月二八日)を中心に、元参謀本部作戦課長ホイジンガー(一九五七年三月連邦国防軍初代総監、一九六一年四月―一九六四年三月NATO常設軍事委員会議長)、元空軍参謀長クライペのほか、ヴェストパル、シュパイデル、ヴァーリモント、H・V・マントイフェル、フリースナーらの将官をはじめ、きわめて多数のナチ国防軍(Wehrmacht)の元指導者たちが招集された。その総数は将官だけで、一二〇名におよび、アレンドルフで一九四七年までこの仕事に加わったコルティッツ将軍によれば、みなで三〇〇人の将校がラーゲル内にいたという。のちに連邦軍の将官となったホーベ、パニツキー(一九五七年連邦国防軍幕僚部幕僚長、一九六二年空軍総監)、ライヘルト、ペムゼル、ルーゲ(一九五六年海軍総監)、ヴィレマーらも含まれていた。この米軍司令部「歴史課」での仕事は、彼ら自身に第二次大戦の作戦経験を歴史的に再検討し、研究する便宜を提供しただけでなく、解体分散の運命にあった参謀本部将校グループが、再結集を図り、同族意識をはぐくみ、将校の再軍備プランと戦略構想を練る機会を与えたといわれる。西ドイツ国家が成立すると、やがてこの専門家グループの多くはボン政府の軍事顧問となったのである。〔註16〕

もっとも、旧軍人上層の間で、西ドイツ再武装の構想について意見が一致していたわけでもないらしい。はっきり二つのグループに分かれる傾向がみられたといわれる。ボン政府の軍事顧問たちやH・V・マントイフェル、ブルメントリット、マアルマン、クリュウェルらの元将軍たちは、概して、西側の防衛体制に寄与しながら新国防軍の性格にある種の「民主化」をもたらす必要を認めていた。だが、グーデリアン、ラムケ、レーマー、フリースナーらの元将軍たちは、西側連合国の対独政策、ことに戦犯と捕虜の取扱いについて強い不満を示し、「ドイツ軍人の名誉が回復される」ことを再軍備賛成の条件として主張した。〔註17〕ナウマン（Dr. Werner Naumann）やアーヘンバッハ（Dr.Ernst Achenbach）らの指導するネオ・ナチの政党に接近する元将軍たちも少なくなかった。〔註18〕

ともあれ、このように、一方では産業界の庇護によって、他方では米軍の影響下で、旧国防軍の基幹部分は分散せず保存されることができた。とくに後者の役割は基本的で積極的なものがあった。一九五五年に発足した連邦国防軍内の指揮権は、旧国防軍で下級将校や佐官級であった人びとの手へ移行し、その後も世代の交替は徐々に進行したが、一九六五年現在、一八九人の将官のうち半数以上が旧国防軍の参謀本部将校であり、その他も例外なしに旧国防軍の将校であった。なおそのうち六人は、一度は戦犯として長期禁固の判決をうけた軍人であった。〔註19〕

(2)

のちに連邦国防軍の幕僚部（Führungsstab）を形成し、あるいはＮＡＴＯ軍司令部に入った軍指導層は、このように保存され、再結集の機会を与えられた。これにたいし、部隊編成を可能にするような下級将校や下士官など中堅幹部を保存する役割をはたしたのは、占領軍に雇用された「労務隊」（Arbeitseinheit,Dienstgruppe）であった。「労務隊」は、英・米占領地区では一九四五年夏に、仏軍地区では一九四八年晩秋に設けられた。最初、その仕事の内容は戦災のあとかたづけや復旧作業であったが、その後しだいに技術的ないし軍事的訓練をうけるようになった。とくに朝鮮戦争開始後、西欧における米軍の再編制が行なわれはじめると、「労務隊」は量的に増強され、質的にも軍事的機能がいっそう前面におしだされ、事実上、駐留軍の補助部隊とみなされるようになった。一九五一年末、その数は、米軍下で八万、英軍下で七万、仏軍下に一万四千に達していた。ツェンカー、ゲルラッハ、ケーラー、ジーヴェルト、マッキイなどの指導下に、多数の元将軍や元参謀将校が、この「労務隊」で指導にあたった。一九五五年以降、それらの「労務者」は連邦国防軍へ流入した。「そのように〝労務隊〟はナチ国防軍から連邦国防軍への過渡期において、幹部予備軍の重要な役割をはたしたのである。」〔註20〕

同様の幹部予備の役割は、警察や国境警察隊（Bundesgrenzschutz,BGS）によっても担われた。とくに、一九五一年に発足したBGSでは、同年なかば頃の将校団の構成は、つぎのとおりであった。幕僚将校のうち九一％が旧国防軍将校で、九％が警察官出身。中隊長のうち八九％が元将校で一一％が警察官出身。小隊長の場合は九八％対二％。一二名の最高将校のうち、元将官五名、元参謀本部将校六名、一般参謀将校一名。一九五一年七月には、それまで米軍司令部下の「労務隊」再編制のためにドイツ側連絡部長をつとめていたマッキイ元将軍が、BGSの長官に任命された。〔註21〕一九五六年七月一日、BGSの半数九千名が、志願により、連邦軍に編入された。〔註22〕（一九六五年、BGSは一万七千名。）

一九四五―五〇年頃から、旧軍人団体が再建され、あるいは新設される現象があいついでみられた。一九五〇年には旧軍人連盟が復活し、すぐそれにつづいて鉄兜団（Stahlhelm）およびキッフホイザー団（Kyffhäuser-Bund）が再建された。地方的には、旧軍の連隊や師団ごとに伝統的な団体が多数生まれた。ついには、ナチ親衛隊（SS）の旧隊員たちもまた「互助会」（Hilfsgemeinschaft auf Gegenseitigkeit,HIAG）に結集した。一九五三年末には四六三の旧軍人団体が簇生していたが、その後数年で一、二〇〇―一、三〇〇に達したという。〔註23〕

以上のように、軍の指導部ならびに各級幹部の保存が実現され、またそれに対応して民間の軍事団体も再生した。それは時期的にはポツダム協定がまだ有効と考えられ、ドイツが東西に決定的に分裂させられる以前に進行しはじめ、ＮＡＴＯの成立にもとづく西欧の軍事態勢の再編、連邦共和国の成立、朝鮮戦争を機にする再軍備問題の公然化、などの契機を経るにつれ、秘せられた運動から公然のものへと変っていった。このように軍事的主体の自己形成が進むにつれて、再軍備の問題は、深部においては、再軍備の是非をめぐる議論をすどおりして、政治主体が内外情勢へ適応しつつどの「時期」にどのような「方法」を選択するかというイニシャティヴの問題に焦点がしぼられていった。

(3)

すでに一九四八年末頃、アデナウアーは、シュパイデル元将軍に、欧州軍の兵力にかんする意見書を作成するよう委嘱した。それをもとに西側同盟諸国が西ドイツに要求しうるものを考慮しようとするもので、したがって、それは、新軍隊を建設するための実際的な軍事政策的計画を輪郭づけるものであった。〔註24〕委嘱されたシュパイデルの背後に前述のスタッフがいたことはいうまでもない。もとよりそうした深層の動きは、公的な政治面ではうかがうよしもなかった。

一九五〇年夏には、アデナウアーは軍事顧問たちを定期的に招集するようになっていたといわれるが、その頃、はやくから元将軍たちのラーゲル内で作成され討議されてきた「ハルダー・プラン」(Halder-Plan)なるものが、首相のもとに提出された。そのプランは、西ドイツの再軍備について具体的に立案したものであった。まず、西ドイツ全国を、ミュンスター、シュツットガルト、ミュンヘン、ヴュルツブルク、ニュールンベルク、カッセル、ハンブルク、ハノーヴァー、ヴィースバーデンの九軍区に分け、一二四歩兵師団、一・五機甲師団、一山岳旅団を配置する。ついで、ミュンスター、キール、ブランシュヴァイク、ミュンヘンの四空域をもつ航空省が、空軍の建設を指導しなければならない。さらに、二年の現役服務期間を持つ義務兵役制が考えられていたが、実際の兵力建設は、三段階に分けて実施されるべきだとされた。すなわち、二万五千名の幹部要員(Kaderpersonal)の建設——徴兵組織の確立——兵役義務者の召集と部隊の編成。〔註25〕

再軍備の軍事計画面で最も重要な文書は、一九五〇年一〇月、アデナウアーの委嘱のもとに起草された非公然の「意見書」であった。それの作成に参加したのは、ホイジンガー、シュパイデル、ヴィーティングホフ、ルーゲ、ゼンガー＝エッタリン、バウディッシン伯、キールマンスエグ伯、ノスティッツ伯、マイスター、クラウス、クリューガー、ラーディシュ、シュルツェ＝ヒンリヒス、フェルチュらであったが、そこに盛られた諸要求の重点は、つぎのとおりであった。西ドイツがＮＡＴＯに対等な権利で加入すること、陸軍一二箇師団の建設、戦術的空軍と海軍の設置、現在検討中の「内面指導」制にもとづく兵士の教育と訓練。なお、戦略構想にかんしては、作戦行動範囲をできるだけ東方へ伸ばして立案すること、が基本とされた。〔註26〕

この「意見書」は、起草者の顔ぶれがやがて建設された連邦国防軍の最高首脳を形づくった点からみて、たしかに重要であった。事実、その後の対外交渉や計画の基礎には、この文書に盛られた建軍構想の基本的な特性と要求が、つねによこたわっていたと考えられる。時期的にみても、前述のごとくアデナウアーの公式態度に、また対西側諸国との交渉裡に、ようやく西ドイツ再武装とＮＡＴＯ参加が公然と表明されるようになっていたが、アデナウアーの背後にこのような企画中枢が存在していたこと、再武装の具体案が、おもに米国の支援下にあったとはいえ、西ドイツ内部からかなり主体的に提起されていたこと、すなわち内外に呼応しあうものがあったこと、が注目すべき点であろう。

一九五〇年八月末のアデナウアー覚書は、そのような軍事専門家の意見を全体的な政治戦略的展望にとりいれて書かれたものであったと思われる。八月末から九月にかけて、連邦首相官邸内に、新軍を再建するための最初の政務室が「郷土防衛本部」(Zentrale für Heimatdienst)の名称で設置され、その長として「内外安全保障問題顧問」(Beauftrage für innere und äußere Sicherheit)が置かれることとなった。九月一二日、元ナチ国防軍機甲兵団将官シュヴェーリン(Gerhard Schwerin)が、この中央企画の責任者に任命された。一〇月六日、アメリカ政府の提唱により、高等弁務官府は「ドイツ・連合国安全保障委員会」(deutsch-alliierten Sicherheitsausschuss)を設置し、三連合国は占領軍から代表を送り、西ドイツ側はシュヴェーリンを首相の「安全保障問題顧問」(Sicherheitsbeauftragte)として送った。〔註27〕同年一〇月二六日、CDUの国会議員であるテオドール・ブランク(Theodor Blank)が、「連合軍の増加に関連する諸問題のための連邦首相顧問」(Beauftragter des Bundeskanzlers für die mit der Vermehrung der alliierten Truppen zusammenhängenden Fragen)に任命され、いわゆる「ブランク機関」(Amt Blank)とよばれるものの創設で、西ドイツ再武装の諸準備のいっそう拡大された中心機関となった。ホイジンガー、シュパイデルを中心とするアデナウアーの軍事顧問たちは、その下に吸収された。同機関の活動は、一九五〇年一〇月の「意見書」にもとづいて開始された。

一九五三年三月一九日、西ドイツの連邦議会が「ヨーロッパ防衛共同体条約」ならびに「ドイツ条約」の批准を完了したのにともない、「ブランク機関」は拡張され五局を設けた。そのなかの第二局「軍事局」(Militärische Abteilung)は、きたるべき連邦軍幕僚部(Führungsstab der Bundeswehr)の胚種であって、ホイジンガーを局長とし、その下に軍政部(部長キールマンスエグ)、企画部(同ボーニン)、人事部(同ブラントシュテッター)、技術部(同エーベルハルト)を配したが、その業務は、五〇年八月のアデナウアー覚書、一〇月「意見書」を基礎に、新軍の建設を組織的、政治的、法的に整備することであった。〔註28〕ドイツ人部隊を欧州軍へ配置する計画、志願兵制度、義務兵役制度の検討なども、ここに委ねられた。一九五五年六月七日、「ブランク機関」は正式に国防省に昇格するにいたる。

二　軍部とボン国家

（1）

一九四四年一月、ウクライナ方面でドイツ軍第七機甲師団を指揮していたＨ・Ｖ・マントイフェルは、当時ソ連軍の襲撃にさいして卑怯なふるまいのあった一九歳の兵士を、軍法会議がくだした体刑二年の判決を破棄してまで銃殺に処したかどにより、それから一五年もたち、新国防軍もすでに軌道にのった一九五八年八月、デュッセルドルフの法廷で一年半の懲役を宣告された。彼が元将軍たちのなかでボン体制と西側同盟にいちはやく同調する柔軟性を示したことは、前に触れたとおりである。一九五三―五七年、彼は自由民主党（ＦＤＰ）の党員として連邦議会の議員であったが、のちに分かれて自由人民党（ＦＶＰ）に属し、さらにドイツ党（ＤＰ）へと移った。その間、一貫して与党側であり、連邦議会の国防委員会の委員として新国防軍の編制に貢献した。同時に彼は、旧軍人連盟の内部でも指導的な人物であった。〔註29〕戦時ならびに戦後を通じてそのように新旧軍部の中枢に近い位置にいた彼が、この時点で、そのような「不遇」に出会ったということは、新国防軍が、東側からは旧ナチ国防軍の再生のように非難されていても、旧軍とはなにがしか異なった性格をもって出発したことを推測させる。すくなくとも、旧軍の性格や原理をそのまま再生させる形では建軍が困難な情勢の存在したことを思わせるのである。

第一次大戦後、ゼークト（Hans von Seeckt）の天才は、「軍は国家のなかの国家となるべきである。しかし、それは奉仕を通じて国家のなかに吸収されるべきである。実際、それは国家の最も純粋な姿とならなければならない」という原理に基礎をおき、二つの課題を設定した。その第一は、新国防軍を、条約によって課せられた制度の範囲内で、しかるべき将来において国民軍に拡張できるものになるように組織することであり、その第二は、条約の制限条項の存在にもかかわらず、ドイツ軍部の伝統を完全に維持することであった。その目的を達成するために、かれは「一切をドイツ将校団の力に負った」のであった。〔註30〕

ゼークトに匹敵する天才が第二次大戦後の西ドイツにあったかどうか、それはやがて史家の究明するところであろう。しかし、明らかなことは、ホイジンガーやシュパイデルたちの前には、ゼークトの模範がよこたわっていた。たとえば、ゼークトの実施課題の第一に相当する幹部軍隊の創設は、ゼークトに与えられた合法的限界が陸上正規軍一〇万だったのに比すれば、より大きな成功例を示しているといえよう。すなわち、連邦軍の構成は、一九六一年現在で、兵士二一万三千人にたいして下士官一一万人、将校二万五千人、つまり兵士一六〇人にたいして下士官、将校が一〇〇人の割合なのである。この不均衡な構成が軍編制の恒久的な姿でないことはいうまでもない。大きな幹部の数は、巨大な軍隊にこそ適合するものである。空軍の場合でも、保有二千機にたいして一〇万人を擁している。軍事技術研究開発局は、二千人の専門家を雇用し、連邦軍の発足当時には許容されなかった規模での国産航空機産業を準備しつつある。海軍もまた絶望的な制限を免れなかったが、現在ではバルチック海および北海東部において作戦可能な配置にある。〔註31〕旧参謀本部将校の間における主要な意見対立は、新国防軍を西欧軍へ完全に統合せしめることにたいする不満をめぐるものであったが、だが、二大ブロック間の対立という条件下における西ドイツの地位は、資本主義的大国への復活を基底に構想する場合、西側へのインテグレーションを媒介に復権を図る以外に選択はないと考えられてきた。政治的復権の最終的な槓杆というべき軍事の側面では、現代戦の技術的内容という要因もあわせて考慮されなければならなかった。保守的な元将軍たちの〝国家主義的〟主張に比べて著しく〝ヨーロッパ主義的〟に見えながら、新しい時代の条件に適応する国家的利益の追求が、中心的動機としてそこによこたわっていたとみなければならない。しかも、その後時を経るにつれ、NATO内における西ドイツの軍事的比重がしだいに大きくなっていることにも注目すべきであろう。

ゼークトの実施課題の第二にあったドイツ軍部の伝統の保持の点ではどうか。新国防軍が過去から何かをうけ継ぐとすれば、それは二重の要素を想定させるであろう。第一は、シャルンホルスト、グナイゼナウによって基礎づけられた〝参将将校団はオリンパスの神々〟とみなす軍部の誇り高き伝統が、今日の西ドイツにおいても命脈を保っているであろうか。第二に、ドイツ軍部がナチスをうけいれ、ヒトラーに従ったがゆえに付与された「性格」が、新国防軍内に持ち込まれはしなかったか。二要素のいずれも、国家にたいする軍部の政治的位置づけの問題を含んでおり、したがってそのこといかんでは共和国の将来の命運にもかかわることになろう。

軍部というものは、普通はしばしば信ぜられているほど政治にたいして淡白でも中立的でもありえない。ドイツなどの場合、戦争と革命があいついだ今世紀の初め以来、軍部や軍人の運命ほど政治の推移に深くもてあそばれたものはないのである。また、前線と銃後の区別をなくした全体戦争の諸経験は、政治的ないし心理的要因の軍事におよぼす影響の重大性を自覚させた。それだけ軍部は政治の微細な動向にも敏感にならざるをえないし、逆にまた、軍部にたいするコントロールが民主主義の重要な一主題たらざるをえないのである。

ワイマール共和国における国防軍は、その編制時においては、左右の急進主義からできるだけ速やかに兵士たちを遠ざけ、「軍を政治に介入させず、かつまた、とりわけ、その統一を維持するという政策」がとられた。かかる方法で国防軍は、国家のなかの最も純粋な国家たらんとしたのであった。しかし、一九二〇年のカップ一揆がドイツ軍国主義の政治的無能力と共和国の真の守護神が労働者たちであることを証明したあと、国防軍の態度は一変した。「国防軍首脳部は、ドイツを強力な軍事国家として再建するという彼らの目的を達成するためには、共和国に対抗して(against)ではなく、共和国を通じて(through)働きかけなければならないことを、肝に銘じて教えられた。」その結果、国防軍は、「正統的立憲政府にたいする強力な支持者としての態度へと変化した。」〔註32〕だが、軍の統帥権は、依然として共和国のものではなかった。強力な軍事国家の再建という目標は、国防軍の軍事独裁によってではなく、共和国の合法的手段を通じて宰相の座についたヒトラーが、国防軍を「征服」し、みずからが最高司令官となることによって達成されたのであった。

かつてゼークトの路線に影響を与えたような諸情勢は、第二次大戦後の連邦国防軍の場合、さらに一段と厳しいものがあった。アデナウアーとその軍事顧問たちが、せまい〝国家主義的な〟反対に出会いながらも、結局選んだ途は、一面において、新国防軍を西欧民主主義に調和させることであった。西ドイツ再軍備をめぐる内外諸情勢が、軍部の生きる途を限定したといえよう。ことに、再軍備への過程における米国の支配的な影響力の特別な意義は銘記されるべきである。ブランクは、陰の国防相時代から、旧軍の影響が新国防軍に入り込まないよう努力を傾けたといわれるが、とくに意が用いられたのは、軍部のコントロールにかんする制度面であり、ついでイデオロギー面であった。

ナチの国防軍によってひき起こされた海外はもとよりドイツ人の間における憎悪は、考慮に入れられなければならなかった。ナショナリズムと軍国主義の伝統に対する打撃は、一九四五年には完璧なように思われた。また四五年以降新国防軍の発足までの間には、一〇年間の軍事的空白期があって、その間に軍国主義の伝統に触れない新しい世代が成長した。テクノロジーの発達は、産業面に分業化と専門家の新しい波を生みだし、人間関係の管理に質的な変化をひき起こしたが、軍内部の人間関係にも影響しないはずはなかった。また、連邦共和国が、ナチズムとの断絶を標榜し、基本的人権の尊重を高く掲げているかぎり、軍隊内部だけが旧来の別世界であることは不可能であった。さらにまた、軍部がなくなってからわずか六年ほどで再武装が問題提起されたことは、「世論を深く動かし、戦後ドイツにおいてみられた唯一の重大な反対運動となった。」〔註33〕よほどの巧妙さが、この抵抗の波をのりきるために必要とされた。提出される建軍案は、批判を無力にするような性質のものでなければならなかった。こうして公式な路線は、いくつかの重要な点で、プロシャ以来の軍制を毀損するものとなったのである。

（2）

ワイマール共和制下で起こったように、軍部が国家から独立して行動することを妨げるために、いいかえれば、「国家のなかの国家」としてでなく「国家のなかの軍隊」として定着させることを狙って、種々の厳しい管理権が連邦議会に与えられた。

まず、議会の予算審議権が軍部にたいする制約たりうることは、民主国家のたてまえであるが、西ドイツでも再軍備のための基本法補足（改憲）にさいして、「連邦が国防のために設置した軍隊の数字上の勢力とその組織の大綱とは、予算によって明らかにされねばならない」（基本法第八五条a）と定めた。〔註34〕これにかんして現実の問題点は、一九五三年以降、そしてとくに今日、西ドイツの再軍備に実質的に反対する議会内勢力が存在しないことであろう。一九五六年一〇月に国防相に就任したフランツ＝ヨゼフ・シュトラウス（Franz-Josef Strauss）は、核装備を含む連邦国防軍の近代化を提唱しながら、「軍備は、私的利益はもとより、その他の国家の諸利益、経済の利益に優先させられねばならない」と主張したといわれるが、一九六二年の数字で、五〇〇億マルクをこえる国家予算のうち直接・間接の軍事支出総額はなかばをくだらないと計算されている。これと対照的に、社会福祉費は二〇％。科学研究費は一・五％であった。文官雇用数は国防省がずばぬけて多く（国防省二千八百人、経済相一千六百人、外務省一千五百人）、つとに軍備が政策において最優位を占める軍事国家型を示している。〔註35〕

連邦議会に所属し、防衛問題に直接関与しうる機関としては、国防委員会（Verteidigungsausschuss）、国防受託者（Wehrbeauftragter）がある。「国防委員会は、調査委員会の権利をも有する。その委員の四分の一の申立があるときは、国防委員会は、或る事項をその調査の対象とする義務がある。」（基本法第四五条a・2）。同委員会は二九名の与野党議員より構成されるが、国防省内で何か新しい計画や仕事をするときは一切の通報を受け、必要とあればいずれの政府構成員の出席をも要求することができる。議会は同委員会を通して国防省および国防軍の動きを監督できるわけであるが、そうなればやはり議会の民主的な構成と手続が最大のカギであろう。

また国防受託者は、議会の補助機関として、国防軍内において軍人の基本的諸権利が確保されているかどうかを監察することを任務とする。連邦議会、国防委員会の指令にもとづき、または自主的に人権擁護と軍の内面指導（Innere Führung）にかんして活動する。「基本権を保護するために、および議会による統制を行なう場合における連邦議会の補助機関として、連邦議会の国防受託者が任命される。」（基本法第四五条b）。この条項は一九五六年三月に社会民主党の一部（二〇人）の反対のみで可決された基本法改定の一部をなしていたが、施行法の制定には困難が多く、ついに会期中に受託者を任命できなかったいきさつがある。〔註36〕

一九五五年七月に設立され一九五七年一一月まで活動した議会内のいま一つの機関があった。人事審査委員会（Personalgutachterausschuss）の名称をもつもので、新国防軍に入ることを希望する大佐以上の階級の軍人について個人的適正を審査し、また、他のすべての軍務につく者にかんする人事の指導的原則を作りだすという、二つの課題を主要な任務とした。まず最初に審査の基本原則を作成したが、それにはつぎのような字句がみられた。「個人的自由の価値ならびに法の支配の重要性についての明晰な理解、および民主的政治秩序にたいする無条件の忠誠は、軍職にとって第一の要件である。自由と法を確信する人びとの団体にしてはじめてそれらを防衛することができる。」

政府により提出されたリストにもとづき議会は委員会構成員を選出したが、委員長の選定、委員会規則の制定は、委員会に委ねられた。メンバーのなかには、委員長のオットー・ロムバッハ博士(Dr. Otto Rombach元政府次官、元アーヘン市長、一九三三年ナチにより罷免)をはじめ、アンネドーレ・レーバー夫人(Frau Annedore Leber「七月二〇日」事件後ナチにより処刑された社会民主党員の妻)、ファビアン・フォン・シュラーブレンドルフ(Fabian von Schlabrendorff「ヒトラーに背いた将校たち」"Offziere gegen Hitler", Zürich 1945 の著者)、ゼンガー＝エッタリン元将軍(モンテ・カシノの防衛司令官であったがナチの秘密警察により隔離)らのような、反ナチの人びとが含まれていた。

委員会は、まず複数の小委員会に分散して提出書類を審査し、その結果を本委員会に提出し、三分の二の多数決で決定した。議事は完全に秘密とされた。構成や見解の多様性にもかかわらず、意見の一致が多かったといわれる。全活動期間を通じて、本委員会、小委員会をあわせて約四〇〇回会合し、約六〇〇件を処理した。およそ一〇〇人の候補者が、一部は書類撤回により、一部は決定により失格となった。ことに五五年一二月、すでに「ブランク機関」で活動中の四人の大佐を拒否したさいには、ブランクは強い不満を表明し、与党CDUの首脳部からも圧力が加えられた(アデナウアーは干与しなかった)。決定の動機の説明が要求され、委員会規則の変更が求められた。だが、委員長は抵抗して言明した。"審議の秘密は選択の本質的要素である。もし委員会が弁明すべきであるならば、委員会の本質じたいの変更を受けいれることになろう。連邦国防軍の高級指導部について保証——いかなるナチ国防軍の信奉者もあってはならない——を与えうるためには、委員会はその決定にさいして完全に自由であらねばならない。〃一九五六年四月一二日、右派のドイツ党より、人事審査委員会を廃止し、旧将校のみからなる「名誉評議会」(Ehrenrat)を代置すべきだとの議会提案が行なわれたが、これは否決された。〔註37〕

(3)

人事審査委員会の活動について知られるところから判断すれば、新国防軍の出発点において、ナチ時代の栄光の再生もしくは延命が平坦な道に恵まれていたとは考えがたい。そして、そのことが、当初、国防軍の指揮構成に影響を与えたであろうこともまちがいないであろう。とはいっても、人選の過程でナチ時代の戦争行為の責任がどの程度まで厳しく問われたかは疑わしい。委員会の基本原則からもうかがえることだが、ナチの政治的ないし道義的責任と国防軍の軍事的責任とは、かなりの程度、区別されたと考えられる。もしそうでなければ、旧軍の高級参謀将校が指導的地位につくことはありえなかったであろう。おそらくそのさい、「七月二〇日」事件が軍部の原罪を緩和するうえに役立ったであろう。少なくとも精神的にプロシャ以来の軍の伝統を肯定し、クライザウ・サークル(モルトケ派)やゲルデラー派にみられたごとき「正統」保守主義の伝統を肯定し、その限りで軍人の復活を容認するのでなければ、再軍備の機構づくりは不可能だったはずである。加えて、再武装の動機は東方への抵抗であった。反共主義が、語られざるいま一つの選別の基準であったともいえよう。〝個人的自由および法の支配にたいする理解〃、〝民主的秩序にたいする忠誠〃というのは、一般的抽象的原則というよりは、その時点で、具体的に現存するボン国家の体制ならびに基本政策の容認、擁護ということであった。

ボン国家それじたいにしても、もともと非ナチ化、非軍事化の純粋発展ではありえなかった。東ドイツが人民戦線型から社会主義への権力移行を構想したとするならば、西ドイツではむしろワイマール連合型に修正を施した権力構造が考えられたとみてよい。その場合、ボン国家は、ワイマール国家ほどではないかもしれないが、社会民主党の一翼をなす急進的民主主義からカトリックや軍部の保守主義、あるいは機会主義的な旧ナチ分子までを含む諸種の政治的勢力を、合法的に内在させる多元的政治構造をそなえていると言えるのではなかろうか。反体制勢力としては、ネオ・ナチとコミュニストの諸集団が存在したが、前者は変形しては法の規制をくぐって生きつづけ、後者は一九五七年以降合法的に存続しえなくなった。

重要な点は、もしボン国家をそのような多元的政治構造としてながめた場合、その力学的構成は決して一定不変のものではなく、政治的権力の重点は移動しうるものであり、その移動につれて体質もまた変化しうるということである。現代資本主義国家に共通にみられる軍事国家的側面の肥大化に対応して、急進的民主主義の孤立化、反共主義的コンフォーミズムの成長、大衆民主主義に特有の内面的脱化——空洞化、などが昂進すれば、ボン国家は、右にたいして開放的で左にたいしては極端に閉鎖的なワイマール共和制の危機的体質を再現することになりかねない。このことは、軍部とデモクラシーとの関係において、デモクラシーの危機は必ずしも単純に軍部の内部からのみ発生するのではないことを示唆している。軍部の再現はすでに既成事実であるが、さらにそれの危険な変質が現れてくるとすれば、それはあくまでボン国家の変質という全体的現象の一部分にすぎないとみるべきであろう。民主主義を強化するか退化させるかのイニシアティヴは、根本的には軍部とは全然別の所に存在しているのである。

さて次に、連邦国防軍の統帥権については、究極的には連邦首相に集中しうるしくみである。平時においては、国防相が軍隊にたいする命令権および司令権を有するが、「国防の場合」（戦争・事変）の公布とともに、命令権および司令権は連邦総理大臣に移転する（第六五条a）。「国防の場合」が生じたことの確定は、連邦議会の議決によって行なわれ、連邦大統領によって公布される。大統領は緊急やむをえざる事情のさいには、連邦議会議長、連邦参議院議長の意見を聞き、連邦総理大臣の副署を得て、議会の議決を経ないで、この確定を行なうことができる（第五九条a）。大統領は、一般国家公務員にかんするのと同様、士官および下士官を任免する（第六〇条）。この統帥権の構成は、一九五六年三月の基本法改正で定められたもので、或る程度、妥協の産物であった。〔註38〕このような統帥権の所在はやはりワイマール時代とのはっきりした相違点である。それだけ、ボン体制の指導者たちの軍部にたいする統制力は、少なくとも外見的ないし制度的には強力なものである。しかし同時に、ボン・デモクラシーの全構造にたいする責任も、この人びとが負担しているのである。

一九五六年九月一一日、連邦人事委員会（Bundespersonalausschuss）は、「親衛隊戦闘団」（Waffen-SS）の旧メンバーの中佐クラスまで新国防軍に採用されうるとの決定を行なった。一〇月一六日には、かねて噂のあったごとく、ブランクは国防相を辞し、バイエルンの「強力な男」シュトラウスに引き継がれた。右の決定や国境警察隊員の国防軍編入問題などが、この更迭と関係していたかもしれない。人事委員会の決定は、強い抵抗と批判をひきおこした。この決定は、「親衛隊戦闘団」の旧団員たちが集会を開き、平等な取扱いを要求したのと時期を接して行なわれたものであった。一九五三年に表明されたアデナウアー首相の見解によれば、ナチ親衛隊と「親衛隊戦闘団」とは区別されてよい、というものであった。後者が志願者を一部分しか含んでおらず、主として戦闘目的で編制されたものであるから、ナチ親衛隊の負うべき政治的、道義的罪責とは同一でないというのが根拠であった。政府は、個別的な人事審査が入念に行なわれるべきであろう、と声明したが、人びとの信頼をあつめていた人事審査委員会は、中佐クラスにかんしては権限外である、と返答した。〔註39〕

西ドイツが急激な経済成長期にあって労働力需要が強く、また、いまだ志願兵制度の段階にとどまって義務兵役制（一九五七年七月七日連邦議会通過）にまで進みえず、国防軍の編制が予定どおり進まなかったことが、軍建設の指導者たちを焦らせたのかもしれなかったが、客観的には、この事件は、国防軍が親ナチ分子に公然と門戸を開いていく変化の起点をなしたといえる。

しかし、連邦国防軍に〝新しい精神〟を送り込むのに不適当な人物は、過去に明白な証跡をもった人びとばかりとは限らない。一九五六年四月一八日、社会民主党のカルロ・シュミットは、連邦議会の質疑において、国防軍海軍局の指導者が若い海軍軍人たちの前でレーダー提督やデーニッツ提督を典型とみなすという訓示を行なった事件について追及した。これら両提督は、ヒトラー体制に協力した理由で、ニュールンベルクで有罪の宣告をうけていた。ＣＤＵの代議士であり元提督であるヘルムート・ハイエ（のちに国防受託者）は答弁に立ち、この訓示についての弱い批判を述べたあと、むしろ海軍を弁護する発言をした。これにたいし、同じく与党のベーム博士およびホルラッハー議員が立ち、ハイエの発言を非難した。この問題にかんするブランク国防相の答弁は、「みじかく、生彩を欠き、当惑したものであった。」〔註40〕この事件は、さまざまな角度からみて、非軍事化と非ナチ化との不可分性、逆にいえば軍事化と親ナチとの不可分性について、確信に似たある種の感情を起こさせる性質のものであり、また、ボン体制の内部で旧国防軍のどの部分を免罪しどの部分に罪責を問うか、という命題に内在する本質的な矛盾を衝くものであっただろう。

むすび――「制服の市民」

新国防軍の〝民主化〟を象徴するものとして、「制服の市民」（Bürger im Uniform）の軍隊を創設したといわれ

てきた。この「制服の市民」とは、軍隊と法治国家との関係を表現したもので、
(1)軍隊を民主的国家のなかに有機的に統合すること
(2)軍の指揮官が国家と憲法に献身すること
(3)軍隊の価値と民主国家の価値、すなわち軍人と市民との価値範疇を同一のものとすること
の三点を原理とするものであった。〔註41〕連邦国防軍が創設されるさいに、そのような〝民主的軍隊〟づくりの中心になったのは、バウディッシン伯であった。かつてロンメル軍の大隊長で一九四一—四七年に捕虜生活を送った彼は、一九五一年五月、ブランク機関に入り、兵士の投票権、言論・信書・読書の自由、非合理な命令にたいする上訴義務など、個人の基本権について法制化に努力した。〔註42〕だが、軍の民主化の中心的問題は、兵士の人権もさることながら、むしろ政治的・イデオロギー的領域になければならない。H・アボッシュは、「万事は、その規制に誰が効力を与える責任を負っているかに依存している。」〔註43〕と、指揮のイデオロギー的性格の重大性を指摘する。

社会における民衆の一般的感情、軍隊内の民主制、および防衛目的に適合した軍の規律とイデオロギー、これら三者は、一般的にいって、必ずしも予定調和的なものではない。この矛盾の調和を図り、軍の効果、軍と社会の親和性を高めるためには、いずこの軍隊であれ、軍の内面指導（精神教育）が軍の内外に向けて行なわれるのが常である。西ドイツにおいては、国防省が内面指導の基準を作成し、連邦軍幕僚部が、軍制、軍紀、教育、教養、部隊情報、部隊サービスの六部門を管掌するしくみである。コブレンツには連邦軍内面指導学校が設立され、三軍の各幕僚部には、担当課が設けられている。旅団以上の司令部および防衛管区においては、司令官に内面指導の責任があり、これを助ける第一幕僚および内面指導係将校が存在する。〔註44〕この係将校は、一種の情報将校ないし政治将校とみてよいであろう。

ドイツが東西に分裂していて、ボン国家の存在理由が特別に補強されねばならず、敵性国家である東ドイツに肉親が住んでいる例も少なくない状況において、国防省や幕僚部は、政治教育やイデオロギー教育にとくに力を注がなければならないわけである。とりわけ、「民主主義の理想」にたいする献身、西ドイツ防衛に従事する用意について相当の強調がおかれているが、そのイデオロギー的表現は、クリスチャニティの精神を加味した積極的な反ボルシェヴィズムからなっている。また、政治教育の活動は、兵営内に限定されないで、民衆に向かっても拡げられている。部隊サービス部門は、政党、青年団、教会、学校、マスコミ、その他の諸団体、諸施設と緊密な接触を保ち、とくに青年層の指導上では、両親、教師、教会にたいする啓蒙に力を注いでいる。アボッシュは、軍隊が「国民の学校」と化していることにたいし、次のように警告している。

「わが国民の精神的、政治的教育が軍部当局に委ねられねばならないことは、不安を感じるに十分である。いかなる国でも、民主的であるかぎり、軍部がそのような任務の権限を与えられることは全くありえないことだからである。しかるがゆえに、将校の役割、そして彼らが普及させるイデオロギーはとくに重要である。」

「しかし、軍事的指導者の〝民主主義にかんする教養〟がヒトラーの軍隊に由来していること、彼らの自由にかんする信念がソ連にたいする盲目的憎悪によりなっていること、を理解してみれば、その客観性の限界は極端に狭いのである。軍隊が民主主義のための教育を口実として与えているものは、冷戦の仮説に基礎をおいた完全なイデオロギーである。」〔註45〕

ともあれ、西ドイツの再軍備は、その政治的気候を一変させた。一九五〇年当時は、アデナウアー自身がメモワールのなかで述べているように、「ドイツ国民の圧倒的大多数がドイツ国防軍の再創設構想にはまったく否定的態度を示しているという有様なのであった。」〔註46〕有力なプロテスタントであった内相グスタフ・ハイネマンは、五〇年八月末の「再軍備覚書」にさいして、何ら閣議にはかられず、彼の所管事項に関係あることについてさえ何の相談もうけなかった、アデナウアーの〝権威主義的方法〟にたいする抗議と、再軍備にたいする彼の道義的反対のゆえに、一〇月、閣外へ去った。〔註47〕

一九五〇—五六年は、再軍備にたいする反対運動が激しく、〝民族戦線〟運動、人民投票運動、〝僕らはごめんだ〟（Ohne uns!）運動と多彩であった。その後、一九五七—五八年には核死反対運動が起こり、今日まで持続している。しかしいずれも国内運動としては決定的な抑止要因たりえず、ただ西側連合国内の対独警戒心と好都合に結合したさいにのみ、事態の進行を遅らせることができた。それらの国内反対運動が、国家的復権を妨げるものとして、ボンの指導者たちを深く憂慮させたであろうことは、国民投票の禁止やドイツ共産党の非合法化などの措置にみてとることができようし、また、伝統的に祖国防衛にかんして肯定的であった社会民主党が、欧州防衛共同体条約（一九五三年）、基本法第一回防衛補足（一九五四年）、ブリュッセル条約とＮＡＴＯへの加盟（一九五五年）、志願兵法（一九五五年）、軍人法（一九五六年）、兵役義務法（一九五六年）、兵役年限法（一九五六年）などに反対投票するという〝革命的〟変化をみせたのも、世論にたいする配慮が主たる理由の一つであったと解される。だが、それらの民衆運動が十分に効果的でなかったのは、めざましい経済復興が西側との同盟との一体性において理解される一方、反ボルシェヴィズムの素地と宣伝が収穫をおさめたためであった。社会民主党が元来平和主義でなく再軍備にかんする基本的見解では政府・与党と条件の相違だけであって、いっそう〝民族主義的〟でさえあったこと、再軍備阻止の大衆動員には必ずしも積極的でなかったこと、徹底して反ボルシェヴィズムであったこと、などは、当時の政治状況下で、あるいは決定的な要因だったかもしれない。

緊急事態法（Notstandsgesetz）の議会提案に関連して、ボンの保守的指導者たちのあいだから、〝防衛力ある民主主義〟の声が聞かれるようになってすでに久しい。アデナウアーは、「連邦共和国を下から切り崩そうとする企てやサボタージュ」が東ドイツから起こされるものと考え、〔註48〕「平和が救われるのは、適切な戦力が編制されることによって、侵略は侵略者自身を危地に陥れるものであることが侵略者に明示される場合においてのみである」〔註49〕という〝力の政策〟を信奉していたが、おそらくそれは彼の後継者たちにも共通であろう。しかし、そのような左への過度な閉鎖性と武力への過信が、あるいは軍事力を通しての国家的復権への熱望が、国家の強制国家的側面、ないし軍事国家的側面をますます肥大させるであろうし、その肥大する機構のなかからヤヌスの神――軍が、他の権力要素と結合して、巨大なヒビモスとして立ち現われてくる恐れはないであろうか。

ヤスパースは〝労働組合に政治ストの権利を〟と呼びかけているが、国防軍は政治スト鎮圧の市街戦の訓練をしていると伝えられる。ようやく連邦議会で最終局面を迎えようとしている緊急事態法は、〝平時における戦時法規〟ではないかと批判されているが、〔註50〕そこに規定された緊急事態とは、統帥権の法形式上の所在が誰にあれ、一種の軍事独裁体制であることは疑いない。すなわち国防軍がボン・デモクラシーの最終的保障者に見立てられているのである。それにたいし、一歩また一歩と譲歩し、同意をかさねつつある社会民主党は、ワイマールの経験にかえりみて、〝民主主義の防衛〟の最終的保証を何に求めようとしているのであろうか。注目されるところである。

〔註1〕Konrad Adenauer,Erinnerungen 1945―1953,Stuttgart 1965,S.341 ff.、佐瀬昌盛訳『アデナウアー

回顧録』Ⅰ・Ⅱ、河出書房、一九六八年。

〔註2〕Ebd.,S.345.

〔註3〕Ebd.,S.345.

〔註4〕Ebd.,S.341-343. E.Majonica,Deutsche Aussenpolitik,Stuttugart 1965,S.23.R.I.I.A.,Survey of International Affairs for 1949-50,London 1953,p.151.

〔註5〕Aus der Rede Winston Churchills《Zur Schaffung einer europäischen Armee》vor dem Europarat in Strassburg am 11. August 1950,in:Deutsche Institut für Militärgeschichte,Bundeswehr-antinational und aggressiv,Berlin 1969,S.148-150.

〔註6〕K. Adenauer,a.a.O.,S.351 und 354 f.

〔註7〕Survey of International Affairs for 1949-50,pp.157-160. W.F.Hanrieder,West German Foreign Policy 1949-1963,Stanford 1967,p.39.

〔註8〕一九五〇年一〇月二四日、フランスのルネ・プレヴァン首相は、政府演説において、大西洋共同体の防衛力を強化する必要性を強調し、西ドイツ独自の国防軍の設立には賛成しないが、統一欧州軍にドイツ人兵団を受けいれることには同意する旨を明らかにした。ただし、世論の警戒心をやわらげるために、欧州軍に参加するドイツ兵団の規模を比較的小さな単位のものとし、その「国籍」をきわだたせないよう配慮が行なわれた。フランス国民議会は、一一月一六日、一七一票体一四二票で政府の外交方針を承認した。アデナウアーは、条件つきではあったがプレヴァン構想の基本部分を受けいれたために、西ドイツ内のナショナリズムならびに左翼の「ナショナリスティック」な批判にさらされることとなった。
Survey of International Affairs for 1949-50,p.163. R.I.I.A.,Dokumentea of International Affairs for 1949-50,pp.339-344. Survey of International Affairs for 1951,pp.105-110.

〔註9〕Karl Bittel (hrsg.),Das Potsdamer Abkommen und andere Dokumente,9.Aufl.,Berlin 1961

(1949),S.86f.

〔註10〕G. Förster u.a.,Der Preussisch-deutsche Generalstab 1940-1965,Berlin 1966,S.295.

〔註11〕本書、第二章参照。

〔註12〕Deutsches Wirtschftsinstitut (DWI)(hrsg.),Die Macht der Hundert,Berlin 1966,S.272. G.Förster u.a.,a.a.O.,S.296.

〔註13〕DWI.,ebd.,S.272.

〔註14〕Ebd.,S.273. さらにこの書は、そのような経歴をもった司令、旅団長、局長クラスの将校一九名の名と略歴を掲げている(S.273-276)。

〔註15〕D.W.I.,a.a.O.,S.273.G.Förster u.a.,a.a.O.,S.296.Institut für Gesellschaftwissenschaften beim ZK der SED,Imperialismus heute,Berlin 1965,S.463-485.

〔註16〕G.Förster u.a.,a.a.O.,S.296-297.National Council of the National Front of Democratic Germany,Brown Book:War and Nazi Criminals in West Germany,Dresden 1965,S.191.

〔註17〕テランス・プリティ『これがドイツ人だ』朝日新聞社訳・刊、一九六一年、一〇四―一〇五頁。

〔註18〕T.H.Tetens,The New Germany and the Old Nazis,London 1962,pp.111 ff.

〔註19〕Brown Book,p.194.

〔註20〕G.Förster u.a.,a.a.O.,S.297-298.

〔註21〕Ebd.,S.298-299.

〔註22〕BGSのBundeswehrへの編入が遅れたのは、法的不備によるほかに、ブランク国防相の個人的意見が強く作用し、「BGS要員をそのまま転入させることは新軍に旧軍的色彩を濃くすることをおそれて拒否された」ためであるという。同年一〇月、国防相は更迭されてシュトラウスが新任された。(外務省『ドイツ連邦共和国国防軍の一〇年』一九六五年、二二―二三頁)。なお、国立国会図書館資料六七―一『ドイツ連邦共和国の警察機構』(一九六七年八月)によれば、「一九五三年六月一九日には、

連邦議会の議決により、一万名の増員が認められ、合計二万名の隊員を有することになった。また、国防軍を創設する際には、連邦国境警備において集積された経験を活用するために、連邦国防大臣は、一九五六年五月三〇日の連邦国境警備に関する第二法律によって、連邦国境警備隊から国防軍隊を編成する権限を与えられ、連邦国境警備隊は、創設時の国防軍の中核要員を供給した経緯がある。当時、連邦国境警備隊から国防軍への移籍は、自由意志の下に行なわれた。約五〇パーセントの隊員が連邦国境警備隊に残留した」（二〇頁）

〔註23〕G.Förster u.a,ebd.,S.301-302.
〔註24〕Ebd.,S.300.
〔註25〕Ebd.,S.301.
〔註26〕Ebd.,S.301-302.
〔註27〕Deutsche Institut für Militärgeschichte,a.a.O.,S.89-91.
〔註28〕G.Förster u.a.,a.a.O.,S.305-306.
〔註29〕T・プリティ、前掲書、九四—九七頁。
〔註30〕ウィーラー・ベネット『国防軍とヒトラー』山口 定訳、みすず書房、一九六一年、(1)、八五頁。
〔註31〕Heinz Abosch,Menace of the Miracle,London 1962,p.116.
〔註32〕ウィーラー・ベネット、前掲書、七五—八一頁。
〔註33〕H.Abosch,op.cit.,p.117.
〔註34〕宮沢俊義編『世界憲法集』岩波文庫。以下、基本法の条文はこれによる。
〔註35〕H.Abosch,op.cit.,pp.116-117. Imperialismus heute,S.463-470.
Hans Wunderlich,Zur Funktion der Rüstung im gegenwärtigen Kapitalismus,Marxistische Blätter,Sonderheft 1,1967.Reinhold Kowalski,Die Auswirkungen der Militarisierung auf den gesellschaftlichen Produktionsprozess und auf die Lage der Werktätigen,DWI-

Forschungshefte 1,1966.

〔註36〕Alfred Grosser,Die Bonner Demokratie,Düsseldorf 1960,S.295.
国防受託者の権能と効用は最初から制約された。受託者は社会民主党の反対を押し切って単純多数決で選出され、多数党の意のままにおかれた。調査権限も制限された。受託者が防衛機構について少しでも批判を表明すると、国防省および国防委員会内の与党の敵意に出会わねばならなかった。
(Gerhard Loewenberg,Parliament in the German Political System,New York 1966,pp.420-423.)

〔註37〕A.Grosser,ebd.,S.293-294.Richard Hiscocks,Democracy in West Germany,London 1957,pp.288-289.

〔註38〕A.Grosser,ebd.,S.295-296.

〔註39〕Ebd.,S.298-299.

〔註40〕Ebd.,S.299-300.

〔註41〕外務省、前掲書、二三九頁。

〔註42〕A.Grosser,a.a.O.,S.300.

〔註43〕H.Abosch,op.cit.,p.118.

〔註44〕外務省、前掲書、二五三―二五四頁。

〔註45〕H.Abosch,op.cit.,pp.119-120.

〔註46〕K.Adenauer,a.a.O.,S.356.

〔註47〕Ebd.,S.373-374.Arnord J.Heidenheimer,Adenauer and the CDU,Hague 1960,pp.214-215.

〔註48〕K.Adenauer,ebd.,S.361.

〔註49〕Ebd.,S.374.

〔註50〕Der Spiegel,6.Nov.1967.

第五章　西ドイツの再軍備とデモクラシー

（一九六九年刊）

序――終戦の原理

西ドイツの連邦国家が成立したのは冷戦のさなかであったが、その国家の成立動機のなかにすでに軍事力の再建は予定されていたといいうるであろう。だがそれはあくまで予定されていたのであって、国家樹立と同時に既成化したのではなかった。国家の法的構造は、その時節における内外の政治的状況を反映して、なお非ナチ化・非軍事化の面をおもてに出し、冷戦と軍事化の論理は背面にあった。西ドイツの復権のコースは、その論理がしだいに前面に押しだされ、西ドイツが冷戦の客体から能動的主体へと転移するかたちで進行した。

D・F・フレミングの包括的で精細な冷戦研究によれば、ローズヴェルトの世界政策が逆転される危険は、その死後二日にして実際に現われ、トルーマン大統領は施政二週間たたないうちに、すすんで冷戦を開始しようとする気持ちにあったという。〔註1〕しかし、ワシントンにおいて世界政策に変化が生じつつあったとき、いきなり対独処理政策の上に劇的な更改が訪れたわけではなかった。ドイツ占領政策にかんする国務省・陸軍省案と「モーゲンソー案」との妥協になったといわれる「JCS一〇六七」（統合参謀本部司令一〇六七号）は、一九四四年一〇月に起草され、いくたびも修正されたのち一九四五年四月末にアイゼンハワー司令官あて発令されたものであったが、同文書は、占領の目的についてつぎの三原則を指令していた。

（i）ドイツは解放の目的のために占領されるべきではなく、うち負かされた敵国として占領されるべきである

（ii）連合国の主目的は、ドイツが再び世界平和の脅威となることを妨げることである。この目的を達成する基本的措置は、ナチズムと軍国主義のあらゆる形態の除去、戦争犯罪人の即時逮捕、工業の非

軍事化とドイツの武装解除、ドイツの戦争能力にたいする継続的管理、将来ドイツの政治生活を民主的基礎の上に再建するための準備、であらねばならない

(iii)連合国のその他の目的は、賠償と返還の計画を実施すること、およびナチの侵略によって荒廃させられた諸国に救援を与えること、でなければならない〔註2〕

この指令を検討して、駐独アメリカ軍政長官のクレイ(L.D.Clay)とその経済・財政の顧問たちは、ひどいショックを受けたといわれるが、〔註3〕たとえ、その細目にわたる禁止事項が西側世界の経済的必然を軽視するところが多かったとしても、そのモティーフが対独懲罰的なもので、ドイツ軍国主義の再生防止、ソ連の安全保障への配慮を含んでいた点で、なおローズヴェルト路線の継続線上にあったとみなすことができよう。

同じようなことはポツダム協定についてもいえる。R・マーフィーが述べるように、「そしてある意味では、ローズヴェルトは、ポツダム会議に出席していた。ローズヴェルトが大きな期待をかけたこの運命的な会議の準備をわれわれが大急ぎでやっていたとき、大統領と密接に協力していたわれわれはみんな、彼の大構想によって、いまだに強い影響を受けていた。」〔註4〕協定にもとづく新しいドイツ国境の決定にはポーランド、ソ連にたいする安全保障が配慮された。ドイツの政治的・経済的将来については、非軍事化、非ナチ化、潜在的戦争能力の除去に主要な力点がおかれた。ことに、ドイツの軍事的主体の完全な解体については、ポツダム議定書は次のように要求した。

「ドイツ国の完全な武装解除および非軍事化、軍事的生産に使用できるドイツ国のすべての工業の除去または管理。

この目的のため、ドイツ国のすべての陸軍、海軍、空軍、ナチ突撃隊、特高警察および秘密警察は、参謀

本部、将校団(Offizierkorp)、予備将校団(Reserveoffizierkorp)、軍事学校、在郷軍人団(Kriegerverein)、ならびに他のすべての軍事的および準軍事的団体、ドイツ国において軍事的伝統の存続に役立つすべてのクラブおよび協会を含む、すべての団体、職員および施設とともに、ドイツ国の軍国主義およびナチズムの復活または再組織を永久に防止するような方法で、完全かつ最終的に(völling und endgültig)廃止されなければならない。」〔註5〕

あらためて吟味するまでもなく、ポツダムにおけるとりきめは、単にナチズムの排除と再生防止を求めただけではなかった。フリードリヒ大王、シャルンホルスト、クラウゼヴィッツらを「神」とするプロシャ＝ドイツ軍国主義の伝統にも厳しい裁断をもって臨んだのであり、その伝統を生きながらえさせ、あるいはよみがえらせるような団体や構造物の一切を根絶することを決定したのであった。それは、ナチズムと侵略戦争の根源を、ドイツの伝統的な社会構造のなかに求め、ドイツの軍事的伝統とも不可分であるとみなす立場を意味した。

一　ボン基本法の平和諸原則

(1)

ポツダム協定の原則が死滅への道をたどりつつあったことは、一九四六―四八年の諸事件によって明らかである。一九四六年は、チャーチルのフルトン演説(三月五日)とバーンズのシュツットガルト演説(九月六日)を基調に、米英占領地区の経済統合決定によって暮れた。翌一九四七年は、トルーマン・ドクトリン発表(三月一二日)、ついでマーシャル・プランの提唱(六月五日)が行なわれ、冷戦への本格的移行に時期を画した年となった。対独講和問題については、米英仏ソ四ヵ国外相会議が、一九四七年三月一〇日―四月二四日にモスクワにおいて、また一一月二五日―一二月五日にロンドンにおいて、開催されたが、いずれも決裂に終った。それと前後して米英仏とベネルクス三国よりなる六ヵ国は、二回の会談(一九四八年二月二三日―三月六日、四月二〇日―六月一日)をロンドンに開き、第一回会談において、西側三占領地区の政治的および経済的統合ならびに軍政の終結を決定し、第二回会談では、いわゆるロンドン協定において、西ドイツ政府の樹立および西ドイツ制憲議会の招集を決定した。

西ドイツの政治的経済的分離、新政府擁立の計画と並行して、西欧諸国の間では西欧の地域防衛機構が準備されはじめる。チェコスロヴェキアの政変(一九四八年二月二五日)から数週間以内にブリュッセル条約が調印され、それにもとづいて英仏およびベネルクス諸国よりなる統一防衛軍が設立された。ベルリン封鎖後まもない一九四八年一〇月には、西欧連合五ヵ国会議において大西洋防衛共同体につき原則的一致がみられ、アメリカにたいし共同防衛協定を要請、それは翌年四月のNATO創立条約に結実するにいたる。

ドイツ連邦共和国基本法の制定事業は、一九四八年六月のロンドン協定のプログラムに直接端を発している。同協定にもとづき、西ドイツ一一州の代表よりなる「憲法審議会」(Verfassungsrat)が発足、一九四八年九月一日に活動を開始して翌一九四九年五月八日に成文の採択を見、五月二三日から施行のはこびとなった。このようにボン基本法の制定を急がせたのは、まぎれもなく冷戦の諸状況であった。だが制定された基本法は、冷戦の論理を直接表面に浮きぼりにしたわけではなかった。冷戦の論理は制定の動機としては最も基本的に働いていながら、必ずしも条文のおもてを支配するものとはならなかった。審議会の思考を大きく制した諸要因のなかに、いまだ記憶に新しいナチの暴挙と、戦争・敗戦の経験に学ぶ西ドイツ内外の世論動向、およびワイマール民主制の失敗の教訓が、なお少なくない重みをもっていた。また、西側連合国間の西ドイツ再軍備方式をめぐる不一致、ことにフランスの抵抗がこの時点ではいまだ解けていなかったことが、西ドイツ側の防衛や外交など主権にかんする議論を抑制し、基本法の制定内容を制約したのであった。その結果、基本法は、規範の形式面では、西欧民主主義の一般原則ならびに平和主義の原則を高唱する第二次世界大戦後の憲法制定の一般的風潮からいくばくもはみ出るところはなかったのである。

(2)

ボン基本法は、ワイマール憲法と異なって、国家の制度機構を規定する前にまず基本的権利の章を冒頭においた。その第一条は次のように述べる。

(1)人間の尊厳は不可侵である。これを尊重し、かつ、保護することは、すべての国家権力の義務である

(2)ドイツ国民は、それゆえに、世界における各人間共同社会・平和および正義の基礎として、不可侵の、かつ、譲渡しえない人権を認める

(3)以下の基本権は、直接に適用される法として、立法、行政および裁判を拘束する〔註6〕

基本権にかんする第一章の全規定を通じて、その特徴は、生存権的・社会権的基本権を重視したワイマール憲法に比較してむしろ自由権的基本権の側に比重を傾け、国家に対置して個人の権利の尊重を強調した点にあるといわれる。ここでは、そのような人間の権利を世界におけるすべての人間共同社会の平和・正義の基礎であるとのべ、さらに、このような基本権の規定が直接に三権を拘束するものと定めて、以下第一九条にいたる精細な基本権の保障（条項によっては制限、留保をふくむ）を列記したのであった。基本権規定のこのよ

うな展開のしかたは、その動機の面からみれば、ワイマール共和制の悲劇とナチズムの全体主義的支配時代への反省の現われであると同時に、東側の政治体制を全体主義とみなしてこれとの区別を明示しようとの強い意識の表現であったと解するむきもある。〔註7〕

基本権の尊重を平和の基礎であると提言した第一条の他に、再軍備問題と直接にかかわりをもった基本権条項としては、第四条三項をあげなければならない。

「なにびとも、その良心に反して、武器をもってする戦争役務（Kriegsdienst）を強制されてはならない。詳細は、連邦法律でこれを定める。」

いわゆる良心的兵役拒否の自由であるが、この「自由」が再軍備の論理の浸透のまえにいかに空しく制限されていったかについては後に述べる。

そのほか西ドイツ再武装との関連でとくに注目をひくのは、「第二次大戦後制定された諸国憲法のなかでも、とりわけ平和主義・国際主義の原則を高く掲げた」〔註8〕と評価された点である。すなわち、平和主義の規定としては第二六条がそれにあたる。

㈠諸国民の平和的共同生活を妨害するおそれあり、かつ、このような意図でなされた行為、とくに、侵略戦争の遂行を準備する行為は、違憲である。このような行為は処罰されるべきものとする

㈡戦争遂行用の武器は、連邦政府の許可をえてのみ、これを製造し、運搬し、かつ取引することが許される。詳細は連邦法律でこれを定める

一項がとくにナチの侵略行為をつよく意識においており、また二項が、ワイマール時代の国防軍（Reichswehr）が政府・議会の制約外にあったことや、非合法の「黒色国防軍」（Schwarze Reichswehr）の存在が超国家主義勢力の培養器となったことなどを考慮においていたであろうことは推察できる。しかしながら

この条項を、連邦共和国首相のつぎのような思考態度——「連邦共和国を下から切り崩そうとする企てやサボタージュ」が東ドイツからひき起こされるに違いなく、したがって、「平和が救われるのは、適切な戦力が編成されることによって、侵略は侵略者じしんを危地に陥れるものであることが侵略者に明示される場合においてのみである」〔註9〕というような〝力の政策〟への信仰——と照合してみるとき、かの平和主義規定が、西ドイツ再武装にとっていかなる制約としての役割を果たしうる性質のものであったか、疑問が生じる。強いていえば、侵略的な権力要素がつねに体制の外部からのみ生起するとは限らないし、みずからを侵略者と名づける侵略者がいるはずもないのである。

つぎに国際主義の規定は第二四条にみられる。

㈠連邦は、法律により、主権作用（Hoheitsrecht）を、国際機関に委譲することができる

㈡連邦は、平和を維持するために、相互的・集団的安全保障制度に加入することができる。連邦は、そのさい、ヨーロッパに、および世界諸国民間に、平和な永続的秩序をもたらし、かつ、保障するところの主権作用の制限に同意するであろう

㈢国際紛争を規律するために、連邦は、一般的・包括的・義務的・国際仲裁裁判にかんする協定に加入するであろう

ここでも、あるいは全体として過去の国家的過失にたいする省察が働いていたとみることもできよう。しかるに現実には、この条文は、つぎの第二五条の「国際法の一般原則は、連邦法の構成部分である。それは、法律に優先し、連邦領域の住民にたいして、直接に権利・義務を生ずる」という国際法優先の規定ともども、まもなく西ドイツを西方一辺倒の立場で〝集団的安全保障体制〟につなぎとめ、冷戦の積極的能動的要素にまでたかめるために、法的容認を予め埋設したかの感があるといってはいいすぎであろうか。さきの平和主

義にせよ、またこの国際主義にせよ、結果からすればその名分をもって西ドイツ再武装は正当化されたのである。いずれにせよ、これらの条文を、単純に表面的な解釈で平和主義・国際主義の原則の定立とのみみることには疑問が伴うのである。

ところで、改正前のボン基本法について、法解釈上、「自衛のため、および集団安全保障体制の一環としてそれに参加するために、必要な軍隊の保持を認めるものであるかどうか」は、必ずしも明らかでなかったと考えられている。〔註10〕少なくとも、公然と自衛権を肯定し、再武装を容認する条項は含まれていなかった。しかしまた、平和主義、国際主義および良心的兵役拒否権などの諸規定が、たとえば日本国憲法の第九条規定のように、戦力再現を厳しく禁じる条項を伴っていなかったこともたしかである。ただ、一九五四年と五六年の二次にわたり改正（防衛補足）を行なって基本法を「補足」しなければ軍事的再建を発足させえなかったという事実は、改正前の基本法から再武装容認の法理をひきだすことが現実に困難であったことを意味しよう。これを日本国憲法の戦力放棄と再軍備との関連に比較すれば、取扱いに相当の開きがあることに気づくのであるが、それには西ドイツ再軍備の具体的過程およびそれを囲む内外の政治的諸情勢の特殊性をも考慮しなければならないところであろう。

また、国内法理上のみでなく、連邦共和国の成立と同時に実施された占領条例が、占領軍に留保されるべき一定事項のなかに、軍備撤廃と非軍事化（これに関連ある科学研究分野ならびに工業と民間航空にかんする禁止、制限を含む）を、非産業化と非集中化（ルール管理、略奪資産の返還賠償、カルテル解体、集中排除その他）、対外的事項、外国貿易および為替管理、などとともに含ませていたこと、また基本法の変更には占領軍の承認が必要であるとしていたことが見落とされてはならない。それは基本法に防衛思想を明示的に展開させなかった現実の力であっただけでなく、一九五五年五月パリ諸条約の発効まで——一九五四年三月の基本法改正（第一次防衛補足）にもかかわらず――西ドイツの再武装を拘束しつづけたのであった。

二　再武装計画の公然化

（1）

一九四九年一一月九―一〇日、英米仏の外相ならびに三国の駐西独高等弁務官、およびベネルクス三国外相はパリに会合して対独政策を協議し、西ドイツ国内問題にかんする連邦政府の権限を拡大させる政策を再確認した。そしてそのための権限と指示が高等弁務官に与えられた。それにもとづき三国の高等弁務官と連邦首相アデナウアーとの間に協議が開始され、一一月二二日、いわゆる「ペータースベルク協定」が調印されたが、その内容はつぎの諸項目に要約できるものであった。

㈠西ドイツの国際組織への参加を促進する

㈡ルール管理機関への西ドイツの参加意思の表明

㈢連邦領の非軍事化にかんする、および、西ドイツ軍事力の再建阻止にかんする、西ドイツの真剣な決意の宣明

㈣西ドイツの海外領事、通商代表の再設置についての同意

㈤西ドイツは自由・寛容・人道の諸原理を遵守し、いかなる形であれ全体主義の再生を防止することを約する

㈥船舶建造制限の緩和ならびに撤去計画の修正

㈦戦争状態の終結を含む法的・実際的諸困難にかんし、いっそうの配慮を行なうことを約する〔註11〕

同協定が、西ドイツの主権回復と経済活動について許容の拡大を約束する一方で、軍事力の再建に反対する旨の明瞭な宣言を行なったことが知られるのであるが、それにもかかわらず、西ドイツ再武装の問題にかんするアメリカの政策に変化が生じたとのニュースが流布された。噂によれば、米国はパリ外相会議において西ドイツ再軍備のある形式について英仏両政府と合意に達しようと努力したというのであった。英米仏の高官たちや政府筋があいついでこの報道を否定する声明を発表した。トルーマン大統領までが、一一月一七日、パリ会議が西ドイツの軍隊の創設に考慮を与えたという報道には真実はないと言明した。「それにもかかわらず、これらのさまざまな言明は浮説を生みだす余地を残していたし、また一般には、たとえ西ドイツ再武装が外相たちによってまだ討議されていないとしても間もなくそうなるであろうと思われたのであった。」〔註12〕

浮説の流れるなかで、アデナウアー首相は連邦政府の態度を一一月と一二月の二度にわたり明らかにした。一一月二〇日の言明では、彼はドイツ軍隊にまみえることを欲していない旨、従来の公式態度を単にくりかえしたにとどまった。しかし、一二月四日、米紙『クリーヴランド・プレイン・ディーラー』のインタヴューに応じたさいには、かなりニュアンスが異なっていた。彼は、従来のように西ドイツ再軍備を拒否すると答えたあと、欧州防衛への西ドイツの寄与にかんする質問に答えて付言したのであった。〝いかなる事情のもとでも、ドイツ人が外国軍隊に傭兵として(als Söldner oder Landsknechte in fremde Armeen)加わることは同意されえない。また、たとえ連合国が欧州の安全保障へのドイツの貢献を要求してくることがあっても、私はドイツ国防軍の編成(die Aufstellung einer deutschen Wehrmacht)を拒否するであろう。もっとも、極端な非常の場合には、欧州連合の軍隊という枠内のドイツ兵団の問題(die Frage deutschen Kontingentes in

Rahmen der Armee einer europäischen Föderation）を考慮する用意がある〟。〔註13〕この答弁が報道されると、連邦議会に重大な論争をひき起こしたのであった。

一九五〇年三月、イギリスで野党をひきいるチャーチルは、NATOの防衛線を維持するためには西ドイツの寄与が不可欠であることを言明した。〔註14〕同じく三月、フランスのビヨット将軍は述べた。「われわれはドイツ人なしにはエルベの線で闘うことはできないということに率直に同意するであろう。」〔註15〕このような統合された欧州軍への参加という西ドイツ再武装の形式にかんする考え方は、アデナウアー発言を議会で攻撃した西ドイツ社会民主党（SPD）の防衛構想と、奇しくも無縁ではなかった。すなわち、一九四八年一二月一一日に行なわれたバート・ゴーデスベルクにおけるSPD執行委員会宣言第五項にはつぎのように書かれていた。「将来の軍事的組織の問題は将来のヨーロッパ共同体内でドイツの演ずる役割に依存している。この問題にかんする論議は、国際的な集団安全保障制度の見地からのみ行なわれうる。」〔註16〕SPDの志向する〝将来のヨーロッパ共同体〟が現実には西方一辺倒のものであったかぎり、SPDの軍事政策とアデナウアーのそれとは時期と条件の点で相違するに過ぎなかったであろう。さすれば、アデナウアーのインタヴュー答弁の後半は、「極端な非常の場合」という仮定の構想とみなすよりも、もっと現実に接近した、そして西ドイツをも含む西欧内に共通した、最も抵抗の少ない構想を示唆したものであったととれよう。

一九五〇年に入って、連邦政府の防衛問題へのアプローチは、東ドイツ領内においてソ連の援護下に組織されている「人民警察」の脅威を強調するという形で表現された。アデナウアーは、占領諸国にたいし、西ドイツの領内安全保障のために連邦駐留の連合軍を直ちに補強すべきことを要求するかたわら、四月二八日、連邦機動警察隊の設置許可を求めた。五月二四日には、元機甲部隊将軍シュヴェーリンを起用し、連邦警察隊組織化のための計画作成を委嘱した。

(2)

西ドイツ再武装計画の進行にかんして、一九五〇年の諸情勢は、六月二五日を境に様相を一変した。南朝鮮への北鮮軍の進攻は、ドイツに一種のパニックに似たものを生みだした。七月三日、アデナウアーは高等弁務官府にたいし、西ドイツ防衛の準備が増強されるよう正式に要請した。七月二二日、米高等弁務官マックロイ(John J.McCloy)は、本国政府が依然として西ドイツ軍隊の再生に反対であると従来どおりの態度をくり返したが、しかし、〝ドイツ人にたいし彼らの土地を防衛する権利と手段を否定することはきわめて困難〟であるとつけ加えた。そのような権利と手段はなんらかの軍事的攻撃が行なわれたのちにおいては無意味であったから、マックロイ発言の真意は、西ドイツはただちに国際的指揮下に服属する兵団を創出する権限を与えられるべきであるという意味に解されるほかはなかった。〔註17〕

アデナウアーは、一九五〇年八月一七日の三高等弁務官との会談にのぞんで、西ドイツの安全保障問題を提議した。彼はとくに二つのことを要望した。第一は、朝鮮戦乱が西ドイツ国民の間にひき起こした動揺に顧みて、ドイツ人の心に抵抗は可能だという確信を植えつけるような軍事力が米英仏三国により西ドイツにおいて誇示されなければならないというものであった。第二は、連合国がエルベ境界線で防衛の任を果たしてくれる可能性が疑わしいので、一五万人を限度とする志願兵形式の自衛隊建設を連邦共和国に許可して欲しい、というのであった。〔註18〕

八月二九日、アデナウアーは彼の考える西ドイツ再武装の構想を具体的に述べた覚書を、高等弁務官府の当番議長マックロイ宛てに送付した。覚書では、まず、西ドイツに駐留する連合軍の増強が西ドイツ国民の西側への帰属感を鼓舞するであろうことを強調した。同時にまた、欧州軍に服務するドイツ人兵団の創設により欧州防衛に寄与する用意のあることを明言し、「連邦首相が一国単独の軍事力編成によるドイツ再武装化を拒否するものであることは、これをもって明確に表明される」とした。次に覚書は、国内治安維持に十分な保障を与えうべき保安警察を設置することを提案した。ただしそのような保安警察創設のためには基本法改正のための法律が必要なので、三国の許可があれば連邦政府は立法府にたいしてただちに必要な法案を提出する用意がある、というのであった。〔註19〕

右の「安全保障覚書」と並んで、同日付で「連邦共和国・占領国間の関係是正にかんする覚書」が提出されていた。それは、まず、西ドイツが「欧州会議」参加ならびにシューマン・プラン交渉によって、欧州共同体へ編入され、さらに西欧の共同的防衛への参加が日程にのぼっている現状に照らして、現行の占領制度が適切でなくなったと指摘する。そして、とくに、西ドイツが欧州防衛上の危険を負担するようになるとすれば、そのための内政上の条件が必要である。「ドイツ人があらゆる種類の犠牲を払うべきだとするならば、他のすべてのヨーロッパ諸国民と同様に、ドイツ人に自由への道が開かれていなければならない。」〔註20〕そのように述べたあと、覚書では、きたるべき九月のニューヨーク外相会議において、西ドイツの主権回復を立証する諸措置が声明されるよう要請した。

ニューヨークの米英仏三国外相会議（一九五〇年九月一二―二三日）では、米国の強い指導下に、アデナウアーの要求がほとんど全面的に承認された。すなわち、対独戦争状態を正式に終結させボン政府を唯一の正統ドイツ政府として承認すること、ＮＡＴＯ条約第六条に規定ずみの西ドイツおよび西ベルリンを防衛地域に含める原則を再確認し、駐留軍を増強すること、西ドイツに機動警察隊を創設し、それをラント水準で編制するが、非常の際には連邦政府が掌握しうるものとすること、および、独立した西ドイツ国軍の建設は望ましくないので統一欧州軍の下級単位にドイツ人部隊を編入すること、が採択された。これをうけて、同月の一六―二六日に開催されたＮＡＴＯ理事会では、最高指揮中枢をもった共同防衛軍を設置すべきこと、西ドイツを欧州防衛に寄与しうる立場におくべきこと、を決定し、そのためのプランを具体化するようＮＡＴＯ軍事委員会に指示した。〔註21〕

情勢を決定的に促進したインパクトは、疑いもなく朝鮮戦争であった。一九五〇年一〇月のプレヴァン・プランの発表は、西ドイツ再武装の最大の障害であったフランス国民議会の反対が一歩だけ緩和されたことを意味した。だが、西ドイツ新国防軍が発足するまでの道のりは、なおけわしいものがあった。プレヴァン・プランじたい、西ドイツの防衛寄与を基本線では容認しながらも、西ドイツの軍事的自立性にたいしては深い懸念を示したものであった。それによれば、西ドイツ軍の編制単位をできるだけ小規模にして統一大西洋共同体の支配下における欧州軍のすべての人的・物的要素を完全に融合することが主張された。その主たるねらいは、国際軍事体制内における西ドイツの政治的影響力を減殺し、西ドイツの軍事的機能を本質的に補助的な役割に制限しようとする点にあった。したがってそれは、西ドイツ軍の編制単位を師団となし、ＮＡＴＯ防衛軍に一〇箇師団を用いようと構想していた米国のプランと抵触せざるをえなかった。〔註22〕実際には、実施の基礎となったのは一九五〇年一二月七日にＮＡＴＯ代理理事会で採択されたスポッフォード・プラン（Spofford Plan）であったとみられるが、それは米仏両案の妥協になるものであった。〔註23〕同年一二月一八―一九日、ブリュッセルでＮＡＴＯ理事会が開かれたが、そのさい米英仏三国外相会議は、西ドイツの防衛寄与の問題および占領条例を条約におきかえる問題について連邦政府と交渉を開始することを決定した。

以上にみたように、朝鮮戦争開始を契機として、それまでに台頭しつつあった西ドイツの安全保障企画は、西ドイツ領内の警察力強化を求める論議から一挙にドイツ人兵団の欧州軍参加の具体的立案まで進捗したのであった。それは一九五〇年七―八月にかけて、アデナウアーの提案ないし覚書の形式で公に知られるようになった。計画の公然化は当然のことながら激しい論議を呼んだ。八月二九日の覚書の二日後、事柄を知らされた閣僚たちはアデナウアーの専断に黙従したが、内相で有力なプロテスタントのハイネマンは首相の措置に同意せず、辞意を表明した。閣議に何らはかることもなく、内相の所轄事項に属することについてさえ何の相談もしなかったアデナウアーの〝権威主義的方法〟に対する抗議と、再軍備にたいする道義的反対のゆえに、彼は一〇月、閣外へ去ったのであった。アデナウアーが迎えた最初の内閣危機であったといわれる。〔註24〕

そのように、事態の進展を西ドイツの内側より照明すれば、アデナウアーの個人的イニシアティヴが顕著なのであるが、彼の西ドイツ再武装をめぐる政治戦略には、外からの要請にひきずられたとみるよりは、かなり主体性の高いものがあったと考察される。それは、軍事問題をそれじたい東側からの脅威にたいする安全保障の目的に適合させるのみならず、国家主権の完全獲得ならびに国際社会への復帰という復権目標と緊密にリンクさせていたとみられることである。内外における復権が、政治的なものと経済的なものとの両面をそなえていたことはいうまでもない。アデナウアーのメモワールにはいう。「欧州防衛にドイツが寄与するための前提条件は、私の考えでは、ドイツを他の欧州諸国民と完全に対等におくことであった。同等の義務は、同等の権利を前提とする。私は、再軍備は、世界におけるわが国民の政治的地位にとってすこぶる大きな影響をおよぼすであろうと考えた。再軍備は、連邦共和国に完全な主権を得させる道であるかもしれなかった。そのことは、再軍備を、ドイツの政治的将来にとっての基本的問題たらしめるものであった。」〔註25〕

このようにみれば、彼は確かに冷戦状況を西ドイツの政治的・経済的復権のために積極的に利用したことが論証されよう。しかし問題の局面をボン・デモクラシーの基本的性格にかかわらしめれば、冷戦に迎合し、再武装と防衛寄与の要請を利用する方法による復権の策定が、デモクラシー原則の思想的、制度的定着の要請と調和的でありえたのか、疑問をのこすのである。冷戦＝再武装の原理は、かつての終戦＝民主化の原理をどのように侵していったのであろうか。

三　改憲――再武装原理の導入

(1)

一九五二年五月二六日、西ドイツと米英仏三占領国との間に「米英仏三国と西ドイツとの一般条約」（通称「一般条約」）が調印され、またその翌日、欧州防衛共同体（ＥＤＣ）条約が結ばれた。前者は、占領条例および高等弁務官府を廃止し、西ドイツの主権を回復させること、ただし、西ドイツ、西ベルリンおよびＥＤＣにたいする攻撃、西ドイツにおける民主主義の基本的秩序の破壊、公の秩序にたいする重大な脅威に際し、連邦政府およびＥＤＣが事態を処理しえない場合、米英仏三国は西ドイツに非常事態を宣言することができること、また、米英仏三国の軍隊は西ドイツと西ベルリンに駐留を持続すること、を定めた。そこに盛られた西ドイツ主権回復のモティーフは、前に触れたように西ドイツのヨーロッパにたいする防衛寄与の前提条件であった。なお、西ドイツは、ＥＤＣに参加することによって、警察目的以外に独自の軍隊を保有することは禁止されたが、防衛共同体の対等な一員としての再軍備が公然と認められることになっていた。そしてこの条約の発効と同時に、西ドイツの産業制限も撤廃され、フランスの対独不安を代償してきた「軍事安全保障局」も解消することになっていた。〔註26〕

西ドイツの連邦議会では、右の「一般条約」とＥＤＣ条約の批准案を可決する（一九五三年三月一九日）とともに、この条約に対応して基本法上の「不備」や「疑義」をただすための基本法改正に着手した。一九五四年二月二六日にその改正案は連邦議会を通過し、三月二七日に公布されたが、それは、基本法第二六条においては侵略戦争を禁止しているけれども防衛戦争まで禁止しているのではないという解釈にもとづき、その防衛のために立法することは法律的に基本法改正を意味しないとのかなり強引な主張のもとに行なわれた。憲法改正（Verfassungsänderung）ではなく、憲法をあらゆる側面から明瞭にすること（Verdeutlichung）、すなわちただ補充すること（Ergänyung）だけである、という技巧的な論理でもって、「基本法を補充する法律」が定められ、これにもとづいて防衛ならびに集団安全保障体制（軍事同盟）参加の合憲性を確保する諸条項が基本法に導入されたのであった。〔註27〕

おもな「補足」点は、まず第一に、連邦の専属的立法権に「防衛」を加えたことにあった。すなわち、第七三条一項に、「一八歳以上の男子の兵役義務および市民の保護を含む国防」の文句が付加された。

第二に、第七九条一項の後段に「講和の規律・講和の規律の準備・もしくは、占領法規による秩序の除去を対象とし、または、連邦共和国の国防に役立つべき国際法上の条約においては、基本法の規定が条約の締結および発効に反しないことを明らかにするには、これを明らかにするだけの基本法の文言の補充で足りる」をつけ加え、これをもって、条約を合憲化するための特別の基本法改正手続の提案となした。

第三点は、第一四二条ａを新たに設け、「この基本法の規定は、一九五二年五月二六日および二七日にボンおよびパリで署名された条約および、その追加協定および付属協定、とくに、一九五二年七月二六日の議定書の締結および発効を妨げるものではない」として、ＥＤＣ条約の合憲性を明文で認めたことであった。

いうまでもなく、このいわゆる「第一次防衛補足」の目的は、「防衛」の合憲性を確定することにあった。変更手続とせず補充手続として処理したこと、および補充点を最小限必要なものに限定したことに当時の内外世論の傾向にたいする配慮がみられ、また、基本法の制定原理に変更はなく、ボン民主主義の正統性はそこなわれていないと主張するポーズがみてとれるのであるが、それにもかかわらず、この「補充」にはさらに広範囲な防衛補足が第二段として続くことになるのであり、ボン民主主義の原理転換を制度的に解き放った最初の措置であったとみなされよう。

(2)

ＥＤＣ条約は、一九五四年八月三〇日、フランス国民議会が批准案を否決したため流産に終った。しかし、主としてイギリス政府の奔走により、西側九ヵ国（米、英、仏、カナダ、西ドイツ、イタリア、ベネルクス三国）は九月二八日—一〇月三日のロンドン会議で協定に到達し、ブリュッセル条約機構を拡大して西ドイツとイタリアを加えた新西欧同盟を創設することを承認した。さらに一〇月二〇日に開催されたパリでの九ヵ国会議では、西ドイツの主権回復、西ドイツの占領状態終結、ベルリンにかんする米英仏三国の宣言、外国軍隊の西ドイツ駐留、ブリュッセル条約の修正、西ドイツのＮＡＴＯ加盟、ザールラントの欧州化、などをとりきめた「パリ諸条約」が締結された。なお一二月に入って、フランス国民議会が同条約中の西ドイツ再軍備の項を否決し（二四日）、米英が対仏警告を声明するなどの事件があったが、三〇日にようやくパリ諸条約全部がフランス国民議会を通過するに至った。西ドイツ連邦議会は、五五年二月二七日、同条約批准案を可決した。

一九五五年五月五日のパリ諸条約発効は、ボン「一般条約」以来の懸案を達成するとともに、「第一回防衛補足」によって明文化された防衛主権規定（第七三条一項）を発効させた。五月九日には、NATO理事会が正式に西ドイツのNATO加盟を承認した。六月七日、「ブランク機関」は正式に国防省に昇格し、かねて用意されていた建軍計画が始動しはじめる。〔註28〕

志願兵法（有効期間を一九五六年三月三一日までと限定した暫定法）案は七月一六日に連邦議会で多くの反対を押し切って可決され、同法発効と同時に募兵検査委員会法も発効し、第一回志願兵六千名採用の道が開かれた。一〇月六日には連邦政府に国防会議が設けられた。一一月一二日、一〇一名の第一回志願兵が任官した。五六年一月二〇日、アデナウアーはアンデルナッハで一千五百名の志願兵の前で挨拶し、この日がのちに「国防軍誕生の日」として記念されるようになった。連邦政府は、二月八日、兵役義務法（徴兵法）（Wehrpflichtgesetz）案を閣議決定し、連邦議会へ提出した。三月六日、軍人の服務規律、上官への服従義務などを定めた「軍人法」（Gesetz über die Rechtsstellung der Soldaten）がSPDの反対を押し切って連邦議会で可決された。

連邦国防軍の発足に対応する基本法「第二次防衛補足」は、同じく三月六日、連邦議会をSPDのうち二〇名の反対のみで通過し、二二日施行のはこびとなった。「補足」内容は、三つの重要な問題点を含んでいた。すなわち㈠基本権の制限、㈡軍事統帥権の制定、㈢議会によるコントロールの三点であった。

第一。西ドイツ基本法の特徴の一つがその基本権規定にあったことはさきに述べたが、国防の実施にあたってなによりも問題になるのは、第四条三項の「良心にもとづく戦争役務の拒否権」であった。一九四九年基本法制定にさきだち、バーデン、ヘッセンの両ラントとベルリン市の憲法、およびバイエルン、ヴュルテンベルク＝バーデンの各ラントの法律で、すでに良心にもとづく戦争役務・軍務・兵役の拒否権が制定されていて、いわば基本法はそれらを総括して継承したものであったが、立法趣旨にもとづく拒否権発生の理由（良心のタイプ）は四種に分かたれると考えられた。

㈠宗教的良心

㈡宗教的ではない世界観に基づく良心――平和主義、人道主義

㈢人類の存在じたいが脅かされるとき、この人類の存在をまもるための良心――ＡＢＣ兵器を使用する戦争の役務を拒否する権利

㈣東西に分割されたドイツにおける同胞戦争に参加しない良心〔註29〕

しかるに政府側は、この第四条三項にたいして、条文上の変更はなんら加えず解釈上これを制限する方法をとった。その解釈の論理は、〝あらゆる国家はその国民にたいして兵役義務を課す権利をもっており、それなるが故に基本法には戦争役務を特殊な場合に限って容認する「例外規定」を設け、その例外の内容を連邦法律により細目規定するとしているのである〟というのであった。この論理にもとづき、ただ純粋に「宗教的および倫理的理由」によるものだけを規定し、「政治的理由」による良心的反対は一切認められないとの立場をとったのであった。また基本法第一二条に、戦争役務の拒否者にたいする代替役務の義務を補充規定した。もちろんそのような立場は当時審議中の「兵役義務法」（七月七日連邦議会で可決、賛成二六九、反対一六六、棄権二〇）に具体的表現を求めた。同法は数度改定されて今日に至っているが、兵役拒否者にたいする代替役務の義務づけ、審査委員会の設置、民間防衛の義務づけなどの規定によって、基本法の「良心的拒否権」は実質的に無力化されているといってよい。〔註30〕

そのほか基本権に触れる制限としては、「兵役および代役にかんする法律は、軍および代役の所属員にたいし、兵役または代役期間中」、意見を自由に表明し流布する基本権、集会の自由の基本権、請願の権利が制限される旨を規定しうること（第一七条ａ一項）、「市民の保護をふくむ国防を目的とする法律」は、移転自由

の基本権、および住居不可侵の基本権を制限しうること（第一七条a二項）、職業軍人、一時的志願軍人の被選挙権は法律で制限されうること（第一三七条二項）が「補充」された。

第二は軍事統帥権の制定である。ワイマール共和制下においては、統帥権が行政官庁の命令権（Befehlsgewalt）と統帥幕僚部の司令権（Kommandogewalt）に分割され、事実上は後者が軍の統帥権を一手に掌握する事態が生じて共和国崩壊の一因となった。ボン体制においては、平時においては国防相が命令権および司令権を有するが、「防衛の場合」の公布とともに権限は連邦首相に移転する（第六五a）。「防衛の場合」が生じたことの確定は、連邦議会の決議によって行なわれ、大統領によって公布される（第五九条a一項）。緊急やむをえざる事情のときには、大統領は、連邦議会議長、連邦参議院議長の意見を聞き、連邦首相の副署をえて、議会の議決を経ないで、この確定を行なうことができる（第五九条a二項）。また大統領は一般国家公務員にたいすると同様、士官および下士官を任免する（第六〇条一項）。このような統帥権の構成は、大統領への権限集中、軍幕僚部への実権集中、議会による制約の過大という三つの禁忌を回避したものであったが、またある程度、妥協の産物でもあった。〔註31〕だが結局、「防衛の場合」には連邦首相に権力が一元化されるしくみであることは見のがしえない。軍事条項が基本法に導入されることにより、ボン民主主義は政治的寡頭制の傾向をいっそう強めたのであった。

（3）

第三に、議会による統制が軍にたいしてどのように構成されたか。すでに前節でも述べたように、まず、議会の予算審議権が軍部にたいする統制の一手段たりうることは民主国家のたてまえであるが、西ドイツ基本法でも、「連邦が国防のために設置した軍隊の数字上の勢力とその組織の大綱とは、予算によって明らかにされねばならない」（第八五条a）と定めた。これによってワイマール時代の「黒色国防軍」のような非合法軍隊の存在が封ぜられたといえるであろうが、しかしその後の経過に明らかなごとく、議会内に真の批判的野党が存在しなくなった状態ではこの条項は実質的効果を失っているというべきであろう。一九五六年一〇月に国防相に就任したシュトラウスは、核装備をふくむ連邦国防軍の近代化を提唱しつつ、「軍備は、私的利益はもとより、その他の国家の諸利益、経済の利益に優先させられねばならない」と主張したといわれるが、一九六二年の例で、総額五〇〇億マルクを超える国家予算のうち直接・間接の軍事支出額はなかばをくだらないと計算されている。国防軍の兵力は、一九六四年五月一日現在で四二万三千名であり、他に約六〇万の予備軍人を使用に供しうる態勢にあった。軍備が国の政策において最優位を占める軍事国家型がきずきあげられていることが知られる。〔註32〕

議会の統制的権能としては、つぎに「国防委員会」をあげなければならない。「国防委員会は、調査委員会の権利をも有する。その委員の四分の一の申立てがあるときは、国防委員会は、ある事項をその調査の対象とする義務がある。」（第四五条a二項）。委員会は二九名の与野党議員より構成され、防衛支出について監督する。国防省内で何か新しい計画や作業をするときは一切の通報を受け、必要とあればどの政府構成員であろうとその出席を要求できる。また後述の連邦議会の「国防受託者」から報告を受ける。委員会は非公開だが、本会議の多数決により要求があれば報告しなければならない。この委員会は、ことに再軍備の初期段階には、議会の監視機能を代表するものとみなされていたので特別に高い威信をもったのであった。防衛立法にたいして一定の影響力をもっていたし、軍事的機材の購入にたいしても広範な統制力をそなえていた。しかし、委員の多くが委員会活動と利益代表としての立場とのあいだの紛争にまきこまれて政府購入へのコントロールを手控えるようになったこと、シュトラウス国防相との一連の衝突において委員会の地歩をまもりえなかったこと、国防受託者との関係を委員会に有利に確立しえなかったこと、野党委員に党幹部クラスが出なくなったことなど、諸々の要因によって政府の策定過程に影響をおよぼすことが乏しくなり、それにつれて威信は低下していった。〔註33〕さらに、ＳＰＤの野党性が退化してのちは、基本法の形式面で予定された委員会の統制機能は著しく空洞化したとみられる。

つぎに、国防受託者の制度は、スウェーデンの国防全権委員会（Militieombudsman）制に先例をもつもので、ドイツでは初めての試みであった。国防受託者は、議会の補助機関として、国防軍内において軍人の基本的諸権利が確保されているかどうかを監察することを任務とする。連邦議会、国防委員会の指令にもとづき、また自主的に、人権擁護と軍の「内面指導」にかんして活動する。「基本権を確保するために、および議会による統制を行なう場合における連邦議会の補助機関として、連邦議会の国防受託者が任命される。」（第四五条ｂ）。それの施行法の制定には困難が多く、一九五六年の会期中に受託者を任命できなかったいきさつがある。

施行されてのちも、受託者の権能と効用は最初から制約された。受託者はＳＰＤの反対を押し切って単純多数決で選出され、多数党の意のままにおかれた。調査権限も制限された。受託者が防衛機構について少しでも批判の意を表明すると、国防省および国防委員会内の与党の敵意に出あわねばならなかった。〔註34〕ヘルムート・ハイエのように、戦時中は海軍提督であり、戦後ＣＤＵの代議士となったような人物が国防受託者に任命（一九六一―六四年）されるようでは、この機関が有効なコントロールの権能を発揮できると期待することは到底無理であったろう。

むすび――寡頭制デモクラシー

基本法の防衛補足と直接のかかわりはなかったが、建軍のプロセスに重大な参与を行ない、ある意味でボン体制の変遷の一時期を象徴していると思われる、連邦議会に基礎をおくいま一つの統制機関が存在した。前章にも詳説した「人事審査委員会」がそれで、一九五五年七月に設立され五七年一一月に活動を終了した。くりかえして述べれば、委員会の任務は二つあり、新国防軍に入ることを希望する大佐以上の旧軍人について個人的適性を審査し、同時にまた他のすべての軍務につく者にかんする人事の指導的原則を作成することを課題とした。委員の中には、委員長のロンバッハ博士をはじめアンネドーレ・レーバー夫人、シュラーブレンドルフ、ゼンガー＝エッタリン元将軍らのような反ナチの人びとが含まれていた。〔註35〕

委員会は、まず最初に審査の基本原則を作成したが、それには次のような字句がみられた。

「個人的自由の価値ならびに法の支配の重要性について明晰な理解、および民主的政治秩序にたいする無条件の忠誠は、軍職にとって第一の要件である。自由と法を確信する人びとの団体にしてはじめて、それらを防衛することができる。」

委員会は、まず複数の小委員会に分散して提出書類を審査し、その結果を本委員会に提出し、三分の二の多数決で決定した。議事は完全に秘密とされた。人的構成や見解の多様性にもかかわらず処理上では意見の一致が多かったといわれる。全活動期間を通じて、本委員会、小委員会あわせて約四〇〇回会合し、約六〇〇件を処理したが、およそ一〇〇人の候補者が、一部は書類撤回により、一部は決定により失格となった。一九五五年一二月、すでに「ブランク機関」で活動中であった四名の大佐が拒否されたさいには、ブランクは強い不満を表明し、CDUの首脳部からも圧力が加えられた。（アデナウァーは干与しなかったという。）決定の動機の説明と委員会規則の変更が要求されたが、委員長は抵抗して言明した。〝審議の秘密は選択の本質的要素である。もし委員会が弁明すべきであるならば、委員会の本質じたいの変更を受け入れることとなろう。連邦国防軍の高級指導部についての保証——いかなるナチ国防軍の信奉者もあってはならない——を与えうるためには、委員会はその決定にさいして完全に自由であらねばならない。〟一九五六年四月一二日、ドイツ党より、人事審査委員会を廃止し旧将校のみからなる「名誉評議会」を代置すべしとの提案が連邦議会にたいして行なわれたが、否決された。〔註36〕

しかるに、同年九月一一日「連邦人事委員会」が「親衛隊戦闘団」の旧メンバーのうち中佐クラスまで新国防軍に採用されうるとの決定を行なうという事件が発生した。すでに七月一日には国境警察隊員の国防軍編入が決定されていた。連邦人事委員会の決定は、強い批判を呼び起こした。この委員会の決定は、「親衛隊戦闘団」の旧団員たちが集会を開き、平等な取扱いを要求したのと時期を接していた。また、一九五三年に表明された連邦首脳の見解によれば、「親衛隊」と「親衛隊戦闘団」とは区別されてよい、なぜなら、後者が志願者を一部しか含んでおらず、主として戦闘目的で編制されたものであるため、政治的・道義的罪責を一にするものではないから、というものであった。政府は、個人的な人事審査が入念に行なわれるであろう、と声明したが、人事審査委員会の方では、中佐クラスにかんしては権限外である、と返答したのであった。〔註37〕

かような人事審査委員会の活動例は、二つのことを示唆するであろう。第一には、新国防軍の発足の当時においてはナチの栄光が必ずしも平坦な道に恵まれていたわけではなく、新軍隊が旧軍の単なる復活であってはならないことを保障しようとする真面目な努力も存在したということである。H・アボッシュは新国防軍の発足をめぐる事情をつぎのように指摘している。

「一九五〇年代に行なわれたあらゆる世論調査は、新軍隊の創設に多数が反対したことを示している。それは〝僕らはごめんだ！〟というスローガンがたいそう人気があった時代であり、ＳＰＤに指導された反対運動が多くのインテリゲンチャや一定の指導的なプロテスタントに支持された一時期であった。」〔註38〕

したがって、再軍備の政治主体の側では、「よほどの巧妙さがこの抵抗の波をのりきるために必要とされた。提出される改革案は批判を無力にするような性質のものでなければならなかった。かくして公式路線は旧プロシアの軍制を毀損するものとなったし、〝制服を着た市民〟の軍隊を創設すると称しなければならなかったのである。」〔註39〕

第二に、人事審査委員会において示された「抵抗」も、所詮、連邦国防軍が、右に向かって、親ナチ分子にたいしてさえ、とびらを開いていくのをながらく阻止しつづける保障たりえなかったということである。そのような歴史の風化は、委員会内で「抵抗」を示した人々が「七月二〇日」事件に源流を汲む群像であったことによって皮肉な相貌を呈しはじめる。クライザウ・サークルやゲルデラー派の保守主義は、親西欧的・反ボルシェヴィズムの性格の故に、戦後の西ドイツの存在条件に応じて「正統性」を主張しうることとなった。ロートフェルスによれば、「自由主義と全体主義の二つの陣営に分かれた世界において」抵抗の問題そのものの役割が一つの普遍的、歴史的な意義を獲得したのであった。〔註40〕しかるに、時がたつにつれて彼らは、西ドイツ内部における全体主義の再来に厳しい抵抗を示せば示すほど、東方への抵抗力が阻害されるとの苦情、非難にさらされるようになる。国防軍では、ヒトラーにたいする控え目な批判はありえても、シュタウフェンベルクのヒトラー暗殺計画を称揚することはもはやありえない。

「七月二〇日が軍部を二つの陣営に分裂させるような恒久的障害となることが許されてはならない。相手方の動機を尊重することは双方にとって可能でなければならない」（シュトラウス）。〔註41〕

ボン共和制の内部では、新しい愛国的な動機に応ずるために、かつての死刑執行者とその犠牲者との「和解」が進行したのであった。一種の準国防国家体制の下で保守的諸原理の癒着が進行したのであった。

一九四九年、冷戦激化のなかで誕生した連邦国家は、その冷戦国家としての動機の制度化を、基本法構造の面で、したがってまた現実の国家構造の面においても、未完成のままにのこした。しかし未完成であったが故に、そこにはなお終戦と民主化の原理が息づいていた。冷戦と再武装の原理が基本法構造と国家構造を侵しはじめたとき、諸価値の顛倒が起こり、再軍備、国家主権の回復、国際社会への復権が達成される度合いにつれて、ボン民主主義は変質をとげていった。

なお、一九五六年の基本法改定には、いま一つ見落とすことのできない条項が含まれていた。「国内の危急の場合に、軍隊〔の出動〕を請求することが許される要件は、第七九条の要件をみたす法律によってのみ、これを規律することができる。」（第一四三条）。その第七九条とは、いうまでもなく基本法の変更手続を定めたものである。「基本法は、基本法の文言を明文をもって変更し、または補充する法律によってのみ、これを変更することができる。」（一項前段）。「このような法律は、連邦議会議員の三分の二、および連邦参議院の表決数の三分の二の同意を必要とする。」（二項）。すなわち、第一四三条は、軍事国家ないし強制国家としての権力構造面の最後の未完成部分ともいうべき緊急事態法のための改憲を予備していたのであった。一九六八年五月末、一〇年来の懸案であった（改憲）緊急事態法は、すっかり体制内化したＳＰＤの支持によって連邦議会を通過した。これをもって、基本法制定と同時に始まった原理転換のいとなみは、一方で軍事的機構を肥大せしめつつ、いわば「寡頭制デモクラシー」の制度的完成を迎えたといいうるであろう。それを「防衛力ある民主主義」（シュレーダー）の完成とみるか、議会制デモクラシーの「形骸化」とみるかは、デモクラシーにたいする主体的な価値観の相違によるというほかはない。

〔註1〕D.F.Fleming,The Cold War and Its Origins 1917-1950, New York 1961,Vol.I,pp.265-266,p.268.

〔註2〕Otto Butz,Germany:Dilemma for American Foreign Policy, New York 1954,p.22.

〔註3〕Robert Murphy,Diplomat among Warriors, New York 1964(Pyramid Books),p.281. 古垣鉄郎訳『軍人のなかの外交官』鹿島研究所出版会、一九六四年、三一三頁。

〔註4〕Ibid.,p.296. 邦訳、三三三頁。

〔註5〕Karl Bittel(hrsg.), Das Potsdamer Abkommen und andere Dokumente aus der Zeit des zweiten Weltkrieges, Berlin 1961(9.Aufl.), S.86-87.

〔註6〕第三項は一九五六年三月一九日の法律により、軍隊ないし軍政も執行権の一部であることを明示するため、「行政」が「執行権」と改められた。以下基本法の条文はおおむね宮沢俊義編『世界憲法集』(岩波文庫)による。

〔註7〕佐藤 功「西ドイツ基本法」、『ジュリスト』一四五号。

〔註8〕小林孝輔「西ドイツ憲法と戦争」、憲法研究所特集『戦争と各国憲法』一九六四年。

〔註9〕K.Adenauer, Erinnerungen 1945-1953, Stuttgart 1965, S.361, S.374.

〔註10〕佐藤 功、前掲論文。

〔註11〕R.I.I.A., Survey of International Affairs for 1949-1950, London 1953,p.150.

〔註12〕R.I.I.A.,ibid.,p.151.

〔註13〕Adenauer,a.a.O., S.342. E.Majonica, Deutsche Aussenpolitik, Stuttgart 1965, S.23. R.I.I.A.,ibid.,p.151.

〔註14〕R.I.I.A.,ibid.,p.154.

〔註15〕H.Arntz(ed.), Germany Reports, Wiesbaden 1961,p.288.

〔註16〕Ibid.,p.288.

〔註17〕R.I.I.A.,ibid.,p.159.

〔註18〕Adenauer,a.a.O.,S.350-351.

〔註19〕Ebd., S.357-358.

〔註20〕Ebd., S.359.

〔註21〕W. F. Hanrieder, West German Foreign Policy 1949-1963, Stanford 1967,p.39.

〔註22〕Ibid.,pp.39-41.

〔註23〕H.Arntz,op.cit.,p.884.

〔註24〕A. Heidenheimer, Adenauer and the CDU, The Hague 1960,pp.214-215. Adenauer, a.a.O.,S.373-374.

〔註25〕Adenauer, ebd., S.3345.

〔註26〕R.I.I.A., Survey of International Affairs for 1952, London 1955,pp.97-109.

〔註27〕平野義太郎「西ドイツ基本法『改正』の行方」、『法律時報』三一九号。

〔註28〕アデナウアーの背後には、旧参謀本部の高級将校よりなる軍事専門家の顧問団がかなり早くから活動していた。彼らの手になる一九五〇年夏頃の「ハルダー・プラン」（Halder Plan）や同年一〇月の「意見書」は西ドイツ再軍備の基本計画となった。一九五〇年一〇月、ＣＤＵ議員のブランク（T. Blank）が「連合軍の増加に関連する諸問題のための連邦政府顧問」に任命され、この「ブランク機関」の下にホイジンガー（A. Heusinger）、シュパイデル（H. Speidel）以下の軍事顧問たちは吸収された。ＥＤＣ条約の締結に伴い、同機関は拡張され、新国防軍の建設を組織的・政治的・法制的に準備した。Vgl. G. Förster u.a., Der preussisch-deutsche Generalstab 1940-1965, Berlin 1966.

〔註29〕平野義太郎「良心にもとづく戦争役務の拒否権」、『法律時報』三二〇号。

〔註30〕H. Liepman（hrsg.）, Kriegsdienstverweigerung oder Gilt noch das Grundgesetz?, Hamburg 1966.

〔註31〕A. Grosser, Die Bonner Demokratie, Düsseldorf 1960, S.295-296.

〔註32〕H. Abosch, Menace of the Miracle, London 1962,pp.116-117.

〔註33〕G. Loewenberg, Parliament in the German Political System, New York 1966,pp.332-333.

〔註34〕Grosser, a.a.O., S.295. Loewenberg, ibid., pp.420-423.
〔註35〕Grosser, ebd., S.293.
〔註36〕Grosser, ebd., S.294. R. Hiscocks, Democracy in Western Germany, London 1957,pp.288-289.
〔註37〕Grosser, ebd., S.298-299.
〔註38〕Abosch, op. cit., p.117.
〔註39〕Abosch, op. cit., p.117.
〔註40〕H・ロートフェルス『第三帝国への抵抗』片岡啓治・平井友義共訳、弘文堂、一九六三年、七―八頁。
〔註41〕Abosch, op. cit., p.123.

II　脱冷戦へ

第一章　西ドイツ社会民主党の脱イデオロギー化

（一九六七年刊）

一　前史――体制内化への道
二　戦後期（一九四五―一九五三年）
三　マルクス主義との絶縁（一九五三―一九五九年）
四　大連立へ（一九五九年以降）

一　前史――体制内化への道

ドイツ社会民主党（ＳＰＤ）の歴史は、労働者運動とマルクス主義との出合いにおける一箇の興味ある典型である。まずラッサール派とアイゼナッハ派との対立をへてエルフルト綱領（一八九一年）にいたる党の形成期は、マルクス主義の理論が運動を捉えていく「イデオロギー化」の過程であった。イデオロギー化とは、ブルジョア的発展の自由主義的影響を多少とも体内にもった初期労働運動が、自由主義から自己を識別し、階級的主体性の自覚的意識を、より明確に所持するにいたる過程であり、民主主義的諸要求を獲得するための闘争を労働者固有の政治的要求に従属させて把握する観点をそなえるのと併行して、階級独自の政治組織である労働者政党（社会主義政党）を生みだすにいたるのである。

そのような独自政党の樹立を頂点とする階級意識の即自的段階から対自的段階への発展につづいて、高度産業社会への加速度的な転入を反映して、労働者党が大衆的基盤を拡大し、大衆政党化していく時期が訪れる。

ＳＰＤの歴史において一八九一年より一九一八年までの時期がほぼそれに当る。この時期の前半期をいろどるイデオロギー論争は、カウツキー（およびベーベル）対ベルンシュタインの階級政党か国民政党かをめぐる論争であった。党の大衆化を促した要因自体が、日常闘争と最終目標との関連をどう解決するか、総選挙の得票数が三分の一に達しようとするにおよんで、その三分の一の壁をこえて権力目標にいかに接近するか、などの問題を提起しつつあった。また帝国主義的対外進出の時期に当ったことから、階級意識と愛国主義との関係も新たな問題を提起していたのである。

「修正主義」の問題は、第一次世界大戦の前夜に国家に対する忠誠の問題をめぐって党のイデオロギー的「崩壊」、「脱イデオロギー化」の一時期を画することとなる。労働者運動内における修正主義と急進主義の二潮流は、これを契機として決定的分裂へ進み、一九二一年ドイツ共産党（ＫＰＤ）の成立によって政党間対立の形態をとるようになる。その後は、ＳＰＤが「脱イデオロギー化」への道を、ＫＰＤが逆に「イデオロギー化」の道を、それぞれ単線的に追うという構図ができあがる。

「脱イデオロギー化」現象は、かなり早くより浸透していたのであり、それが第一次世界大戦の開戦を直接のきっかけとして劇的に顕在化したのであった。そのような党の体質転移の主体的要因としては、第一に、ラッサール、ベーベル以来のマルクス主義の消化度合もさることながら、急激な資本主義発展の新局面によって、当面の改良的、民主主義的な日常闘争と社会主義の到達目標とを接合する論理を実践的に解決する理論能力が欠如していたことである。党の階級性（本質）と大衆性（政治形態）との矛盾を解決することこそ、当時の論争の中心的命題であったにもかかわらず、はかばかしい成果はえられず、エルフルト綱領の未完部分に相当する国家論、とくに移行形態論にかんして進展はみられなかったのである。理論とか綱領とかのもつ実践への影響力が、それによって失われていくことは避けられなかった。

第二に、改良的実践が党活動における比重を増すにつれて、党内のインテリやイデオローグの影響力は大幅に後退し、実務的な政治家や党官僚が優勢を占めるようになり、それがますます党を改良活動へ埋没させるのに拍車をかけたことであった。いわゆるイデオロギー論争よりも、党の日常政策にかんする戦術論争が党員大衆をひきつけるようになった。

当時、党の組織形態を現実の政治状況に適応させる方法について三つの型が存在した。

まず南部ドイツでは、ＳＰＤが代議機関を通じてラント政府（地方政府）の政策に影響を及ぼしうる機会をもつようになった。加えて、選挙戦術上、党勢を労働者以外の階層、ことに小農民層に伸ばす必要にかられた。これらのことは党員をして柔軟性に富む体制参加へと向かわせた。

ひるがえって北部ドイツ、とくにプロシャでは、三級選挙制（Dreiklassenwahlsystem）が代議機関への進出とラント政府への影響力行使を妨げたので、そこでの党の発展は労働者にさまざまなサーヴィスを提供する「国家内の国家」へと向かい、そのことは言葉上の急進的表現にもかかわらず、党の政治的態度を概して保守的で防衛的な性格へ変容させた。

これら二つの型は、その影響するところ、党とその諸組織の基礎をいっそう強固にするための参政権拡大の要求を除いて、日常的実際的な目的のためにエルフルト綱領を骨抜きにしていたのである。

いま一つの型は、北部ドイツの大都市、ことにハンブルクやベルリンにみられたもので、古典的な急進的社会主義を奉じていた。しかし党組織の大勢としては、ますます改良実践が重んじられ、ことにライヒ（「国家」「帝国」）のレヴェルよりも地方レヴェルにおいて具体的な社会政策をめぐる要求や活動が活発化し、そのことが、また党全体に反映して、議会主義、改良主義、体制内化を方向づけていった。このことが、「脱イデオロギー化」を促した第三の要因と目されるであろう。

さらに、第一次世界大戦後になると、全国的にいたるところの行政組織に党が入り込んだことによって、職員、官公吏などのホワイトカラー、および「小自営業者」までがある程度党に流入し、それがＳＰＤのプロレタリア的体質を薄めるという要因が付加される。

「脱イデオロギー化」とは、階級的目的意識からの離脱であり、体制変革の展望の喪失にほかならない。合法的条件下での改良的実践の累積は、運動が体制に馴化することを通じて運動本来の体制外論理を脱ぎすて、体制内化をつよめていく。SPDがドイツ労働運動の多数派の支持を保持しながら、体内の急進的部分を組織外に細胞分裂させたことは、かえって党全体としての体制内化の道を平坦にしたと言える。

一九三三年までのワイマール共和制は、すでにそれまでに変質をとげていた。それは社会民主主義的政治とブルジョア＝ユンカー的政治との妥協、合作であったが、SPDがレーテ（ボルシェヴィズム）から防衛された「共和制」を目的としていたのに対し、ブルジョア＝ユンカー派は「国家《ライヒ》」の存続を目的としたのであった。

しかし、SPDが社会主義的変革を放棄し、民主主義を自己目的化した、その結末はどうであったか。救済された「国家《ライヒ》」の枠の中で、ドイツの資本主義は復活、成長をとげていったが、資本側にとっては民主主義は目的でも不可欠の条件でもなかった。SPDは、「独占が成長すればするほど、それは政治的民主主義と相容れないものとなった」にもかかわらず、「独占化の過程の不断の進行につれて、ますます尖鋭化するドイツ独占資本の帝国主義こそが中心問題なのだということを見抜けなかった」のである（ノイマン『ビヒモス』二二一頁）。

ワイマール期におけるSPDは、体制内化の一歩を進めて政府党化した。そして「国家《ライヒ》」の危機に際しては、「運動」を制度化する役割を担うことで危急を救ったのであった。だが、文字どおり民主主義の危機に際しては、「運動」に帰還して労働者、中間層を含めた人民の大多数を民主主義の擁護に起たせる機動性も戦闘性も発揮できなかったのである。そのことは、当然のことながら、SPDの「社会主義」政党としての体質、および自己目的化された民主主義の「防衛力」などについて、あらためて問題を提起したのであった。

二　戦後期（一九四五―一九五三年）

ＳＰＤの「脱イデオロギー化」の新しい段階は第二次世界大戦後にはじまる。敗戦から一九五九年のゴーデスベルク党大会にいたる党の基本綱領をめぐる思弁の展開は、ＳＰＤが曲がりなりにも保持してきた「修正主義」の立場をも完全に清算し、マルクス主義との絶縁を明瞭にしたのであった。現在からその戦後過程をふりかえれば、おおよそ三つの時期に分けて考察することができよう。

第一の時期は、一九五三年までで、旧来の「革命的な」社会主義的分析法を戦後の政治、経済状況に新しい表現で適用した時期で、これに対する党内の抵抗はまだ有効に組織化されていなかった。第二の時期は、一九五三年より五九年までのいわゆる綱領論争の時期である。この期間にマルクス主義の公然たる放棄を迫る勢力が党内で優位を確立するにいたった。第三の時期は、一九五九年のゴーデスベルク綱領が採用されて以後のＳＰＤの政治的展開である。

(1)

ＳＰＤの再出発とイデオロギー展開に影響を及ぼした条件は種々複雑であったが、ここでは戦前来の党の伝統、占領体制ないし連合国との関係、ドイツ分割の三要因がまず重要であろう。

一九四五年、西ドイツは「零点《ヌル・プンクト》」から出発したといわれるが、ＳＰＤの再建、再出発にとってもそうであったかは疑わしい。ＳＰＤの影響力の有力な一理由は、党がすでに第一次世界大戦前からワイマール期を通じて、時としては一〇〇万をこえる党員を擁し、中央、地方を通じて忠誠な党官僚層を中核として保持していたことにあった。その痕跡は一二年のナチ支配をもってしても消しさることはできなかった。敗戦ドイツの廃墟にSPDは、一九三二年のそれに匹敵する党勢をもって再出発したのであった。

およそSPDの歴史において、一九四五―四六年にみられたほどつよい心情的紐帯《ちゅうたい》に党員たちが結ばれたことはなかったといわれるが、敗戦直後の占領軍による政治活動の禁圧にもかかわらず比較的容易に党が再建された秘密の少なくとも一つは、この伝統的な力の復活にあったのである。この伝統の力は、当初、党生活、党活動、党政策のスタイルのうえにも現われたが、占領下ドイツの変貌した条件に適応する社会分析や政治目標を明示するよう望む綱領的思考にも、一定の影響を及ぼさないではいなかったのである。

過去の社会分析や政治要求が、新しい条件にそのまま適応できるはずはもとよりなかった。そこに理論的要求が新しく強く提出される最大の理由があったが、党の指導部や党インテリはこの要求に必ずしも有効に応えることはできなかった。戦後の経済混乱が、基本的な理論問題に頭をなやます余裕を与えなかったし、広報活動は紙不足と占領軍の規制で思うに任せなかった。とくに、チャルマーズの指摘するところでは、後の論争からも明らかになったように、党インテリが戦後資本主義が提起した諸問題や国際問題にかんして「社会主義者」としての独自性をもって、知的集合をとげることはできなかった(Chalmers,pp.54-55)。新しい情勢を捕捉するのに、新しい理論的方法が社会主義的変革論の発展という形で創造的にあみだされるわけでもなく、かといって旧来の綱領的発想からいくばくも逸脱することもなく、少なくとも一九四五‐四六年頃には、その後の冷戦的脈絡のなかでのアプローチとは性質の異なった、ポツダム協定に象徴される急進的民主主義の脈絡のなかでの現実アプローチが支配的であったといえよう。

(2)

敗戦と占領といった条件は、ＳＰＤにとってのみならず当時の政治活動の一切にとって特異なものであった。第一次世界大戦後と比較しても、一九四五―四九年にはドイツ人の中央政府は存在しなかったのであり、また、ポツダム協定の規制は急速に後退していったとはいえ、連合国による民主化の圧力は超越的に絶大であった。非ナチ化(民主化)、非軍事化、経済的独占の排除などを骨子とするポツダム規制は、諸政党の活動や思考に原則的な枠をはめるものであったので、ＳＰＤもその強い影響下におかれたのであった。また第一次世界大戦後に社会主義化の波がヨーロッパをおそった歴史的経験にかんがみて、今次の大戦後も社会主義化の大きな可能性が開かれるであろうことは、おそらく多くの人びとの頭を支配した認識であったにちがいない。

ＳＰＤは、社会主義の目的にかんする公認のマルクス主義的諸命題をいまだ公然と棄てていたわけではなかった。社会主義への到達という最大限目標と日常的な当面行動における最小目標との距離をかけわたす橋の理論構築は、前述のとおり全く着手されていなかったし、またＳＰＤにとって社会主義とは何か、明らかにされてもいなかったが、目前に開かれた広大な前進の可能性に面して、「社会主義の勝利」にむかって何はともあれＳＰＤの主導権を提起し確立することが急務と感じられたであろう。そのような〝時代感覚〟は、決してＳＰＤだけのものではなかったであろう。英、仏などの社会民主主義者、あるいはヨーロッパ中の共産主義者においてさえも、情勢の過大評価、楽観主義がみられたのである。

それゆえ、たとえば一九四五年のシューマッハーの「呼びかけ」が、〝もちろん〟経済は社会主義的路線にそって組織化されるであろうと宣言し、またＳＰＤは真に民主的となったドイツにおけるほとんど唯一の主たる反ナチ集団であることを指摘したのは決して不思議ではなかったのである。彼は一方で、独占企業の諸政策の結果としてヒトラーは興隆したとするマルクス主義者の説明を本質的にくりかえして述べ、他方では教育の機会均等、福祉施設の拡充等々、党の社会的諸要求を掲げたのであった。

シューマッハーを党首に決定したハノーヴァーでの戦後第一回の党大会（一九四六年五月）は、最初の行動綱領（Aktionsprogramm）を採択して党員大衆の要求に応えようとした。この文書は、エルフルト綱領のもっていた国家理論の欠落を克服するものではなく、したがって社会主義への移行形態を明らかにしえなかったが、一応マルクス主義の立場に立ち、かなり調子の高い社会主義への志向を宣明したのであった。

「両大戦間の時期に、高度資本主義と反動の諸勢力は、いたるところで民主主義の社会主義的帰結を避けようとつとめた。ドイツにおいては、彼らは経済的、歴史的、精神史的な諸条件にもとづいて、そのことに成功した。」

「これに対して社会民主党は、ドイツの全民主勢力が社会主義の標識に結集することを、自己の課題とみなすものである。政治的権力関係のみならず、その経済的基礎もまた変更されねばならない。完全な改造のみが、ドイツ国民に経済的、社会的生存の可能性を与え、自由と平和を保障するのである。」

「今日のドイツは、もはや私的資本主義の利潤経済をたえしのび、搾取の利得、資本の配当、地代の支払いをなすべき情勢にはない。今日なお支配的な所有関係は、もはや他の社会的状況や必要と一致しない。それは回復と進歩の重大な障碍と化している。」

「ドイツ社会民主党は、不可避かつ不可欠の社会的諸実在の革命的変革を大衆の政治的意識のなかへ及ぼし、国民の多数を社会主義のために獲得することを自己の政治的課題であるとみなしている。」

「この目的への途は、強力で闘う用意のある民主主義がありうるのみである。ただ民主主義ありうるのみである。今日の社会民主党にとって、改良主義的社会主義か革命的社会主義かは存しないように、ブルジョア民主主義もなければプロレタリア民主主義もない。あらゆる社会主義は、前進的であり革新的であるときは、革命的なのである。」

「民主主義なくして、識ることの自由と批判することの自由なくして、人間的個性の尊重なくして、いかなる社会主義もありえない。」

「社会主義はもはや遠い目標ではない。それは今日の課題である。ドイツ社会民主党は、国家と経済のすべての実際問題に対して、ただちに社会主義的イニシアティヴをとることを宣明する。」

「われわれは、今日、ドイツ労働者の階級的利益が全ドイツ国民の利益と一致し、また全世界のすべての進歩的で自由な人間の見解や意思と一致することから、われわれの政策の成果ある遂行の確信を汲むものである。」


かなり長い引用となったが、これは一九五三年までのＳＰＤのイデオロギー状況を公式文書の面で代表するものである。だがもとより公式文書が党のイデオロギー的内実を全体的にも正確にも知らしめるものでないことは、ワイマール初期の「社会化」「民主化」プログラムの運命を顧みるまでもなく自明のことであろう。しかし少なくとも当時、党の正式機関を通じて表明された政治的文書が、一九三三年までに到達した体制内化、「脱イデオロギー化」の実績を一見疑わしめるほどのマルクス主義的発想と社会主義への楽観主義を表白していることは興味深い。

(3)

ソ連およびKPD(ドイツ共産党)および、ソ連占領地区の政治状況に対する、SPD指導部の態度は、最初から妥協的でも協調的でもなかった。ハノーヴァー行動綱領の論述のなかで、民主主義あるいは社会主義の概念がきわめてあいまいであり、民主主義については無内容とさえ受けとれるのであるが、この社会主義と民主主義の関係について述べたくだりは、ソ連とKPDの「社会主義」に対する精一杯の反発であり、SPDの「社会主義」を、それから区別しようとする姿勢が読みとれるようである。

ソ連とKPDが考えた社会主義化の方法は、一九三五年のコミンテルン第七回大会ならびに同年のKPDの第一三回ブリュッセル党大会の理論的提起に発している。後者においてヴィルヘルム・ピーク(当時KPDの議長代行、戦後東ドイツの初代大統領)は、ヒトラー独裁樹立前におけるKPDの重大な戦略的、戦術的誤謬について自己批判し、ことに「社民主要打撃論」の誤りを認めたのであった。代って提出された戦術は、SPDならびに市民的諸勢力と協力する人民戦線であった。この新方針に則って、ナチ支配下のドイツ国内においてはKPDとSPDとの非合法諸グループが協力しあうようになったが、SPDの亡命指導部は両党の協力を容易に受け入れず、漸く一九三六年一二月に、「ドイツ人民戦線のための平和と自由とパンのための呼びかけ」という共同文書に到達したのであった。

一九三九年初めのKPDベルン会議は、ドイツ人民戦線の課題を、ヒトラーの政権に対して「人民のあらゆる階層の間に成長しつつある反対を広汎な統一的人民運動に結集すること」に求め、それは「ドイツ労働者階級の統一党の創出を目ざすドイツ労働者の渇望をみたす」ための前提をなすものとされた。

戦後に予定される「新民主共和国においては、ワイマール共和国と異なって、労働者や政党との連合によって自己をいんぺいし、その経済的、政治的攻撃を人民に向ける大ブルジョアジーでなく、みずから統一され、農民、中間層、インテリゲンチャと人民戦線に結合した労働者階級が国の運命を決するであろう」とされた。このベルン会議の原則は、一九四五年六月一一日の「呼びかけ」に「反ファシスト民主主義制度の樹立」という表現で持ち込まれ、「人民民主主義」国家にいたる、したがってまた「社会主義の建設」にいたる第一段階をめざす政策の基礎をなすものとされたのであった。

ＫＰＤの戦略的展望では、ドイツ敗戦前から、ワイマール連合の再現か、人民戦線（民族戦線）を通じての人民民主主義か、という形で選択の方向が立てられていたのであった。戦後二〇年余を経た今日、前者の選択は西ドイツにおいて、後者のそれは、東ドイツにおいて行なわれ、なお将来に向けて優劣が問われているのである。

ＫＰＤの労働者統一党政策は、ＳＰＤでは「征服」と受けとられた。戦争直後、ＳＰＤの指導部は三つの部分にグループ化していた。ロンドンの「亡命執行委員会の残存者」、ベルリンの「中央委員会」、英占領地区のハノーヴァーに誕生した「シューマッハー・ビューロー」の三者であった。グロテヴォールのひきいる「中央委員会」派は、社会主義統一党（ＳＥＤ）結成をめぐって他の二派と決裂し、その二派からはそれぞれシューマッハーとオーレンハウアーが党首、副党首に選出された。

ＳＥＤ運動は、東側地区ではベルリン地区ＳＰＤの抵抗を除いて、ソ連軍の影響下で遂行され、党員一七八万余（一九四七年五月）をかぞえるにいたる。同じ頃、西側地区のＫＰＤの党員数は三二万余であったから、西側地区でＳＰＤ指導部が下部組織のＳＥＤ参加を禁止し、占領軍がＳＥＤを政党として許可しない方針をとったにもかかわらず、東西両地区を合わせたＳＥＤ＝ＫＰＤの党員数は、最強のドイツの政党の輪かくをいったんは描きだしていたことになる。

ＳＰＤの綱領的模索やイデオロギー状況が、ＫＰＤの動向に、またソ連の対独政策に、強く影響を受けたであろうことは想像に難くない。後のベルリン封鎖に代表されるようなソ連の強力政策は、諸般の事情とあいまって、ＫＰＤの西ドイツ内における影響力を急速に減退させ、ＳＰＤを含む政治勢力の西方依存の傾斜を一段と深めさせることとなった。ＳＰＤは、下部労働者大衆の間におけるＫＰＤとの競争関係からかなり解放されることにもなり、ドイツ労働者運動に伝統的な分裂傾向は多分に地理的な分裂となり、ＳＰＤのイデオロギー傾向は、労働者運動の諸組織内部におけるイデオロギー対立によるよりもむしろ冷戦の動向に依存し、冷戦発展の一要素とさえ化していくのである。

三　マルクス主義との絶縁（一九五三—一九五九年）

一九四六年行動綱領に特徴的であった楽観主義の立場は、二つの面で急速に現実に裏切られた。一つは、米ソ協調を中心とした戦時同盟がいくばくもなくその余光を失っていき、「国際民主勢力」の亀裂が加速度的に間口を拡げたため、「全世界のすべての進歩的で自由な人間の見解や意志」と、社会主義を「今日の課題」とみなす「ドイツ労働者の階級的利益」との不一致が否応なく明るみに出たことであった。いま一つは、そのような国際的分裂と併行して、米国の対外援助が「新たな金の雨」を西ドイツに注ぎ、その復興が助成されたことのために、飢餓の怖れを感じなくなった「西ドイツ国民の利益」と「ドイツ労働者の階級的利益」との乖離の現象が露呈し、労働者の内部にさえも、社会主義化を焦眉の問題と感じない日常性への埋没傾向が蔓延しはじめたことであった。

かくして、ＳＰＤのイデオロギー的立場は、多望にみえた急進的民主主義の脈絡をはなれて、冷戦的脈絡のなかへ自己を融かし込むことをよぎなくされる。その場合、戦前までに蓄積された「脱イデオロギー化」の主体的諸契機は、戦後に根づよく持ちこされた各種の「革命的」スタイルにもかかわらず、基本的な資産となった。

綱領的思弁をめぐる一九五三年までの諸潮流は、党内でさまざまなグループに分かれ、相互にさして交流をもたない状況にあった。まず党内インテリがいくつか小グループをなしていたが、彼らはマルクス主義の「社会分析方法」と「結論」とを往々にして区別し、後者については、その意義がますます減退しつつあるとの考えであった。

綱領にかんしては、「革命的」なものはもちろん、たとえ改良的なものであっても、それが旧スタイルで書かれることに反対する傾向にあった。しかし下級の党員大衆の間では、革命的社会主義の伝統的な分析スタイルを好む傾向がむしろ強く、インテリ・グループの影響も容易には浸透し難かった。これらに対して中央の指導部は、実践的諸問題に忙殺されて、シューマッハーの態度に代表されたように、新しい基本綱領の作成はいまだ時機にあらずとしてこれを延引することで満足していた。

一九五三年以前にもすでに胎動をみせ、その後において決定的な動きを示すにいたった第四のグループは、「市長派」(Bürgermeisterfaktion,Bürgermeisterflügel)と称された比較的若いリーダーたちの集まりであった。彼らはいわゆる運動の闘士ではなく、地方行政や連邦参議院(制度的に地方代表により構成)で政治経験を積んだ人びとで、このグループの呼称が示すとおり、その指導的メンバーは、ヴィルヘルム・カイゼン(ブレーメン)、マクス・ブラウアー(ハンブルク)、エルンスト・ロイター(ベルリン)などのように、ラント首府の社会民主党首長が多かった。したがって彼らの勢力は、全国的な指導部とは対照的に、地方的に官公庁を掌握することに依拠していた。

このグループはシューマッハーの政策に反対することがしばしばであったが、それは主として外交問題に限られ、党の基本構造やそのイデオロギー的基礎については沈黙を守ることが多かった。性急な新綱領作成は望ましくない、とする点では、彼らはシューマッハーと同じ結論であったが、その理由は、後者が時期が熟していないと表現したのに対し、むしろ旧い意味での綱領は承服し難いとするものであった。党内勢力関係への判断でも彼らが直ちに優位に立つ組織上の見通しはなかったのである。

党内論争に一転機を画したのは、一九五三年選挙におけるSPDの敗北であった。この選挙でCDU=CSUは前回の三一・〇%から四五・二%へと飛躍的に伸長したのに比し、SPDは二九・二%から逆に二八・八%へと退潮したのであった。直接的な客観条件としては、CDUのエアハルト(蔵相・首相)による「経済奇跡」が効を奏したことと、ベルリン暴動がSPDに不利に働いたと考えられたが、党内では一九五二年のドルトムント大会で採択された、選挙綱領ともいうべき、「ドルトムント行動綱領」の「社会主義」表現に責任ありとする見解がつよまった。

ドルトムント行動綱領は、一九四六年行動綱領の延長線上に位置するものと解されたのである。少なくとも、非常に不利な選挙傾向を今後において転換させるためには何かがなされなければならないとする点は、大多数の党活動家に共通であった。綱領問題を含む一連の重要な改革要求の文書が、例の第四グループの支援の下に、主として党の地方レヴェルより提出された。それら諸要求の主たる動機は、党を世論の潮流に密着させよう、党政策や政治姿勢における目的と現実との不調和を除去しようとの欲求に発していた。彼らは旧来の社会主義的教義の純粋性が復活するのを欲しなかったし、また下級党員大衆の基本綱領要求の基調をなしていた急進的諸傾向がいっそう抬頭することを希望しなかった。しかしそれとは逆に、選挙敗北の原因をむしろ組織と運動の欠陥に求める考え方も十分にありえた。

この時よりゴーデスベルク綱領が採択されるまでには六年をけみしなければならなかったが、この歳月はとりもなおさず、改革論者たちが伝統主義の影響を排して党の指導機構を掌握するまでに要した時間にほかならなかった。その間、修正綱領への努力に様々な理由から反対する諸グループの不確かな同盟が崩れ、やはりさまざまの理由から修正綱領に賛成する新たな同盟が出現していき、ついには改革派は、修正綱領の「運動の社会主義」というより「文化的社会主義」とでもいうべきイメージを党員大多数に実質的抵抗なく受容させるまでにいたるのである。

改革論者の戦果は、二つの戦線において顕著に現われた。一つは党組織上における指導権への進出であり、他方では党の基本的文書への修正思想の盛り込みであった。「護民官」シューマッハーの没後オーレンハウアーが党首に昇格した。それは、「世間での地位と党官僚団における地位とは別のもの」であり、「党官僚団の社会的性質からして、副党首の党首への昇進は確実であった」（W・タイマー、邦訳一三九、一四一頁）という事情によるものであったが、また別の角度からすれば、当時における伝統主義者と改革主義者との微妙な力関係を反映した穏健な人事であったとも解される。しかし強烈な個性をもつカリスマ的指導者のシューマッハーが去った後は、実力者へルベルト・ヴェーナーらの党首への影響力が有効にききはじめた（ロイターは一九五三年に死去）。ウィリー・ブラントおよびフリッツ・エルラーは、一九五四年のベルリン党大会では伝統的心情の党員と党官僚との一時的連合にあって党幹部会選挙に落選の憂き目をみたが、二年後のミュンヘン大会において、初めて幹部会員に躍進し、党機構内で影響力をふるう足がかりをえたのであった。

一九五四年の党大会は、正式に綱領委員会を設置するよう党執行部に指示し、三四名の委員が指名によって選ばれた。一九五七年の選挙敗北後は、修正綱領への要求はいっそう強くなり、また改革主義者の地歩も固められた。一九五八年は、党の議会内指導部に異動が生じ、つづいて党指導部にも変化が生じた。ヴェーナーは副委員長(二名)の一人となり、オーレンハウアーはその座にとどまりはしたが、一九六一年選挙には党首としては臨まない旨を明らかにした。党規約上でも慣習上でも、党幹部の権力は強大であり、党書記、議員候補者、党大会代議員の決定は事実上党幹部に握られ、党の決議の方向も同様に党幹部によって予め決定されるというSPDの社会学的構造を思えば、党の最高指導部への改革派の躍進は、基本綱領作成上、十分な意味をもつものであった。

基本的文書に対する改革派の影響は、すでに一九五二年、翌年の選挙に向けて作られたドルトムント行動綱領にある程度表現されていたが、それがもっとも鮮明な形をとったのは、一九五四年ベルリン大会におけるドルトムント行動綱領の加筆修正であった。それは急進主義、理想主義の色調を弱める方向で部分的加筆を行なったのである。

「SPDは、以前にもまして決然と民主主義と社会主義の偉大な思想を——いやしむべき従属と精神的奴隷制からの人間の解放、平和と正義の社会を、宣言する」としながら、

「前世紀においては、マルクスとエンゲルスは社会主義に科学的基礎を生みだした。その時以来、戦闘的社会主義の諸条件は根本的に変化した」

として、マルクス主義の階級闘争の原理に疑問を提出した。

「ＳＰＤは、特定集団の特殊利益を代表するものではない……新しい社会は、歴史の不可避的コースに則って訪れるのではない……」
「社会主義の思想は代用宗教（Ersatzreligion）ではない……ヨーロッパでは、キリスト教、ヒューマニズム、古典哲学は、社会主義的思想体の倫理的基礎である……」
「ＳＰＤは、労働者階級の政党から……国民の政党となった。」

言うまでもなく、それは、ＳＰＤの階級政党としての本質をはっきりと否定し、そのイデオロギー的基礎が単一の統一的世界観にはないことを明言したのであった。それは、アングロサクソン的労働党への近接であった。ここにみる考え方は、やがて一九五九年、バートゴーデスベルグでの新綱領に正式に書き込まれることになる。

一九五四年大会で綱領委員会設置が指示されたことは前述したが、同委員会は、各分野の専門家の援助をうけて約四〇回の会合を開き、分科委員会で草案を作成していった。四年間の委員会活動は、舞台の後方で行なわれ、公然と表面で行なわれる綱領論争は、一九五七年の選挙が接近するにつれ、衰えていった。

改革論者たちの攻撃方向は、綱領問題の正面には向けられず、一九五六年ミュンヘン大会では、西方との同盟にもとづく西独の再軍備を党に肯定させようとする努力が、防衛問題専門家で「新人」幹部のエルラーのリーダーシップのもとに展開された。「第二次産業革命」を主題にとりあげ、その問題のもつきわめて広汎な社会的、精神的な錯綜関係を党の認識の上でクローズアップしようとしたのもこの大会であった。

一九五七年選挙において、アデナウアーの党が五〇・二％と五％伸びたのに対し、ＳＰＤが三一・八％と三％の伸びにとどまったことは、ＳＰＤに深い挫折感をまたもや与えたが、それは改革論者が党指導の掌握へ進むにはかえって好都合な条件であった。彼らは、党指導部へさらに地歩を固めた上で、一九五八年党大会では党執行部の基本綱領草案をみた。

草案に対する批判は、基本的な科学的分析が欠如している点および国有化、私有財産、教会、防衛の諸問題にかんして草案が従来の原則を放棄している点に集中した。ことに原則的な政策目標にかんする批判は、予期されたところであったろうが、伝統的心情の下級党員および、やはり急進的心情を改める必要を認めなかった一部の若い活動家の党役員グループから提出された。

その後一年有半の間、党組織の全体にわたり、会議、特別講習会、論争、演説などがくりひろげられ、五九年一一月のバートゴーデスベルグ臨時大会には、六箇の別の綱領案を含む二五八の発議が報告された。だが確立された党内指導権は固く、大会運営は執行部の第二次草案を通過させることにしぼられた。経済、宗教、防衛の諸問題についてラディカルな方式を復活させようとする個々の修正案は、代議員の三分の一までの支持をうることには成功したのであったが、

「しかしながら党員の大半は党の新しい修正的立場を宣明しようとする指導部の努力を支持するように見受けられた。」(Chalmers.p.66)

最終的には、三二四票対一六票で、第二次草案は、ほとんど原案どおりで採択された。

四　大連立へ（一九五九年以降）

改革論者の勝利は完ぺきであった。党内からは有力な反抗も反逆もひきおこされなかった。ただ一九六〇年に、ヴィクトル・アグラッツ（党の経済専門家で労働組合の指導的インテリ）らを中心に左翼政党を結成しようとする試みがなされたが、それは、ゴーデスベルグ路線には反対だが反共的でもある、かなり有力なグループを摑むことができなかった。彼の東寄りの姿勢が災いしたといわれる。

かくして、ＳＰＤは三四年ぶりに党の新綱領を作成した。それはラッサールやベーベルでさえ目をむくような公式な基本観での転換であった。英国に住んでフェビアン主義の影響下にあったベルンシュタインの問題提起とも、かなり類似の点をもちながら、それをはるかに超えるものであろう。

それは、マルクス主義的な理論方法と実践方法の双方を完全に放棄した。それとちょうど逆に、マルクス主義からの完労働者党のイデオロギー化がマルクス主義の吸収であった。それは、一九一四年の「第二インターの崩壊」において公然全離脱が「脱イデオロギー化」の終結となった。それは、一九一四年の「第二インターの崩壊」において公然化した脱化過程の行き着くべきところであったといえるかもしれない。労働者階級以外の階層に支持層を拡げる必要、もしくは労働者階級の生活水準の向上による「ブルジョア化」に対応する必要は、大衆意識の自然成長性に沿う方向で党の体質転換を促したといえよう。

階級的目的の理性的貫徹の戦場に反独占的全民衆の統合を展望するということではなしに、階級的目的意識を弱め、放棄して、ブルジョア的利益に接近し、あるいはブルジョア的利益に階級を融解せしめる方向で、党の国民統合機能を高めようと志向したのであった。科学的社会主義は、本来、労働者階級の政治的、社会的解放を利己的範疇においては理解せず、指導的階級としての自己確立（政治的ヘゲモニーの確立）を媒介にブルジョア的国民をプロレタリア的国民へ質転換せしめることを予想してきた。

だが現実は、質を転換しないままの国民に自己を同化する方向、国民戦線の補完物として運動を定立する方向が定着し、階級的主体性の意識を時代おくれとして斥けてきたのであった。戦後においても、党の得票数を伸ばすために、政権を担当するために、ということが目的化された。有産的な新旧中間層、キリスト教系労働者、市民をひきつけるためには、私的所有制の廃棄が党の目標でないこと、キリスト教が「社会主義」思想の倫理的基礎の一つであることが党是として表明されなければならないと考えられたのであった。それは必然の理として、党の支持層をふやし政権を手にすることによって何を実現しようとするのか、という達成目的にかんするイメージをますます後方に退け、あいまいにせざるをえないこととなる。

だが、マルクス主義が一九五九年まで党の公認思想として死に絶えなかった理由を、マルクス主義のヨーロッパにおける媒介体としての、いわば育ての親としての誇りとか、伝統の放棄にともなううしろめたさとかのみに求めるのは当を得ないと思われる。マルクス主義は、その発生において、まずなによりも革命的民主主義の運動を意味し、その発展上に社会主義を展望した。SPDにおいて、社会主義的変革への展望は、事実上、失われたとはいうものの、民主主義運動の急進化への傾向をたえず内包していたことを見のがすべきではないであろう。それは自然成長性の域にとどまっている労働運動が到達しうる運動の極限であると解されうる。第二次大戦直後に示された「社会主義」への期待が、この極限をどの程度破ろうとするものであったかは、なお精細な検討を要するところであろう。

ブラントを党首に立てた一九六一年選挙、および西ドイツ経済奇跡の偶像エアハルトの声望が漸く低落しはじめた中でおこなわれた一九六五年選挙では、SPDは、たしかに三分の一の壁を破って前進をみせた

（SPD＝三六・二—三九・三、CDU・CSU＝四五・三—四七・六）。だが、停滞気味とはいえ、CDU＝CSUもわずかながら得票、議席を伸ばしたのであり、やはりSPDは政権をにぎることはできなかった。しかもその成果は、SPDが固有の革新的政策を放棄し、つぎつぎにCDUの政策に自党の政策を類似させていくことで獲得されたのであった。一九六六年秋の政変は、すっかり体制の安定的要素と化したSPDが与党に近い対抗勢力を保持していることによって、かえって第三政党がキャスティング・ボートを握るという不安定性を示した。また同時期に施行された地方選挙は、現体制への不満が社会にしだいに内攻しつつあることを証した。SPDが果たした安定的役割は、これまでも西ドイツの体制危機の際に可能性が語られたことのある大連立形式の政権参加であった。大連立によって期待された効果は、経済繁栄がエアハルトとともに退場したあとをうけて独占救済のための権力集中化を円滑ならしめること、議会内安定勢力の確保、体制外的要素の政治的表出の一切の機会と手段を奪うこと、などにあったのであるが、ここでは詳説しない。

A・シュトゥルムタールは、ワイマール共和制の終焉に際してSPDを含む労働者勢力が、圧力団体的行動をいくばくも出ず、決然として政治的行動に出ることがなかったことを、民主主義崩壊の理由としてあげている。

「換言すれば、労働運動は、既成社会秩序の諸要請に順応するか、あるいは建設的行動力を自発的に敢行して既成社会秩序を変革するか」（シュトゥルムタール、邦訳一六頁）であった。

彼は、このような建設的行動を「政治的行動」と呼ぶのである。さすれば、さしずめはSPDは、このたびは「既成社会秩序の諸要請に順応する」「真剣で責任ある政治的行動」を選んだこととなるのであろうか。経済繁栄の余熱はまだ完全に消え去ってはいないにしても、西ドイツ経済は困難な坂道にさしかかっている。

アデナウアー以来の冷戦外交は手詰りに陥り内政上も問題が山積しつつある。この時ＳＰＤは、ＣＤＵにとって代って確固とした新政策を実行すべき機会を持つのでなく、大連立を選んだ。それはあたかも、いきなり政策の転換をひきおこすよりも、ＣＤＵの施策に修正を施しながら進むという漸進的方法を選択したかにみえる。しかし、ＳＰＤは大連立にいたるまでに固有の政策なるものをどれだけ手許に残していたのであろうか。国内政策についてとくにそのことはいえるであろう。

外交面でいくらか新味を出したように解されるようでもあるが、東方接近にしろ東西両ドイツ間の交渉にしろ、従来のＣＤＵ内の一部にあった見解と、さほど変ったものではない。核政策にいたっては自党の連立綱領にうたった線さえも崩していくようである。

国内政策においてなんら独自性を提出しえず、外交政策において辛うじて新味を出そうとすることじたい、「社会主義」政党としての政治的能力の欠如を意味する以外のなにものでもないであろう。

高度資本主義国家においては、議会主義的ないし改良主義的方法によって社会主義にいたる道も、武装蜂起によるそれも、決して成功の展望を確立しえてはいない。おそらく、議会その他の国家機構内に漸進的に地歩を占めつつ、他方で議会外の民衆勢力をつよくひきつけ組織化するという両面結合の方策が追及されていくであろう。しかし「社会主義」勢力の主体性の内容いかんでは、この方策は労働者階級と資本との妥協をより高度な次元で擬制化することになりかねない。それは、いったんは、資本主義の安定化への装置たりうるであろうが、条件次第では労働者勢力と中間層とのいずれも満足せしめえず、体制デモクラシーの危機を内面に準備することとなろう。

ＳＰＤがボン・デモクラシーの体制内にますます深く錨をおろしつつあるとき、ＳＰＤの党内および労働組合内の急進的民主主義の底流を抑圧し無力化してきた、まさしくそのことによって、民主主義の防衛力は失われかねないのである。ＳＰＤの指導者が防衛力ある民主主義について語るとき、ＣＤＵ＝ＣＳＵの幹部と同じく、その鉾先は左に向けられている。しかしワイマール共和国の歴史的経験は、真の危険は右からのものであり、ＳＰＤが体制へ接近するにつれて右への防衛力を失ったことを教えているのではなかろうか。

〔使用した主な文献〕

D.A.Chalmers,The Social Democratic Party of Germany,1964.
A.Grosser,Die Bonner Demokratic,1960.
R.Hiscocks,Democracy in Western Germany,1950.
H.Kuluth,Die KPD in der Bundesrepublik,1959.
W・マトゥール「ドイツ社会民主党――その発展と本質」中村菊男・田中次郎訳、論争社、一九六〇年。
W.Tatull,Werden und Wesen der deutschen Sozialdemokratic,1957.
西川正雄「ドイツ第二帝政における社会民主党」『年報政治学一七巻』一九六六年所収。
W. Narr,CDU-SPD Programm und Praxis seit 1945,1966.
F・ノイマン「ビヒモス・ナチズムの構造と実際」岡本友孝・小野英祐・加藤栄一訳、みすず書房、一九六三年。
F.Neumann,Behemoth:The Strukture and Practice of National Socialism 1933-1944,1962.
A・シュトゥルムタール「ヨーロッパ労働運動の悲劇」神川信彦・神谷不二訳、岩波書店、一九七〇年。
A.Sturmthal,The Tragedy of European Labor,1951.

W・タイマー「ドイツ社会民主主義の歩み」内海洋一訳、社会思想研究出版部、一九六〇年。
W.Theimer,Von Bebel zu Ollenhauer--Der weg der deutschen Sozialdemokratic,1957.
W.Treue (Hrsg.) ,Deutsche Parteiprogramme 1861-1956,1956.
A.W.Uhlig,Hat die SPD noch eine Chance? 1956.
S.Vietzke,Die KPD auf dem Wege zur Brüsseler Konferenz,1966.

第二章　西ドイツ社会民主党政権の成立

（一九七三年刊）

第一節　一九六九年大統領選挙をめぐる政情
第二節　大連立政権の外交政策の混迷
第三節　大連立政権内部の対立
第四節　ブラント新政権の成立
第五節　新政権の政策展開

第一節　一九六九年大統領選挙をめぐる政情

連邦議会議長の辞任

ゲルステンマイアー（Eugen Gerstenmaier）連邦議会議長〔註1〕は、一九六九年一月二三日、キリスト教民主同盟（Christlich-Demokratische Union Deutschlands: CDU）＝キリスト教社会同盟（Christlich-Soziale Union: CSU）〔註2〕の合同議員総会で辞意を表明した。彼はナチの支配時代に受けた迫害の補償として二八万一、〇〇〇マルクを受け取ったことについて、他の犠牲者に比して法外の高額だとして激しい批判にさらされていたのである。もっとも、批判者たちといえども、彼が補償請求権の行使にあたって法の適用を歪曲したと主張しえたわけではなかった。議長が法律違反を犯したかどうかの問題は、野党の自由民主党（Freie Demokratische Partei: FDP）〔註3〕によっても否定されたところであった。問題の焦点は、彼の行為が政治的に適当であったか、という点に向けられた。議長の地位は立法府を代表するものであり、連邦議会の権威がそこなわれるおそれがあるときは、常にすみやかにそれを防止すべき立場にあるにもかかわらず、自らそれをおとしめようとしている、というのであった。なんらの不正も違法も存在しないという議長の弁明も非難の嵐をしずめることはできなかった。法的な調査に基づくＣＤＵの声明、ならびに社会民主党（Sozialdemokratische Partei Deutschlands: SPD）〔註4〕の特別調査委員会の報告は、ともに、連邦議会議長の補償請求は適法であること、法的手続きにおいて自分に有利に取り計らった事実は認められないこと、事件の調査に際していかなる影響力も行使されなかったこと、を明らかにしたが、結局、議長は辞職以外に選択がなくなったのであった。

連邦議会議長という職責にからむ事件がこの際とりわけ政治問題化した背景には、大統領選挙と総選挙への思惑が働いたと見てよいだろう。大統領を選出する連邦大会議（Bundesversammlung）〔註5〕は連邦議会議長の名によって招集される。しかも大統領選挙は東側の激しい抗議のさなか西ベルリンで挙行されるであろう。国民の非難と不信のただなかに立たされた人物によって主宰される連邦大会議は、それだけ尊厳を傷つけられることになる。そのような配慮が働いたものと思われる。また、攻撃の的とされている同議長をかかえての大統領選、総選挙は、明らかにCDUにとって得策でなかった。同議長は長年、CDUのインナー・サークルの一人であったし、彼の名はしばしば連邦首相とか大統領とかの最高級ポストの候補に擬せられてきたのであった。極右の国家民主党（National demokratische Partei Deutschlands: NPD）の連邦議会進出が強く懸念されている折から、議会や与党に対する不信感の増大は許されないという事情もあった。〔註6〕結局、ゲルステンマイアーは、一月三一日、正式に辞任し、二月五日、CDUの幹部であるハッセル（Kai-Uwe von Hassel）が後任に選出された。

大統領選挙とベルリン問題

リュプケ（Heinrich Lübke）大統領は健康上の理由により任期満了以前に辞意を表明したため、次期大統領選出のための連邦大会議が三月五日に招集されることとなった。だが、波乱はまず同会議の場所がベルリンと指定されたことをめぐって起こった。

一月一〇日、ツァラプキン（Semjon K. Tsarapkin）ソ連大使がブラント（Willy Brandt）外相と会談し、もし実際に大統領選挙が西ベルリンで開催されればソ連・西ドイツ関係は傷つけられるだろうと警告したとき、会談の主題が相互武力行使放棄宣言に関する話合い再開の申入れであったこともあって、さして強い調子のものとは受け取られなかった。過去四回の大統領選挙のうち、最初を除いてすべて西ベルリンで行なわれてきたところから、今度もたいした事態には至るまいとの見方が支配したのであった。

しかるに、一月二九日から一週間、西ドイツ南東部のチェコ国境近くで米本国からの大空輸作戦を含む北大西洋条約機構（North Atlantic Treaty Organization: NATO）軍の大演習が誇示され、「模擬核地雷」も使用されると伝えられたこと、また同じころ、ミュンヘンで開催中であった国際軍事科学会議で、ヒーリー（Denis W. Healey）イギリス国防相が、イギリス、西ドイツ両政府は現在ＮＡＴＯがさまざまな典型的情勢のもとで核兵器を先制使用する方式を作成中であると述べた旨、報ぜられたことなどをきっかけに、東側の態度は急速に硬化していった。二月九日、東ドイツ内務省は、連邦大会議に出席する議員や代表、国防軍関係者、その他要員、資材の陸路による西ベルリン入りを禁止する布告を発表した。米・英・仏三国は翌日共同声明を発表し、これまでに同様の会議が西ベルリンで開かれた先例があること、および西ベルリンへの自由通行の責任はソ連にあることを指摘した。

また二月一一日、ウィルソン（Harold Wilson）イギリス首相がボンを訪れ、キージンガー（Kurt G. Kiesinger）首相と会談に入ったが、ヨーロッパ経済共同体（European Economic Community: EEC）加盟問題、核拡散防止条約のほか、議題のなかに、ＮＡＴＯ防衛問題、ベルリン問題、両国の技術協力問題などが含まれていたこと、ウィルソン首相が西ベルリンを訪問して西ドイツ支援の刺激的発言を行なったことは、イギリスと西ドイツ軍国主義者との新しい同盟、新しい軍事計画、西ドイツの核武器庫保有の新しい措置の始まりであるとの激しい非難を東側から呼びおこした。

フランスのドゴール政権の態度は、一九六八年一一月のヨーロッパ通貨危機に際して西ドイツがマルク切上げを拒否したこと、ならびにＥＥＣ内の農産物価格をめぐる対立などから、西ドイツに対して冷却する傾向にあったが、さらに、ウィルソン英首相の訪独は刺激的であったとみえ、西ベルリンでの大統領選挙ならびにイギリス・オランダ・西ドイツ三国の技術協力（一九六八年一一月、三国間に濃縮ウラン製造のための遠心分離装置協同設置計画の細目化、イギリス・西ドイツ間の戦闘機共同開発などの協定成立）について、西ドイツの核武装への懸念をはじめ、いたずらに東側の警戒心を強めるだけだと批判的であった。だが、米・英・仏三国間の共同声明には参加したのであった。

米国務省は、二月一四日、米・英・仏三国がソ連政府の一九六八年一二月二三日付抗議覚書を拒否したと発表した。さらに、二月二三日、訪欧の旅に立ったニクソン（Richard M. Nixon）新大統領は、二六日、ボンに入り、西ドイツ首相と会談、その翌日には西ベルリンを訪れた。西ベルリンのシーメンス工場で演説したニクソン米大統領は、私がイギリス首相と会談したのちにベルリンに来たことは、西ベルリン市民に対するわれわれの長期的な公約を履行することを意味するものである、と述べた。一方、三月初め、東ドイツの中部と西部地区でソ連軍と東ドイツ軍の大規模な演習が行われるのに対抗して、「ボールド・ベンチャー」と呼ばれるＮＡＴＯ軍の新たな演習が、二月二七日から三月一〇日までの予定で開始された。

大統領選挙開催場所をめぐる東西交渉は、硬軟両様おりまぜながら施行前日の四日まで、西ドイツ首相とソ連大使、および東ドイツ政府と西ベルリン市長との間でくり返し行われたが、ついに不調に終わり、東西双方軍隊の警戒態勢下で、空路西ベルリン入りした代議員たちによって西ドイツ大統領の選出が行なわれることとなった。

ハイネマン、大統領に当選

このたびの大統領選挙は、ＣＤＵ・ＣＳＵが推すシュレーダー（Gerhard Schröder）国防相と、ＳＰＤが推したハイネマン（Gustav Heinemann）法相との間で争われた。代議員の構成は、連邦議会議員五一八名、比例代表制で選ばれた同数の州議会代表、合計一、〇三六名のうち、ＣＤＵ・ＣＳＵが四八二名、ＳＰＤが四四九名（うち病欠四）、ＦＤＰ八三名、ＮＰＤ二二名で、両与党とも単独で過半数に達しないため、野党が当落の鍵を握っていた。

西ドイツにおいては法制上、大統領の地位は政治に直接の重みをもたないにもかかわらず、今度の選挙が注目された理由は、第一に、ハイネマンがかつてＣＤＵ創立者の一人でありながらアデナウアー（Konrad Adenauer）元首相の再軍備政策に反対して脱党した人物であり、他方のシュレーダーはＣＤＵ党首の座を争ってきた党幹部の一人で、著名なボン・ワシントン枢軸論者と目され、一時ナチ党員だったこともあるタカ派、というような対照的な関係から、両者では元首として国際外交上の役割に大きな相違があると予想されたことにあった。

第二に、おらくＦＤＰの態度いかんによって当選のゆくえは決まると考えられたが、ＦＤＰがどちらを支持するかは秋の総選挙後の連立政権のあり方に影響するであろうと注目をひいた。

第三に、極右のＮＰＤ代表がこの選挙に参加しており、もしＦＤＰの票が大きく割れるようなことがあればＮＰＤの票によって勝敗が決することも予想された。もしＮＰＤの支持をいずれかが求めることになれば、ＮＰＤは連邦政治のレヴェルではじめて「公認」されたことを意味し、秋の総選挙を有利に戦うことになりかねない。

以上の諸理由で大統領選挙は前例のない内外の注目を浴びたのであった。

三月四日夜、ＦＤＰ代表総会は七時間の討論の末、秘密投票により七六対七でハイネマン候補支持を決定した。これにより同候補の当選は連邦大会議の開会を待たずに確実となり、翌五日には、ワイマール共和国のエーベルト（Friedrich Ebert）大統領以来五〇年ぶりに社会民主党から大統領が誕生したのであった。ハイネマンがＮＰＤの支持をきっぱりと拒否したのに比し、シュレーダーは態度を明らかにせず、事実上ＮＰＤの票を受け入れたことが目立った。

第二節　大連立政権の外交政策の混迷

ニクソン・キージンガー会談

ニクソン米大統領とキージンガー首相との会談が、一九六九年二月下旬、四月上旬、八月上旬の三回行なわれた。初回はニクソン大統領が就任後一ヵ月にして行なった訪欧のさいで、両国の当面している共通の問題が広く討議された。もっとも焦点となった部分に関しては、ニクソン大統領は、米外交の最重点がソ連との対話を中心とする東西関係の改善促進にあることを明らかにし、その場合、対ソ交渉の優先課題は、核軍縮であり、したがって西ドイツを含む西側諸国が核拡散防止条約に早期に調印することが望ましく、その他の重要な政治問題は、軍縮交渉に条件をつけるようなかたちでなく、優先課題を討議する過程で当然話し合われることになろうとの基本態度を示した。

西ドイツ首相は、米国の対ソ交渉にはベルリン問題およびドイツ再統一問題が含められることが望ましく、また核拡散防止条約については、調印する前に西ドイツの安全保障問題、民間原子力活動の問題などについて解決しなければならない諸点がある、と主張したといわれる。西ドイツ側としてはドイツ問題がおきざりにされて頭越しに東西交渉が進展することに強い警戒を示したのであった。

両首脳がつぎに会ったのは、三月末日にアイゼンハウワー（Dwight D. Eisenhower）元米大統領の国葬が執行された後、訪米の各国首脳と米大統領が一連の会談を行なった際であった。ついで八月上旬、西ドイツ首相は正式に訪米した。

この訪米はかなり早くから予定され、ＳＰＤやＦＤＰの代表の訪ソに対抗して、秋の総選挙を念頭においての感が強いとみられていたのであるが、四月末のドゴール（Charles de Gaulle）退陣によって、にわかに西ドイツの国際的比重が増し、会議には実質的な重みが加わったのであった。また、ソ連外相が七月のソ連最高会議の演説で、ヨーロッパ安全保障のため、ベルリン問題についての話合いを呼びかけ、西ドイツとの相互武力行使放棄宣言についても交渉継続を希望すると述べたという新材料がつけ加わった。

すでに、両国間の懸案であった米軍駐留費肩代り協定の改定交渉（六月末期限切れ）は、七月九日に新協定（向こう二年間に一五億二、〇〇〇万ドルを西ドイツが負担）が成立し、解決していた。また核拡散防止条約については、上記問題交渉のさい、秋の総選挙終了まで触れないことになったと伝えられた。したがって会談の要点は、東西関係、ヨーロッパ安全保障問題、米ソ戦略兵器制限交渉（Strategic Arms Limitation Talks: SALT）などであったとみられる。

八月七、八日の会談の直前に、米・英・仏三国はベルリン問題に関する共同覚書をそれぞれソ連政府に伝達し、ソ連外相の呼びかけに対応する四ヵ国協議提案を行なった。キージンガー首相は、八月六日、ニューヨークにおける談話で、明らかにこの協同覚書を念頭において、

①西ドイツ政府はベルリン問題で、ソ連と話し合う用意があるが、それによってベルリンの地位に変更が加えられることがあってはならない

②西ドイツは東ヨーロッパ諸国との関係改善に努力しているが、そのためにドイツ再統一その他の国家目的を犠牲にすることはしない

と言明した。

米国としては、ベルリン問題の四ヵ国協議をあらためて提起することによって、戦略兵器制限のための対ソ交渉に踏み切る前に、同盟国の頭越しの取引はしないとの姿勢を西ドイツに示す必要を感じたのであろう。西ドイツ側からは、来たるべき米ソ交渉において米国が西ドイツの利害を十分に考慮することを要求し、東西接近の限界ないし前提となる条件を自国の立場から示したものと思われた。両首脳の会談は、一方で西ドイツの地位向上を印象づけながら、他方においてはドイツ・ベルリン問題の政治的風化をきわ立たせるものでもあった。

ハルシュタイン原則の行詰り

東ドイツは、建国二〇年の一九六九年、国際的承認を拡げるため、精力的な努力を傾けていることが知られていたが、ついに四月から七月にかけて、いずれも非共産国である六ヵ国が東ドイツの正式承認に踏み切り、大使を交換するに至った。ハルシュタイン原則が事実上崩壊を余儀なくされたといえよう。しかも、それらの新承認国が第三世界に属する発展途上国であり、ソ連の影響がかなり強い国々であったことは、西ドイツにとってこの問題が、東方政策の根本的な手直しと、第三世界への援助政策の再検討との、両面にある

ことを自覚せしめた。〔**註7**〕

四月三〇日のイラクによる東ドイツ承認を皮切りとして、七月一〇日のアラブ連合による承認で頂点に達した一連の変動は、当初はさほど深刻な反応は示されなかった。西ドイツは一九六五年にイスラエルを承認したさい、アラブ諸国側から外交関係を断たれたこともあったが、このたびイラクに追従するのはせいぜいシリアくらいであろうと影響の範囲は狭く見積もられていた。西ドイツ政府は五月一日の声明で、イラクはもはや非同盟グループに属さず、共産圏に一歩足を踏み入れたものとみざるをえない、この行為は西ドイツに対する非友好的行為であり、全ドイツ民族の利益を無視したものであると述べたが、強硬な対抗策はこのさいアラブ諸国を刺激して利益にはならないとの判断が働いたらしく、あくまで例外的な扱いとして処理する態度であった。しかるに五月八日のカンボジアによる承認は、西ドイツとの国交があって援助の「約束」が続いている国であるだけに、苦慮するところとなった。

連立政権では、ＳＰＤの下部組織に、シュレスヴィッヒ・ホルシュタインやヘッセン南部の党支部など、東ドイツ承認の要求が出ており、党指導部も東方政策の根本的修正を志向していた。また、シュトラウス（Franz J. Strauss）蔵相は、カンボジアが東南アジアの重要国であるから、あえて国交断絶は必要ないとの意見であると伝えられた。さらに野党のＦＤＰは、近来とみに東方接近外交を唱えており、事実上の東ドイツ承認論が党内に台頭していた。そのように、討議のたびに硬軟両様の態度が伝えられ、アデナウアー時代以来の外交原則が最後のゆらぎをみせたのであった。〔**註8**〕だが、五月二七日、スーダンの東ドイツ承認が伝えられるに及んで、西ドイツ政府内では、なんらかの外交的制裁をとるのでなければ、この事態はインドやアラブ連合にまで波及しかねないとの不安が高まる一方、もはやあいまいな態度は許されず、現実にかなった新原則の確立が強く要求されたのであった。

五月三〇日の閣議は、ついに、他国政府による東ドイツ承認は、今後必ずしも西ドイツ政府との外交断絶につながるものではない、との決定を下した。この決定は、ハルシュタイン原則の実質的な放棄を意味するものと受け取られた。

その後、シリア、南イエメンが東ドイツ承認国となったが、もっとも劇的にハルシュタイン原則の崩壊を印象づけたのは、七月一〇日のアラブ連合による東ドイツ承認であった。それは、アデナウアーのアラブ世界における指導的地位からみて、一九六五年のアラブ諸国との国交断絶後も経済的援助や貿易を通じて東ドイツと影響力をきそってきた西ドイツ政府にとっては、手痛い外交上の敗北を意味した。その点では、たんなる外交上の原則崩壊に尽きる事柄ではなかったのである。

第三節　大連立政権内部の対立

経済政策をめぐる対立

一九六六年以降、大連立政権は、当時の経済危機の克服、外交政策の行詰り打開、ＮＰＤの進出抑制、改憲非常事態法の制定等、いくつかの注目すべき「成果」を生んできた。〔註9〕しかし、連立後最初の総選挙を控えて、さすがに両者の政策面の亀裂が露出しはじめた。

まず、投票への影響が強く意識され、もっとも激しい対立を呼んだのは、景気・物価への対策とからんだマルク切上げの問題であった。一九六八年一一月の国際通貨危機にさいしては、国際的圧力に抗してマルク切上げを拒否し、国境税調整措置で切り抜けることに意見一致した両与党であったが、一九六九年の二月末から三月初めに台頭した景気過熱防止策をめぐって、しだいに意見が分かれはじめた。はじめは、三月一八日に財政措置を、ついで二〇日に金融措置を決定することによって、インフレもマルク切上げも回避しようとの路線が追求された。四月初め、一方で対外直接投資を促すために資本輸出に対する特別関税措置を設け、他方で四月一七日、連邦銀行が公定歩合を一％引き上げるという一見矛盾した施策がみられたのも、同じ配慮に基づくものであった。

マルク切上げ圧力がいっきょに表出したのは、一九六九年四月二七日のフランスの国民投票の結果、ドゴールの退陣が決定したことによる。ヨーロッパの為替市場は深刻な通貨不安定に包まれ、マルクへの圧力が急速に高まってくるのを感じて、連邦銀行、経済省内には、このままの状態では総選挙後の切上げを予想したマルク投機が高まって、混乱が避けられなくなるとの見方から、早期切上げ論が強くなった。六八年秋以来マルク切上げを主張してきたブレッシング(Karl Blessing)連銀総裁の立場はもはや孤独でなくなり、金融界、産業界のなかにも賛成論がふえてきた。

これを察知したシュトラウス蔵相は、マルク単独切上げは問題にならないが西側通貨の全面的な平価再検討には参加する用意がある、との談話を発表し、完全拒否から一歩後退せざるをえなかった。しかしシラー(Karl Schiller)経済相は、五月七日のＳＰＤ議員集会において、「物価の安定が政策の最優先課題だが、引締めを強化するだけでは国際収支の黒字を増し、マルク切上げの思惑を激しくするばかりだ」と、シュトラウス蔵相の政策態度を公然と批判し、閣内での意見対立が明るみに出た。

九日の臨時閣議は、マルク切上げ問題を討議したが、経済相の切上げ提案は閣僚多数の反対によって葬られ、「いまの時点ではマルク切上げを行なわない」との決定が下された。政府見解では、多角的調整に対して他国が十分な用意をしていないことが理由とされたが、むしろ、ＣＤＵ・ＣＳＵとしては、いままでの強い反対態度を急に変えればＳＰＤの主張に屈したような印象を与えて総選挙に不利であること、切上げによる所得減少で農民票を失う懸念があったこと、が態度を変更できない主張根拠であると察せられた。

経済相の二度目の攻勢は、一九六九年七月初め、国境税調整幅拡大を含む景気対策の進言(首相は拒否)、ついで一〇日、政府任命の経済諮問会議による早期切上げを勧告した報告書の発表、といったかたちで展開された。だが、二二日の閣議は、またも経済相の主張を退けて、蔵相提案のかたちで財政面からの景気過熱対策を採用することに決定した。その翌日、経済相は閣議決定を公然と非難し、マルクを切り上げない限り西ドイツの物価は大幅に上昇する危険があると警告した。キージンガー首相は、二五日夜のインタヴューで、この閣議決定に対するシラー批判は連立政権の政策遂行に大きな支障を与えるものだと述べ、連立内閣が危機に直面していることを隠さなかった。

八月八日、フランスの「ある日突然の平価切下げ」が発表されると、両与党はこれを歓迎する点では一致したが、ＣＤＵ・ＣＳＵ側がこれによって自党の方針が正しかったと自賛したのに対し、ＳＰＤ側は、フラン切下げだけでは西ドイツの景気過熱、物価騰貴は解決しないし、フランスの決定は多角的通貨調整への道を開いたものであるから、これに応じて国際通貨情勢の安定に寄与すべきである、と主張した。しかるに、折りしも国内の景気・物価上昇の先行き鈍化傾向が現われ始めたことは、ＣＤＵ・ＣＳＵ側を勇気づけ、シュトラウス蔵相は、「シラー経済相は西ドイツの利益を代表しなければならないということを忘れるべきではない」とまで極言した。ＳＰＤは、三たび閣議で勝ち目のない論議をいどんで連立政権を窮地に追い込むことを避け、総選挙においてこの問題を問うとともに、新内閣の成立に至る数ヵ月の景気の推移が自説の正しさを実証してくれることを期待するという方針に切り換えた。いきおい景気対策とマルク切上げ問題は総選挙の中心的争点となり、投票日直前まで両党間に論戦と駆け引きがくり返された。

両党の景気観の差は、さらに、ルール工業地帯を中心に二週間近く各地に広がった山猫ストが公務・運輸・交通労組などの賃上げ要求にまで波及した「九月スト」に際して、閣内の対策、意見の激しい対立となって現われた。蔵相が、この段階での賃上げは財政緊縮に逆行すると語り、首相が、選挙目あての贈り物はしないと述べたのに対し、経済相は、賃上げ要求は景気過熱の当然の結果であり、首相や蔵相がマルク切上げ等の適切な対策の実施をはばんできたことに責任がある、との立場を表明した。

東方政策をめぐる対立

一九六八年七月、ソ連はボン政府に覚書を送り、西ドイツと武力行使放棄に関する協定を締結する前提として、オーデル・ナイセ〔註10〕を含む現ヨーロッパ国境線の承認、東ドイツの承認、ズデーテン地方に関するミュンヘン協定の正式破棄、〔註11〕核武装計画の放棄、西ベルリンの政治的独立を要求した。

それから一年たった一九六九年七月三日、西ドイツ外務省は、東ドイツの承認や西ベルリンに関する態度変更と見られることを慎重に避けながら、武力行使放棄問題についての政府回答をボン駐在ソ連大使に手渡し、接触を再開した。これに対するソ連の反応はすばやく、七月一〇日のソ連最高会議におけるグロムイコ(Andrei A. Gromyko)外相の外交報告は、東西ヨーロッパ安全保障会議の早期実現を強調、そのなかで西ドイツと武力行使放棄の問題について話し合う用意があると述べて注目された。

この演説の穏やかな調子について、ＳＰＤは、わが党が大連立政権に加わって以来、地道ながらソ連との対話という面で成果をあげてきており、この演説はその現われだと、積極的に評価する姿勢を示した。これに反してＣＤＵ・ＣＳＵは、ソ連の世界戦略は本質的に変っておらず、ただソ連が中国との対決に迫られて欧ア二正面に敵をもつことを避けるためにとっている戦術にすぎない、との警戒的な態度を崩そうとしなかった。

ソ連の西ドイツ接近策は、一九六八年のチェコ事件以来、激しい西ドイツ非難がくり返されていただけに、その意図を計りかねるものがあった。一九六九年七月二三日、コスイギン(Alexei N. Kosygin)首相はモスクワ駐在のアラルト(Helmut Allardt)西ドイツ大使を呼んで武力不行使宣言を交換する問題につき一時間半にわたって話し合ったが、その翌日にはモスクワに招待したFDPのシェール(Walter Scheel)党首はじめ幹部三人と会談、さらに八月二一日、二二日の両日、同じくモスクワに招待されたSPDのシュミット(Helmut Schmidt)幹事長ら党幹部三人がソ連首脳と長時間の会談を行なった。

FDP代表はもっぱらヨーロッパ安全保障会議について意見を交換したと伝えられたが、SPD幹部との会談では、ベルリン・ドイツ問題、ヨーロッパ安全保障会議、核拡散防止条約、経済協力など両国間の懸案がすべてとり上げられた。こうした動きに対してCDU・CSUは、九月の総選挙にソ連が影響力を及ぼすためにこれらの招待が利用されていると非難し、またチェコ事件一周年に連立与党代表が訪ソすることは、その干渉を認めるに等しいとしてSPDを批判したのであった。

第四節　ブラント新政権の成立

一九六九年九月総選挙

戦後六度目の総選挙は、景気・物価・マルク問題、東方政策を二大争点にして、しかもそれが大連立政権内の両与党間の戦いとしてくり広げられた。地方政治レベルで勢力を伸ばしつつあるＮＰＤが五％の壁を越えてはじめて中央政治に進出するか否かが、内外の重大な関心を呼んだ。

投票前の各種の予想ではＳＰＤ優位が伝えられたが、九月二八日の結果は、ＣＤＵ・ＣＳＵがわずかの得票減で引き続き優位を保持した。ＳＰＤは三・四％増ではじめて四〇％台に達し、直接投票で決する二二一議席中一一三を獲得してはじめてＣＤＵ・ＣＳＵを抑える成果を収めたが、第一党の座を占めるには至らなかった。

九月に起こった山猫ストや公務員の賃上げ要求が、国民の物価不安や安定欲求に触れて、ＳＰＤのいま一息の伸びを妨げたとの観測が有力であった。またマルク切上げや東方接近策も、急激な変化を恐れる国民心理に必ずしも効果的に浸透しえなかったとみられた。東方政策でもっとも現実的で率直な政策を提唱していたＦＤＰが極端に不振で危く議席を失いそうであったことは、二大政党への得票集中傾向を示すとともに、性急な東方接近への危惧の現われであろうとされ、東方接近派の進出を期待していた人々には失望を与えたものと思われた。

ＥＥＣ加盟交渉の進展を期待するイギリスでは、与野党とも、ＳＰＤの勝利を望んでいたので失望を隠せなかった。フランスでは、ＣＤＵ・ＣＳＵの勝利によってマルク切上げが抑制されたものとみて歓迎された。

ＮＰＤは五％の壁を破れず、新生のドイツ共産党（Deutsche Kommunistische Partei: DKP）を中心とした左翼の「民主主義と進歩のための行動委員会（Aktion Demokratischer Fortschritt: ADF）も影響を拡大することができなかった。西ドイツ国民は野党不在の状況にあきなかったともいえようし、大連立内部の激しい対立の露出が国政への倦怠感を適当に救ったとみることもできよう。

SPDとFDPの連立交渉

総選挙による議席数からすれば、大連立の継続、CDU・CSUとFDPとの連立、およびSPDとFDPとの連立の三つの可能性が考えられた。だが、選挙戦中における両与党間の論争の激しさ、それに、両党合わせた議席数が九四%を占めるということの不自然さなどの材料によれば、無条件に大連立の継続が打ち出されるとは観測されなかった。それはおそらく、余儀ない最後の選択であっただろう。かくして、まずFDPに対する双方からの連立交渉が総選挙直後に開始された。

CDU・CSUとFDPとの連立交渉はキージンガーとシェールの会談で始められたが、一九六六年の両党連立破棄のいきさつ、両党の政策の開き、および春の大統領選挙の際のようにFDP内で左派が大勢を制していることなどから、困難は大きいとみられた。キージンガーは、連立の条件として、七三年総選挙に向けて準備中の現行選挙法の五%条項を一〇%に引き上げる改正の棚上げを提案したが、FDP党内はこの好餌に傾く気配をみせなかった。

SPDとFDPとの連立を可能とする地盤は、大統領選挙での協力、東方政策の近似などの点でかなり地ならしができていたといえる。難関は、労働者の企業参加を推進する問題を中心に経済政策面に相違があったこと、およびメンデ(Erich Mende)前党首らの右派がSPDとの協力に反対態度をとりつづけていることの二点にあった。

しかし両党の連立交渉は、九月三〇日に内政問題をめぐって、一〇月一日には外交政策について、さらに二日には全般的な政策協定の作成および閣僚ポストの割りふりについて、という具合に急歩調で進み、経済政策面ではSPDは労組の反抗を呼ぶかもしれない大幅の譲歩を行なって、連立のために残る問題はFD

Ｐ内の右派の去就しだいというところまで煮詰められた。メンデは、ＣＤＵ・ＣＳＵ、ＳＰＤ、ＦＤＰ三党による挙国一致内閣を提唱して最後まで抵抗の姿勢を示した。

ブラント新政権の成立

ＳＰＤとＦＤＰは、一〇月一五日までに、統一政策、閣僚の決定など新しい連立政府をつくるのに必要な話合いのすべてを終え、二〇日に召集される第六期連邦議会の冒頭において、大統領の推薦に基づき、ブラントを候補とした次期政権の首班指名選挙を行なうばかりとなった。新議会の議席数は、ＣＤＵ・ＣＳＵ二四二、ＳＰＤ二二四、ＦＤＰ三〇であって、ＦＤＰ内部の足なみさえ乱れなければ、小差ながら第一回投票でブラントが首班に当選するのは確実とみられた。二一日の当日、連邦議会は、賛成二五一、反対二三五、棄権五、無効四、欠席一でブラントを首相に選出した。棄権のうち三票は明らかにＦＤＰ右派から出たものであった。

新しい小連立内閣は、前内閣の閣僚数一九人に対し一六人で、この削減は内政の実質的変更を標榜する新政権の意思の表明と受け取られた。このうちＳＰＤが一二、ＦＤＰが三、無所属が一の割りふりとなった。ＦＤＰは党首シェールが副首相兼外相に就任したほか、内相と食糧農業相のポストを占めた。ブラントの首相就任については、過去二度、首相の座を目ざして失敗したあとだけに「ほとんど考えられないことが起こった」と評された。

ＳＰＤは、すでに一九六〇年、バートゴーデスベルク党大会においてマルクス主義を放棄し、六六年には、大連立への参加を経てきたのであるから、あえて新しい時代の開始と呼ぶには大げさであろうが、ボン議会制下においてはじめて、政府指導権が社会民主党に手渡されることの可能性が証明されたのであり、それゆえに、それはデモクラシーの「正常化」であるといわれた。また一九六三年以来、ことあるごとにアデナウアー時代の終焉ということがいわれてきたのであるが、このたび最終的にそのことが連邦共和国の歴史書に書き記されることとなったのであった。

第五節　新政権の政策展開

マルク切上げ

ブラント新政権は、その最初の施策として、一九六九年一〇月二四日の閣議で、八・五％のマルク切上げを決定した。

これに先立つ同月八日、前政府の閣議において、シラー経済相をはじめＳＰＤ出身の閣僚が一九六八年来の国境税調整措置の全廃を主張したのに対し、ＣＤＵ・ＣＳＵ側の閣僚はこれをのむことはキージンガー政権が実質的なマルク切上げを認めることになるとして強く反対、結局、表決によってＳＰＤ提案は否決されたのであった。キージンガー政権は最後まで公約を守ったのである。

二四日、親政府の決定を発表したシラー経済相は、「経済成長・安定促進法は前議会の偉大な産物であった。しかるに前内閣はこの法律が政府に課した義務を今春以来遂行しようとしなかった」と述べて、ＣＤＵ・ＣＳＵを批判することを忘れなかった。

マルク切上げによる農民の所得減少は、一二億マルクとも一八億マルクともいわれていたが、二四日の閣議は、農民に対し「所得の均衡のため、それを補う措置をとる」方針を決定し、その旨をＥＥＣ委員会に通告した。

東方外交の新展開

一九六九年一〇月二八日の施政方針演説で、ブラント首相は、ＦＤＰとの政策協定に基づく新東方外交の方針を明らかにした。その要点は、次の諸点であった。

一、西ドイツは東ドイツに対し、政府間の交渉開始をふたたび提案する

二、西ドイツによる東ドイツの国際法上の承認は問題にならない。ドイツに二つの国家が存在するにしても、それらは外国どうしではない。東西両ドイツの関係は「特殊なもの」である

三、西ドイツ政府は武力の行使あるいは武力による脅威を相互にとりやめるための暫定協定を東ドイツと締結する用意がある

四、米・英・仏三国に対し、ベルリンの情勢を改善するためのソ連との交渉をより積極的に進めるよう忠告する。西ベルリンは、ドイツの二つの部分の政治的、経済的、文化的関係改善に役立つものとして位置づけられねばならない

五、そのほか共産圏諸国との関係改善のために、ソ連、ポーランドとの交渉開始を提案する

六、前政府が説明を求めていた諸問題が回答されしだい、すみやかに核拡散防止条約に調印するであろう

すでにその前日、政府スポークスマンは記者会見で「新しい西ドイツ政府は二つのドイツ国家が存在する

との立場から出発する」と述べて、その現実主義的外交の方向を示唆していたが、これらは、一〇月六日、東ドイツ建国二〇周年記念式典で、ブレジネフ（Leonid I. Brezhnev）ソ連共産党書記長が、全ワルシャワ条約諸国は西ドイツを含むすべての国との緊張緩和と友好関係の発展を望んでおり、西ドイツがこの呼びかけにこたえるよう希望する、と述べたのに応じた内容のもので、両ドイツ関係を含む東方諸国と西ドイツとの関係に、にわかに新展開が予想されるに至った。

ブラント首相の演説のほかに、シェール外相が、一〇月二九日、連邦議会での野党の質問に答えて、「第三国が東ドイツを承認することは西ドイツにとって今後も無関心で済ますことができるものではない。西ドイツの利害の本質に触れる問題だからである。しかし第三国が東ドイツを承認してもこれと外交関係を断絶するきっかけにはもはやなりえないであろう」と述べたことは、政府責任者がはじめて公式にハルシュタイン原則の放棄を言明したものと受け取られ、一九六九年前半にあいついだ非共産圏諸国の東ドイツ承認問題の処理に方向を示すとともに、東ヨーロッパ諸国との関係正常化にとって前提条件とされていたものに解決を与えたのであった。

新政府の東方外交の具体的な着手は、ソ連（一九六九年一一月一六日）、ポーランド（同二五日）に対し武力行使の相互放棄についての交渉を申し入れることで開始された。そして、それと並行して、核拡散防止条約の調印について基本方向が検討された。この条約調印の問題は、前内閣の両与党間で鋭く意見が対立し、最終態度の決定が遅延してきたものであったが、新政権はこれの取扱いを他の外交上の成果に連結することを企画したと思われる。

西ドイツ外務省はまず米ソ両国政府に対し、同条約調印により西ドイツの安全保障に不安がないかどうかを確かめる質問状を提出し、さらにまた原子力平和利用の面で差別待遇が起きないかどうかの点についてもただした。そのうえで新政府は調印に踏み切ったのであった（一一月二八日）。同条約が西ドイツの参加を得てはじめて実質的に機能することにかんがみれば、一般的に西ドイツの外交発言権の強化につながるものとみなされたが、当面の情勢下では、一方で米ソ軍縮交渉が西ドイツの頭越しに行われる心配を軽減せしめ、他方でソ連・東ヨーロッパとの和解を積極的に進めるテコとして役立ちうるものであった。

シェール外相は、西ドイツ政府が六七年に決めた同条約調印のための条件が、最低限満たされたことを指摘した。またさらに、ソ連の主張する国連憲章の旧敵国条項に基づく西ドイツへの介入権〔註12〕は、今後の対ソ交渉の過程で解決する方針であること、ウィーンの国際原子力機関とパリのヨーロッパ原子力共同体（European Atomic Energy Community：EURATOM）との間で査察にかんする未決着の問題を解決するために関係国と話し合ったうえで批准が行なわれるであろうこと、を明らかにしたのであった。

両ドイツ間の交渉

二つのドイツ国家が存在するとの立場を肯定したブラント政権の東方政策は、東ドイツを含む東側全体に反応を呼び起こした。ワルシャワ条約機構加盟の七ヵ国外相会議（プラハ、一〇月三〇―三一日）は、全ヨーロッパ安全保障会議の早期開催を呼びかけるコミュニケを発表したが、それは多分に西ドイツ新政権の動きに応じた面をもつものであった。ソ連・東ヨーロッパ諸国は新政権の政策に期待を寄せつつ、同時に圏内諸国の足なみの乱れを防ぐものとみられた。

ブラントの施政方針に対する東ドイツ政府筋の最初の反応は、一九六九年一一月七日、東ドイツのショルツ（Ernst Scholz）外務次官と共同通信記者との会見で開かれた。同次官は、この会見のなかで、西ドイツとの関係正常化のためには同国が東ドイツを平等な主権国家として国際法的に承認する以外に道はないという態度を表明した。これはいぜんとして東ドイツの態度が従来どおりの原則に拠っており、きわめて強硬であることを示すものであった。

一二月三日からモスクワで開催されたソ連・東ヨーロッパ七ヵ国首脳会議では、このような東ドイツの強硬態度と西ドイツとの接近を推進したい他の諸国との意見調整が主題であったとみられる。同会議のコミュニケは、戦後ヨーロッパの現状維持を主要モティーフとする論調をとったが、そのなかで「西ドイツの核拡散防止条約署名を積極的な契機であると認めた」と評価しつつも、「すべての国が国際法を基礎として東ドイツと平等な関係を築き、現在のヨーロッパの国境を最終的かつ不変のものとして認めることが必要である」として東ドイツの主張を擁護したのであった。

しかし、東ヨーロッパ諸国と西ドイツとの交渉に反対してきた東ドイツの対西ドイツ政策は微妙に変化しはじめた。一二月一二、一三両日、東ベルリンで開催された社会主義統一党第一二回中央委員会でウルブリヒト(Walter Ulbricht)第一書記は長文の報告を行なったが、そこでは西ドイツに対する非難、攻撃が影を薄くし、西ドイツの社会民主主義との善隣関係は可能である、と述べたことが注目をひいた。

だが、ブラントの施政方針演説で「東西両ドイツの関係は特殊なものであらねばならぬ」と述べられたことに対しては、ドイツ民族を代表するのは西ドイツだけだという唯一代表権の主張の変形にすぎないと厳しい批判を加えた。同時に、ブラント演説には積極的な面も認められるとし、西ドイツが対等で無差別な基礎のうえに立って話し合おうというのであれば、東ドイツはこれに応ずることを明らかにした。また、東西両ドイツ関係を規定する条約は国際法に結びつくものでなければならないことをも重ねて強調した。

ついで、同月一七日、東ドイツの人民議会は、国家評議会と閣僚評議会に西ドイツとの関係を規定するための交渉を一任する決議を満場一致で行なった。同決議には「ドイツ民主共和国はドイツ連邦共和国との間に平和共存に基づく関係を結ぶことを提唱する。この関係は国際法のもとで有効な諸協定によって規定され、確定されよう」と述べられた。

この人民議会決議の翌一八日、ウルブリヒト国家評議会議長はハイネマン西ドイツ大統領にあてて、東西両ドイツが平等の立場で条約を結ぶよう提案する書簡と、その条約草案を送った。同書簡には、一九七〇年一月に交渉を開始するようにとの提案が含まれていた。

これに対しハイネマン大統領は、二〇日、東ドイツ外務省に回答を送ったが、その回答では、ウルブリヒト議長の話合い提案に対しては「歓迎」の意向を示しながらも、提案の条約草案については検討中であると述べるにとどまった。二三日に至って、西ドイツ政府スポークスマンは、この条約案に調印すれば東ドイツ政府を国際法上で完全に承認することを意味するので、これに調印する用意はないと語った。しかし同時に、完全な外交的承認を伴わないで国際法上有効な提案を結ぶことは可能であるとも述べたのであった。

東ドイツ政府の提案は、積極的で画期的なようにみえながら、西ドイツとの対等の原則はいささかも崩してはいず、基本的にはブラント＝シェール政権の東方政策の真意を探ろうとするものであっただろう。二二日、ポーランド政府から西ドイツの会談申入れ（一九六九年一一月二五日）に対する回答が寄せられ、そのなかで国交正常化の出発点として西ドイツによるオーデル・ナイセ国境線の承認をあらためて求めてきたことは、やはり同じ性質のものであり、ブラント政権に東方政策の新たな原則の具体化を迫ったといえよう。

対西側外交

新政権の外交政策は、東方政策に関して著しい特色を打ちだした。だが、ＮＡＴＯへの忠誠、ヨーロッパ統合の追求が、外交の基本的な柱であることに変わりはなかった。一〇月末の新首相の施政方針演説では、ＥＥＣの拡大、強化のためにイニシアティブをとることがすでに明らかにされているが、ドゴールが去ったあとのヨーロッパにおいて、マルクの地位に象徴される西ドイツの発言の重みが一段と増すであろうことは容易に予想されるところであった。また、新東方政策は、西ドイツの伝統的な外交政策上の負荷を軽くし、西側世界に向けての発言力をも強化しないではおかないものであった。明らかにヨーロッパには新しい力学的関係が働きはじめたというべきであろう。

当初、一九六九年一一月一七、一八両日に予定されたハーグでのＥＥＣ首脳会議は、ポンピドゥー（Geoges Pompidou）政権がやや予想に反して、国内事情からいぜんとして「ＥＥＣ拡大より統合が優先」との方針を堅持し、また農業共通政策をめぐる対立で妥協の態度を示さなかったことのために難航が予想された。いったん延期されて一二月一―二日に開催されたＥＥＣ首脳会議は、域内の農業問題と密接にからめたかたちでイギリスのＥＥＣ加盟問題を討議した。

首相として初の国際舞台を踏んだブラントは、「拡大問題を避けることが共同体の混乱のもとになる。ＥＥＣは経済的にも六ヵ国を超えて発展しなければならない」とイギリス加盟に強力な支持表明を行い、政治統合については、外相間で政治的協力の漸進的な発展に関する草案づくりを行なうことを提案した。

ハーグ会議の結果は、第一に、農業財政規則の年内完成について合意が成立し、それによってフランスの主張していた「ＥＥＣの完成」の要求が充足された。それとの関連で第二に、イギリスなどの加盟を含むＥ

ＥＣの拡大問題について、準備作業を可能なかぎりすみやかに行なうことに意見の一致をみた。これにより加盟交渉は一九七〇年七月一日以降開始できる見通しが得られた。

この成果は、ローマ条約に定められた「過渡期間」の終りを翌年に控えて「ヨーロッパ統合への歴史的瞬間」と形容された。ブラント首相は、この会議でイギリス加盟促進派のリーダーシップをとり、イタリアが積極的にこれを推し、オランダ、ルクセンブルグがこれに続いてフランスを追いつめるかたちとなった。非公式のポンピドゥーとブラントの会談が大きくものをいったとも伝えられた。

しかし客観的にみれば、最近における西ドイツの政治的、経済的台頭、ことにブラント政権の東方接近によるフリーハンド獲得の志向が、従来の小ヨーロッパ内でのフランスの政治的優位をゆるがすおそれを生じ、それがイギリスの参加による新しいヨーロッパ内均衡の必要をフランスに感じさせはじめたとする視点も、見のがすことができないであろう。

〔註1〕ゲルステンマイアー（Eugen Gerstenmaier）は一九〇六年生まれ。第二次世界大戦中クライザウ抵抗グループに参加。一九四四年七月一〇日のヒトラー暗殺未遂事件に際して逮捕され懲役七年の判決を受けた。戦後、一九四九年国会議員となり、一九五四―六九年連邦議会議長、一九六二―六九年キリスト教民主同盟（ＣＤＵ）の幹部会員であった。

〔註2〕第二次世界大戦の終結後、ドイツではカトリックとプロテスタントの両政治勢力を単一政党に組織する努力が実ってキリスト教民主同盟（ＣＤＵ）が結成された。敗戦後の各地で、地域レヴェルにおけるキリスト教的政治勢力の結集が図られたが、四地区に分割占領されたが故に、各占領軍の意向によってさまざまに異なる制約を受けた。結局、イギリス占領地区のラインラントに拠点を持つグ

ループが西側占領地域内で主導権を握り、このグループの中心人物であったコンラート・アデナウアー（K. Adenauer）が、一九五〇年、党首となった。

ただし、南ドイツのバイエルン地方ではキリスト教政治勢力は「キリスト教社会同盟」（Christlich-Soziale Union in Bayern:CSU）と名のり、国会内でCDUと単一のフラクションをつくった。初代の党首K・アデナウアー（1950-66）のあと、L・エアハルト（L. Erhard,1966-67）、K・G・キージンガー（K.G.Kiesinger,1967-72）、R・バルツェル（R.Barzel,1972-73）、H・コール（H.Kohl,1973-）が歴代党首となった。CDU党員中、カトリック七四%、プロテスタント二二%（一九七二年）である。CDU・CSUの連邦議会選挙における得票率は一九四九年＝三一%、一九五三年＝四五・二%、一九五九年＝五〇・二%、一九六一年＝四五・三%、一九六五年＝四七・六%、一九六九年＝四六・一%、一九七二年＝四四・九%であった。

〔註3〕自由民主党（Freie Demokratische Partei: FDP）は、第二次世界大戦後、自由主義左派から保守的・民族主義的自由主義派までを結集したリベラル派の政党としてスタートした。最初は一九四六年バイエルンで、ついで一九四七年ノルトライン＝ヴェストファーレンで、一九四八年には西側三占領地区で、自由主義者たちは自由民主党を組織化していった。それらの先頭に立ったのはワイマール共和制時代のドイツ民主党（Deutsche Demokratische Partei: DDP）およびドイツ国民党（Deutsche Volkspartei: DVP）の政治家たちであった。初代の党首ホイス（Th.Heuss）が一九四九年連邦共和国の初代大統領に選ばれた後、ブリュッハー（F.Blücher）が党首を継いだが、党内の対立に苦しんだ（ノルトライン＝ヴェストファーレン、ヘッセン、ニーダーザクセンの支部は保守的で民族主義的であり、南西ドイツとハンブルクの支部は進歩的であった）。

一九四九年以降、ボンの中央政界においてはCDU・CSUと連立政権を組んだ。一九四九年第一回の連邦議会選挙では一一・九%の得票率を得た。一九五〇年代の初めには外交・ドイツ問題・再軍備等の本質的な諸問題のほとんどすべてでアデナウアーの政策を支持したが、経済と文化の領域では自由主義的な立場をとった。一九五三年の総選挙では得票率九・五％、ＣＤＵ・ＣＳＵは絶対多数を確保したにもかかわらずＦＤＰと連立を継続した。

一九五四年、党首のデーラー（Th. Dehler）はアデナウアーのドイツ政策を鋭く批判し、連邦政府内に亀裂が生じた。さらにＦＤＰに不利な選挙法改革をＣＤＵ・ＣＳＵが推進しようとしたことが与党内の緊張をいっそう厳しくした。

一九五六年二月、ＦＤＰがノルトライン＝ヴェストファーレン州で社会民主党と連立政権を組んだときＣＤＵ・ＣＳＵとの連立は破れ、ＦＤＰは分裂した。一〇数名の連邦議会議員が脱党して自由国民党（Freie Volkspartei）を結成し、大企業はＦＤＰに対する援助を停止した。新党首マイアー（R. Maier）のもとに党は結集したが、一九五七年総選挙では得票率は七・七％に低落した。

一九五九年、ＦＤＰは、ドイツ問題の解決をめざしてＳＰＤの全ドイツ的発想に接近し、東方との接触をいっそう密にするよう要求し始めた。

一九六一年の総選挙では、メンデ（E. Mende）党首の下で一二・八％の得票を得た。選挙運動のモットーは「ＣＤＵと共に――ただしアデナウアーとは別に」であったが、五年間の野党生活の後、再びアデナウアーの下でＣＤＵ・ＣＳＵと連立を組むこととなった。連立協定にはＦＤＰの当面の政治目標が書き込まれた（とりわけ、ドイツの東部分の放棄を宣言しないこと、緊急事態法を制定すること、国有財産の民有化を行うこと）。

九・五％の得票に終った一九六五年総選挙の後、「変節の党」（Umfallpartei）と嘲られながらも、アデナウアーを後継したエアハルト（L. Erhard）政権に連立与党としてとどまった。しかし、一九六六年、財政政策にかんする不一致のため再び野党となる。

一九六八年、党首シェール（W. Scheel）の下で、ＦＤＰを「ＣＤＵの盲腸」（ＳＰＤの戦後初代の党首K. Schumacher の言葉）の汚名から脱却させる目的を持ってリベラル左派的な旋回が始まった。この政治路線の変更は一九六九年の総選挙で得票率五・八％という敗北へ導いた。しかしＦＤＰは、

W・ブラント(W. Brandt)を党首とするSPDと連立を組むという画期的な選択を行なった。この新路線に反対して一九七〇年一〇月、前党首メンデら三名が脱党したが、それは一部に予想された党の分裂には発展しなかった。

シェールは外相の位置を占め、積極的な東方外交を展開した。一九七二年の総選挙ではFDPは再び上昇して八・四%の得票率を得た。

〔註4〕ドイツ社会民主党は百年以上の歴史を持つドイツで最も古い政党である。それは帝政時代、ワイマール共和制時代、ボン・デモクラシー時代を通して、議会制民主主義の歴史のなかでつねに重要な一極を成してきた。

一八六三年、ラッサール(F. Lassalle)を中心にライプチッヒで「全ドイツ労働者協会」が設立、一八六九年にはベーベル(A. Bebel)とリープクネヒト(Wilhelm Liebknecht)が中心となってラッサール主義に対抗してアイゼナッハにおいて「社会民主労働党」を設立、マルクス主義を指導原理とした。激しい弾圧下で両派は妥協し、一八七五年ゴータにおいて合同会議を開き「社会主義労働党」を結成、いわゆる「ゴータ綱領」はマルクス主義とラッサール主義との折衷であった。合同後急速に勢力を伸ばしたのでビスマルク(Otto Eduard Leopold von Bismarck,1815-98)は社会主義者鎮圧法(一八七八年)を制定し弾圧を強化したが、党勢はおとろえを見せなかった。一八九〇年一月、鎮圧法を永久化しようとするビスマルクの案を帝国議会は否決し、皇帝もこれを容認、ついに同法は廃止されるに至った。同年一〇月、ハレで大会が開かれ、党名を「社会民主党」と改めた。翌年エルフルト大会でカウツキー(K. Kautsky)が起草した「エルフルト綱領」が採択されたが、これはマルクス主義への純化を意図したものであった。

一九世紀末になるとドイツ資本主義の急速な発展と労働者階級の経済的生活の向上とを背景に、マルクス主義の革命理論に反対する「修正主義」が台頭する。マルクス主義擁護の立場を代表したのは、左派のローザ・ルクセンブルク(Rosa Luxemburg)であり、中央派のカウツキーであった。党大会ごとにマルクス主義的党綱領に対する修正意見が提出されたが、否決された。だが、ＳＰＤは、公式にはマルクス主義の革命理論を採用していたにもかかわらず、実際の歩みは「議会主義的な」政策路線に沿うものであった。帝国議会選挙における得票は着実に増加した。社会主義者鎮圧法が廃止された一八九〇年において、すでに得票率一九・七％に達し、第一次世界戦争前の一九一二年には三四・八％であった。地方議会全体に持つ議席数は一九一三年には一万一千を超えていた。各種の自治体で活動する党員は全国でほぼ一〇万人いた。ＳＰＤは、すでに第一次世界大戦前においてドイツ帝国内の正統的な(legitim)政治的要素と化していたのである。

一九一四年八月四日、帝国議会においてＳＰＤは戦時国債法案に賛成した。社会民主党の多数派は、マルクス主義的綱領に背いて、民族主義的で国家主義的な愛国主義者であり、国民間の戦争を肯定したのであった。党内の衝突、分裂は避け難く、反対の左派は一九一七年四月、独立社会民主党(Unabhängige Sozialdemokratische Partei Deutsch-lands: USPD)を結成した。多数派は、君主制の下での民族的社会的民主主義の発展を構想していたのであった。

だが、帝政の崩壊と敗戦は、「名誉ある講和」の探求も「君主制下での議会主義」の強化の夢も吹き飛ばした。大戦末期の大衆ストライキ、一九一八年一一月の革命、いずれもＳＰＤの指導者たちの予想を超えてしまった。一九一九─二三年の革命の年月、ＳＰＤはその伝統にしたがって平安と秩序、合法性の回復に全力をあげ、右との闘いよりも左との闘いを重視した。議会主義的な手段で社会民主主義の道を推し進めるというのが公式の路線であったが、ワイマール共和制の全時代を通じて、党と階級の利益をいつも国家の利益に従属させ、大衆運動の力を背景に民主主義を強化し前進させるという課題を回避した。結果として、銀行その他の重要産業の社会化政策を放棄し、反動的な官僚組織との対決を避け、議会の制約から独立する軍部とも妥協した。世界大恐慌からヒトラーの政権掌握にいたる政治劇では、ＳＰＤは無力で何の役割も果たしえなかった。ＳＰＤは党綱領ではマルクス主義の理論を基調としてきたが、その革命的な言句がプロパガンダに用いられたことはあっても、現実に党の政治方針を決定する上でマルクス主義のイデーが支配的役割をはたしたことは殆どなかったといってよい。

第二次世界大戦後、ＳＰＤは、過去の反省に立ち、忘れられた伝統の一つであった反軍国主義の立場を強固に守ろうと、シューマッハー（K. Schumacher）の情熱的な指導の下でドイツ連邦共和国（西独）の再軍備と西欧同盟への参加に鋭く反対した。しかし、一九五二年シューマッハーが死去した後、変化が生じる。一九五九年のゴーデスベルク党大会において新綱領を採択し、マルクス主義および反体制志向と絶縁し、防衛政策、西側統合・同盟の政策、経済政策の諸面で体制内化の方向を明確にした。そのうえで一九六六年にはＣＤＵ・ＣＳＵとの連立という形で、まず権力内部へ踏みこむのである。

〔註５〕ドイツ連邦共和国の基本法（Grundgesetz）第五四条によれば、連邦大統領は連邦大会議（Bundesversammlung）で選出される。連邦大会議は、連邦議会（Bundestag）の議員、およびそれと同数の、各州議会から比例代表方式で選ばれた代議員によって構成される。連邦大会議は連邦議会議長によって招集される。

第一回の連邦大会議は、一九四九年九月一二日、ボンで行なわれたが、第二回以降は象徴的にベルリンで開催されてきた。一九六九年三月五日の第五回連邦大会議では、三回目の投票でＳＰＤ所属のハイネマン（Gustav Heinemann）が、構成員一千三六名（ＣＤＵ・ＣＳＵ＝四八二名、ＳＰＤ＝四四九名、ＦＤＰ＝八三名、ＮＰＤ＝二二名）のうち五一二票を獲得して当選した（欠席一三名、対立候補のシュレーダーは五〇六票であった）。

〔註６〕ドイツ国家民主党（Nationaldemokratische Partei Deutschlands: NPD）は、ドイツ国家党（Deutsche Reichspartei: DRP）が、その党首であったタッデン（Adolf von Thadden）のイニシアティヴにより、他の右翼グループを結集して一九六四年一一月二八日、ハノーヴァーで設立した国家主義的な極右政党である。それは短期間のうちに、一九四五年以来もっとも有力な全国規模の極右政党へ発展し始めた。ＤＲＰが一九六一年総選挙で得た票は〇・八％にすぎなかったのが、ＮＰＤの票は

一九六五年には二％に達し、さらに一九六六年の州議会選挙ではヘッセン州で七・九％、バイエルン州で七・四％を獲得して国の内外に衝撃を与えた。一九六七―六八年には、その他五つの州議会選挙で五・八％から九・八％の票を得た。したがって一九六九年総選挙では「五％条項」のハードルを越えてＮＰＤが連邦議会にも進出するのではないかと心配されたのであった。だが実際には、四・三％にとどまり、ついで一九七二年総選挙では〇・五四％に低落し、同年末までにはすべての州議会から消え去った。

党員数は、一九六五年の一、二〇〇人から一九六八年の三五、〇〇〇人へと伸びたが、それが絶頂であった。この党の主要なポストは悉く旧ＤＲＰもしくはＮＳＤＡＰ（旧ナチ党）の幹部出身であり、また指導的グループの七五％、全党員の三五％が旧ナチ党員の経歴の持ち主であった。ＮＰＤがネオ・ナチと称された理由である。

〔**註7**〕ハルシュタイン・ドクトリン（Hallstein-Doktrin）は、ドイツ連邦共和国（Bundesrepublik Deutschland: BRD）のドイツにかんする単一代表権を基礎づける対外政策上の原則として、策定者の固有名詞をとって名づけられた。それによれば、ある国が東のドイツ民主共和国（Deutsche Demokratische Republik: DDR）と外交関係を開いた場合、ＢＲＤに対する「敵対的な」行為とみなされ、対抗措置がとられるというものであった。

一九五五年九月、ソ連と外交関係を開始するにあたって、それが西ドイツの東方政策の軟化であるとみなされ諸国が東ドイツと国交を開くことを如何にして阻止するか、重要な問題となった。そこで、ＢＲＤの外務省の政務次官Ｗ・ハルシュタインと政治局長グレーヴェ（W. Grewe）の指導の下にこのドクトリンが企画され、一九五五年九月九日、ボンにおける大使会議で説明が行なわれた。

一九五七年ユーゴスラヴィア、一九六三年キューバがＤＤＲと外交関係を開いたとき、ＢＲＤは両国のいずれとも国交を断絶した。この二例は別として、大抵の場合、ＤＤＲに接近する国に対しては経済的手段が有効に併用され、一九六九年までは無難に過ぎた。

その頃から、この原則に対して次第に批判が増してきた。とりわけ、この原則が、東欧諸国との公式関係を拡大しようとする場合かえって足かせになったからであった。すなわち、東方外交の柔軟性の妨げとなることが明らかであった。それでもBRDは、一九六七年ルーマニアとの関係を開き、一九六八年にはユーゴスラヴィアとの関係を修復することができた。

しかし、DDRが経済的に力をつけてくると非共産圏の諸国にも影響力が及ぶようになり、領事関係の拡大に成功を収めるようになった。それに伴い、ハルシュタイン原則の破綻は、一九六九年の五〜六月にイラク、カンボジア、シリア、スーダン、アラブ連合（エジプト）、南イエメンがあいついでDDRと外交関係を開設した時に到来した。BRDは一九六五年以来アラブ諸国とは外交関係をもっていなかったので、経済援助の停止という手段しか行使できなかった。カンボジアとの場合は、関係の「凍結」を決定したが、カンボジアはみずから関係を断絶した。

一九六九年末、SPDとFDPの連立政権が出現すると、この原則の適用に質的な変化が生まれた。新政府は、両ドイツ国家のいずれも国外において他の一方を代表できないこと、第三国がDDRに対する外交関係を開設した場合BRDがその国に対して関係を停止するか否かは、両ドイツ関係の状況に、すなわちドイツ問題とヨーロッパ問題の解決にDDRが寄与する度合いに依存すること、を強調した。一九七三年、DDRとBRDとの基本条約が発効した後は、大部分の国々がDDRと外交関係を開くに至った。

〔註8〕一九四九年から一九六三年までアデナウアーは連邦首相であったが、彼の個性によって政治指針は一定したといわれる。Kanzlerdemokratie と称されるようになった言葉が、アデナウアー時代の重要な特徴を言い当てているであろう。

彼は、一九四五年以降ソ連によってもたらされたドイツとヨーロッパに対する潜在的な危険を確信していたので、政治的、経済的に、また一九五〇年以降は軍事的にも、西側諸国に依存することによってのみ、西ドイツの強化およびドイツ統一の機会を保障することができると考え、国の内外のあらゆる政治交渉をこの目的に沿って方向づけた。一面で彼が外交政策家と評され、他面で国内政策・社会政策上で多くの問題をおろそかにしたと批判されたのは、この故である。

やはり個性的で熱狂的なシューマッハー（K. Schumacher）に率いられた社会民主党の激しい反対を押し切って、一九五四—五五年、北大西洋条約機構（NATO）へのBRDの対等加盟に到るアデナウアー路線の初期的成果が、CDU・CSUの重みを強化し、一九五三—五七年における連邦議会での絶対多数を確保させたとみられる。彼が米国務長官ダレスとの間に築いた個人的親交は、一九五八年一一月のフルシチョフによるベルリン攻勢までは、米・西独間のほぼ完全な協調を持続させるのに役立った。両国間には、ヨーロッパ政策およびドイツ政策に関して反共産主義的な「力の政策」で一致があったのである。

しかし、一九五九年以降、国際情勢が変化し、世界政策で両国間に相違が生じた。米国が東西の緊張緩和と対ソ和解の路線を模索し始めたのに対し、アデナウアーは、ヨーロッパ統合政策の推進、ドゴールのフランスとの協調によって情勢に対処しようと努めた。しかし、彼は、ベルリンの壁が構築された一九六一年以降は、ドイツ問題に対するこれまでの態度が単に現状を維持させるだけであり、ことにベルリン問題に関して前向きの成果を生むものでないことを認めざるをえなかった。

国内には批判が増大し、一九六一年総選挙における与党の後退は、FDPとの連立政権をよぎなくさせたが、FDPとの連立協定に拘束されて、アデナウアーの個性的で権威主義的な指導性は次第に限られていった。首相在職の最後の年、彼はドゴールとの対話に専念したが、一九六三年「エリゼー協定」の締結にもかかわらず「小ヨーロッパ」結集の目標は失望に終った。一九六三年一〇月一六日にエアハルトが彼の後継者として連邦首相の座についたとき、八六歳に達していたアデナウアーは、ドイツ再統一の目的こそ成就していなかったが、彼の対外政策によって、西側との同盟、フランスとの和解、BRDの国家としての内部結集は達成されていた。

〔註9〕一九六六年末、西ドイツの社会民主党は、一七年の野党生活をやめ、CDU・CSUと大連立政権

をつくることに同意した。「二、三の問題を片づけるため」の短期間のものと公約されたが、その背景にはいくつかの危機的な状況が存在した。かなり深刻な危機感があったからこそ連邦議会の総議席四九六のうち四四七という一大安定勢力が求められたと見てよい。当時、西ドイツの政治にとってさしせまって解決すべき課題は四つあったと考えられよう。

第一は、エアハルトの「社会市場経済」政策が一つの壁につき当たり、構造的不況が浸透するにつれて、政府の強力な指導性にもとづく連邦財政の改革が要求されたことであった。公共財政の膨張をひきしめる決定的な措置として、憲法で定められた地方自治体の財政自主権を大幅に制限し、起債などの自由を奪うことが求められた。合理化政策の基本的なカギとして財政の中央集権化が必要不可欠とみなされたのである。だが、この要求を満たすには憲法の改正が行われねばならず、したがってSPDの協力が絶対条件であった。エアハルト政権が短命に終ったのは、その政治的条件を調える政治力に欠けていたことが理由の一つであった。CDUのキージンガーを首相としSPDのブラントを副首相兼外相とする大連立政権の下で、やすやすと経済的安定法は通過し、エアハルトの去った後にエアハルトの提唱した「組織された社会」への一歩が進められたのであった。

第二は、冷戦を前提にしたアデナウアー以来の西方一辺倒と力の政策がようやく行き詰まり、米ソ共存やNATOの解体傾向のなかで、国際的孤立を避ける必要に迫られたことであった。アデナウアーは、東西ドイツの民族的統一よりも西方との同盟、軍事力の復活を優先させ、「西欧防衛における連邦共和国の寄与」の代償として、政治的・経済的対等性の復活を意識的に追求してきた。西側世界で対等の発言力を確立し、西側同盟に依拠した力の政策で東側の譲歩をかちとることが、アデナウアーのドイツ問題へのアプローチだったのである。

しかるに、西ドイツの頭越しに米ソ共存が進み、フランスがNATOの軍事機構を離脱して東西和解に独自の動きを開始したことは、それまで「ヨーロッパの安全保障問題の解決よりドイツ問題の解決を優先させる」という原則を同盟諸国に要求してきた西ドイツにとっては一大ショックであった。ＣＤＵ・ＣＳＵが冷戦型の発想や習性から抜け出して局面を打開することは急には望めなかった。大連立政権は、前政権のエアハルト＝シュレーダー路線（大西洋派）からキージンガー＝シュトラウス（F. Strauss）路線（小欧州派）への転換によって独＝仏関係を修復する一方、ＳＰＤのブラント外相、ヴェーナー（H. Wehner）全独問題相などのイニシアティヴで東方政策の打開に向う可能性を得たのであった。

第三は、一九六六年一一月のヘッセン州議会およびバイエルン州議会の選挙でネオ・ナチといわれる国家民主党（ＮＰＤ）がそれぞれ八議席と一五議席を獲得したことに対応するものであった。ＮＰＤの進出は、経済不況と外交の手詰まりに対する国民の不満や苛立ちが背景になっていたと考えられるが、それが東方政策・西方政策に及ぼすインパクトは無視できないものがあった。まず、強力な政府と安定した議会政治を誇示することで国の内外に安心感を与えること、従来国会進出のハードルであった五％条項にいっそう厳しい改定を加えること、これらが大連立を結ぶねらいの一部であった（選挙法改正については小党のＦＤＰは猛反対であったし、連立与党の間では一九六九年総選挙では措置をとらないことで妥協がついた）。

第四は、基本法の修正による緊急事態法の制定（改憲緊急事態法）を大連立によって容易にすることであった。国家緊急事態に関する法案は、一九六〇年一月一三日、当時の内相シュレーダーによって初めて連邦議会に提出された。その際には世論の反対が厳しくて採択されるに至らなかったが、改憲に必要な議会の三分の二を獲得するためにはＳＰＤの支持が絶対必要であった。キージンガーを首班とする大連立内閣には、かねて緊急事態法を手がけ、あるいは推進してきた人々が名を連ねていた。

シュレーダー国防相、ＣＳＵ党首の「強力な男」シュトラウス蔵相、リュッケ（P. Lücke）内相、ハッセル（K.-U.v.Hassel）難民相。最初のうちは、外交政策面、経済政策面に重点を置く布陣に見えたがやはり百日後の一九六七年三月一〇日、政府は正式に新改憲法案をＳＰＤの顔を立てた程度の修正で決定し、公表した。大連立内閣の成立は、予想されたとおり、それまで緊急事態法案の前にたびたび立ちはだかった障害が克服されたことを意味したのであった。

〔註10〕オーデル・ナイセ・ライン(Oder-Neisse-Linie)は、一九四五年ポツダム会議において定められたドイツの東の境界線である。これをソ連およびポーランドは国境線として主張したが、西ドイツは一九三七年時点でこの線の東にあった旧ドイツ領の放棄を一九七〇年まで承認しようとせず、つねに東西交渉の障害となった。

この線は、南は旧ドイツ帝国領の境界から発して、ゲルリッツ・ナイセとオーデルの流れに沿って北へ向かい、グライフェンハーゲンの高地まで左岸のシュヴェット地域を通り、そこでオーデル河を離れ、シュテッティンの西側へ大きくそれて走り、ウーゼドム島への潟を横切り、シュヴィーネミュンデに出る。

一九四二年一二月、ポーランド亡命政権の首班W・シコルスキー将軍が、ある覚え書きの中でオーデルを「自然に与えられた安全線」と述べたのが、この問題に関する最初の言及であった。つぎに、一九四三年一一―一二月のテヘラン会議において、スターリンは、オーデル河をポーランドの西部国境とすることを要求した。この要求は、彼がカーゾン線をソ連・ポーランド国境線とすることに固執したことと関連があった。一九四四年八月二八日には、ソ連によって擁立されたポーランド国民解放委員会の議長、オスプカ＝モラフスキが初めてオーデル河をポーランドの西部国境として要求した。

ポツダム会議においては、オーデル河の東側地域はすでにドイツ人から放棄されているという当を得ない言明にもとづいて、オーデルが暫定的な境界線と決められた。しかし、ポーランドの西部国境の最終的な取り決めは、最終コミュニケの第九条により、平和条約に持ち越されることとなった。

ドイツ側ではほとんどすべての人々が拒絶的に反応した。そこで社会主義統一党(SED)も、ドイツの東部国境は暫定的であり、真剣な訂正が必要であると表明せざるをえなかった(一九四六年一〇月一六日、W.Pieck）。初めてSEDがこの境界の承認を表明したのは、ようやく一九四七年四月二日のことであった。一九四九年一〇月一二日、東ドイツ（DDR）政府の最初の声明において、グロテヴォール（Otto Grotewohl）首相は、オーデルを「平和の境界」と表現した。翌年七月六日、DDR政府はポーランドとゲルリッツ条約を締結し、そのなかでオーデルを「侵すべからざる平和と友誼の国境」として承認した。BRD政府、ならびに英・米両国の政府スポークスマンは、DDR政府に対し、条約をドイツ国民の名において締結し、国境問題を一方的に決定する権利はないと異議を申し立てた。西側諸国の態度は一貫して国境問題は平和条約で決定されるべきであるというものであった。

BRDは一九六〇年代の末までオーデル・ナイセ線を国境と認めることを拒否し続けたが、SPD＝FDPの連立になるブラント＝シェール政権は、積極的な東方外交を展開するなかで、一九七〇年、ポーランドとの間に締結したワルシャワ条約においてオーデルをポーランドの西部国境として尊重するという義務を負ったのである。

〔註11〕チェコスロヴァキアの国土は歴史的にベーメン、シュレジエン、スロヴァキア、ルテニアの五地方に分かれ、人種的には、一九三〇年の統計による概数では、チェッヒ人＝七四七万人、スロヴァク人＝二二八万人、ドイツ人＝三二二万人、マジャール人＝七二万人、ウクライナ（ルテニア）人＝五七万人、ポーランド人＝一〇万人、ユダヤ人＝二〇万人で、かなり複雑な民族構成であった。このうちドイツ人は大部分がベーメンのズデーテン地方に住んでいたが、一九二九年にはドイツ人社会民主党は政権に参加するほどで、深刻な民族的摩擦は存在しなかった。

ところが一九三〇年頃からナチズムの影響が急速に浸透し、ことにドイツ本国でヒトラーが政権につくと、ヘンライン（Konrad Henlein）の指導下にズデーテン・ドイツ人祖国戦線（Sudetendeutsche Heimatfront）が組織され、一九三五年四月にはズデーテン・ドイツ人党（Sudetendeutsche Partei）と改称した。ヘンラインはヒトラーに支援されて強力なナチズムの運動を展開、ドイツ人社会民主党の影響力を壊滅させた。

一九三八年にオーストリアの併合をなし遂げ、勝ち誇ったヒトラーは、ヨーロッパ有数の工・鉱業地域であるズデーテン地方を次の征服の標的とした。ヒトラーの意図に応じて、三八年四月、ズデーテン・ドイツ人党の大会は、チェコスロヴァキアの分解とドイツ人の実質的な独立・分離を公然と要求した。チェコ政府は英仏ソの国際支援を期待したが、当時の英首相チェンバレン(Neville Chamberlain)は熱心な対独宥和主義者だったので、七月、ランシマン卿(Lord Walter Runciman)をチェコへ派遣し「最大限の譲歩」を勧告した。ヘンラインはさらにズデーテン地方のドイツへの帰属を要求した。九月五日、チェコ政府はズデーテン・ドイツ人党の自治権要求をほとんど受け入れたが、ヘンラインはさらにズデーテン地方のドイツへの帰属を要求した。

九月一二日には、ヒトラーはニュルンベルクの党大会において演説、チェコ政府を猛烈に攻撃してズデーテン・ドイツ人の「自決」を主張し、ドイツの援助を約束した。チェコ政府は強気の反撃に出てズデーテン・ドイツ人党の解散を命じ、ヘンラインの逮捕令を出した。チェンバレン英首相は、一五日、ヒトラーの山荘ベルヒテスガーデンを訪ねて会談したが、ヒトラーの態度は強硬で、ズデーテン・ドイツ人の自決のためには世界戦争も辞さないと語った。帰国したチェンバレンはフランス政府と協議の上、チェコ政府に対し、ズデーテン地方のドイツへの割譲、フランス・ソ連・チェコ間の相互援助条約の廃棄を勧告した。チェコ政府は英仏の圧力下でこれを受諾せざるをえなかったが、ヒトラーはそれでも満足せず、いっそう過酷な条件を突きつけた。

追いつめられたチェコ政府は、二四日、総動員令を発し、抵抗の意志を固めた。二六日、ヒトラーはチェコ政府を罵倒する演説を行い、二八日午後二時を期してチェコ攻撃の総動員令を下す旨を予告した。英政府は二七日、海軍に総動員令を発して自国民の間に戦争の恐怖感を呼び覚ます一方でヒトラーに妥協案を提出し、二八日、ムッソリーニに列国会談の斡旋を依頼した。

英・仏・独・伊四国の首脳によるミュンヘン会談は、九月二九日午後零時四五分に始まり翌三〇日午前零時二五分に終了した。チェコ政府が参加させられない会議の場でチェコの運命はドイツの要求通りに「解決」された。ズデーテン地方全部がドイツに割譲され、ハンガリー人、ポーランド人の居住地域もそれぞれの本国に割譲された。割譲地域には一〇〇万人以上のチェコ人が含まれていた。チェコ大統領ベネシュ（Eduard Benes）はナチの脅迫によって引退し、スロヴァキアの国土は分解をとげた。ミュンヘン協定によって保障されたはずの新しい国境線は、まもなくヒトラーの無視するところとなった。一九三九年三月、ヒトラーは、まずスロヴァキアを独立させ、三月一五日にはベーメン、メーレン地方をドイツ領に編入して保護領とし、スロヴァキアを保護国とした。国家としてのチェコスロヴァキアは消滅したのであった。

N・チェンバレンはヒトラーやムッソリーニを理性的な交渉の相手たりえると信じていたのであり、「ミュンヘン協定」（Münchener Abkommen）はチェンバレンの名とともに国際不正義に対する「宥和政策」（appeasement policy）の代名詞とみなされる。

〔註12〕国連憲章第八章では「国際の平和および安全の維持に関する事項」で「地域的取極又は地域的機関が存在すること」により地域的紛争の平和的解決が行なわれることを奨励している（第五二条）。ただし、いかなる強制行動も安全保障理事会の許可が必要だと定めている（第五三条）。

だが、この第五三条には第二次世界大戦中の枢軸諸国が侵略政策を再現するおそれに対して特殊な「但し書き」が含まれている。すなわち、「もっとも本条二に定める敵国のいずれかに対する措置で、第一〇七条に従って規定されるもの又はこの敵国における侵略政策の再現に備える地域的取極において規定されるものは、関係政府の要請に基づいてこの機構がこの敵国による新たな侵略を防止する責任を負うときまで例外とする。」と第五三条の後段で定め、その二項では「本条一で用いる敵国という語は第二次世界戦争中にこの憲章のいずれかの署名国の敵国であった国に適用される。」と定めている。

第一〇七条は安全保障の過渡的規定を述べたもので、「この憲章のいかなる規定も、第一次世界戦争中にこの憲章の署名国であった国に対する行動でその行動に責任を有する政府がこの戦争の結果としてとり又は許可したものを無効にし、又は排除するものではない。」と定めている。

第三章　西ドイツの東方政策転換

――一九七〇年代外交主体の形成――

（一九七九年刊）

第一節　デタント・多極化の部分過程

第二節　一九六〇年代西ドイツ外交の限界

第三節　ＳＰＤとＦＤＰの接近

第四節　転換としてのブラント政権

第五節　ブラント＝シェール外交の現実主義

第六節　ブラントからシュミットへ

第一節　デタント・多極化の部分過程

東方政策 vs ドイツ問題

第二次世界大戦の終了まで、ドイツにとって東方政策（Ostpolitik）といえば、主として対ロシア、対ソ連外交を意味した。第二次世界大戦後、東方政策の対象地域はソ連・東欧諸国へと拡大した。東ドイツとの関係は、公式にはドイツ内部の問題と称されていたが、実質上は、Ostpolitik の一部をなしてきた。だが、東方政策の対象の拡大にもかかわらず、対ソ関係は依然として中心問題であった。東方政策のどの部分に触れても対ソ関係が顔をのぞかせる。対ソ関係は東方政策の主要ではあるが一部分というものではなく、西ドイツの東方政策のすべてを覆っている。そのような関係であるがゆえに、西ドイツの対ソ関係と東方政策を分離して論じることには限界がある。

次に、ソ連にとって西ドイツはなんであったか。第二次世界大戦後、ソ連の対西欧外交の中心は、つねにドイツ問題であった。ドイツ占領期、冷戦期、デタント期のいずれをとっても、ソ連の対西欧外交はドイツ侵略主義の再来をいかに封じるかに向けられてきた。ソ連の東欧政策もドイツ問題抜きでは理解できない。冷戦の発端は東欧問題というより、むしろ中心はドイツ問題であった。デタント期に入ると、経済大国から政治大国への脱皮を遂げようとする西ドイツは、依然として冷戦型志向を清算できないことで、ソ連の悪夢を呼びさましつづける。西ドイツ国民の「ドイツ」意識を現国境内に押し込み、それになじませること、西ドイツの軍事大国化——とくに核武装を阻止することが、ソ連の西方正面における安全保障の中心問題となり、欧州デタントに臨むソ連の基本政策となる。核拡散防止条約、モスクワ条約、全欧安全保障協力会議のヘルシンキ協定、いずれもがその中心問題に向けられたソ連の「成果」であった。

一九七〇年代の転換

西ドイツの一九七〇年代対ソ関係の転換は、六〇年代初頭以来の米ソを中心とする東西デタントの一部分であった。米ソのデタントが、先行し、それに適応を強いられるかたちで、六〇年代の試行と苦悩を経て西ドイツ外交は転換を遂げることに成功した。七〇年代のデタントが「冷たい戦争」から「冷たい平和」への移行と限定されるとすれば、西ドイツの対ソ関係は、「敵対から和解へ」の「正常化」の域を出ないといってよいであろうか。

第二に、西ドイツの対ソ関係の七〇年代転換は、米ソの二極支配構造が崩れ、世界の多極化構造が進展する過程の重要なひとコマとして意義つけられる。西ドイツは対ソ連・東欧関係の「正常化」を大幅にはたした結果、ワシントンの「大統領やパリの将軍の咳払いに、そのつどうなずく模範生」の境地から脱出できた。「おとなのパートナーとして、信頼のおける同盟者として、自信と誇りを持った国として」西側同盟の再編制に、南北問題に、そして東西デタントに、独自のイニシアティヴ(Eigeninitiative)を強めつつあるのが、七〇年代西ドイツの姿である。そのように「経済的にはほとんど巨人(Riese)だが、政治的にはこびと(Zwerg)のようにふるまっている」〔註**1**〕西ドイツからの脱却をはかるイニシアティヴの担い手が、「ラッパロ」路線(Rappallo-Politik)時代に西方派に属した社会民主党(SPD)と、西方派でありながら東方接近策を余儀なくされた民主党(DDP)の流れをくむ自由民主党(FDP)〔註**2**〕と、両者の連合であったことに、つきざる歴史の興味を覚えるのである。

第二節　一九六〇年代西ドイツ外交の限界

アデナウアー外交からの脱皮へ

冷戦構造に基礎をおくいわゆるアデナウアー外交からの脱皮は、一九六〇年代を通じて段階的に進行した。六〇年代初期の第四次アデナウアー政権は、キリスト教民主同盟・社会同盟（ＣＤＵ・ＣＳＵ）が主体ではあっても、東方政策に積極的な自由民主党（ＦＤＰ）との小連立政権であり、ブレンターノ（Heinrich von Brentano）にかわってシュレーダー（Gerhard Schröder）が外相に登場したことじたい、フルシチョフ、ケネディ、ドゴールらの競演する初期デタントへの適応を西ドイツが迫られていることの現われであった。

アデナウアー引退後に登場した六〇年代中期のエアハルト（Ludwig Erhard）政権は、やはりＦＤＰとの小連立で、シュレーダー外相がその職にひきつづきとどまった。シュレーダー外交の「新」東方政策を要約的に述べれば、それは、「東欧諸国と西ドイツとの関係を阻害している共産主義の憎悪にみちた宣伝や憤りを除くために、その第一歩として、文化と人間の面での接触を改善し、経済の交流による接近をはかる」〔註3〕というもので、東欧諸国に対して個別に文化、経済、交通の関係改善を呼びかけ、個別的な反応に応じては政治的関係にまで発展させようとするねらいであった。

この新方針に沿って西ドイツの（ドイツ）単独代表権の主張を象徴するハルシュタイン原則が修正され、「東欧諸国」に対する適用は事実上の廃止に向かった。だが、そこに述べられた「東欧諸国」には東ドイツは含意されず、オーデル・ナイセ線を含む東欧の国境問題について冷戦時代の主張に変更がみられない限り、その「新」政策はソ連との正面交渉の回避を意味した。エアハルト政権下で、ワルシャワ、ブカレスト、ブダペスト、ソフィアの諸首都とボンとの間で通商代表部を互いに交換する協定が締結されたが、それは経済交流面でにわかに成果を生むわけではなく、それが政治交流に機会を与えるとの期待も困難であった。〔註4〕

ブラント——ベルリン市長から党首へ

しかし、この時期におけるシュレーダー外交は、自由民主党（ＦＤＰ）と社会民主党（ＳＰＤ）によって基本的に支持されていた。六二年一〇月の段階で、ＳＰＤの西ベルリン市長であったブラント（Willy Brandt）はＣＢＳ放送で、「ドイツの東西分立の現実を法的に、または正常なものとして受け入れることはできないが、また分立の現実を無視することもできない。もし四大国の決定下に、よりいっそうの技術的、実際的な結びつきが両ドイツ間にできるのであれば反対しない」と述べたと伝えられたが、〔註5〕このブラント発言に盛られた程度の考えすらも、当時のＳＰＤ指導部の承認するところであったか疑わしい。

ブラントがＳＰＤの党首に選出されたのは、一九六四年二月一六日、バートゴーデスベルクの臨時党大会においてであった。またさらに、「過去二〇年間」におけるヨーロッパの諸事実の変化について、「たとえ不都合があっても真実を語る勇気をもたなければならない」〔註6〕という認識が、ようやく党是として確立したのは、一九六六年六月のドルトムント党大会であった。それ以前の時期には、ボンのＳＰＤ指導部は、ブラントがベルリンにおいて自分の考えを対外政策的行動として表現するのにたいして抑圧的であった。ブラントは党内左派に支持を見出していたが、党内における彼の地位を危機にさらさないため、バール（Egon Bahr）、アルバーツ（Heinrich Albertz）、シュッツ（Klaus Schütz）らが矢面に立っていたといわれる。彼らはいずれもブラントが外相、首相となった時代に東方政策の檜舞台に立つようになる。〔註7〕

大連立政権の東方政策

一九六六年一二月一日、エアハルト政権のあとを受けて成立したＣＤＵのキージンガーを首班とする大連立政権では、ＳＰＤ党首ブラントと副党首ヴェーナー（Herbert Wehner）が、それぞれ外相と全ドイツ問題相という東方政策の要職を占めた。キージンガー首相の第五次連邦議会における施政方針演説（一二月一三日）では、東方政策について次の諸点が強調された。

一、政治的緊張を除去し、軍備競争を廃止する平和政策（Friedenspolitik）は連邦政府の基本政策の一つである

二、一九六六年三月二五日の「平和ノート」の趣旨に基づき、ソ連、東欧諸国と武力行使放棄の宣言を交換したい。この協定はドイツ民主共和国との間にも結ばれる必要がある

三、連邦政府は自由に、合法的に、かつ民主的に選ばれた政府であるがゆえに、全ドイツの民族を代表して発言する権利をもっている。だが、そのことは連邦政府がドイツ民主共和国の住民を後見しようとすることを意味するのではない

四、両ドイツの人びとがますます疎遠になっていくのを避けるために、両ドイツ間の人的・経済的・文化的交流を拡大する。そのために両ドイツ当局間の接触が必要である。だが、そのことは二つのドイツ国家の承認を意味しない〔註8〕

キージンガー＝ブラント外交が、シュレーダー路線と異なり、東欧諸国との交流の範囲に東ドイツを含めたことは大きな変化であった。しかし、ドイツ再統一要求と全ドイツにたいする単独代表権の主張については基本的立場に変化がなく、東ドイツの国家としての承認の点では、微妙な変化が認められたもののなお不

鮮明であった。

ソ連の不安といら立ち

一九六七年一月一三日、ソ連共産党のブレジネフ書記長は、ある演説のなかで、西ドイツ新政府の東方政策にたいして、旧態依然たるものだときびしい批判を浴びせた。

「われわれは、〝全ドイツを代表する〟という連邦共和国の思い上がりをまた新たに聞く。だがそれはドイツ民主共和国の〝不承認〟を意味し、この社会主義国家を併呑しようとするいっそうの努力を実際には意味している。ボンにおいては、いままた新たに西ベルリンに関する要求が、連邦共和国にはなんの関係もない問題であるにもかかわらず言い立てられている。ドイツ連邦共和国政府は、あいも変わらず、連邦共和国と民主共和国の境界も含めて、ヨーロッパの戦後国境にたいする危険な立場をとりつづけている。連邦共和国政府は、また核兵器に接近する権利のもくろみをいまだに放棄していない。連邦共和国の新政府は、たしかにヨーロッパの緊張緩和を促進する意図について語っている。すなわちキージンガー首相は、彼の政府がソ連との協調と信頼を深め、将来の実り多い対話と交渉のための前提をつくることに努力すると述べた。だがそれはほんの一時のおしゃべりにすぎない。しかもそのおしゃべりは、連邦共和国の新政府にふくまれる他の見解によって矛盾をあらわにしているのである。」〔註9〕

なお同月二八日には、ソ連政府は米英仏ならびに西ドイツの諸政府にドイツ問題に関する覚書を手交したが、そこにはこの時期におけるソ連の激しいいら立ちが隠されていない。覚書では、西ドイツ国内におけるナチズムと軍国主義の勢力にたいして非難を浴びせ、大連立政府の態度は、ポツダム協定の規定に沿っていないと攻撃したのであった。

「社会民主党参加のもとにつくられた連邦共和国新政府の第一歩は、この国の路線が時代精神とヨーロッパの現実に合致するであろうとの結論を引き出すに足る理由をなんら与えていない。」「ポツダム協定およびその他の国際協定に基づく義務に従って、反ヒトラー同盟諸国がドイツの軍国主義とナチズムの復活を阻止することに今後とも責任を負いつづけること」が、ヨーロッパにおける平和の保障と深化のための第一前提でなければならない。〔註10〕

このような激しいソ連政府の出方は、一見従前の紋切型の西ドイツ非難と同じようにみえながら、これを当時の情勢と対照してみれば、西ドイツの国内政治動向と東方政策にたいするソ連の強い不安と不満が読み取れる。当時西ドイツでは、ヘッセンとバイエルンの州議会にネオ・ナチとみられる国家民主党(Nationaldemokratische Partei Deutschlands: NPD)が五パーセント制限条項をこえて議席を獲得するに至り、さらに中央政界にも進出する気配を示していた。新首相はヘッセン州では九二・一パーセント、バイエルン州では九二・六パーセントの圧倒的多数を民主的諸党派が占めたのだと強気の弁明を行ったが、〔註11〕ソ連は与党内部、つまりキリスト教民主同盟（ＣＤＵ）の一部ならびにＣＳＵに根強くあった東方政策の転換にたいする抵抗の声が、国家民主党（ＮＰＤ）の主張と類似していることにも無神経ではありえなかったと思われる。ソ連政府が米英仏の共同責任を強調したのは右の事情と関連していた。

一九六七年一月二八日のソ連の覚書は西側諸国によって拒否された。ドイツの犯した過失は二〇年、三〇年昔のことであり、今日の西ドイツはあらゆる信頼に値するというのであった。キージンガー首相は一月三〇日、ザールブリュッケンで行なった演説のなかで反論を試みた。

「――われわれはいわゆるドイツ民主共和国を合併しようと欲してはいないし、また、われわれがいわゆるドイツ民主共和国に合併されることも欲していない。われわれが望むのは自由と平和のうちにわが民族が再統一することである。それが投票で行われるほど単純でないことはもとより承知している。それがヨーロッパの中心部におけるきわめて困難な問題であること、諸前提がつくりだされなければならないこと、とりわけ相互信頼と協調の雰囲気がヨーロッパの、このもっとも困難な問題の解決のための前提として成立しなければならないことを、連邦政府は十分に承知している。」〔註12〕

この時期における西ドイツの東方政策が、前政府に比していちだんと柔軟性と現実性を増していたことは否定できない。だがその全基調はなお前政府のそれの延長上にあって、東欧諸国への個別的接近ならびに経済、文化などの非政治的迂回路の拡大を重視していた。連立与党の間にも対立があって、キージンガーはブラントが「自分の外相」であることを要求しがちであった。〔註13〕一九六七年一月三〇日の西ドイツ＝ルーマニア間の国交正常化は、西ドイツにとっては東欧諸国にたいする個別的接近の最初の成果とみなされたが、それをソ連と東ドイツの側からみれば、西ドイツにたいする不信感をかえって増幅するものにほかならなかった。

ソ連の最優先課題

ソ連外交にとって最優先課題は、伝統的に西部国境正面の安全保障であり、第二次大戦後の現実に即しては、それはソ連と西欧（とりわけ西ドイツ）との間に横たわる東欧一帯の体制安定、ソ連中心の結束を意味した。かえりみて大戦末期から戦後期にかけソ連の東欧とドイツに向けられた政策の変遷は、戦勝連合国による対ドイツ協同保障の期待が崩れて、ソ連単独の「力」による自力保障へと変化していった過程を示している。大戦の政治的諸結果を西ドイツの国家の担い手勢力が正式に承認すること、ならびに米英仏三国がその方向でソ連と同調することを求めるソ連の三〇年に及ぶ執拗な要求は、右のような安全保障の願望と対ドイツ警戒心に貫かれてきたのである。そのようにみるとき、冷戦国家原理からの脱皮に苦しむ西ドイツの遅足とソ連の要求との間には、交信のズレやミスがあったとしても不思議はなかったであろう。

第三節　ＳＰＤとＦＤＰの接近

一九六九年ニクソン政権の出現

東西デタントがヨーロッパを舞台に一歩前進するのに有利な人的条件が、一九六九年には奇妙に出そろった。一月、ニクソン大統領就任、四月、ドゴール辞任発表（六月、ポンピドゥー大統領就任）、一〇月、ブラント政権の誕生がそれであった。

まず、ドル防衛の正念場に登場したニクソン新大統領は、国防費支出削減、通常兵力削減、在外兵力・基地削減などの具体策を明らかにし、さらに戦略核兵器制限へと進まざるをえない立場であった。これらの諸施策は米国が一方的に実行できるものではなく、アジアとヨーロッパにおいて軍事的支出を低減せしめる国際情勢をつくりだし、情勢を安定的な国際システムにまで変革することが必要であった。キッシンジャー博士の頭脳を駆使した「新中国政策」、「新ヴェトナム政策」、「新対ソ政策」はそのような背景で回転しはじめたのであった。新しいルールと相互抑制の枠内に米ソ関係を安定させ、軍事的紛争の根源を取り除き、国防費負担の無際限な増大を阻止するという点では、米ソの利益は一致していた。

就任後三ヵ月以内に核拡散防止条約の批准に持ち込み、新ＡＢＭ計画を対ソ交渉正面に「配置がえ」したニクソン大統領は、対ソ戦略兵器制限交渉（ＳＡＬＴ）に入る前に、六〇年代を通じて不協和音の多かった米欧関係を修復し、かつ西欧内におけるデタント阻害要因を除去しなければならなかった。米欧関係の修復にとってドゴール時代の終焉は、いうまでもなく決定的に有利に作用した。また西欧内におけるデタント阻害要因の除去――西ドイツの東方外交の変革ならびにイギリスのＥＣ加盟を含む拡大欧州の実現（西欧同盟の強化）――のためには、フランスと西ドイツにおける政府交代がやはり決定的な意義をもったのである。

国際情勢の圧力

米仏における政府首脳の交代と路線変更のあとに、一九六九年秋の西ドイツ総選挙は訪れた。連邦議会選挙の結果、かりにキリスト教民主同盟・社会同盟（ＣＤＵ・ＣＳＵ）主軸の政権が成立していたとしても、右に述べた国際情勢の圧力のもとでは、いずれ西ドイツの東方政策は六〇年代の陣痛の上に新しい何かを産みおとさざるをえなかったであろう。しかし西ドイツにとっては、周囲からの圧力に押されて譲歩を強いられるかたちで政策の変更を遂げるか、それとも自己変革を遂げたうえで状況に積極的に適応し、新しい国際システムの創出にイニシアティヴをとるか、そのいずれをとるかは、一九七〇年代、八〇年代における西ドイツの国際的地位を左右するものであった。

西ドイツの連邦議会選挙が近づくにつれ、ソ連の対西ドイツ反応には変化が生じた。一九六六年三月に行なわれたエアハルト政権の対ソ「平和ノート」に端を発した相互武力不行使宣言の提案は、同年一二月、キージンガー新首相の施政方針演説でも繰り返された。これにたいするソ連政府の回答は一九六八年七月に行なわれたが、ソ連は回答の覚書のなかで、西ドイツと武力不行使に関する協定を締結するためには、その前提として、オーデル＝ナイセ線を含む現ヨーロッパ国境線の承認、東ドイツの承認、チェコのズデーテン地方に関するミュンヘン協定の正式破棄、核武装の放棄、西ベルリンの政治的分離、の諸条件を西ドイツ政府がみたす必要があると要求した。その直後にソ連・東欧五ヵ国軍隊のチェコ介入があって、それ以来、西ドイツの「報復主義」にたいする激しい非難のキャンペーンが繰りひろげられてきたのであった。

大連立内部の対立

西ドイツ外務省は、一九六九年七月三日、東ドイツ承認問題や西ベルリン問題について態度変更とみられる表現を慎重に避けながら、この武力不行使問題に関する政府見解をボン駐在ソ連大使に手渡した。これにたいするソ連政府の反応は非常にすばやく、七月一〇日、ソ連最高会議におけるグロムイコ外相の外交報告のなかで、この問題につき西ドイツ政府と話しあう用意があると述べられたのであった。九月総選挙を間近にひかえて、大連立内部の受け止め方は分裂した。社会民主党（ＳＰＤ）は自党の地道な対ソ対話の努力がようやく実を結びはじめたのだと、積極的にこれを評価したのであったが、CDU・CSUにはソ連の意図にたいする不信感が根強く、それは、たんに中国との対決に迫られつつあるソ連が、腹背に敵をもつことを避けようとする戦術にすぎないと、警戒的な態度を崩そうとしなかったのである。

ソ連のねらいは、大連立内のSPDと野党の自由民主党（FDP）に定められていたようである。七月二三日、コスイギン首相は駐ソ西ドイツ大使アラルト（Helmut Allardt）を招いて、武力不行使宣言を交換する問題について約一時間半にわたって話しあった。その翌日には、モスクワを招待訪問中のFDP党首シェール（Walter Scheel）はじめ同党幹部三人と会談、全欧安全保障会議の計画について意見を交換した。また八月二一、二二の両日、やはりモスクワに招待されて訪れたSPDのシュミット（Helmut Schmidt）幹事長ら党幹部三人が、ソ連首脳と長時間の会談を行なった。ベルリン・ドイツ問題、全欧安全保障会議、核拡散防止条約、経済協力など両国間の懸案となっている諸問題のすべてが討議されたと伝えられた。このような動きにたいしてCDU・CSUは、これらの招待外交によって、ソ連が九月総選挙に影響力を及ぼそうとしていると非難したのであった。

FDPの積極的な東方政策

六〇年代のはじめ以来、大胆な東方政策を主張してきたFDPは、CDU・CSUと小連立を組みながら連立与党の外交・防衛政策に強い不満を抱いてきた。一九六六年一一月のエアハルト政権の瓦解に際しては、FDPのこの不満が深い理由であった。一九六八年二月の党大会で保守派のメンデ（Erich Mende）にかわってシェールが党首に選出されたことは、党内左派の圧倒的な優勢を証するものであった。一九六九年九月の総選挙の時点で、ＦＤＰの選挙綱領に示された東方政策は、ＳＰＤのそれとほとんどまったく共通した内容であった。

ＦＤＰの選挙綱領は次のように述べる——。

「新しいドイツ政策と対外政策の重要課題は、ヨーロッパにおける諸情勢の緊張緩和（Entspannung）である。ドイツの緊張緩和政策（Entspannungspolitik）は、あらゆる方向に、すなわちヨーロッパ諸国のすべてにたいしてと同様に、ドイツの他の部分にたいしても向けられなければならない。緊張緩和政策の目的は確実に抑制された均衡に基づくヨーロッパの平和秩序をつくりだすことである。」

「協調（Verständigung）への道の技術的な一歩は、世界のあらゆる国家との対外関係をいっそう拡げることである。ドイツの協調政策はドイツ民主共和国を迂回してはありえない。われわれの政策は、東ベルリン（政府）と利害の一致が可能になるときにのみ達成できるのである。」

「ドイツ分裂の克服は、したがって前提でも条件でもなく、ドイツ民主共和国との交渉の結果なのである。」

「全国党大会は、ドイツの東部国境に関する最終決定は平和条約においてはじめて行なわれうるとの意見であり、ドイツの分裂した両部分の集合が領土問題のために失敗させられてはならないと考える。」〔註14〕

ＳＰＤの東方政策

社会民主党（ＳＰＤ）の選挙綱領のなかの「平和政策」の項は「きたるべき一〇年は平和の一〇年でなければならない」と書きはじめる。

「国家利益（Nationale Interessen）に基づく平和政策（Friedenspolitik）は、ヨーロッパの緊張緩和を要求している。それは不侵略条約なくしては、武力行使の放棄なくしては、不可能である。ヨーロッパの緊張緩和のためには、ドイツ連邦共和国とドイツ民主共和国との間に相応の規制が必要なのである。」

「国家利益に基づく平和政策は、ドイツ連邦共和国が東欧および東南欧の諸国家と和解（Ausgleich）に達しなければならないことを意味する。」

「連邦共和国とソ連との友好関係を確立することは、特別に重要である。両国の国民の間には、憎悪も敵意もあってはならない。」〔註15〕

そこにはもはやドイツ統一を欧州デタントの前提としたり、もしくは両者を不可分とするような硬直した原則主義は見出せない。いうなれば、ドイツ問題を欧州デタントに従属させて考える立場である。そこに示された選挙綱領の具体性からみれば、FDPがやがて成立する小連立ブラント政権において、たんなる数字合わせの連立与党ではなかったことがわかる。ブラント＝シェール外交が実際に展開された際の方法論は、自由民主党（FDP）プログラムの方により具体的に描かれていたともいえるからである。SPDプログラムでは、ヨーロッパの緊張緩和を追及する政策は西ドイツの国家利益が要求するもので、一九五九年のバートゴーデスベルク綱領以来の立場である、と強調した点に注意をひかれる。また同党は、この選挙綱領のなかで、懸案となっていた核拡散防止条約について、西ドイツの平和利用の権利と安全保障上の問題について条件がみたされるならば、調印すべきであるという方針を明示したのであった。

第四節　転換としてのブラント政権

ブラントの首相就任

ウィリー・ブラントの首相就任は、国内政策面からみても国際政策面から見ても、ドイツ史における重要な転換点であったと書きしるされることになるだろう。それは第二次世界大戦直後のアデナウアーの登場と同じく、変化した政治的情勢に適応すべきリーダーシップへの要請と、個性的な政治主体との効果的な出合いの一例であるだろう。

一九六九年一〇月二八日に行なわれた新首相の施政方針演説は、戦後の前任者たちに比較して実務的な調子が特徴的であった。文面でみる限り内政改革に重点がおかれているように思われた。キージンガー前首相の最初の施政方針演説が、外交問題にほとんど半分を費やしていたのに比すれば、簡潔であり、要約的ですらあった。しかし、この文面の簡潔さはブラント政治における外交の比重の軽さを意味しなかった。過去三年の東方との交渉の経過に照らしてみれば、ブラント外交の実際面は、西ドイツ政府のイニシアティヴにたいして、東ドイツを含むソ連・東欧ブロックがいかに反応するかに依存するところが大きかったのである。〔註16〕

ブラントの施政方針演説における対外政策面は、次の諸点に要約できるだろう。

一、西ドイツの国家利益は東西間に中立であることを許さない。西側諸国との緊密な協力と一致が政策の基本であって、そのうえで東側諸国との和解を進めることができる。対米関係の強化、仏＝西ドイツ協調、イギリスの参加による欧州共同体の拡大、ＥＣ諸国の政治的統合への措置が必要である。ＮＡＴＯの存在は今後とも西ドイツの安全を保障するであろう。ＮＡＴＯの団結は、ヨーロッパの緊張緩和に到達する共同努力の前提条件である。西欧の軍事的同盟が防衛的なものであるのと同様に、西ドイツの軍事的寄与も防御的なものである。連邦国防軍の訓練、機構、装備、兵力のいずれも、「攻撃的戦略」にふさわしいものではない。「連邦政府は、いかなる疑いものり越えて、その防衛政策が防御的原理に基礎をおくものであることを明らかにするであろう。」

二、西ドイツと東ドイツの両国政府間に交渉が開始されることを、一九六六年一二月の政府声明にひきつづき、ふたたび提案する。西ドイツによる東ドイツの国際法上の承認は問題にならない。ドイツに二つの国家が存在するとしても、それらは互いに外国の関係ではない。東西ドイツの関係は「特殊な性質のもの」(von besonderer Art)でありうる

三、武力行使相互放棄の政策は、ヨーロッパにおける緊張緩和に決定的に寄与するものであるだろう。西ドイツ政府は、武力行使放棄のテーマに関するソ連政府の外交覚書にこたえて、ソ連側から提案される時期にモスクワにおいて交渉に入るつもりである。また、東ドイツ政府との間でも武力不行使の協定を締結する用意がある。ポーランドにたいしては、一九六九年五月一七日のゴムルカ発言にこたえて、会議開催の提案を送付する方針である

「西ドイツ国民は、言葉の真の意味において、ソ連国民および東欧のすべての諸国民との平和を必要としている。われわれは、犯罪的徒党によってヨーロッパにもたらされた惨害の克服を援けるために、相互理解の誠実な試みをなす用意がある。」

四、連邦政府は米英仏三国にたいし、ベルリンの情勢を改善するための対ソ交渉をより積極的に進めるよう勧告する。西ベルリンはドイツの二つの部分の政治的・経済的・文化的関係の改善に役立つものとして位置づけられねばならない

五、核兵器の不拡散条約には、前政府が（米ソ両国に）説明を求めていた諸問題に回答があたえられしだい、すみやかに調印するであろう〔註17〕

アデナウアー時代の終焉

ブラント＝シェール政権の誕生ならびにブラント首相による政府演説は、世界の各地に期待と不安の半ばした反響を呼んだが、モスクワの好意的反応は西ドイツの非『シュプリンガー』系の各紙によって伝えられた。それらによれば、西ドイツの政府交代は実質的な「アデナウアー時代の終焉」と受け取られていた。しかしモスクワの政府筋では、新政権の安定性もしくは、継続性に危惧を抱いているふうであった。選挙戦中にブラントが国境問題について「持ったことのないものを捨てることはできない」と述べたことが好感されていた。ブラントやシェールたちの現実主義的態度はよく知られていたのだが、それがボン政府の具体策と実践にどの程度まで反映されるかは今後の問題だとみなされた。ブラント演説では核拡散防止条約に条件付き賛成であったが、モスクワの期待はまず新政府がこれに調印をすますことであった。

新政府の東方外交の具体的な着手は、ソ連（一一月一六日）およびポーランド（同二五日）にたいする武力行使相互放棄についての交渉申し入れで開始された。核拡散防止条約は一一月二八日に連邦政府の調印するところとなった。この核拡散防止条約の調印は、一方で米ソ軍縮交渉が西ドイツの頭越しに行なわれる心配を軽減させ、また他方では、ソ連・東欧との和解交渉を積極的に進めるテコとして役立ちうるものであった。堰が切って落とされたように、西ドイツ外交の転換が始まった。

第五節　ブラント＝シェール外交の現実主義

小連立政権の現実主義

ブラント政権の新しい外交のすべり出しが、一九六九年一一月中旬と下旬の対ソ、対ポーランド交渉提案をまず行なって、同月末に核拡散防止条約の調印をすませ、さらに一二月早々ハーグで開催されたＥＣ首脳会議に臨むという取り合わせで行なわれたのは、十分に計算された演出であった。それとともに、このスタートの構成は、ブラント＝シェール外交の基本的な仕組みを示すものであった。

一九六〇年代を通じて、西ドイツの「新」東方政策の経験は、東欧諸国への個別的アプローチ、ことにソ連の安全保障にとってヴァイタルな地域とみられる東欧北部諸国へのそれは、明らかに限界があり、ソ連ならびに東ドイツのいらだちと反発をひきおこすことで、東方政策全体を危機に陥れるおそれのあることを証明した。チェコスロヴァキア事件の悲劇の一面は、この国の対西ドイツ関係が、ルーマニアの轍を踏むであろうと予想されたところにあった。この事件は、西ドイツの東方政策にとって重要な教訓でなければならなかった。

すなわち、一九六六年七月の「ブカレスト宣言」による全欧安全保障会議の提唱は、第二次世界大戦の結果としてのヨーロッパ、とりわけ東欧の現状を最終的に西側諸国に承認させることを意図したもので、ドイツ・ベルリン問題の解決――東側の要求では、ドイツ民主共和国の国際法上の承認、全ドイツにたいする単独代表権主張の放棄、西ベルリンの独立した政治的単位としての承認、オーデル・ナイセ国境線の承認――は、その基本部分であり、中心部分であった。換言すれば、ソ連・東欧と西ドイツとの関係の正常化は、欧州デタントの一部分であり、出発点であった。だが、一九五〇年代のハンガリー事件、一九六〇年代のチェコスロヴァキア事件が示したように、たんなる国境の現状承認は status quo を固めるには十分でなかった。ルーマニアが最近主張しているようなＮＡＴＯとワルシャワ機構との同時解体は、それがブロック自体の改称を意味する限り、現在のソ連にとっては問題にならない。東西ブロックの解体をソ連はけっして望んでいず、東欧諸国がいっそう柔軟に、かつ個別的に西側に接近するのを抑え、欧州デタントへの東欧諸国の政策的対応を、ソ連のリーダーシップのもとに統制しようとするものであった。言いかえれば、その勢力圏の内部にデタントの影響が広がり浸透するのを抑制し、東欧ブロックとしての統一性と自己の指導権を確保しつつ、東西ブロック間のデタントをすすめようというソ連の意図であった。ブレジネフ・ドクトリンの意味は、東欧ブロック内諸国の体制安定が、いかにソ連の安全保障にとって基本的であるかという点に加えて、それなるがゆえに同ドクトリンが、欧州デタントに臨むソ連の基本的前提でもあるという点に認められたのである。

そのように考えれば、ドイツ・ベルリン問題の解決は、内容の重要性と並んで交渉のプロセスがまたきわめて大事であった。ソ連・東欧のブロックとしての一体性ならびにその内部におけるソ連のヘゲモニーの承認を前提とした交渉の発想が、ブラント＝シェール外交の東方政策に取り込まれざるをえなかった。対象としてのリアリティに接近する方法としてのリアリティが要求された。

東方への発信

その現実主義的な方法は、実際に交渉の順序や日程の組み方、および交渉の内容（テーマの範囲、性質）に具体化された。

前述のように、ソ連、ポーランドにたいする交渉申し入れの直後に核拡散防止条約に調印したことは、米ソ主導のデタントに同調する西ドイツの平和意思の表明であり、西ドイツの核を備えた「軍国主義」の脅威にたいする東側の懸念を柔らげる効果をもち、おそらく一二月四日の東欧首脳会議（モスクワ）で対西ドイツ二国間交渉にゴー・サインをだす直接の契機になったと考えられる。まず交渉の意思が東側ブロック正面のソ連に向けられ、交渉主題である武力行使相互放棄の問題は、核武装の放棄を意味する同条約調印と内容的にも時機的にも一つにセットされたのであった。

ソ連の安全保障感覚の敏感さにかんがみれば、この核拡散防止条約にたいする西ドイツの同調なくしては、同条約じたいの機能が疑問となるのみならず、その後の戦略兵器制限交渉（ＳＡＬＴ）を中部欧州相互兵力軍備削減交渉のタイム・テーブルにも大いに狂いを生じたことであろう。

西方への発信

まず東方へ向けて発信したブラントとシェールは、次いで一二月一、二日にハーグで開催された欧州経済共同体の首脳会議に臨んだ。これはフランスの新大統領ポンピドゥーによって提唱されていた会議で、加盟国の首相（もしくは大統領）、外相の参加のもとに、「共同体の存立と発展のための当面の措置」が討議される予定であった。ブラントは欧州統合の前進に関する西ドイツの立場を、この時代に即してうかがわせる長い発言を行なった。次はそのなかの一節である。

「世界政治の点からみて、われわれの強固で拡大された共同体は、二重の目的を追求しなければならない。すなわち共同体は、諸資源の統合によって経済、科学、技術の諸分野で超大国と対等に自己主張し、それによって独自性を守る立場にヨーロッパをおかねばならない。同時に共同体は、工業諸国に緊急に課せられている重要課題、すなわち開発政策に精力的に協力する能力をヨーロッパに与えなければならない。」〔註18〕

このハーグ会議では、イギリスなどの加盟希望国に門戸を開き、加盟の交渉開始を一九七〇年六月三〇日と定めた。また従来の共同体の協約の範囲をこえて、通貨の統一、政治的統合へと進む目標が合意された。

積極的イニシアティヴの構想

それは西欧内部でみる限りポスト・ドゴールを印象づけた事件であったが、「ブラントはこの会議を、その後すぐに展開したソ連、東ドイツ、ポーランドにたいする対外政策活動の前提となるものと意味づけた」〔註19〕のであった。ブラントはハーグ会議では、「われわれの共同体は新しいブロックでなく、均衡のとれた全欧的平和体制の構成要素として役立つ模範的な体制であるべきである。そのような精神に基づいてドイツ連邦共和国は、西側パートナーと協力し調和しながら東側との協調を追及する」〔註20〕とたしかに述べてはいる。しかし、この周到な予防的発言が、かえって雄弁にブラント政権の積極的な外交戦略を語っているようである。

ソ連は東側ブロックの結束を固め、自己のヘゲモニーを確立したうえで西ドイツの東方政策の譲歩と転換を迫ってくる。東西デタントの大状況のなかで、これにたくみに応じなければ西ドイツ外交は国際的に孤立する恐れが大きい。また反面、西ドイツの東方への接近、和解は、西側諸国に一九二〇年代「ラッパロ」の記憶を呼びさましかねない。そのような隘路に逢着したブラント政権は、欧州統合の拡大と深化、および米欧関係の修復と緊密化を推進するかなめの位置に西ドイツをおき、強化された西側同盟を背景に対ソ・対東欧外交（ならびに発展途上国への開発援助・資源外交）を展開しようとするものであった。その際、西欧同盟は、超大国米・ソに比肩し対抗しうるものでなければならない。しかして西欧同盟内における西ドイツの重みはますます増大するであろう。――ここにブラントのかねての積極的イニシアティヴの構想が現われているし、また七〇年代における西ドイツの対外的な基本戦略を構図として読み取ることができる。

東方外交の新展開

ブラント＝シェール政権は、内政面よりも外交面で、ことに東方政策の面で、短期間にめざましい成果をおさめた。一九六九年一二月八日、ソ連＝西ドイツ間のモスクワ交渉が武力行使の相互放棄を中心議題として開始されたが、これと並行して一九七〇年はじめから七二年末まで西ドイツに直接関係ある三つの交渉が進められた。ポーランド＝西ドイツ交渉、東西ドイツ間交渉、ベルリンをめぐる米英仏ソの四ヵ国会議がそれであった。これら四つの交渉の設定、進行の方法にもソ連・東欧にたいする西ドイツ政府の現実的認識が反映していた。

まず、西ドイツ政府は西ベルリン問題でソ連の譲歩を期待し、それをモスクワ交渉妥結の条件とした。事柄は、四ヵ国の交渉権限に属するがゆえに、モスクワ交渉の結果締結されるべき条約には、「西ドイツ政府のベルリン問題にたいする態度は言及されない。西ドイツと西ベルリンの密接な結びつき、ならびに西ベルリンへの通行を保障するための四ヵ国交渉が達成されることを前提とする。そのような保障なくして、武力不行使条約は効力を発することはできない。」〔註21〕

というのが、一九七〇年六月七日に公表された西ドイツ政府の対ソ条約交渉の基本方針の一つであった。ソ連政府は、ベルリン問題では西ドイツの参加しない四ヵ国協議という制約の壁にぶつかり、結局、西ドイツと西ベルリンの政治的分離という年来の要求を貫徹できず、妥協的な線でひとまず撤収せざるをえなかった。

だが、ソ連はそれ以外の分野で多くの成果をおさめ、八月一一日、両国の首相、外相が署名するモスクワ条約が締結された。四ヵ国ベルリン協定が調印されたのは、ようやく一九七二年六月三日であった（交渉開始は一九七〇年三月二六日）。ポーランド＝西ドイツ条約交渉は一九七〇年二月五日に開始され、東西ドイツ間の交渉は一九七〇年三月一九日、エルフルトにおける第一回両国首相会談、五月二一日、カッセルにおける第二回会談のかたちで幕が上がったが、いずれもソ連＝西ドイツ条約の締結を待ってはじめて本格交渉に進むことができた。

すなわちブラント政権は、対ソ交渉開始の直前にハーグ会議で西欧同盟強化のイニシアティヴをとり、交渉過程ではベルリン四ヵ国会議を対抗力として活用し、ソ連の重圧を緩和し、譲歩をひきだすよう努力したのであった。そしてソ連との交渉内容が東ドイツ、東欧諸国の交渉態度を決定する仕組みとなったのである。

東方外交の成果

そのような交渉戦術によって、西ドイツはいくつかの譲歩をソ連から獲得した。

一、東西ドイツの民族的一体性の「理念」を曲げず、「平和な状態のなかでドイツ民族が自由な自決に基づき統一をふたたび獲得する」可能性をも否定するものではないとの主張を認めさせた〔註22〕
二、西ベルリンの政治的地位に関して、西ドイツとの一体化は承認されなかったが、政治的分離のソ連側要求をもひとまず阻止できた
三、武力不行使の協定締結に成功した。（国連憲章の「旧敵国条約」と新条約との関係については、なお曖昧さが残った）
四、なによりも東欧諸国との関係「正常化」に向けて水路が打開され、外交上の不自由な制約が大幅に解消される見通しを得た。それは、西ドイツが今後西方に向けても東方に向けても、積極的な対外的イニシアティヴを発揮する自由度を著しく高めた

ソ連側の成果

ソ連側もまた多くの面で成果をおさめた。モスクワでは本条約調印と同時に付属文書（「バール文書」）にも調印が行なわれたが、両文書を含めて次の諸点が指摘できる。
一、モスクワ条約は西ドイツが他の東欧社会主義諸国（とくに東ドイツ、ポーランド、チェコスロヴァキア）との間に締結する相応の諸条約と統一体をなすとの合意を得た。すなわち、ソ連・東欧ブロックの対西ドイツ外交の一体性を西ドイツ側に確認させた
二、オーデル＝ナイセ線および東西ドイツの国境を含む全欧州諸国の国境の不可侵を認めさせた
三、実質的に東ドイツを国家として承認させ、単独代表権の主張を放棄させた

四、チェコスロヴァキアに関連して(一九三八年)ミュンヘン協定の無効性について確認させた
五、武力行使の相互放棄が約束されたが、この条約との関連で、「旧敵国条約」が有効か否かなお曖昧さが残り、西ドイツ国内における超国家主義勢力の再台頭の危険性にたいする警告が持続することとなった
六、全欧州安全保障協力会議を実現するための努力が合意された
ソ連＝西ドイツの和解が、西ドイツと東欧諸国(東ドイツと含む)との関係正常化を導きだし、それが全欧デタントへの見通しを開いたのであった

第六節　ブラントからシュミットへ

東方政策への国内抵抗

ブラント＝シェール政権の対ソ関係を軸とする東方政策の大転換は、国内野党の激しい抵抗に直面した。ソ連の東ドイツにたいする圧力行使を背景として、一九七二年一一月八日、東西ドイツ間の「基本条約」に仮調印が行なわれ、「二つのドイツ人国家」の事実上の承認、両ドイツの国連同時加盟(実現は一九七三年九月一八日)の原則が明らかにされたころには、すでに東方政策にたいする不満のためにSPDから二名、自由民主党(FDP)から四名の議員離党者がでて野党へくら替えし、さらに経済政策の閣内対立が原因で社会民主党(SPD)のシラー(Karl Schiller)経済相が離党したため、連立与党はついに連邦議会で過半数を失うところまで追いつめられていた。

議会はあと一年の任期を残して解散のやむなきに至り、一一月一九日、第七回連邦議会総選挙が行なわれた。国内政策の不振のゆえに、与党側の苦戦がうわさされ、ソ連が東ドイツに「基本条約」交渉の早期妥結へ圧力を加えたのはブラント政権の存続を願ってのバック・アップであったと伝えられた。だが、選挙結果は危惧に反して与党の圧倒的大勝に終わり、ＳＰＤははじめて第一党の座を占めるとともに、ＦＤＰとあわせて野党に四八の議席差をつけるに至った。極右の国家民主党（ＮＰＤ）は前回の四・三パーセントから〇・六パーセントへと得票率が激減した。この結果は、政府の東方政策への信任を意味するとともに、ブラントの個人的人気の勝利だとも評された。

いずれにせよ、ブラント＝シェール外交の国内的な政治基盤は強化され、「基本条約」の本調印（一二月二一日）に道を開くとともに、一一月二二日に開会を予定された全欧安全保障協力準備会議ならびに一九七三年一月三一日から開催される東西兵力相互削減予備交渉に、東方政策の経験と実績を背景にした西ドイツ政府のイニシアティヴが期待されたのであった。

ブラント政権の対ソ外交の頂点は、一九七三年五月一八―二二日のブレジネフ書記長の西ドイツ訪問であった。ソ連首脳が旧敵国西ドイツをはじめて訪れたのであった。ボンにおける会談の主題は、両国の経済協力関係、全欧安全保障協力準備会議と東西相互兵力削減予備交渉を中心とするヨーロッパ情勢、およびベルリン問題の三つであると報道された。一九日には経済・工業・技術協力協定・文化協力協定・航空協定付属議定書の調印が行なわれた。

両国の関係は中部ヨーロッパに政治的「正常化」をつくりだす政治ドラマの段階から、そのドラマの効果を全欧的に拡げる方法を模索しつつ、両国間に経済協力の拡大を目指す実務的段階へと移行しつつあることが知られた。ベルリン問題に関する双方の主張には、相変わらず厳しい隔たりがあったが、この問題が他の諸関係と協力を妨げないようにとの配慮がうかがえた。

ブラントの辞任

その翌年の四月二四日、いわゆる「ギョーム事件」〔註23〕が発生し、ブラントは首相の座を辞した。彼の決断の速さがソ連＝西ドイツ関係に深刻な打撃を与えるのを避けることに役立ったと推察された。アメリカの立場からみても、ブラント辞任は米ソ・デタントならびに米欧関係のうえで損失だと考えられた。一六日、連邦議会でSPDのシュミット副党首が新首相に選出された。ブラントは党首の座にはとどまった。

ブラントとシュミットの比較については興味深い議論がある。この二人の「政治的アニマルズ」は政治スタイルも政治哲学も極端に異なるといわれる。前者は、「夢想家であり、和解と贖罪の支持者、ほとんど空想的といえる傾向の政治的理想主義者であるとみられている。シュミットは、プラグマチストであり、西ドイツの利益を第一において恥じない現実政治家……として描きだされる。」対外政策面については、ブラントがECの拡大強化と東方政策に力を重点的に投入したのに比し、シュミットは対米協力関係をいっそう重視する「大西洋派」であると目された〔註24〕。

しかし、一九七〇年代後半のシュミット政治をみると、この二人の政治家としての個性の相違が、国内政治面以上に外交政策面に大きく影響していると断言するのはむずかしいようである。対ソ関係を中心とする東方政策で実務性が増大しているのは、ブラント政権後期以来の当然の成り行きであろう。米ソのSALT交渉に関連して、NATOの強化および中部欧州における十分な対ソ均衡兵力の維持を主張するシュミット首相の立場も、著しい変化を意味するものではない。依然としてECの発展を推進し、米欧関係の緊密化に努力し、西側先進国同盟の強化を基軸に対ソ関係と南北問題に対処してゆく積極的イニシアティヴの路線は、ブラント政権時代に組みあげられた「積極的緊張緩和政策」(offensive Entspannungspolitik)の延長線上にあると思われる。

〔註1〕ここの一連の引用は、一九六〇年代前半におけるブラントの発言である。C. Stern, Willy Brandt, 1975,S.84.

〔註2〕ラッパロ路線とSPDおよびDDPの関係については、E.H.Carr,Germam-Soviet Relations between the Two World Wars 1919-1939,1951,pp.52-53. DDPとFDPとの歴史的関係については,T.Burkett, Parties and Elections in West Germany,1975,pp.66-68.

〔註3〕Gerhard Schröder,Decision for Europa,1964,p.198.

〔註4〕L.Görgey,Bonns Eastern Policy,1964-1971,1972,pp.12-16.

〔註5〕一九六二年一〇月六日、ニューヨーク発AP電、柳沢英二郎『戦後国際政治史Ⅱ』、現代ジャーナリズム出版会、一九七七年、八七頁。

〔註6〕Protokoll des SPD-Parteitags im Juni,1966,S.77.

〔註7〕C.Stern,a.a.o.,S.84-85. ブラントはアルバーツを自分の後任の西ベルリン市長にすえ、他の二人を外務省に伴い、「ボンのベルリン・マフィア」と呼ばれるスタッフをつくった。D.Binder,The Other Gernan: Willy Brandt's Life & Times,1975,pp.223-224.

〔註8〕Texte zur Deutschlandpolitik,Bd.1,1968,S.71-76. なお大連立政府の東方政策については、F.Schneider, Grosse Koalition,1969,S.107-120.

〔註9〕Europa-Archiv,5/1967,D.104-106.

〔註10〕Europa-Archiv,5/1967,D.107-112.

〔註11〕Texte zur Deutschlandpolitik,Bd.I,1968,S.7-27.

〔註12〕H.V.Siegler,Wiedervereinigung und Sicherheit Deutschland,Bd.2,1968,S.228f.

〔註13〕D.Binder,op.cit.,pp.224-225.

〔註14〕G.Müller,Die Bundestagswahl 1969,1969,S.104-107.

〔註15〕G.Müller,ebd.,S.100-103.

〔註16〕Die Zeit,31.Okt.1969.

〔註17〕Bundeskanzler Brandt: Reden und Interviews,1971,S.11-35.

〔註18〕Bundeskanzler Brandt: Reden und Interviews,S.55.

〔註19〕E.Deuerlein,Deutschland 1963-1970,1972,S.123.

〔註20〕Bundeskanzler Brandt: Reden und Interviews,S.47.

〔註21〕Europa-Archiv,17/1970,D.395f.

〔註22〕Texte zur Deutschlandpolitik,Bd.4,S.96.

〔註23〕一九七四年四月二四日西ドイツのW・ブラント首相の個人秘書 G・ギヨームが東ドイツから計画的に送り込まれたスパイであることが発覚、ブラント首相が責任をとって五月六日辞任した事件。五六年ギヨームは東ドイツからの亡命者と見せかけ、フランクフルトで写真材料商などを営むかたわら、同地区の社会民主党に入り、地区指導者から連邦議会職員などを経てブラント首相に見出され、七〇年から首相官邸に個人秘書として出入りし、その間、西ドイツの外交に関する情報などを東ドイツに流していた。(ブリタニカ国際大百科事典)

〔註24〕J. K.Sowden,The German Question 1945-1973,1975,pp.373-374.

《第四部》　オーストリア研究

第一章　オーストリアの危機・一九二七〜三八年

（一九八九年刊）

I　序——一九二〇年代の危機内包システム

一九三〇年代オーストリアの危機もまた世界的な同時的構造的危機の一環をなすものであったが、それはやはりこの国特有の性格を伴うものであった。その特性をみるためには、まず一九二〇年代（正確には第一次世界大戦の終了した一九一八年以降）にこの国のおかれた内外事情を考慮に入れなければならない。

解体された帝国

第一に、「オーストリア共和国」は、〔註1〕第一次世界大戦における敗戦の結果、かつてのオーストリア・ハンガリー帝国が解体され、切り縮められた国土の上に成立したのであった。いわゆる「継承諸国家」（die Nachfolgestaaten）の一つとしての新しい共和国は、旧帝国凡そ六七万七千平方キロ（一九一〇年）のうちの八万四千平方キロ弱に狭小化した。旧帝国が二重王朝国家であり、かつ多民族国家であって「民族の牢獄」と称せられる一種の「内陸植民地体制」をとっていたことは、当時の民族自決主義の潮流に抗しきれない弱点となった。大胆な政治改革によって新たな多民族国家を発足させるにはすでに時機を失していた。この「残土」（der Rest）国家は、〔註2〕なによりも経済的立地条件の点で生存の可能性を自らに問い、他にも問うこととなった。

すなわち、農産物の主要産地であったハンガリーは分離独立し、チェコスロヴァキアの独立によって主要工業地帯であったボヘミアが失われた。林業および鉱産地帯であった旧帝国の南部地域、すなわちクライン、クロアチア、ボスニア - ヘルツェゴヴィナはユーゴスラヴィア領となり、豊かな可能性をもった南ティ

〔図・表1〕オーストリア・ハンガリー帝国の解体

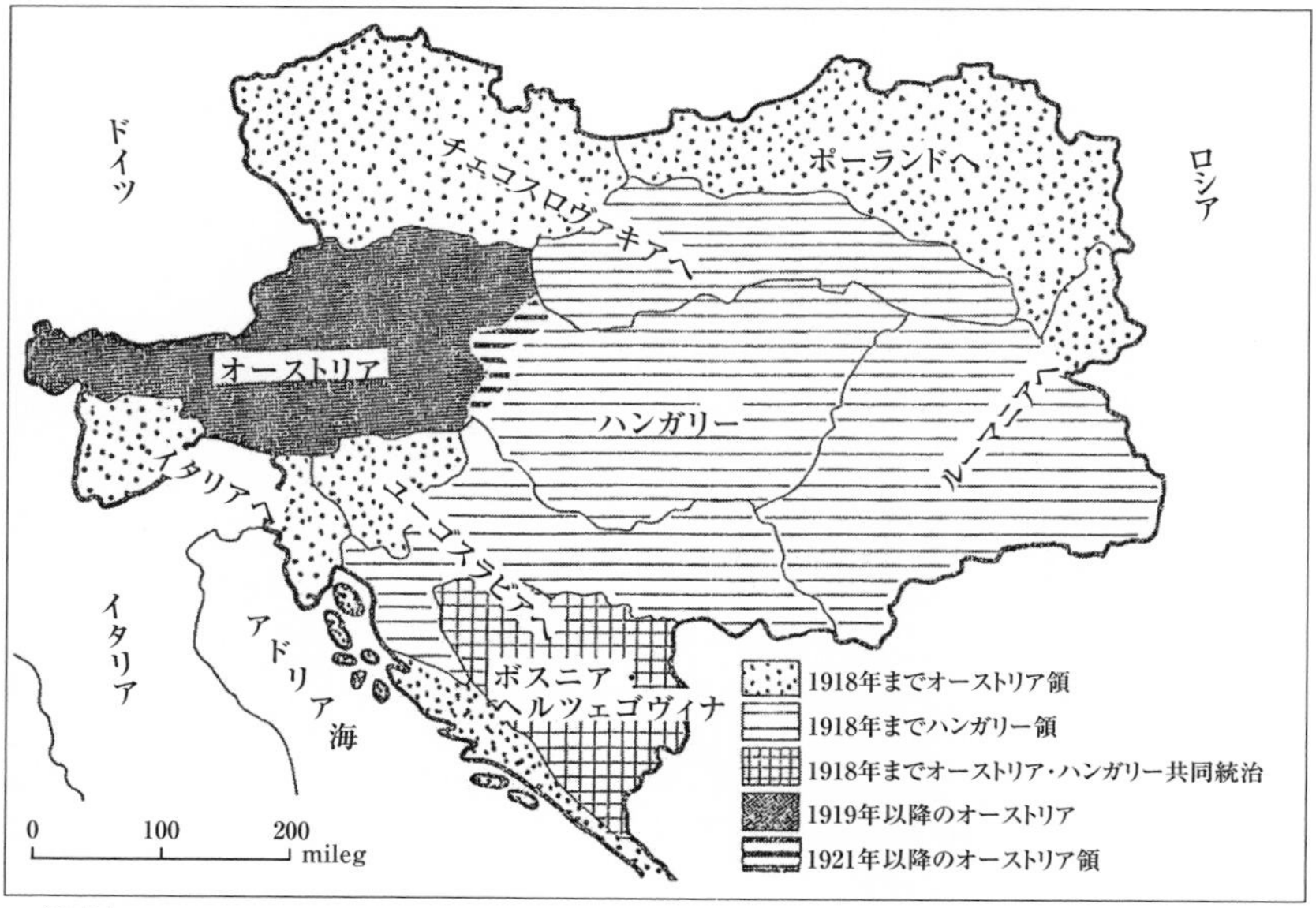

（出典）Karl R. Stadler, Austria, 1971, p.86.

ロルとトリエステ地方はイタリアに、ガリチアはポーランドに、それぞれ割譲された〔**図・表1参照**〕。したがってオーストリア共和国は、その成立の当初から、自活的な国民経済を形成しうるか、経済的に一国家の体を成しうるか、という試練に直面させられたのであった。

ドイツとの合邦（Anschluß）もしくは関税同盟（Zollunion）への志向が、それぞれ異なった思惑を秘めつつも一九二〇年代を通じて左右両翼の内部に存在し続けた理由の一つは、この点に起因した。

主権的制約

しかしながら、実際に、旧帝国の全部もしくは一部を含む新しい連邦国家の構想も、サン・ジェルマン条約（Saint-Germain Vertrag）に象徴される戦勝大国の意思によって妨げられ、断念を強いられる。一九二〇年代のオーストリアを制約した第二の存在条件として、このような敗戦国としての、主権的制限をあげなければならない。主権的制限は、この国の対外路線のみならず、経済政策、軍事政策をも縛り続けた。とくにオーストリアの経済政策は、対外的にも国内的にもその国際的境位によって制約され左右されるところが大であった。旧「国民経済」が分断され、自立性が極端に脆弱化したオーストリアは、輸出入の面でも国際借款の点でも対外依存性が顕著とならざるをえなかった。

好例として一九二二年の国際借款問題をあげることができる。一九一八―二二年の戦後恐慌とインフレーションは新生オーストリアには耐え難い打撃をあたえた。一九二二年八月、「クローネ」の価値は平価の一万六千分の一以下に暴落し、政府の当年度の歳入は歳出の約三〇パーセントにすぎなかった。五月末に首相に就任したザイペル(Ignaz Seipel)は国際借款による財政救済を求めて諸国を訪ね、その結果一〇月四日、英・仏・伊・チェコスロヴァキアの四国とオーストリアとの間に「ジュネーブ議定書」(Genfer Anleiheprotkoll)が調印された。この議定書にもとづいて国際連盟借款(Völkerbundanleihe)が得られたのであったが、その条件として二つの義務が課せられた。一つは経済的なもので、一九二四年末までに財政の整理と均衡を達成し、中央銀行を設立し、貨幣価値の安定と経済復興を実行することとされた。その義務履行を監視するため国際連盟より監視官(Generalkommissär)が派遣された。いま一つは政治的条件であって、オーストリアは将来その独立を損うような対外協定を結ぶことができないというのであった。それは明らかに借款供与を条件にオーストリアの対独接近を阻止しようと意図したものであった。その後に登場する一九二七―三〇年の国際投資借款(Internationale Investionsanleihe)の交渉、および一九三一―三二年の国際連盟借款のための交渉にも同様の圧力が働いたのであった。

このような外圧によって拘束されたのは、単に時の政府の策定や行動だけではなかった。一九二〇年秋以

〔図・表2〕第一次共和制下の総選挙と国民議会の各党議席数

	1919・2	1920・10	1923・10	1927・4	1930・11
キリスト教社会党	69	82	82	73	66
社会民主党	72	66	68	71	72
大ドイツ党	26	26	10	12	10 (1)
農村連盟	—	—	5	9	9 (1)
郷土防衛連合	—	—	—	—	8
その他	3	1	—	—	—
計	170	175	165	165	165

(1)国民経済ブロック
(出典) Erika Weinzierl & Kurt Skalnik, Österreich 1918–1938 : Geschichte der Ersten Republik, 1983, Bd. 2, S. 1092-1093.

降、野党であり続けた社会民主党(Sozialdemokratische Arbeiterpartei)〔註3〕の路線にも多大な影響をおよぼした。西側の経済封鎖によって瓦解したベラ・クン(Béla Kun)のハンガリー・レーテ(Ungalische Räte)の運命はオーストリア社会民主党の領袖たちには予見ずみであったようであるし、民主的ドイツとの合邦による広域的な「同時革命」への希求も連合国の圧力と監視の下では遠い未来へと見送らざるをえなかった。そこには、単なる戦勝国と敗戦国との関係の論理だけでなく、大国のマヌーヴァーと小国の限界という論理もみてとることができる。

国内の政治的分裂

一九二〇年代のシステムが内包した危機要因の第三として国内の政治的分裂性を指摘しなければならない。この要因は、政党レヴェルと地域レヴェルの二面で、しかもそれらが重なり合う形で展開した。

まず政党レヴェルについてみれば、キリスト教社会党と社会民主党が、ほぼ均衡した力量で、だが何れも国民議会の過半数を制しえない(いま少しで制しうる)力関係で対峙した。そのような両者の間に、概してリベラルでドイツ民族主義的な第三の陣営――大ドイツ党(Groß deutsche Volkspartel)と農村連盟(Landbund)が存在した〔**図・表2参照**〕。

キリスト教社会党はキリスト教労組、経済団体連合会、農民同盟（Bauernbund）の三者を直接の基盤とする政党であり、カトリック系農民の間におけるその勢力は、あたかも労働者の間における社会民主党の勢力に匹敵するものであった。この政党は、ドイツとのアンシュルスに賛成であったが、むしろそれ以上に過去のドナウ王朝（Donaumonarchie）の栄光にノスタルジーを抱く傾向が優勢であった。カトリック教会との結合は強く、教権的保守主義（Kleriko-Konservatismus）の名にふさわしいものがあった。〔註4〕

社会民主党は、今日、オーストリアのマルキシズムが一種なぞめいた論議を呼んでいるように、当時のオーストリア共和制のなかですでに不可思議な存在であった。ドイツ社会民主党が右派主導であって「社会主義」革命志向を持っていなかったのに比して、オーストリア社会民主党は、左派主導であり、社会主義「革命」への意志を抱き続けているように見受けられた。だが、彼らにとって社会主義革命の条件は、ソヴェト・ロシアとの同盟ではなく、まずドイツ「社会主義」との同盟であり、それを媒介とする国際的な社会主義勢力の連合が必須と考えられた。その点で、本質的にオーストロ・マルキシズムは、中欧的同時革命の思想に導かれていたと言えるであろう。〔註5〕しかし直ちにそのような国際的な連合が可能な状況ではなかった。当面は第一次共和制と労働者の獲得物を反動攻勢から守り抜くことが至高の課題であった。

第三勢力として議会政治に進出したのは、前述のドイツ民族主義派（deutschnationale Österreicher）の二党であった。大ドイツ党は一九二〇年に「大ドイツ的祖国への復帰」を掲げて結党、かつての栄光にみちたホーエンツォレルン（Hohenzollern）の帝国（Kaiserreich）を追慕した。だが、現実政治面ではワイマール共和国を中間国家（Zwischenreich）としてやむなく承認した。後にヒトラーがドイツ国で政権をとると大多数はナチ支持へ転じて行った。ドイツ民族主義派の中で民主的心情を持った人びとは、むしろ農村連盟に多く属した。この政党はブルゲンラント州とケルンテルン州のプロテスタント的な諸地方に主たる基礎を置いていた。

一八四八年ブルジョア革命の精神に沿う議会制民主主義の理想への忠誠は、一九三二年—三三年の議会制危機の時期に、小党とはいえ際立った個性を見せた。だが、それは政局を決定的に動かすに至らなかったし、国民議会の過半数に近い勢力を有した社会民主党が漸くこの小党に接近したものの活路を開くにはすでに遅すぎたのであった。〔註6〕

保守の諸党も社会民主党も、それぞれ党内に急進派と穏健派を擁していたが、概して保守派は思想・政策・感情を通じて戦前回帰的であり、左翼陣営ではオーストリア共産党〔註7〕が一九二〇年代のコミンテルンの方針に従って武装蜂起による権力奪取を宣伝していたものの、社会民主党は長期目標としては社会主義を掲げつつ現実には戦後改革の成果を守護する態度に徹したと言える。敗戦と帝制崩壊、講和締結という緊急時にはキリスト教社会党と社会民主党は大連立を組んだが、ザイペルの述懐が語るように、連立に寄せた保守派の主たる関心は左翼の変革路線を牽制することにあった。〔註8〕

一九二〇年六月に両党の連立が瓦解した後、第一次マイアー(Michael Mayr)内閣では前年に制憲国民議会(die konstituierende Nationalversammlung)に選出された諸政党の議席数に対する比例分配で閣僚が選ばれた。だが一〇月に行なわれた国民議会(Nationalrat)総選挙でキリスト教社会党が第一党の座を占めると、社会民主党の閣僚は内閣から排除されたのであった。言うなれば、大連立の時期においても各党は共通の国家目標を抱いていたのではなく、同床異夢の関係にあったのであり、また第一次共和制を肯定的に到達目標として受け容れた政党は存在しなかったのである。まさしく「共和主義者なき共和国」(die Republik ohne Republikaner)なのであった。

社会民主党が政権から排除された後、連邦軍(Bundesheer)の内部から左翼の影響力を除く工作、〔註9〕経済・財政政策面における労働者の既得権への攻勢、キリスト教社会党およびその政権の右翼勢力との癒着、保守勢力内の王朝主義的願望、ハンガリーとイタリアにおける反動的独裁政権の成立とその影響の浸透、何れをとっても左翼にとってそれは反革命の徴標《ちょうひょう》と見えた。

他方、保守派は一九二六年の社会民主党綱領（リンツ綱領 Linzer Programm）に散りばめられた階級闘争の強調に恐怖した。一九〇一年の「ウィーン綱領」が掲げた要求は民主主義的要求に関する限り殆ど悉く実現されていた。すなわち、普通選挙権、八時間労働、児童労働の禁止、死刑の廃止等。にもかかわらず新綱領は階級闘争を高々と強調した。それは社会改良のための地味な日常的政治闘争には僅かに言及するのみで、ブルジョアジーの打倒をはじめイデオロギー的原則を前面に押し出したものであった。――「民主的共和国の歴史はブルジョアジーと労働階級との間の共和国の支配をめぐる階級闘争の歴史である。」「もし社会民主労働党のあらゆる努力にもかかわらず、デモクラシーを破砕しようとするブルジョアジーの反革命が成功するのであれば、そのときは労働者階級はたとえ内乱を通してでも国家権力を奪取するであろう。」――

リンツ党大会を指導したオットー・バウアー（Otto Bauer）は、実際には社会主義への革命的進出を考えたわけではなく、民主共和制の成果に対する王朝主義的あるいはファッショ的「反革命」に対して、常時、組織的、精神的、物理的に備える必要を認める『防禦的綱領』（Verteidigungsprogramm）を提起したのであった。またその過激に見える用語はマルクス主義的社会主義政党の綱領的文書に共通に謳われる伝統的な常套語であった。しかし保守的な人びとには、労働者のストライキや集団的示威行動は、その言葉を裏書きするように受けとられた。〔註10〕しかも社会民主党は、後述するように（反革命に備える目的で）兵器を隠匿し、準武装集団を擁していた。

客観的には、一九二〇年代は大戦前とは根本的に変化した時代であった。すでに大戦じたいが危機と変化の所産であったし、その大戦がまた変化を促進し拡大した。だが、その変化が保守的権力ブロックの内部で認識され始めるのは一九三〇年代の危機と変動を経験する中においてであった。大衆が政治の表舞台に噴出し、労働運動は高揚し、左翼勢力が国政で重きをなすに至った。経済の運動サイクルは、とうの昔に一九世紀的な予定調和を失い、古典派的観念の手には負えなくなっていた。だが権力ブロック内部では、それらの諸現象を異常な事象と受けとめ、戦争（もしくは敗戦）による混乱の継続とみなしがちだったのである。改革の継続と正常への復帰――その対抗はソヴェト革命（レーテ革命）のイメージを曳きずりながら、「革命」と「反革命」の対立志向としてイメージ化され、相互不信の両陣営がそれぞれ武装して身構える形でドラマが進行したのであった。

首都ウィーンと地方との対立

このような政党レヴェルの分裂と交錯して政治の地域的分裂が共和制の基礎を脅かした。議会制民主主義が好都合に機能するための条件の一つは、諸政治勢力間に思想や政策の対立があっても、一つのネーションとしてのアイデンティティーを彼らが共有することである。だが、第一次大戦直後のオーストリアには近代国家に普通に見られるナショナルな一体感は希薄であった。もっとも、旧帝国におけるドイツ語系人口約一二〇〇万の間にすら確かな民族的一体感があったわけではなかった。そこでは、さまざまな民族の上層から供給された「オーストリア＝ハンガリー官吏民族（die östereichisch-ungarische Beamtennation）〔註11〕が帝国のネーションを体現していたのである。その旧帝国の解体がかなりの程度まで民族自決にもとづいて行なわれたものであったとしても、「オーストリア共和国」の形成はドイツ語系オーストリア人の民族自決要求によるものではなかった。それに所属する地域も人口も、他から強制されたものであった。それはオーストリア人の〝誰も望まなかった国家〟(der Staat,dem keiner wollte)であった。

帝国が解体して国家的帰属がまだはっきりしないうちは、あるいは国家的領域が定まっても一個のネーションとしての生存がおよそ可能と信じられない状況において、人びとの日常的な生活と意識の拠りどころは伝統的な〝クニ〟でしかなかった。人びとは国家的範疇にもとづいて何れかの国民である以前から、ザルツブルグ人、シュタイアマルク人、ティロル人等々であったのであるが、強制された国家「オーストリア共和国」に対して特にそうであった。各地方はいちはやく旧州議会を母体に新しい臨時州議会を設け、独自の立法権、行政権を行使しつつあった。ザルツブルクおよびティロルの地方議会はドイツとの合邦を、フォアアルルベルクではスイスとの合邦を、住民投票にかけ、圧倒的な支持を算《かぞ》えた。一方、かつて帝国の首都であり国際都市でもあったウィーンは、いまなお新オーストリア国の総人口の約三割を占めていたが、市議会では社会民主党がおよそ三分の二の多数を占め、同党の最強拠点であった〔**図・表3参照**〕。そのように、社会民主党が統治するウィーンは、また同市が一個の州(Bundeshosiland)であると同時に市町村自治体(Gemeinde)でもあるという特殊性のゆえに、当時の税制上きわめて恵まれた境位にあった。その結果、中央政府と地方が財政難にあえいでいるとき、ウィーンは住宅建設と社会政策とで全世界的に賞讃されるモデル都市となりえた。〔**註12**〕

ウィーンが「赤い都」(rote Stadt)と称され、保守的な「黒い地方」(schwarzes Land)の反感を買ったのは右の事情によるが、そのほかに、伝統的な〝ウィーン社交界〟(Wiener Gesellschaft)の存在が地方の反ウィーン感情を培養していた。このゲゼルシャフトは、継承諸国家に地所を持ち、いまなお王制にとらわれの感情を抱きつづける貴族たち、一八七〇年代初期の会社設立ブーム時代(Gründerzeit)の産業貴族の末えいで金融的に打ちひしがれた人びと、高い教養をもつユダヤ系の知識人層、およびたいていは保守的な最高級官僚のグ

〔図・表 3〕各州議会における政治勢力

州名	選挙実施年	議員総数	キリスト教社会党	社会民主党	大ドイツ党	農村連盟	郷土防衛連合	ナチ党	その他
ウィーン	1927	120	40	78	2				
	1932	100	19	66				15	
ニーダーエステルライヒ	1927	60	33	21	5	1			
	1932	56	28	20				8	
ザルツブルク	1927	26	13	9	2	1		1	
	1932	26	12	8				6	
シュタイアマルク	1927	56	20	21	3	9		1	2
	1930	48	17	17	2	6	6		
ケルンテン	1927	42	6	16	4	12		2	2
	1930	36	6	15	2	6	3	2	2
ブルゲンラント	1927	32	13	13	1	5			
	1930	32	14	13	5（国民経済ブロック）				
ティロル	1925	40	28	8	4				
	1929	40	26	9	2				3
フォアアルルベルク	1923	30	21	5	2	2			
	1928	30	21	6	1	2			
オーバーエステルライヒ	1925	60	34	16	10				
	1931	48	28	15	2	3			

（註）議員定数は憲法上で選挙区の人口に比例して定められた。

（出典）Erika Weinzierl & Kurt Skalnik, Österreich 1918–1938 : Geschichte der Ersten Republik, 1983, Bd. 2, S. 747-1065. より集成。

ループ、といったものから成る奇妙な集合体であった。それは第一次共和制の新しい政治家たちと融け合わなかった。そして、その新しい政治家たちの多くは地方の出身者であり、自分たちはウィーンで軽蔑されているように感じて、拒絶でもって反応したのであった。〔註13〕

社会民主党の領袖にはウィーン出身が多かったが、保守諸党の中央指導者は首都で育つのでなく、地方指導部の中で頭角を現わし、それから〝赤い阿呆ども〟の特殊利益に対抗する(gegen die sonderinteressen des "roten Wasserkopf")監視人として首都へ送り込まれたのであった。これら諸州の受託者たち(die Bundesländer-Mandatare)は特に農業人口を代表していたが、オーストリア共和国政府の政策はウィーンにやって来た彼ら〝地方人〟(Provinzlern)によって作成されることが多かったのである。彼らはウィーンで自分たちをよそ者と感じたし、彼らの政策はしばしば〝田舎風〟(provinziell)と呼ばれた。そのことは政治的対立を人間的な面にまで到らせた心理的一要因であった。またオーストリア人のナショナル・アイデンティティーの成長を妨げ、同時にデモクラシーを内面的に掘り崩す要因ともなったのである。〔註14〕

ハイムウェアとシュッツブント

オーストリア・ファシズムの大衆的基盤となった郷土防衛運動《ハイムウェア》(Heimwehrbewegung)は、そのような地方と地方意識を背景に発生したのであり、戦後体制と実生活的現状に対する不満と不安が運動に一定の大衆的規模を供与したのであった。

ハイムウェア運動の発祥は、一九一九年まで遡る。シュタイアマルクとケルンテン地方においては、ユーゴスラヴィア軍の侵入に対抗する自衛団(Selbstschutzverbände)として結成された。オーバーエステルライヒ、ザルツブルク、ティロルの諸地方においては、最初、郷土防衛団《ハイムウェア》は隣接するドイツ国のバイエルンと協働して出現した。バイエルンはいわゆる「バイエルン・レーテ」(Bayerische Räte)の権力への肉迫を血潮のなかに退けたばかりであった。南ドイツの保守派は、ハンガリー、オーストリア、バイエルンの左翼が連携することを怖れたが故に、オーストリアの急進左派の進出を阻むことに明らさまな関心を示した。オーストリア側の保守的な地方指導者たちは、その利益の一致点においてドイツ国の保守派との連携を重視した。

オーバーエステルライヒ地方においては、国境問題とは異なった次元での郷土防衛運動の一つの典型がみられた。アウホッフ城(Schloß Auhof)の主であったシュターレムベルク(Eenst Rüdiger von Starhemberg)は、すでに一九一九年夏に盗賊や密猟者から自分の地所を守るために警備の私兵をつくった。それもまた確かに自衛思想(Selbstschutzgedanken)にもとづくものであったが、その自衛の範囲には、当時すでに左翼過激派の地方進出を阻止することが含まれていた。

だがそれから一年後には、郷土防衛団《ハイムウェア》の存在の動機は一変していた。社会民主党の手によって共和国の正規軍となすことを目ざして創設(一九一八年一一月)された人民軍(Volkswehr)に対抗する武装力を維持することが、中央でも地方でも保守派指導者たちの共通の課題となったのであった。中央ではキリスト教社会党の領袖、特にザイペルがことのほかハイムウェアの保護育成に熱心であった。人民軍は連合国の圧力で講和条約の発効とともに解散させられたが、社会民主党が改めて実力によって一九一八年革命の成果を擁護する必要を感じたのは、一九二〇年一〇月、彼らが政府から排除され新設の連邦軍に対するコントロールを失った時であった。共和国自衛団《シュッツブント》(der Republikanische Schutzbund)が正式に設立されたのは一九二三年二月であり、内務省がこの準武装集団を結社として認可したのは同年四月一二日であった。こうして立て前はどうであれ、左右両派の対立はそれぞれ民間の準武装集団を擁する形となったのである。そのことじたい、第一次共

和国の特殊な性格を物語るものであろう。〔註15〕
ところで、社会民主党および労働組合運動の伸長および地方の小農層の政治への吸引、あるいはハイムウェア運動（のちにはナチ運動の滲透）の発展といった諸現象は、一九一八年の政変がやはり「革命」であり、相当な根の深さにまで達した社会変動を伴なうものであったことを裏書きしている。それは大衆の政治への噴出であり、大衆政治状況が無視できない現実となったことを示していた。ただし、そのような大衆政治的状況はそれじたい危機的要因とみなされるべきではないであろう。政治指導の関りにおいてのみ大衆の存在状況は特定の政治的意味あいをもつものなのである。

慢性的な経済困難

以上ながめてきたような国家形成にまつわる諸制約、および大衆レヴェルまで深く滲透した政治的分裂とからみあって、慢性的な経済困難が第一次共和国の根もとを揺さぶりつづけた。一九三〇年代危機を準備した二〇年代システムの内包的矛盾の第四として、この要因を指摘しておきたい。〔註16〕
戦勝国はもとより、敗戦国のドイツにおいてすら、大戦後の不況とインフレの時期を克服し、アメリカ合衆国の対ヨーロッパ援助をテコとして、いわゆる相対的安定期を迎えたが、オーストリアの「国民経済」はその国際的な好況の恩恵に浴するには構造的要件を十分にそなえていなかったのである。一九二〇年代を通じて、なおオーストリア経済は生存可能な国民経済の再建に挑みつづけなければならなかった。
オーストリア共和国の国土の約四分の一は山岳地帯、ほぼ三分の一が平野部と言い得たが気候は必ずしも農耕に好都合ではなかった。当初食糧生産は国内需要の半ばをみたすにとどまった。重工業面では幸い鉄鉱

〔図・表 4〕連邦予算支出および国民総生産に占める債務支払比率

連邦予算の支出に占める債務支払の比率

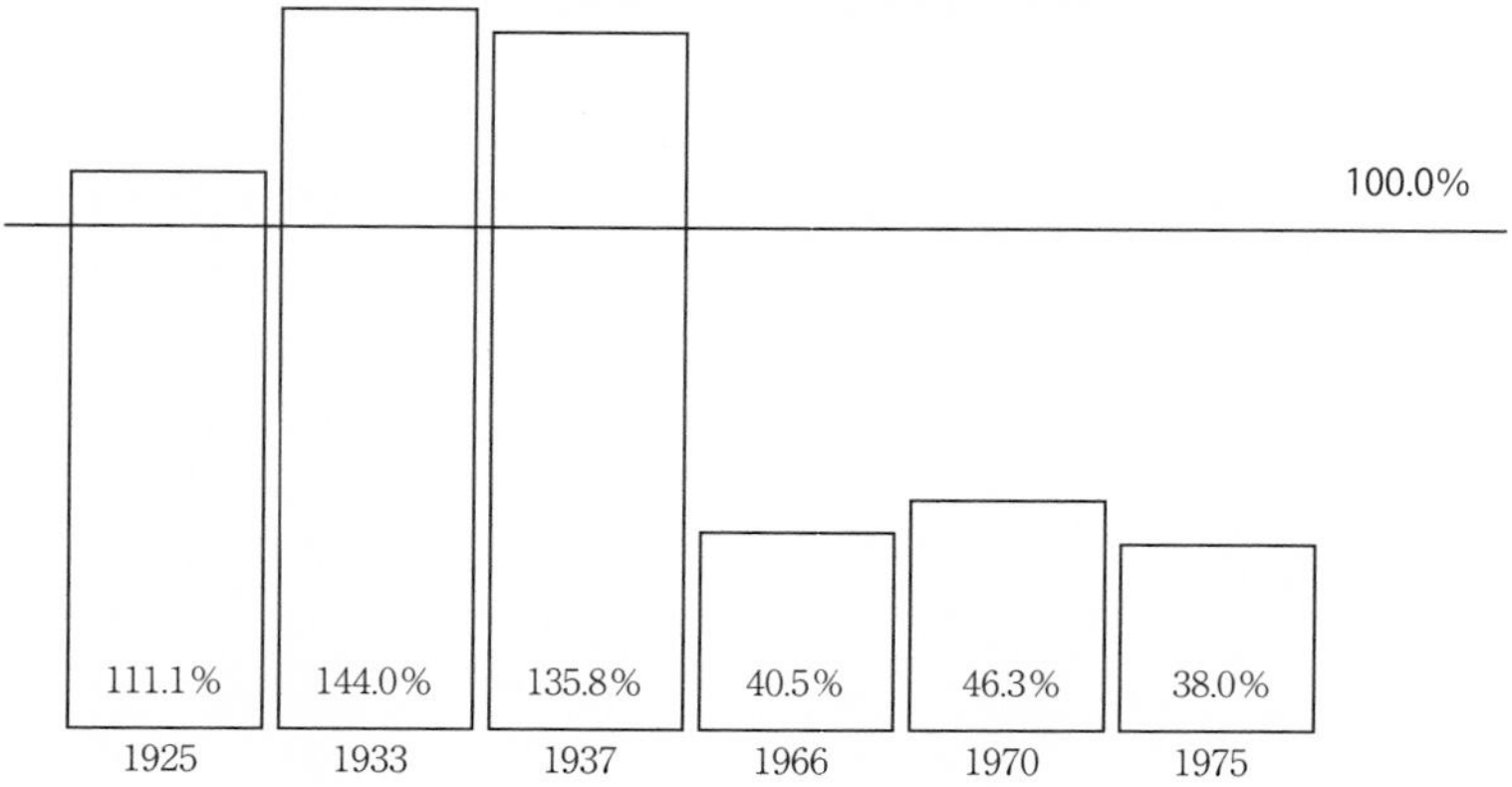

国民総生産に占める債務支払いの比率

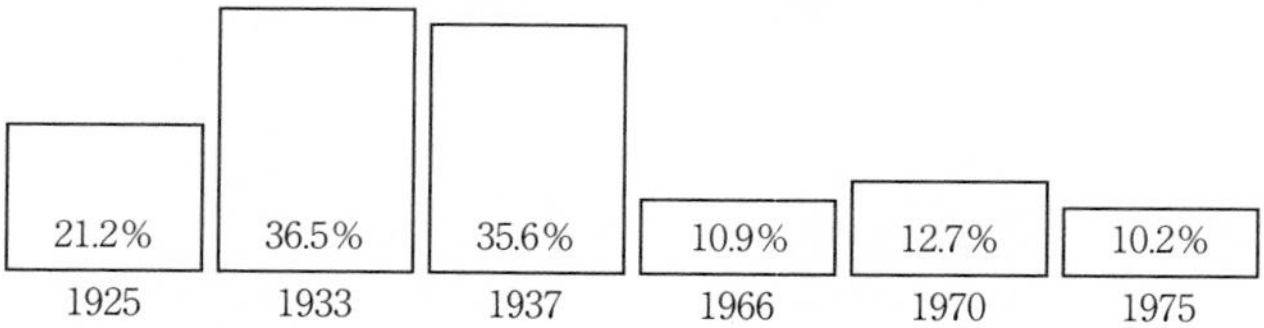

（出典）Hellmut Andics, Österreich 1804−1975, 1976, Bd. 3, S. 350.

〔図・表 5〕オーストリア貿易の入超構造（1920—1937）

1920—1923　100 万金クローネ
1924—1937　100 万シリング
実線は輸入額、点線は輸出額、タテ線は入超分

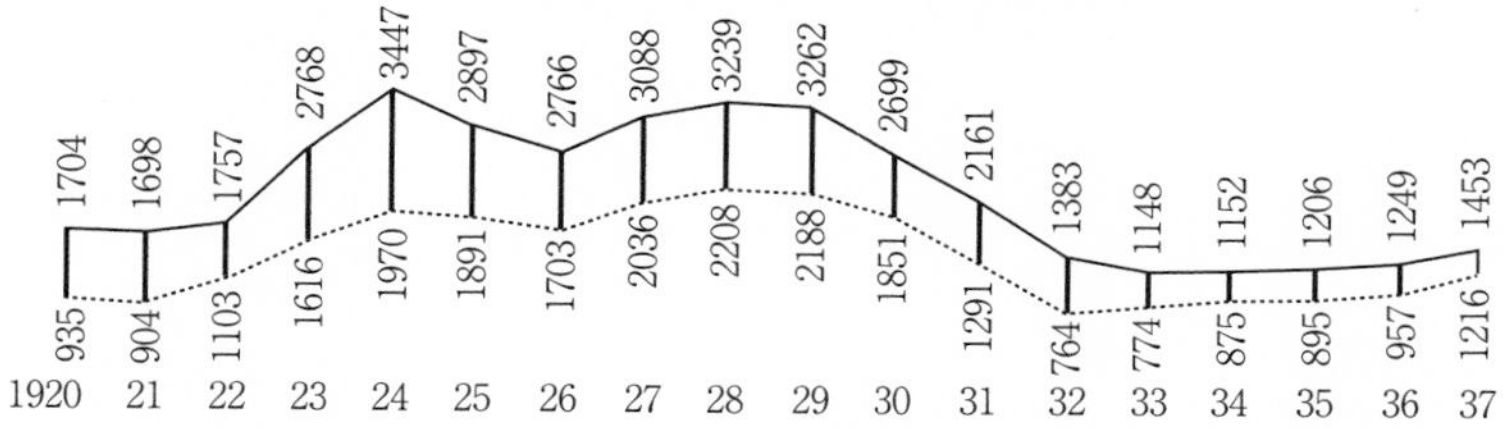

（出典）Ferdinand Tremel, Wirtschafts-und Sozialgeschichte Österreich : Von der Anfängen bis 1955, 1969, S. 388.

〔図・表 6〕オーストリアの失業者数（1920―1937）（単位：人）

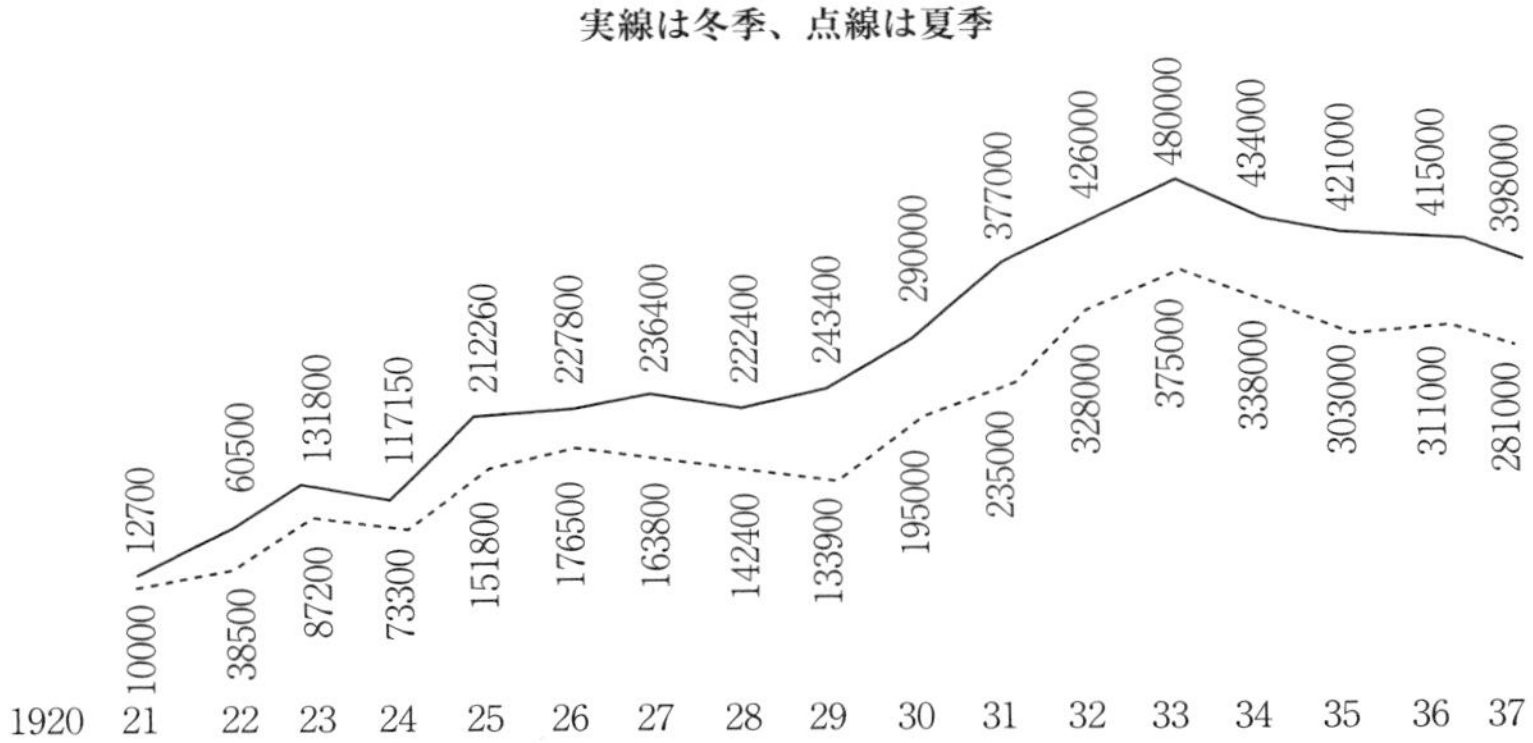

（出典）Ferdinand Tremel, Wirtschafts-und Sozialgeschichte Österreich : Von der Anfängen bis 1955, 1969, S. 386.

の産地が残されたが鉄鉱業にとっては石炭が決定的に不足した。軽工業面では生産工程じたいの連続性、相互補完性が帝国解体によって寸断されていた。販路の点では工業全体が窮地に陥っていた。

けれども一九二〇年代の末には、オーストリアは漸く、「よぎなくされた国民経済」再建の達成に近づきつつあったとみられる。農業と畜産の生産額は著しく増加し、自給度もかなり高くなった。依然として入超の基本構造は改まらなかったが、工業立国の方向が次第に定着しつつあった。しかしながら、対外債務と構造的入超は国家財政を圧迫しつづけた〔**図・表4、5参照**〕。財政の運営はジュネーブ議定書により制約されていたが、そのことのみでなく、当時の通貨安定を第一義とする財政思想が景気浮揚や雇用安定のための積極政策を阻んでいた。

オーストリアにおける第一次共和制の成立からナチの併合に到る時期は、政治史的に一九一八―二七年、一九二七―三三年、一九三四―三八年の三期に区分できるであろうが、前述のようにその第一期において国民経済の再建は達成へと向かいつつあった。だが、慢性的な失業の構造は改善されず〔**図・表6参照**〕、左右両翼の対峙による議会政治の手詰りも打開されなかった。第二期においては、このような危機内包的システムの諸矛盾が一斉に表面化してくる。やがて一九二九年に発した世界大恐慌の波をもろにかぶったことによって、ひ弱なオーストリア国民経済は破産状態に陥り、危機は顕在化し、爆発点へと到るのである。一九二〇年代システムの擁護か、新しいシステムの転換かをめぐって激しい政争がくりひろげられ、国際路線の選択ともからみあって、議会制民主主義がまず瓦解し、ついでヒトラーの軍隊によるオーストリア併合によって、この国の第一次共和制は幕を閉じるのである。

Ⅱ　転換点・一九二七年の政治危機

オーストリアの一九三〇年代危機について語る場合、一九二七年「七月一五日事件」は、一九二〇年代の危機内包的なシステムの集約点であったと考えられるが、また同時に一九三〇年代危機へ向けての転換点でもあったことが指摘されえよう。言い換えれば「七月一五日事件」は、一九二〇年代の政治配置と人びとの先走った主観的危機意識との結合によって発生したのであったが、その主観は決して虚妄に終わらず現実に三〇年代危機の実体をかたちづくって行くのである。事件の発端は多分に偶発的で主観の産物であったとしても、歴史はしばしば偶然とみえる個々の出来事を通して素顔を見せるものである。〔註17〕

一九二六―二九年は、それに先行した一九二三―二六年の通貨安定期不況の後を承けて漸く好景気の薄日が差していた時期に当たる。生産は上向線を辿り、通貨は安定し、表面的に経済面を見る限りあらたまった危機の兆しは感じられなかった。だが貿易面での入超基調は変らず、また厳しい財政引き締めが続いて失業率は依然として高く、社会的には閉塞感を拭うことができなかった。一九二七年はすでに年初から全国各地でシュッツブントとハイムウェアとの小ぜりあいが頻発していたが、いわゆる「七月一五日事件」は、ふとした偶発事件に端を発して大事に到ったものであった。単なる偶発の事件が民主制と共和制の根幹をゆるがす大事件に発展したところに、第一次共和制の構造的脆弱性が露見したと解されるのである。

シャッテンドルフ事件

発端となった事件は次の通りであった。

ハンガリー寄りのブルケンラント州の小さな村シャッテンドルフ（Schattendorf）の飲み屋「チャルマン」（Tscharmann）に一九二七年一月三〇日（日曜）の午後、暫く以前に結成された右翼の戦士団（Frontkämpfervereinigung）〔註18〕の集会が計画され、隣村のロイペルスバッハとクリンゲンバッハ、およびウィーンから応援の連中がやって来ることになっていた。この飲み屋から五〇〇メートル程隔ったところにモーザ（Moser）というシュッツブントのたまり場の飲み屋があって、当日そこでシュッツブントの集会が行なわれていた。この村の自衛団員は約六〇名、戦士団は約三〇名で前者が後者を圧倒していたが、両者の中心人物はハンガリー・レーテをめぐって革命側のベラ・クン派と反革命のホルティ派（Miklós Horthy von Nagybánya）とに分かれ、深い怨恨を宿していた。自衛団員たちは、駅へ向かって行進し、革帯を用いて相手方を打ちのめし、隣村からやって来た戦士団を敗走させ、ウィーンから来たリーダーに当日の集会をとり止めることの約束をさせ、勝ち誇ってモーザーへ引きあげる途中「チャルマン」の連中を罵倒し徴発した。相手が応じないので自衛団員たちが表通りへ出て立ち去りつつあるところへ、突然、飲み屋の隣にある住居の二階の格子窓から散弾銃が火を吹き、八歳の小学生と一四歳の見習工が死亡、他の五人が負傷した。猟銃を発射したのは、チャルマンの息子二人（三一歳と二二歳）とそのイトコ（二六歳）の三人であった。この三人は裁判に付された。〔註19〕

この一月の事件は、二つの点で共和国の運命にとって象徴的であった。

一つは、オーストリアの共和制をめぐる左右の争いが、ハンガリー革命のイメージと重ね合わされ、革命と反革命の対峙として、政治化した大衆に感得されていたことである。ブルゲンラントという土地柄がその共和国の運命にとって暗示的であったとも言える。左派から見れば、一九一八年革命の成果（共和主義的な政治的自由と労働者の生存権・社会権、社会政策的な福利）が武装した右翼と国家権力から絶えず脅かされているとの認識であり、右派の立場では、一九一八年以降ボルシェヴィズムの恐怖が絶えず頭上にのしかかっており、左からの権力奪取の攻勢に対して財産と秩序を護ろうとする意識であった。この一月事件が、社会民主党のリンツ綱領が発表されて三ヵ月後であったことに留意しなければならない。繰り返しになるが、大衆や保守政治家にボルシェヴィズムとオーストリア・マルクス主義を分別する知性は望むべくもなかったし、リンツ綱領の伝統的で原則主義的で過激な用語が彼らの恐怖心を裏づけたのであった。

いま一つは、この事件に示されたような大衆レヴェルの実力行動が、黙認され、この闘争手段が議会をめぐる政争の補助手段として機能していた、その咎めが遂に限界点に達したことであった。

議会制デモクラシーが有効に機能する条件については各種の見解があり得るが、一つの重要なポイントは、議会内かけひきが結局は多数決主義に陥ることによって生じる大衆レヴェルの疎外感を何によって緩和し、あるいは防止するかということにある。少数意見といえども現実には国民の一定部分の具体的利益にかかわるものであるがゆえに（殊に議会内多数派と少数派の差が僅少である場合には少数意見の多数決的無視は独裁を意味し、ネーションの分裂を意味する）議会内多数派に対する抑止力は議会外の実力によって支えられざるをえない。

革命と反革命という意識形態で既得物をめぐる対立が激化している場合にはなおさらのことである。しかし、武装社会を背景にした大衆行動の圧力と大衆の組織的な武装の圧力とは次元が異なる。その点では、当時のオーストリアは一面で議会制民主主義の国家でありながら、他方では議会制の域を超えた二重権力的な流動的状況を胎内的に抱えていたと表現できるであろう。それは、比較革命論の視点からすれば、左から見ても右から見ても、第一次共和制は「半国家」とみなされるケースであったと言い得るかもしれない。

三月の兵器廠事件

このような一月事件に対する裁判判決が「七月一五日事件」の直接的契機となるのであるが、一月と七月の間に〝共和主義的でない共和国右派〟の前述のような感性を揺さぶる三月二日事件が発生、介在した。この日の午後、連邦軍の一隊がウィーンの第三区にある帝制時代からの兵器廠を占拠し、大規模な捜索を行なった結果、巨大な塔の下の水路の中から多数の銃と散弾が発見された。それは兵器廠の労働者が帝制の崩壊以来隠匿してきたものであり、シュッツブントの武力の補給源として準備されていたものであった。

兵器廠の労働者は抵抗のストライキに立ち上がり、シュッツブントが出動した。兵器廠を占拠する連邦軍の中隊と建物をとり巻いた労働者たちとの間に一触即発の緊張状況が生まれた。共和国は内戦の瀬戸際に立っていたのである。社会民主党指導部はウィーン河右岸通り（die Rechte Wienzeile）にある党機関紙・誌の本拠「フォアヴェルツ」（〝Vorwärz〟）社の建物内部で激しく議論した結果、武力行使を避けることに決した。

全国金属労組の委員長ドーメス（Franz Domes）が警察総監ショーバー（Johannes Schober）のところへ出向き、連邦軍が兵器廠から引きあげるよう、さもなければ電気労働者は全面ストに入る、と強硬に申し入れた。電

〔図・表7〕1923～1932年「自由労働組合」（社会民主党系）の員数

年	員　数	労働全体に占める比率
1923	896,763	80.27%
1924	828,088	—
1925	807,515	—
1926	756,392	—
1927	772,762	—
1928	766,168	—
1929	737,277	—
1930	655,204	72.91%
1931	582,687	—
1932	520,162	—

（出典）Hans Hautmann u. Rudolf Kropf, Die österreichische Arbeiterbewegung vom Vormärz bis 1945, 2. Aufl., 1976, S. 149.

気労組がストに入れば全産業の生産はストップし、事実上の全国ゼネストになる。ジュネーヴ議定書に示されたように連合国の間接的な管理・監視下におかれたオーストリア経済には、内戦と混乱に堪える力はなかった。一九二七—三三年の段階では組織労働者の七—八割を指導下におき〔**図・表7参照**〕、最盛期で八万と目される自衛団で武装したオーストリア社会民主党に対して正面から軍事力で挑む決断は、政府には容易になしうるところではなかった。国防相のヴォーゴワン(Carl Vaugoin)はやむなく兵を引かざるをえなかった。保守派は執拗に左派の武装力を壊滅させる機会を狙い、一方社会民主党指導部は勢力を温存しつつ反革命の企図を挫きつづける姿勢を保持していたのであった。

ところが僅か三日後の土曜日、ヴォーゴワンは連邦軍ウィーン守備隊の大部分を再び兵器廠に出動させた。それは彼のえり抜きの部隊であって、更に隠匿された兵器を摘発、没収しようと企てたのであった。〔**註20**〕シュッツブントも直ちに再び出動した。社会民主党指導部はまたもや内戦か否かの決断を迫られることとなった。もし圧力に屈すれば党指導部は保守派の侮りを受けるのみでなく、味方の陣営の信頼も失いかねない。リンツ綱領は死文と化し、党内の急進左派は党指導部の深慮と自己抑制を無視して進もうとするであろう。このたびは労組指導者は動かず、ウィーン市長ザイツ(Karl Seitz)が個人的にザイペル首相を訪ね、もし政府が武器に手を伸ばせば流血は避けられない、政府は流血を欲するのか、と迫った。首相は社会民主党が流血を欲していないことを明らかに覚っていたが、彼もまたそれを望んではいなかった。おそらく、ヴォーゴワンの行動は、四月の総選挙を目前に、保守陣営を結束させて優勢に導くであろう。ザイペルとしては妥協しても損はなかった〔註21〕。

四月総選挙

社会民主党指導部としては、実力的対決は回避しながら四月の総選挙で一挙に国民議会の過半数を制することに期待をかけていた。一九二七年冬の失業者数は二三万六千余、三月でも二一万人を超えていたし、社会民主党の登録党員数は六〇万人以上に増加していた。労働者の間でも四年ぶりの総選挙に期待するものがあったのである。

だが、兵器廠捜索事件は、一月末のシャッテンドルフ事件に続いて、社会民主党の増勢に水を差すように思われた。一つは社会民主党指導部と党内急進派との間に溝が生じ、党の下部に対する指導力に不安が生じつつあったことである。いま一つは、保守陣営が危機感を背景に結束を強めたことであった。左翼の強力な武器庫が存在していて、それを国家権力が制圧できない。それが労働者にとって共和国自衛のための手段だということは平均的市民の理解力を超え、むしろ、労働者たちが武器をあくまで隠匿し通そうとするのは、きっと彼らが革命の機会を狙っているからだ、と考えるのが自然であった。

総選挙では、このような危機感を背景にキリスト教社会党と大ドイツ党が選挙連合を結んだ。四月二四日夕刻、大勢が判明したとき、深刻なショックに沈んだのはキリスト教社会党と社会民主党であった。キリスト教社会党は九議席減って七三議席となり、選挙連合で利益を収めたのは大ドイツ党（一〇議席から一二議席へ)であった。連合に参加しなかった農村連盟は唯一の勝者であったかもしれない。四議席を増やして九議席となり、第五次ザイペル内閣では辛うじて過半数を越える与党(九二→八五、過半数は八三)を補う勢力として重きをなすに到る。すなわち同党からシュタイアマルク出身のハルトレプ(Karl Hartleb)が副首相兼内相として入閣した。後述するように、一九三〇年選挙ではキリスト教社会党は更に落ち込み、保守政権の不安定(共和国全体としては政府危機)は一段と深まるのである。

他方の社会民主党は、この選挙で一九二三年に比べ一二万八千票もの得票を伸ばしたにかかわらず議席増(六八→七一)は僅か三に止まった。ザイベルとヴォーゴワンの戦術は、すくなくとも社会民主党政権の出現を阻止することには成功したのであった。レンナーを中心とする党内右派の妥協的連立の要求を拒《しりぞ》け、急進左派の実力闘争をも抑えてきたバウアーを中心とする「左派」の路線は、第一次共和国の歴史を振り返って、この時すでに手詰りが決定的になったと考えられよう。この時点から一九三三年三月の議会制停止に到るまで、いくたびか機会があったにもかかわらず遂に社会民主党は共和国の妥協的防衛もしくは攻撃的防衛に、この手詰りを打開して打って出ることがなかった。

一九三四年二月の闘争は、党指導部をうしろに残した急進左派の絶望的で孤独な「遅すぎた蜂起」にすぎなかったのである。

新しい副首相兼内相のハルトレプは、政治的カトリシズムにもハイムウェアの反民主主義にも同調しえないリベラル派であった。民間の武装力が議会制民主主義を危うくしていると感じた彼は、社会民主党に対し自由意思で武器を引き渡すよう交渉する腹を固めた。ハイムウェアに対しても同様の要求をなし、その要求が拒否されれば国家権力により断固たる措置をとるというのが、付された条件であった。副首相と社会民主党領袖たちとの会談は一度だけ行なわれた。それが本格的な交渉となる前に「七月一五日事件」が起こり、

すべては吹きとんでしまった。〔註22〕

「七月一五日事件」

シャッテンドルフ事件の裁判は七月四日にウィーン裁判所の刑事第二法廷で開始された。そこで争われたのは被告三人が行なった殺傷行為の有無ではなく、彼らの行為が正当防衛か否かであった。被告たちは、最初街路から撃ってきたと主張したが、そのための証拠を提示できなかった。彼らが数日前に予め銃を用意したことも立証されたし、しかも死者一人は後頭部を射抜かれていた。結審は一四日夕刻であったが、その日オーストリアの世論は二分したかの観があった。陪審員席は三被告に無罪の判定を下した。第一次共和国における裁判制度が陪審員リストの作成を諸政党に実際上委ねていたことが、このような「階級裁判」(Klassenjustiz)を結果した遠因であった〔註23〕が直接的には、やはりリンツ綱領の闘争的用語の印象、ヴォーゴワンの武器捜索が生みだした印象が背景にあったと考えられる。

判決の直後、裁判所の前ではやくも数百人の抗議の示威行動が始まった。夜に入ってウィーンの警察総監ショーバーはシュッツブントの指揮者ドイッチュ(Julius Deutsch)に、何か計画しているかと問い合わせた。ドイッチュは、党指導部はいかなる示威運動も予定してはいないと返答した。この返答は実は社会民主党にとって苦渋にみちたものであった。現行のような陪審裁判制度は他ならぬ社会民主党が民主制の一要素として要求し、その実現に貢献してきたものであった。偶々ある一つの判決について不満だからと言って制度全体を問い得るであろうか。そのような弱味を抱えていたが故に、党指導部は、ブルジョワ系の新聞でさえかの判決に疑問を提示しているさなかに、党としての抗議的キャンペーンを手控えたのであった。〔註24〕

だが、その夜のうちに電気労働者はストライキを決議していた。党幹部たちがスト発生に気づいたのは午前三時、決定は行きわたり、もはや制止の術はなかった。電気の供給が停まれば、水道も公的交通手段も、工場の稼動もことごとく停止するであろう。一五日の午前九時頃には、ウィーンの中心部へ向けて四方八方からデモ行進が起こりつつあった。ウィーン大学のそばで警官隊との最初の小競り合いがあり、次に国会周辺で騎馬警官との激突が始まった。社会民主党の指導者数名が現場へ急行し、激高した労働者たちを説得しようとしたが罵声と投石の前に退かざるをえなかった。

都心の情勢は悪化の一途をたどった。交番が焼かれた。警官隊に押されたデモ隊の一部は裁判所のほうへ移動した。階級裁判のシンボルに見える象徴的な建物の方へ。遅ればせに出動したシュッツブントの一隊がケルナー(Theodor Körner)将軍に率いられて現われ、裁判所の入口を固め、負傷者を救出し、警官隊とデモ隊の間を遮ろうとしたが、群衆は建物へ突進し、十数分後、火災が発生した。シュッツブントの長であるドイッチュは警察総監ショーバーと会談し、歩兵銃で武装した警官隊を引き上げさせるよう懸命に頼んだ。ショーバーは了解し、武装警官隊に待機命令を伝える高級警官を派遣した。現場ではシュッツブントの努力で漸く消防車の通路が打開され、最初の消防隊列が進みはじめた時、最初の一斉射撃が響きわたった。待機命令の到達が遅れたのであった。

社会民主党の失敗

社会民主党の指導部は、七月一四—一五日の二日間に決定的な過失をいくつか犯した。彼らは労働者の憤激の度合いを過少評価していた。今まで党指導部が先頭に立ち、制止する限り、労働者は歯ぎしりしつつ我慢

〔図・表8〕国民総生産・失業・政治的暴力の相関

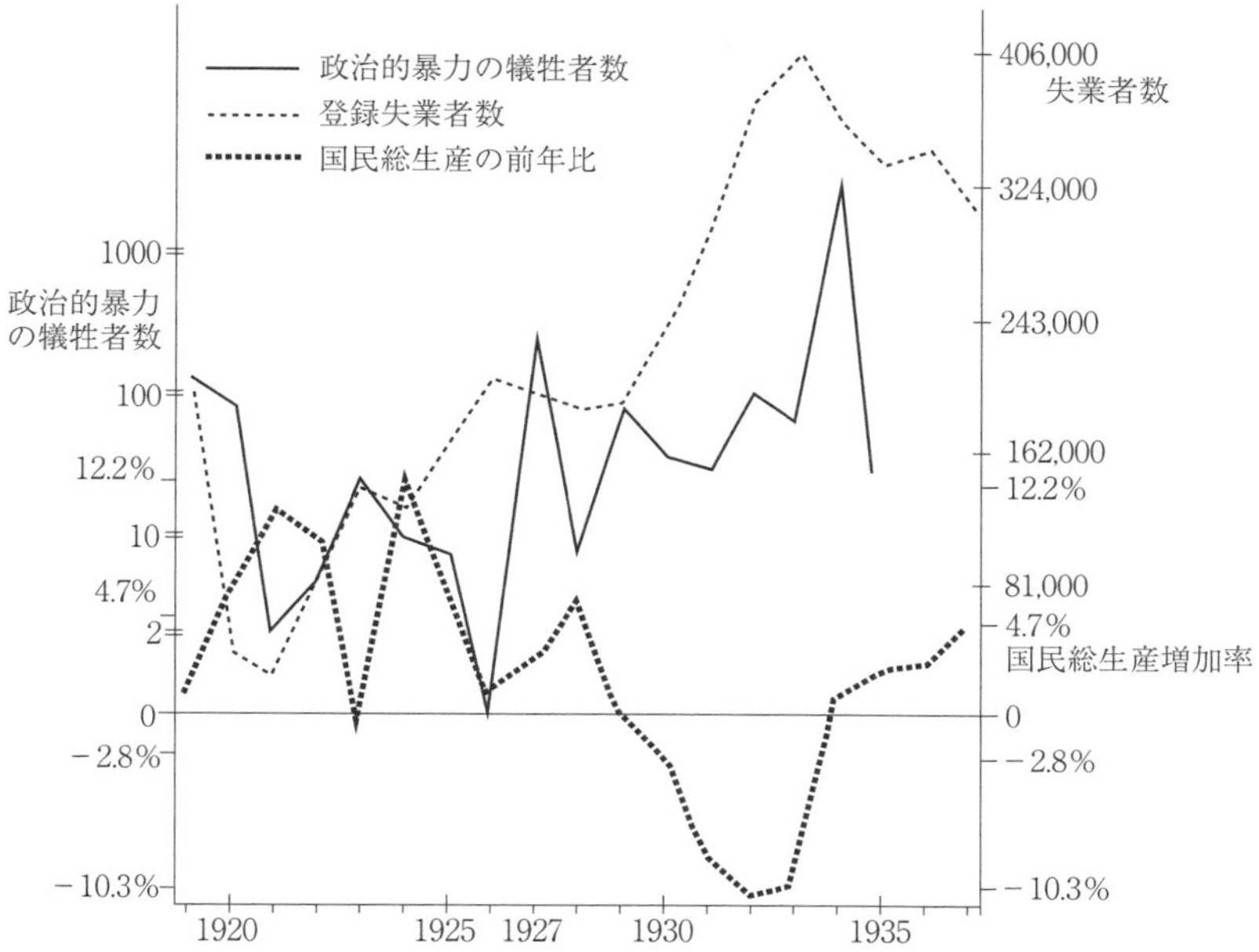

（出典）Gerhard Botz, Die "Juli-Demonstranten", ihre Motive und die quantifizierbaren Ursachen des "15. Juli 1927", in : Rudolf Neck & Adam Wandruszka（Hg.）, Die Ereignisse des 15. Juli 1927, 1979, S. 41.

してそれに従った。その指導力を過信して下部組織の中に蓄積されつつあった不満に気づかなかったのであろう。自然発生的で偶発的な憤激の表現が動乱へ連なるかもしれない可能性に対して何も備えるところがなかった。党幹部会は、一四日、予めシュッツブントを待機させる決定に思いつきもしなかったし、翌日の正午近くに漸くその一部を動員する決定を行なうという遅滞ぶりであった。

「まだ最悪の事態が阻止されたとすれば、おそらく社会民主党の指導者たちが抗議デモの先頭に立った場合であっただろう。だが彼らは何もしなかったし、指導者なき大衆（die führerlosen Massen）が自ら行動したのであった。」〔註25〕

同じ性質の過誤が一九三四年二月

にもくり返され、社会民主党は壊滅するに到るのである。

九〇人の死者と約六〇〇名の負傷者。だが犠牲の大きさ以上に、社会民主党が蒙った打撃と第一次共和制の運命におよぼした影響は深刻であった。事件が終った後に、社会民主党は交通ストライキを指示し、脱落もなくそれは実施された。だが、ザイペル政権の辞職を狙う意図は達成されなかった。各地でハイムウェアが出動した。フォアアルルベルク州では官公庁を占拠し、交通ストに対抗して緊急業務を組織した。ティロルとザルツブルクでは駅を占拠した。シュタイアマルクでは彼らは独自に治安機関を設置した。周辺諸国も動き始め、チェコスロヴァキアとハンガリーが国境に軍隊を動員した。イタリアもまた、交通ストがブレンナー鉄道を止めた場合には軍隊をティロル州へ進めるであろうと声明した。社会民主党はもはや力くらべに耐えることができなかった。四八時間のストライキの後、労働者側は政府との交渉に同意した。

一八日朝、首相ザイペルは、社会民主党のバウアー、ザイツ、および鉄道労組の代表との会談で、人身的暴力行為以外、デモ参加者の責任は問われないこと、ストライキ指導者および議会内反対派に対して如何なる処置もとられないことの約言を与えた。今や敗北した社会民主党にとっては、特別立法がなされず、議会制民主主義が制限されないことが最重要事だったのである。第一次共和制の下で社会民主党はこの敗北から二度と立ち直ることはできなかったし、実質的には議会制民主主義の瓦解を実力で阻止する能力もすでにこの時点で失っていたと考えられる。

Ⅲ　大衆の急進化と保守陣営の分裂

一九二七年の七月一五日事件後の数年間、左右の政治的対立という面で緊張緩和の一時期があったといわれる。だが、それは議会政治レヴェル、もしくはキリスト教社会党と社会民主党との対極間に緊張した力くらべが表立たなかったというだけであって、大衆レヴェルの左右の対立感情と衝突は以前にまして拡大して行ったのであった。〔註26〕〔図・表8参照〕

ハイムウェアの抬頭

その第一の要素は、ハイムウェアの政治的抬頭であった。すなわち七月事件直後の交通ゼネストに際して彼らが全国各地で出動態勢を備えたこと、および社会民主党の譲歩と後退が彼らの力による勝利の結果であるとみなして自信を抱くようになったことが契機となって、ハイムウェアは組織体制を強化し、全国的結束へ進んだ。〔註27〕商人、小市民、農民の階級層には、社会民主党は「赤い放火殺人犯」(rote Mordbrenner) だとの印象が焼きつけられ、今までさほど注目されていなかったハイムウェアに対して治安力としての期待感が高まった。〔註28〕

その状況を背景に、首相ザイペルと警察総監ショーバーは改めてハイムウェアの積極的利用を模索し始める。だが彼らにとって必要なのはハイムウェアの中の従順な部分、彼らの手兵として役に立つ部分であった。一方、ハイムウェアの野心的な分子は、彼らキリスト教社会党の首脳たちを自分たちの政治目標にとって利用価値のある道具とみなしていたのである。〔註29〕

経済界の資金的、その他のテコ入れが強化された。シュタイドレ (Richard Steidle) やプリマー (Walter Pfrimer) ら野心的なハイムウェア指導者たちは、従来の単純な反労働組合の方策を切りかえ、労働条件の改善、適正な賃金の要求に理解を示すポーズをとり始めた。ハイムウェア連合の影響力は、シュタイアマルク南部鉄道沿いにある産業地域、ニーダーエステルライヒ、ケルンテンの諸州において拡大し、ウィーンやオーバーエステルライヒでも徐々に伸長した。一九二九年夏までにシュタイアマルクだけでも二万五千人の労働者を掌握したと彼らは誇号した。〔註30〕

社会民主党の内部対立

第二の要素は、社会民主党の組織内に生じた変化であった。「七月一五日事件」は、単なる戦術上の判断ミスにとどまるものではなく、同党の上層と下層との接触がかねていかに不足していたかを明るみに出した。この騒擾の中で示された下層の焦《い》ら立ちは事件後いっそう拡大したのであり、急進左派がとりわけ若い人びとの間で増大した。一方、社会民主党の上層部では党路線をめぐる対立が深まった。〔註31〕

一九二七年一〇月の党大会において、レンナーは、保守陣営内の民主的多数派と協調し、政権へ参加することをめざす妥協路線を、バウアーの階級闘争スローガンに対抗して提案した。レンナーがこのような考えを提起したのは初めてではなかったが、「七月一五日事件」によって、党組織が意外に弱体であること、シュッツブントが国家権力との決定的な対決にはほとんど役に立たないこと、警察官の間における社会民主党の「圧倒的な」人気がいざという時に全く無意味であることなど、党の厳しい自己認識が強いられた条件下では、格別の重みをもったと思われる。党の下層における急進化、上層における無力感という懸隔のなかで、レンナー案がもし採決に付されれば、それは党の分裂の開始となったかもしれなかった。結局、ザイツの精力的な妥協工作によって玉虫色の線に落ち着いた。すなわち、連合の問題は「望ましい」と表現され、だが同時に労働者階級は「防衛の用意」を続けるよう要求されたのであった。〔註32〕

保守陣営の分裂

大衆レヴェルの政治的、心理的不安と急進化、および社会民主党の路線手詰まりという危機的要因に加えて、第三の要素が直接的に政府危機を招来した。それは保守陣営内の分裂と混乱であった。左翼の進出に対する危機感とキリスト教社会党の勢力後退の中で誕生した一九二五年五月のザイペル第五次内閣は、文字どおり全保守政党の連立で成り立っていたが、早くも一九二八年一一月末から一二月初めにかけて行なわれた大統領選挙をめぐって分裂状態に陥った。

かねてキリスト教社会党のカトリック教権主義的体質とハイムウェア接近に批判的だった大ドイツ党は、キリスト教社会党の推した大統領候補ミクラス（Wilhelm Miklas）に賛成しないで、ショーバーを推薦した。社会民主党は勿論、自党のレンナーを候補に出した。結局、社会民主党が候補をとり下げ白票を投じることで混迷は解消したが、保守陣営内の亀裂はこれで癒されたことにはならなかった。

翌年四月初め、イースター祭が終って、第一次大戦後の保守政界を率いてきた首相ザイペルが辞意を表明した。糖尿病と暗殺未遂事件（一九二四年）の後遺症による健康悪化が理由とされた。だが、ザイペルは心も病んでいたのであった。七月の事件以後、社会民主党はザイペルを「寛大さを持たない聖職者」（der Prät ohne Milde）と名指しで攻撃し、カトリックの教会から脱退する運動を組織した。年末までに二万人以上が教会を離脱したといわれる。〔註33〕

だが問題は、後継首相が容易に見つからない点にあった。前の大ドイツ党＝ショーバー派だけでなく、キリスト教社会党内の「ウィーン左派」〔註34〕もハイムウェアとの提携に批判的であった。それらの全体を統一できる人材、もしくは各勢力が妥協できる人材は政界には見当たらなかった。結局、産業界の後押しもあって工業連盟理事長のシュトレールヴィッツ（Ernst Streer Ritter von Streeruwltz）が妥協的人材として受け容れられることとなったが、当面の政治的課題をこなすには指導力の不足する人物であった。

憲法修正と大衆団体非武装化の課題

当面する政治的課題は、保守政界からみて特に二点であった。一つは大統領権限を強化することで、国会および保守政界内部の対立が国政に空白を生じることを避けようというのであった。保守＝右翼陣営内には、現状維持を越えて変化を求める動きが活発になりつつあった。執行権強化の危機対応策のなかには、はやくもオーストリア・ファシズムのイデオロギーが表面化してきた。「協同国家」（Ständestaat）〔註**35**〕の思想が憲法修正論議に登場した。ハイムウェアは、イタリアの先例にならって「協同国家」をファッショ風に宣伝していたが、保守政界内の「民主派」は、そのような国家体制を議会主義的に達成できることを望んだ。実質的に意味を失っている連邦議会（Bundesrat）を職能団体や経済団体の代表から成る職能議会（Ständekammer）に改造しようとする案も提起されたが、議会主義的な手法で国家体制の変革をめざすのであれば、当然のことながら社会民主党の妥協幅が問題となるわけであった。

いま一つの課題は、大衆レヴェルの政治集団を非武装化することであった。キリスト教社会党をはじめ保守的諸党は、社会民主党の指導下にあるシュッツブントの武装解除をかねて狙ってきたが、もし社会民主党との話し合いで目的を達成するとすれば、非武装化の対象となるのはシュッツブントのみでなく、ハイムウェアも当然ふくめられねばならなかった。だが、この両成敗は間違いなくハイムウェアの急進派を刺激し、敵に回すこととなるだろう。またもし協力によってシュッツブントの武装解除を達成しようとすれば、左翼陣営を内乱か屈服かの二者択一に追い込むことになる。この時点で政府側にそのような決定的対決を挑む力量も決意もありえなかった。

一九二九年前後における大衆レヴェルの左右衝突の頻発は、外国では敏感な反響を呼び、右のクーデターか左の武装蜂起の危機が切迫しているかのような国際認識が広まっていたのであったが、〔註36〕国内的感覚ではこの年の夏のカラ景気（Scheinblüte）に浮かれて、危機意識には程遠い状況であった。シュトレールヴィッツ政権の終焉も、社会的ないし政治的危機のインパクトによるものでなく、九月二五日、予算案をめぐる交渉中に農村連盟が連立政権から離脱するという、少なくとも直接的には政府危機の結果としてもたらされたのであった。

ショーバー政権

シュトレールヴィッツは即日、後継者にショーバーを提案した。翌日、国会ではさしたる議論もなくショーバーが一九二二年以来三たび連邦首相に就任するのを承認した。社会民主党にとって「秩序の人」（der Mann der Ordnung）の登場は、彼が七月事件の弾圧の張本人の一人と労働者から見られていただけに、公式に賛成できるものではなかった。しかし実のところザイペルが衰えたこの時点では、彼は保守陣営の領袖の中では、有能であって、しかも議会制民主主義の枠内で対話のできる唯一の人物であった。

ショーバーの動きはすばやかった。その夜のうちに彼は組閣を終え、閣僚には保守三党と官僚の他に、無党派の二人を――声望高い大学教授ズルビク（Heinrich von Srbik）を教育相に、また社会問題相に聖職者のインニッツアー（Theodor Innitzer）を――起用した。

内政面の最大課題とみなされていた憲法修正による大統領権限の拡大は、一九二九年一二月七日、ショーバー内閣の成立後二ヵ月余で達成された。この件は、社会民主党とのねばりづよい交渉がみのって、もし政党や国会のレヴェルで首相が決まらない時は、これを大統領が指名することができるようになった。社会民主党としては、首相ショーバーが右翼の圧力を拒け、改憲作業で議会を頑なに守り抜いたことを評価しないわけにはいかなかった。当面の政局に対する影響力が後退し、局面打開の指導性を発揮しえないままに、同党はただ議会制民主主義を維持することを差し迫った課題とみなさざるをえなかったのである。〔註37〕

Ⅳ　経済恐慌の頃

ホーデン信用銀行の行き詰まり

ショーバー内閣は一九二九年九月二六日から一九三〇年九月末まで存続したが、この期間が世界大恐慌の最初の一年間に符節していることは注目しなければならない。ニューヨーク株式市場の異変はすでに一九二九年一〇月初めに発生していた。九月には市場のピークを記録したのが一〇月三日に値を下げはじめ、ついに二四日の「暗黒の木曜日」にパニックに陥り、次週の二九日「暗黒の火曜日」にはさらに瓦解は頂点に達した。実はヨーロッパの証券市場はほとんどの諸国で米国よりも早期の下降に転じていたのであり、ニューヨークに発したパニックの影響は加重されたものにほかならなかった。景気はフランスとオーストリアを除いてずっと前から下降していた。とくにドイツの場合、一九二八年末以降、最悪の状況であった。「ウィーンの株式市場は、……今回は静かであり、一九三一年を待っていた。」〔註38〕一九二九年のウィーンはカラ景気になお浮かれていたが、それを支えていた信用の不安定構造はとうに限度を越えていた。一九二九年の晩夏に発生した伝統あるボーデン信用銀行（Allgemeine Österreichische Boden Creditanstalt）の行き詰まりは破綻のはしりだったのである。

国立銀行（Nationalbank）は膨大な不良債権を抱えたこの危険な企業を引き受けるわけにはいかなかった。もし引き受けるとすればその代価は激しい新たなインフレーションの波でしかなかったであろう。首相就任早々ショーバーはこの問題を敏速に処理しなければならなかった。首相は直接ロスチャイルド（Louis von Rothschild）に会って救済策を迫った。〔註39〕ロスチャイルド財閥系のクレディトアンシュタルト（Creditanstalt für Handel und Gewerbe）は、政府の強引な要請によって、ついに援助する用意があると声明した。一〇月七日、両信用銀行は合併した。クレディトアンシュタルトは、この合併によって八〇〇〇万シリングの資本金をふやしたが、暫く後に累積欠損一億四〇〇〇万シリングを背負い込んだことに気づく破目となるのである。

ショーバーの経済政策

ショーバーの経済政策が危機対応策として有効性を秘めていたことは評価してよいであろう。彼は水力発電所建設などの巨大プロジェクトを導入した。一九三〇年一月二〇日、第二回ハーグ会議で、サン・ジェルマン条約にもとづくオーストリアの賠償義務、連合国の総担保権（Generalpfandrecht）、その他の財政条項を抹消することに成功した。イタリアとの間に友好・仲裁々判条約を締結して側面援助を確保しつつ、ドイツとは通商条約を結び、投資計画のための借款をイギリスから得ようと交渉を手がけた。彼は一九三〇年九月末、政権を「政敵」のヴォーゴワンに渡さなければならなかったが、同年一二月に成立したエンダー（Otto Ender）内閣では副首相兼外相に就任し、実質的に自らの内外路線を続行しようと努めた。ハンガリーと友好・仲裁々判条約を締結し、さらにはドイツとの関税同盟（Zollunion）条約の企画へと踏み込んで行く。およそ当時の所与の条件下で、考えられうる限りの方策を包括的に推進しようと精力を傾けたと評価できよう。

また、ショーバーがハイムウェア勢力と一線を画そうとしたことは、その後の第一次共和制の運命を考える場合、きわめて示唆的である。彼はすでに憲法修正に当って、ハイムウェアが抱いていた「協同国家」への期待を裏切り、社会民主党との交渉をみのらせた。ハイムウェアに反発している大ドイツ党と彼は良好な関係にあった。また彼は、ハイムウェアとシュッツブントの双方を同時に武装解除したがっていた。彼の手法は、議会制民主主義の枠を越えようとするものではなかった。

ハイムウェアは、ショーバーとキリスト教社会党に対して、欺かれたとの感じを抱きはじめた。一九三〇年五月一八日、ニーダーエステルライヒ州のコールノイブルクでハイムウェアの指導者会議が開かれた。全国指導者のシュタイドレ（Richard Steidle）は、そこでの演説で、ハイムウェア指導者たちが積極的に国会へ選出すべきこと、その議席はなによりもハイムウェアの利益のために活用されるべきことを主張し、同州のハイムウェアの指導者でありながら国会内では常にキリスト教社会党の忠実なしもべであり続けるラープ（Julius Raab）に正面から激しい攻撃を浴びせた。またこの演説の中で、のちに「コールノイブルグの誓い」（Korneuburger Eid）と称されるようになった宣言が読み上げられた。

〝われわれは西欧的な民主主義的議会主義および政党制国家を拒ける。その代りに諸身分の自主統治を設け、政党の代表からではなく、重要な諸身分の指導的な人びと、およびわれわれの国民的運動の最も有能で信頼するに足る人びとからなる強力な国家指導部を欲するものである。〟

――この演説は全体として、ハイムウェアの政治的自立と下からのファッショ的国家樹立への道を宣言したのであった。〔註40〕

ハイムウェアの国政進出

ザイペルの後を継いでキリスト教社会党の党首となったヴォーゴワンは、ハイムウェアとの関係を持続させたがっていた。だがそのためには、彼は一方で反ハイムウェアのショーバーと対立し、他方でハイムウェア〝過激派〟を排除しなければならなかった。彼はたくみな術策を用いてハイムウェアの最高指導部内に〝宮廷革命〟を起こさせた。〝過激派〟のシュタイドレとプリマーは追い落とされ、若くて功名心が強いシュターレムベルク、キリスト教社会党的な心情の篤いラープ、保守的君主主義者でウィーンのハイムウェア指導者のファイ（Emil Fay）がヴォーゴワンの計画に沿って登場する。一九三〇年九月二日、ハイムウェアの指導者会議でシュターレムベルクが全国指導者に選ばれた。〔註41〕

この交替劇の直後、九月一四日に、ドイツ総選挙の衝撃的な結果が訪れた。ヒトラーのナチ党が六〇〇万票を獲得し、一挙に一〇七名の第二党に躍進したのであった。ヴォーゴワンは、翌年に予定されているオーストリアの総選挙においてドイツの影響が強烈に作用することを怖れ、ショーバー内閣の総辞職と早急な総選挙を企画した。副首相兼国防相のヴォーゴワンと農相のフェダーマイアー（Florian Födermayr）が辞職したことで内閣は危機に陥った。〔註42〕

ショーバーが少数内閣を維持するためには、少なくとも社会民主党の〝積極的〟協力が必要だったであろう。だが、ショーバーにまつわる「七月一五日事件」の記憶は社会民主党にそのような選択を許さなかった。

九月三〇日、新憲法による初の大統領指名でヴォーゴワンが首相に就任した。キリスト教社会党とハイムウェア〔二名入閣〔註43〕〕とから成り立つ少数内閣であったが、新首相の狙いは国会の解散・総選挙にあったのだ。しかしながら、ヴォーゴワンの思惑——新しい安定多数派を形成して経済危機に対処する四年間の時間を確保する——は二つの方面から崩れた。一つは、ショーバーの反乱であった。彼はキリスト教社会党を離れ、大ドイツ党および農村連盟と結んで「国民経済ブロック」（Nationaler Wirtschaftsblook）の名称で共同選挙リストを組んだ。いま一つは、従順であった筈の閣僚シュターレムベルクが背を向けたことであった。彼はハイムウェアもまた「ハイマートブロック」（Heimatblock）の名の下に独自の政党として候補を立て、選挙に臨む旨を声明した。コールノイブルクの〝誓い〟は生きていたのである。〔註44〕

一一月九日総選挙の結果は、ヴォーゴワンにとって惨たんたる敗北であった。キリスト教社会党は七を減じて六六議席、社会民主党は一増七二議席、ショーバー・ブロックは一九議席、ハイマートブロックは八議席であった。懸念されたナチ党は一一万票余で三パーセントの得票率にとどまり、皮肉にもこの点でただ一つヴォーゴワンの目的は達成されたわけであった。首相は政権維持を目ざして再びハイムウェアとの交渉に入ったが、シュターレムベルクは連邦軍とハイムウェアとの連携によるクーデターを提案した。〔註45〕所詮ファシストたりえないヴォーゴワンは、投げ出さざるをえなかった。

ドイツとの関税同盟計画

結局、ハイムウェアを排除し、キリスト教社会党とショーバー・ブロックとが組む形でエンダー内閣が成立した。外相ショーバーは、一九三一年三月〝最後の救済策〟に着手した。三月三日、ドイツ外相クルティウス（Julius Curtius）がウィーンを公式訪問し、ドイツとオーストリアの関税同盟の秘密交渉が開始された。交渉が秘密裡に行なわれたのは、この計画がサン・ジェルマン条約ならびに一九二二年ジュネーブ議定書に触れるとして連合諸国の抵抗をひき起す怖れがあったからに外ならない。ショーバーは少なくともフランスに対して事前通告することを主張したが、クルティウスはそれを拒絶した。隣国オーストリアとの条約すら他国の許可を必要とすると見られる態度は、ドイツ国内の民族主義的反対派の好餌となることが明らかだったからである。〔註46〕

条約は三月一九日に調印されたが、諸外国の首都ではすでに事柄が知れわたっていた。ロンドンではある種の迷いがあったが、パリ、プラハ、そしてローマでも大騒ぎとなった。関税同盟は〝アンシュルス〟の隠された一形態と受けとられたのであった。結局、九月三日に到ってオーストリアは関税同盟の断念を声明せざるをえなくなる。翌々日のハーグ国際司法裁判所が関税同盟条約をヴェルサイユ条約およびサン・ジェルマン条約に違反しているとの判決を下すことが予想されたからでもあったが、それだけでなく、すでに五月から火がついていた金融恐慌に対する手当てのために連合諸国の好意的な資金援助が緊急に必要とされたからであった。

ショーバーの〝最後の救済策〟はみのらなかった。単に当時の両国の経済的窮境を打開するのに最も有効な策が閉ざされたということにとどまらない。不況と失業のたかまり、ファシズムと独裁への急激な傾倒、という圧力に対抗して、関税同盟はドイツでもオーストリアでも経済と政治の両面で最後の企てたりえたかもしれなかった。〔註47〕

オーストリアの貿易構造に照らしても、ドイツとの経済的結合にチェコスロヴァキア、ハンガリー、イタリアとの経済的結合が接合された形が、中欧の歴史的現実に沿った客観的要請であっただろう〔**図・表9参**

〔図・表9〕1930年度における主要諸国との輸出入額及び比率

（単位100万シリング）

国名	輸入	%	輸出	%
	総額 2,738,9	100	総額 1,879,6	100
ドイツ	580,0	21.2	331,5	17.6
チェコスロヴァキア	497,6	17.5	228,0	12.1
ハンガリー	285,1	10.4	122,1	6.5
ポーランド	217,0	7.9	83,5	4.4
ユーゴスラヴィア	149,2	5.4	150,2	8.0
USA	145,0	5.2	49,4	2.6
ルーマニア	130,5	4.8	85,7	4.6
スイス	116,4	4.3	109,9	5.8
イタリア	107,1	3.9	176,4	9.4
イギリス	93,5	3.4	102,0	5.4
フランス	71,2	2.6	49,4	2.6
オランダ	32,4	1.2	31,9	1.7
ギリシャ	18,6	0.7	13,8	0.7
ブルガリア	16,1	0.6	15,6	0.8
ソ連	17,6	0.6	44,8	2.4
スウェーデン	7,4	0.3	22,9	1.2
デンマーク	3,8	0.1	16,9	0.9
ベルギー	21,6	0.8	16,7	0.9
アルゼンチン	16,1	0.6	15,5	0.8
英領インド	33,8	1.2	23,9	1.3
日本	2,3	0.08	8,2	0.43
中国	6,5	0.2	7,9	0.4

（出典）外務省欧米局第2課「墺地利共和国事情」1932年、198-200頁。

照〕。特に一九二八年以降のドイツの深刻な経済危機を考えると、もしこの関税同盟が成功していれば、ナチの政権掌握は遠のいたかもしれなかった。ドイツ経済界にはヒトラーに政治資金をつぎ込む前に対英接近を媒介とするドナウ小協商との連合というカードがあったのだ。だがカギを握っていたフランスは独墺接近に代るカードとして小協商を考えていた。このあたりが戦間期のパワー・ゲームにおける「意識」の限界であったとみるべきであろう。

ドイツとオーストリアとの関税同盟交渉がひそかに進められていた三月上旬、イギリス政府はドイツの首相をロンドンに招請してドイツ経済の瓦解を阻止する案を討議する意向を固めた。この提案が関税同盟の発案より少しでも早く行われていれば情勢は異なっていたかもしれなかった。

一連の国際的な騒ぎに妨げられて英独両国の首相・外相がロンドン郊外で対ドイツ〝救済会議〟(Rettungskonferenz)

を開始したのは五月一二日であった。だが、この会談の中頃、恐るべき報告がとび込んだ。オーストリア最大の銀行クレディットアンシュタルトがシャッターを下したのであった。

クレディットアンシュタルト事件

クレディットアンシュタルトが一億四〇〇〇万シリングの欠損を抱えて破産寸前にあることがオーストリア政府に報告されたのは、関税同盟のショックがまだ癒えない一九三一年五月八日のことであった。政府が一億シリング、国立銀行が三〇〇〇万シリング、大株主のロスチャイルドが三〇〇〇万シリングの負担をかぶり、債務支払金と資本補てん金を調達する案が作成された。このたびもロスチャイルドは抗ったが、結局、もし応じなければ彼の銀行の国有化はまず避けられないだろうとの脅しに屈服した。だが、五月一二日、救済計画が洩れだし、その情報が大衆を銀行の窓口へ殺到させた。人びとは建て直しの可能性を信用しなかったのである。〔註48〕

ロンドンとパリを中心にオーストリア救済——一億五〇〇〇万シリング調達——の努力が払われた。五月二八日、オーストリア国民議会はクレディトアンシュタルトの債務責任を引き継ぐ全権を政府に付与した。それは外国の資金供与者に対し信用責任を負う全権を意味した。六月六日、漸くイギリスはオーストリア国立銀行に一億五〇〇〇万シリングの信用を保証した。ところが、その信用供与の条件が明らかになった時、農村連盟出身の内相ウィンクラー（Franz Winkler）が反対し、辞任した。エンダー内閣は農村連盟の支持を欠いた状態で施策を続行するために国民議会の一時閉鎖を提案した。だが、社会民主党はこれを拒否し、政府は総辞職の外はなかった。

V　議会制民主主義の終焉

経済危機の深まり

一九三一年六月、エンダー政府が退陣したあとをうけて成立したブーレッシュ（Karl Buresch）内閣（第一次＝一九三一年六月二〇日—一九三二年一月二七日、第二次＝同年一月二九日—五月六日）も弱体であり、短命であった。その間、一九二九年にピークに達した国民総生産、投資額は急速に下降し、倒産および事業清算の件数も急速にふくれ上った。失業者数は一九三〇年より急カーブを描いて増加し、一九三二年は最高四二万六〇〇〇人、年間平均で三七万八〇〇〇人（被保護三〇万九〇〇〇人）に達した〔**図・表10参照**〕。ブーレッシュはジュネーヴへ赴き、国際連盟の借款を新たに得ようと努力したが成功しなかった。一九三二年四月二四日、ニーダーエステルライヒ、ザルツブルク、ウィーンの各州議会選挙では、ナチ党がキリスト教社会党、大ドイツ党、農村連盟を食って一九三〇年国民議会選挙の六倍の票を獲得した。社会民主党は辛うじてその勢力を保持した。〔**註49**〕

一九三二年五月二〇日、ジュネーヴの国際連盟債権国会議はオーストリアの債務について協議した。公的および民間の信用でオーストリアは年間二億四〇〇〇万シリングを外国の債権者に支払わねばならなかったが、外資保有高は僅か三三〇〇万シリングに減っていた。オーストリア経済はまさに

〔図・表10〕国民総生産・投資額・失業数（1929—1933）

	BNP（100万シリング）	投資額（100万シリング）	登録失業者数（1000人）
1929	11,358	1,138	192
1930	11,042	1,007	242
1931	10,154	813	300
1932	9,107	544	378
1933	8,803	459	405

（出典）E. Talos & W. Neugebauer（Hg.）, “Austrofaschismus”: Beiträge über Politik Ökonomie und Kultur 1934–1938, 2. Aufl., 1984, S. 135.

破産の瀬戸際に立っていた。この危機的状況のもとで、エンダーとブーレッシュの内閣で農相をつとめた当年四〇歳のドルフス（Engelbert Dollfuß）に機会が訪れた。

ドルフス政権の出現

五月二〇日に成立したドルフスの新政府は、前年四月下旬のキリスト教社会党の全国大会でハイムウェアに距離を置くことを決定していたにもかかわらず、再びハイムウェアとの同盟を志向し、ウィーン地区指導者のファイを公安関係担当の国務次官として入閣させた。他はキリスト教社会党六名、農村連盟二名、無党派一名であった。与党連合は八三議席（キリスト教社会党六六、ハイマートブロック八、ショーバーの経済連合から離脱した農村連盟九）、これに対し野党八二議席（社会民主党七二、ショーバー・ブロックの大ドイツ党一〇）で議席差は僅かに一にすぎず、相も変らず国会の紛争に際して弱い体質の政府であると考えられた。ともあれこの政権は第一次共和制の議会制民主主義のルールに従って成立したのであって、それが同ルールに則った最後の政権になろうとは、まだ予想されてはいなかったのである。社会民主党は国民議会の即時解散を提案したが拒否された。新政府にとっては、まず国際連盟の新借款をめぐる交渉が終結するまで総選挙を遅らせることが望ましかった。それに加えて、次の総選挙の結果が保守陣営にとって極めて悲観的なものになることが予想された。おそらく四月下旬の主要な州議会選挙の絵模様が全国レヴェルで同じように描き出されたであろう。

ともあれドルフス政権の最初の仕事は、ローザンヌにおいて新たに三億シリングにもおよぶ国際連盟借款を得る協定に調印したことであった。この協定によれば、借款の返済は二〇年間、つまり一九五二年まで続き、その間ドイツとの如何なる「合邦」も放棄すべしと規定した。この新借款は、信用の償却、利息の支払い、および為替市場でオーストリア・シリングを安定させるための通貨操作に用いられた。景気・雇用政策よりも通貨安定を重視する当時の財政思想がここに到っても依然として主流だったのである。

長期にわたってドイツ＝オーストリアの「合邦」を禁止する借款条件には、社会民主党、大ドイツ党、ナチ党が猛烈に反対した。社会民主党の場合、ヒトラーが政権の座についたのはそれから凡そ七ヵ月後であり、同党の指導部と国会議員団が「民主的ドイツ」との合邦の方針を棄てオーストリアに関して国際法上の中立化方針を決定したのは漸く一九三三年五月に入ってからであった。そのように旧来の党是が現実適応を妨げたということの他に、いま一つ、社会民主党の年来の「自己催眠」――次の総選挙でこそ議会多数派を確保できるであろうとの希望――がドルフスとの妥協を拒否させる方向へ作用した。この時期のドルフスは当面の絶望的な危機を乗り切るためには一時的な左右連合もやむなしと考えたらしく、社会民主党左派の最高指導者バウアーとも一定の妥協を遂げようとこころみたのであった。また、ドルフスの議会的妥協の試みは大ドイツ党にも向けられた。〔註50〕この党は本心ではローザンヌ議定書に反対ではなかったのであるが、その調印に賛成の立場をとればナチ党から支持基盤を最後的に奪い去られる危険にさらされていた。

結局、八月二三日、国民議会は辛うじてローザンヌ借款を承認したが、この経験からドルフスが想い到ったのは、国民議会における敗北をも甘受して民主制のルールに従うか、それとも国民議会を〝克服〟するかの選択であった。国民議会を一時的にせよ停止すれば、新しい総選挙において予想される敗北を回避することができよう。これまでの厳しい政争ではザイペルもヴォーゴワンもショーバーも、議会制の枠組をついに破ろうとはしなかった。その中のザイペルとショーバーはこの年の八月にあいついで世を去った。しかも幸か不幸かドルフスは、「決然として奇蹟を強引に仕上げる反民主主義的ガイスト」の持主であった。〔註51〕

ドルフスの反民主主義的ガイスト

ドルフスの個性的なガイストは〝戦士魂〟(Frontgeist)と表わされる。それは軍隊における若い少尉か中尉の精神態度であって、一九一八年に第一次世界大戦の塹壕から現実世界に持ち帰られたもので、制服の戦争体験を民間の平和な政治に移し替えようとするものであった。〝戦場にて不敗〟というスローガンは、戦後〝われわれは何のために戦ったのか〟という攻撃的な問いかけを伴うこととなった。けだし疑いもなく、屈辱・不幸・困窮のこの共和国のためではなかった。たとえこの戦争の結果が対外的に修正されえないとしても、少なくとも国内的には修正されるべきだと考えられた。またこの〝戦士魂〟は同時に〝匕首《ひしゅ》伝説〟(Dolchstosslegende)によって生命を得ていた。ハイマートは前線の背後を襲ったのだ。そのハイマートとは何か。それはストライキをやった労働者であり、帝国議会で平和政策を推進した社会民主党であり、キリスト教的ヨーロッパ(Christliches Abendland)とその市民精神に対するボルシェヴィズムの世界的陰謀の首領たちとその下っ端、それに加えてユダヤ人なのだ。少なくともその同調者たちはそのように見ていたので、オーストロ・マルキシストとボルシェヴィキの差異を認めようとはしなかった。

政治的カトリシズム(politischer Katholizismus)の立場でもミリタントな人びとはほぼ同様であった。ドルフスはキリスト教社会党員であり、政治的カトリシズムの流れに属する人物であったが、第一次共和制に対する反民主主義的なガイストに関する限りハイムウェアの主流と共有するものがあったのである。〔註52〕

ドルフスの反ナチ精神

協同国家に形象化したいわゆるオーストロ・ファシズムは、政治的カトリシズムの最も戦闘的な部分を代表する「上からの」流れと、ハイムウェア運動の中のナチズムと同化しえない部分が主流となった「下からの」流れとの合流であった。〔註53〕第一次共和制下で政治的カトリシズムを先導したのはザイペルであったが、ドルフスはザイペルを継承しながらザイペルの議会主義的限界を乗り越えたのであった。

またドルフスは徹底した反ナチで、自国内のナチを弾圧し、ナチの血祭りに上げられる運命をたどったわけであるが、その反ナチ精神を支えたのは、使命感に燃えるドイツ的気質（das Deutschtum）にほかならなかった。彼によれば、オーストリアはドイツ的ヨーロッパ的気質の本拠であり、ヨーロッパにおけるキリスト教的再建の細胞（Zelle）であった。オーストリア――それはドイツ精神を反キリスト的、反ヨーロッパ的に、言いかえればプロイセン的プロテスタント的に偽造したナチズムに対抗するものであった。カトリックのオーストリア人であることがよりよきドイツ人であるという、この神聖なる信念は、ヒトラーの権力掌握によっていっそう強められた。彼にとって、ナチズムに対する闘争は政治的＝宗教的な反宗教改革（Cegenreformation）の闘いとなったのであった。〔註54〕

戦時経済授権法の利用

ローザンヌ借款問題を辛うじて乗り切ったドルフスは、議会なき統治（ohne Parlament zu regieren）の可能性をいっそう熱心に追求しはじめた。最初は憲法に定める連邦大統領の緊急事態法（Notverordnungsrecht）権限を利用しようとしたが、大統領ミクラスはそれを拒絶した。そこでドルフスは、権威的体制（autoritärer System）へと突き進む法的根拠として、戦時経済授権法（das Kriegswirtschaftliche Ermächtigungsgesetz）を用いる腹を固めた。この法律はまだ帝制時代の一九一七年七月二四日に例外法規（Ausnahmegesetz）として制定されたものであったが、一九二〇年一〇月一日に共和国の連邦憲法を制定する際、暫定法として新憲法に移転せしめられたものであった。戦後の異常事態が相当ながく続くとみられたからであった。

その法律には次のように述べられていた。

――「政府は、戦争によってひき起こされた異常な状態が継続している時は、経済生活の振興と再建のために、また経済損害の防止のために、さらにまた食糧その他の必需品を住民に供給するために、非常措置（notwendige Verfügungen）をとる権限を与えられる。」〔註55〕

ドルフスはこの法律にもとづく初回の権限行使を、一九三二年一〇月一日、クレディトアンシュタルトの倒産に責任を有する人びとに対する強制措置に名を借りて、つまり倒産による被害者たちの正義感に訴える形で試みた。この法の適用をめぐって国民議会で社会民主党が猛烈に政府を非難攻撃したとき、同党はかえって国民の反感を買ったのであった。

ドルフスは自信を強めた。ここに到ってドルフスの本心は、総選挙の停止というよりも国会の排除にあった。それを確実にするには、まず第一に社会民主党とその強力な支持勢力を無力化しなければならなかった。それに成功すれば総選挙によってナチが国会へ進出する機会も封じることができよう。だが両者を抑えるには政治的強力（politische Gewalt）の行使が必要であるだろう。果して授権法を拠りどころとする強力の行使によって既存の法秩序を侵害することが実際に可能であろうか。ところが、その可能性を実地にためしてみるのに都合のよい事件が持ちあがった。「ヒルテンベルク武器事件」がそれであった。

ヒルテンベルク弾薬工場（Hiltenberger Patronenfabrik）は巨大産業家フリッツ・マンドル（Fritz Mandl）の所有であり、マンドルはシュターレムベルクの友人であり、ハイムウェアの後援者として知られていた。

一九三二年末、ムッソリーニがハンガリーのホルティ政権に対する秘密の武器援助を計画すると彼はその仲介役を買って出た。すなわち、イタリアからヒルテンベルクの工場へ〝修理〟のために兵器が送られ、マンドルはそれを偽装してハンガリーへ送り込む手筈がととのえられた。ところが偶々ヴィルラッハ貨物駅でその貨車が開けられてしまった。鉄道労働者は社会民主党の強力な支持母体であった。一九三三年一月八日付の社会民主党機関紙は、この武器がハイムウェアに宛てられたものとして猛烈な非難キャンペーンを開始した。真相が明らかになると今度は問題は国際化した。三月一日、二時間の鉄道ストライキが開始された時、ドルフスは突然攻勢に転じた。全国の駅は連邦軍と地方警察によって占拠され、ストライキの指導者たちは拘留された。――ドルフスのねらいは二つあった。一つは、この騒ぎが政権の基礎をゆるがし、国際連盟借款に対する保証諸国の批准が危くなることを怖れたからであった。いま一つは、社会民主党の抵抗力の基本勢力が鉄道労働組合であることを熟知しており、機会があればこれらの勢力を叩き、労働者がゼネラルストライキを実行できる力を一挙に潰したかったのであった。〔註56〕

国民議会の自己閉鎖から議会なき統治へ

三月四日、政治的ストライキの指導者に対する政府の処罰を討議するため国民議会が招集された。議会主義のルールに従うかぎり政府は不利な立場にあった。八三対八二票という与野党の差であっただけでなく、鉄道ストライキはキリスト教社会党および民族主義系の労働組合によっても支持されていたからであった。

当日の国民議会で与党の三名が欠席した。したがって、議長のレンナー（第一党の社会民主党）は議員規則にもとづき投票権はなかったものの、ストライキ指導者たちを赦免するという野党の提案は一票差で議会を通過した。ところが、与党側は、社会民主党の議員二人が投票札を取り違えたことを理由に投票の無効を主張した。議長は投票のやり直しを拒否した。政府側は、混乱の中で野党の大ドイツ党を抱き込もうと謀ったのであった。会議が中断している間に、社会民主党の幹部たちは議長のレンナーを辞任させ、第二議長のラメク（Rudolf Ramek）（キリスト教社会党）のもとで再投票に入る方針を固めた。会議が再開され、社会民主党がこの術策によって勝利を収めるかと思われた瞬間、今度はラメクが辞任した。それと同時に第三議長のシュトラッフナー（Sepp Straffner）も辞任してしまった。国民議会に議長がいなくなり、議員たちは散って行った。

皮肉にも第一次共和制の全期間を通じて、議会制民主主義の守護者をもって任じてきた社会民主党が、拙い議会内かけひきにおぼれて「民主主義は機能マヒに陥っている」（"die Demokratie sei funktionsunfähig"）という、かねてからの右派の主張に正当性を付与するような結果となったのであった。〔註57〕

かくしてドルフスは、さらに前進する条件を得た。三月五日、キリスト教社会党の指導部は情勢を検討し、当分の間は議会なしで統治することを決定した。

「然り、誰一人として国民議会を招集しようという者はなかった。この国民代表たちは、彼らの三人の議長の辞任によって、自らを排除した（selbst ausgeschaltet）のであった。」〔註58〕

同じ日、ドイツではヒトラー政権下で最初の（最後の）総選挙が行われた。三月七日、ドルフス政権は、内閣は職にとどまり、国民議会の危機には関与せず、戦時経済授権法によって統治を行なう旨の声明を発表し、報道の自由を制限し、市街行進を禁止した。「良識の人」大統領ミクラスも内閣の存続と政府の新措置を承認した。

Ⅵ　社会民主党の壊滅

シュッツブント解散命令

三月八日、ドルフスは社会民主党に対して新しい議院規則を作り憲法の一部改定を行うまで国会を休止することを提案した。いま総選挙を行えばナチを利するだけだから、息をつく間を置こうという趣旨であった。議会制民主主義を継続的に排除するつもりはないともとれるこの提案に対し、社会民主党は返答しなかった。同じ日に開かれた同党の幹部会では、リンツ綱領の脅しの部分を実際に発動すべきか否かが問題となったが、一九二七年七月一五日の記憶が強く作用し、同党が支配するウィーン州政府が憲法裁判所に対して連邦政府の緊急命令に異議申し立てを行うことを決定した外は何もなされなかった。〔註59〕

この間、大ドイツ党のシュトラッフナーは第三議長の辞任を撤回し、三月一五日と定めて国民議会を招集した。前首相のブーレッシュは裏面でウィーン市長ザイツに対し、国会を自発的に中止するよう頼んだ。ザイツはこれを拒否した。だが、政府が警察力を行使した場合、どうするのか。三月八日の社会民主党幹部会議は、衝突を怖れ、いかなる大衆動員も決定できなかった。この時点で、議会制民主主義を守り抜き独裁制を阻止する如何なる手だてが、なお同党の掌中に残されていたであろうか。減少傾向にあったとはいえ、労働者の主要部分はまだ同党の指導下にあったし、国民の約四〇パーセントは同党を支持していた。シュッツブントの隠された武器は政府にとって依然として不気味な圧力であった。だが同党指導部は、確たる見通しを持たぬまま妥協することも対決することも回避した。

三月一五日は茶番劇に終った。シュトラッフナーは予定より三〇分早く議会の開会を宣した。警官隊が到着した時にはすでに閉会されていた。国民議会が存続していることを示威すれば満足だったのだ。これで社会民主党指導部に徹底した抵抗意思のないことが、いっそう明白となった。ドルフスは励ましを得た。

新聞は事前検閲下に置かれ、三月末にはシュッツブントの解散が命令された。ウィーンにおけるハイムウェアの禁止令でもって社会民主党の市長は応じたが、両陣営とも禁止措置を貫徹させる実力をそなえてはいなかった。なお暫く、相手の出方を窺いながらの力競《くら》べが続く。

「祖国戦線」の創立

ドルフスは復活祭の日にローマへ出かけた。その地で彼は、イタリアのドナウ地域政策が不変であることの保障を得た。またオーストリア木材の対イタリア輸出について色よい約束をとりつけた首相は、自信を増して帰国した。四月二一日に「労働放棄の禁止に関する法令」を出し、五月一日には恒例のメーデー行進が軍隊の街路閉鎖によって阻止された。五月一〇日、州議会と市町村議会の選挙が期限つきで禁止され、それは後にくり返して禁止が延長されることとなる。同じく一〇日の内閣改造で、ハイムウェアのファイは治安担当相に、同じくノイシュテッター＝シュテュルマー（Odo Neustädter-Stürmer）は労働問題担当の国務次官という重要ポストに迎えられ、首相とハイムウェアとの同盟関係がいっそう緊密化された。

ドルフスの突進に対して伝統的なキリスト教社会党の幹部たちは、一面で賛成、一面では反対であった。五月五―六日の同党大会でヴォーゴワンが党首に再選されたのは、そのことを示していた。同党の「ウィーン左派」の流れを汲む人びとはハイムウェアが嫌いであった。かくてドルフスがキリスト教社会党の枠を越えて前進するためには、自前の大衆的基盤が必要だと感じられた。首相のこの必要に対してシュターレムベルクは「祖国戦線」(Vaterländische Front)の創設を提案した。シュターレムベルクはローマへ出かけ、そこからの資金援助を得て、五月一四日、「トルコからの解放記念」の名目で二五万人の大行進がウィーンへ向けて挙行され、ドルフスはその先頭に立った。この成果を基礎に、五月二一日「祖国戦線」の創設が宣言された。〔註60〕

オーストリア・ナチの禁止

ドルフスは二正面作戦を強いられていた。彼は、左翼に対してと同様に右のナチに対しても休戦の提案を行なった。ナチは国民議会の一時的停止と総選挙の延期については諒解したが、二、三の閣僚ポストを提供されることが条件であった。この条件はドルフスの反ナチの感情と思想に合致しなかったし、彼の同盟者のハイムウェアが(シュタイアマルクのグループを除いて)全体的に反ナチであってみればなおさらであった。〔註61〕

交渉が決裂するとナチはテロールの波で脅しをかけた。電話ボックスやユダヤ人商店に花火や爆発物が仕掛けられた。五月中旬、ドイツ国バイエルン州政府の法務大臣ハンス・フランク(Hans Frank)がグラーツで開かれたナチの大衆集会を訪れて演説し、ドルフス政権を追放するよう露骨に聴衆に訴えた。そこでオーストリア官憲はぎりぎりの外交的儀礼でフランク博士を国境まで連れ戻した。それに対するヒトラーの反応は露骨で早かった。オーストリアの観光収入に打撃を加えるべく一〇〇〇マルク賦課金(Tausendmarksperre)の措置が施行され、オーストリアへ出かける休暇ヴィザにはそれだけの金額が課せられることになった。イタリア寄りに自立を図るドルフスに対する最初の公然たる攻撃であった。

六月に入ってナチのテロールはさらに激しくなり、民衆の間にパニックが拡がった。ドルフス政権は、オーストリア・ナチの指導者であり、ドイツ国会議員であるテオ・ハビッヒト(Theo Habicht)を拘束し、国外へ追放したが、さらに六月一九日、クレムスで発生した手投げ弾事件を機に、ついにオーストリアにおけるナチ党およびナチズムに染まったシュタイアマルクのハイムウェアの禁止を決定した。

イタリア寄りの道

ナチ・ドイツとの対立が決定的となるにつれ、ドルフスはムッソリーニのより確かな保障を必要とした。八月一九―二〇日、イタリアのリッチオーネで両者の会談が持たれた。この会談で、ムッソリーニは、条件として、社会民主党に結末をつけ、辛うじてなお生き続けている半民主主義を終らせること、ファッショ的なハイムウェアを中核とする権威的統一戦線（autoritäre Einheitfront）を動員することを要求した。〔註62〕帰国後のドルフスの政治方針は、九月一一日、ウィーンのトラブレン広場で挙行された祖国戦線の大示威集会で宣明された。政綱演説の中で、彼は、マルクス主義、資本主義的経済秩序、ナチズムおよび政党支配に反対し、職能的な（ständisch）基礎と強力な権威的指導（autoritäre Führung）にもとづく社会的、キリスト教的、ドイツ的な国家オーストリア（die soziale, christliche, deutsche Staat Österreich）の樹立を目ざす政治プログラムを描き出した。それは、首相の立場からなされた最初の公然たる「権威的協同国家」（autoritärer Ständestaat）への意思表明であった。

社会民主党の逡巡

このようなドルフス首相のイタリア型ファシズムへの急傾斜と伝統的なキリスト教社会党指導部との間に

は、依然として溝があった。党首であり国防相でもあったヴォーゴワンは、迫りくるナチ・ドイツの圧力を前にドルフスの意向に反して社会民主党との妥協・協力を模索する方向へ傾いた。彼は「解散させられた」シュッツブントの指導者たちとザルツブルクにおいて会談し、オーストリア連邦軍がドイツ軍と事をかまえた場合に軍事的支援を得られるかを打診した。社会民主党側ではドイッチュ、レンナー、コーレフ（Eenst Koref）がこのような協力に賛成した。だが、そのすぐ後にヴォーゴワンは解任されてしまった。〔註63〕

九月二〇日、ドルフスは思い切った内閣改造を行い、副首相のウィンクラーを追い出すことで農村連盟と縁を切り、国防相のヴォーゴワンを解任して自身で軍事権限を直接掌握した。国民議会が存在しない以上、すでに支持基盤の衰えた農村連盟に気がねは不要であったし、政治的気質も路線も異なるヴォーゴワンと妥協するよりもハイムウェアとの提携を深め、ムッソリーニの意に添うことが重視されたのであった。ファイが副首相に登用された。

ドルフスがナチとの闘いに腐心している間に、社会民主党は息つく間があったし、反ナチの目的のために妥協点を探るゆとりも生じた。すでに同党指導部と国会議員団は、ドイツにおけるヒトラーの政権掌握という現実に直面して、一九三三年五月一二日〝オーストリアの国際法上の中立化〟方針を決定、さらに一〇月中旬の党大会で、ついに党綱領より由緒ある「アンシュルス」の条項を削除したのであった。だが、議会制民主主義と党の存在は、妥協と取り引きによって救われるであろうか。社会民主党になお可能な実力、それはまずゼネストであったが、その実力行使に対しては政府は疑いもなく連邦軍とハイムウェアの武装力で応じてくるであろう。そうすれば、とりもなおさず内戦となる。それでも党大会は譲歩と後退の限界を定めざるをえなかった。党の禁止、自由労組の解散、ウィーン市長の罷免——これらが生じた場合は決然と戦わざるをえない。だが党の最高幹部たちに本気で内乱を戦う心構えがあったのであろうか。ドルフスはすでに、

「権威的協同国家」の樹立を宣言していた。それを阻止するための積極的手段が発見されないとすれば、激突の時を受身で待つ意外にないではないか。

ファッショ的攻勢

ドルフスは元首相エンダーを改造内閣に入れ、憲法・行政制度の改革を委嘱していた。エンダー自身は議会主義的発想を脱しえない人物だったので彼の草案がそのまま実現されるには到らなかったが、少なくともドルフスの目標は明らかだった。内閣改造直後の九月二三日には政治的拘留者を収監する収容所の設立に関する法令が発せられた。一一月一〇日には、軍法会議の手続きに死刑が復活され、ここでも第一次共和制の成果の一つが屠《ほふ》られた。

翌一九三四年に入ると、ハイムウェアの攻撃は急となった。一月一〇日、シュターレムベルクは全国のハイムウェアに対する新年の声明で、ファッショ的理念世界の無制限の貫徹を闘争目標にしようと呼びかけた。イタリアの対オーストリア政策を直接指導してきた外務次官スヴィッチ（Fulvio Suvich）はウィーンを訪れて具体的な圧力を行使した。二月二日、ティロルのハイムウェアは、インスブルックにおいて州政府を権威的な地方委員会に改組することを要求し、州議会を制圧した。二月六日と七日にはウィーンのニーダーエステルライヒ州庁舎に押しかけたハイムウェア勢力が同様の要求を突きつけた。農村連盟出身の州知事ライター（Josef Reither）は社会民主党と協力して強気の反撃に出た。二月一二日、ウィーンにおいて諸州代表の協議が予定され、ライターは一四日にニーダーエステルライヒ州議会の招集を決定した。治安担当相ファイとドルフスは連日、何かを協議した。

二月一二日の指導なき蜂起——社会民主党の壊滅

二月一二日午前、リンツの労働者住宅街で大掛りな武器捜索が開始された。その前日に情報をキャッチしたオーバーエステルライヒのシュッツブント指導者ベルナシェク（Richard Bernaschek）は、武器押収と党幹部逮捕に対して武装抵抗に踏み切る旨をウィーンの党指導部へ急報した。オットー・バウアーは夫人と映画を観に出かけていたので、〔註64〕連絡がついたのは翌日の午前二時であった。バウアーは、またもや時期尚早と判断し、武装抵抗を止めるよう暗号で打電した。二時間後に電報が到着した時、ベルナシェクは途方にくれた。すでに遅かったのだ。しかし官憲の側は電文を解読し、社会民主党に抵抗の意思がないと判断した。午前七時、警官隊がリンツ労働者ハイムを包囲し、踏み込んだとき、社会民主党の労働者は決意どおり銃撃で応じた。政府側も社会民主党指導部も予期しない内戦が始まった。

それは決して十分に準備され計画された蜂起ではなかった。追いつめられた労働者たちが、党指導部の逡巡と後退の気分のなかで、大衆に支援を見出さないまま受動的な抵抗に走ったのであった。それは指導なき大衆蜂起として始まった。中途で指導が追いつくことができるであろうか。

ウィーンではドイッチュがシュッツブントを警戒態勢につかせた。ケルナー将軍は大統領の許へ急ぎ、介入を要請したが、大統領は無力を告白しただけであった。シュッツブントがかねて練っていた進撃計画では、ウィーンの周辺街区の市営住宅街から中心部へ進み、政府の建物を占拠することになっていた。〔註65〕

だが、バウアーは政府側が砲火を開くまで待機するよう主張した。ゼネストの宣言は漸く一一時三〇分になってからであった。午前中、攻勢のチャンスはことごとく失われ、正午頃には政府軍が周辺街区へと進撃を開始した。

政府の首脳部もハイムウェアの幹部たちも、まさか左翼が本気で抵抗に出てくるとは思っていなかった。これまでと同じように社会民主党は無抵抗で武装解除に応じるであろうと思っていたのであった。それというのも、一九三三年末から三四年初めにかけての裏面交渉で、社会民主党は、党の存続もしくは自由労働組合の存続さえ認められれば一定期間の議会なき統治に応じるであろうとの感触を、政府側はつかんでいたからであった。〔註66〕

シュッツブントの戦いは、指揮系統も相互の連絡もうまくいかず、隠匿の武器も見つけだせなかった。ゼネストはとうに崩壊していた。一二日の午後、ドルフスは砲兵の使用に踏み切った。翌未明、暗闇にまぎれてバウアーはチェコスロヴァキアへ逃れ、一日遅れて負傷したドイッチュもそれに続いた。頑強に、絶望的な孤立のなかで、労働者たちは三日間も戦った。一五日にはすべてが終っていた。その間に、軍法会議の設立が布告され、社会民主党に対して解散命令が発せられ、九人のシュッツブント指導者が即決裁判で処刑された。一六日、社会民主党とその諸機関の資産が押収され、同党の国会議員は資格を剥奪された。ウィーン市長ザイツも拘禁され、社会民主党市政は消滅した。政府側の死者一〇五人、負傷者三一九人、シュッツブント側は死者一三七人、負傷者三九九人。かくしてオーストリアの左翼は政治の表舞台から消えた。〔註67〕

Ⅶ　結び――「併合」への道

ナチの蜂起――ドルフス暗殺

副首相であり、ウィーン地区ハイムウェアの指導者であるファイ少佐は勝ち誇っていた。自分こそは祖国

ぐらせ始める。

三月一七日、ローマにおいてイタリア、ハンガリー、オーストリア三国（政治・経済条項を伴う）協力条約（Beistandsvertrag）が締結された。このいわゆる「ローマ議定書」（"Römische Protokolle"）には軍事援助に関する直接的表現はみられなかったが、その政治条項にはそれと推論させられるものがあった。四月三〇日、政府は残骸にすぎなくなっていた国民議会を招集し、前年四月七日以来政府によって発令された緊急法令および新憲法の承認を求めた。

議会制民主主義の手続きを踏んで議会制民主主義を葬ったのであった。農村連盟と国民経済ブロック（大ドイツ党）が反対したが、社会民主党が存在しないのではおよそ抵抗にならなかった。そうしたあと、五月一日、いわゆる職能代表的・権威的な「一九三四年憲法」（die berufsständische, autoritäre "Maiverfassung 1934"）が公布された。同日、ドルフスは政府を改組し、シュターレムベルクを副首相に就かせ、ファイを内相の地位に落した。さらに七月一〇日にはファイを内相より解任する。ハイムウェアとの同盟といっても、その指導者はドルフスの指導権をおびやかすものであってはならなかったのである。七月一二日には、政治的暴力行為の防止に関する法律によって、爆発物犯罪に対する死刑を定めた。この法律にもとづき最初の被処刑者となったのはナチのテロリストであった（七月二四日）。

このように内外の体制をなんとか固め終えたかに見えたドルフスは、対外的展望をさらに拡大するプログラムを抱いていた。七月の終りにムッソリーニとの会談を予定し、秋には国際連盟の新しい借款について英・仏等と交渉にのりだすつもりであった。二月一二日事件の国際的悪印象にもかかわらず、かれは、ヒトラーのドイツに対する防壁としてのオーストリアへの期待が効力を示すだろうと計算していた。しかしながら、七月二五日、行政府内の同調者の協力のもとにナチの一団が蜂起し、反乱じたいは簡単に鎮圧されたが、ドルフスは首相官邸執務室の隣室エックサロンのソファで冷たくなって発見された。〔註68〕

シュシニック政権――ドルフス路線を継承

ドルフスの築いた「権威的協同国家」をひき継いだのは、ブーレッシュ第二次内閣以来法務大臣をつとめて来たクルト・シュシニック（Kurt von Schnschnigg）であった。彼はティロルの名門の出で、一九一八年以前のドナウ国家の精神世界に育ち、王朝主義者であった。若き弁護士シュシニックは、一九三〇年、ティロルにカトリック的な自衛組織として「オストメルキッシェ・シュトルムシャーレン」（"Ostmärkische Sturmscharen"）を組織して頭角を現わしたのであった。彼はドルフスの路線を忠実に継承する以外に選択の余地はなかった。左翼との妥協は彼の政治的体質と余りにもかけ離れていたし、国家の形式よりもオーストリアの国家としての存続を追及する立場であってみれば、当面の内外情勢の下ではドルフスと同様に、イタリアの保障を確保し、国内的にはハイムウェアとの同盟を保持する外はなかったであろう。

しかし、内外情勢の変化、ことに国際情勢の進展は、ドルフス路線の枠内で国家の存続を図ることを次第に困難にして行った。この政権のもとで、歴史的運命と選択は、政策の主観的意図を離れて、ドイツによる「併合」へと急傾斜して行く。オーストリアは国際的に孤立し、呑み込まれるように一歩また一歩瓦解への道を歩むのである。その個々の契機、個々の要因をたどってみよう。

反ナチ抵抗力としての左翼不在

第一に、国内の最も強力な反対派、社会民主党とその指導下の自由労働組合およびシュッツブントがすでに排除されていたことによって、ナチ・ドイツに対する最大の抵抗力が失われていた。のみならず、国内の全勢力を結集する可能性は、キリスト教社会党の内部でも力を持ち得なかった。シュシニックがムッソリーニとハイムウェアを政権の拠りどころとする限り、路線の転換はありえなかった。すでにムッソリーニに裏切られ、ヒトラーの脅迫に追いつめられた一九三八年三月三日、オーストリア併合の九日前になっても、社会民主党系労働組合〔非合法〕の代表が首相を訪ね、ナチとの闘いを支持する用意があると通告し、その条件として、社会民主党の活動の自由、官製の労働同盟(Cewerkschaftsbund)内における自由選挙、日刊紙の出版の自由を要求した時、シュシニックは即答を与えず、交渉を引き延ばし、様子見の態度に終始したのであった。〔註69〕

ムッソリーニ神話の瓦解

第二に、イタリアのアビシニア〔エチオピア〕侵略のもたらした深刻な影響であった。

前述のように、シュシニックが首相に就任して最初に行なったのは、イタリアを訪問してこれまでのオーストリアの対外政策路線の保持を確認し、ムッソリーニの保障をとりつけることであった。そのためシュシニックは、一九三四年中に八月と一二月の二度にわたってムッソリーニと会談し、一九三五年二月下旬には仏・英を訪問して四月中旬のストレーザ会談〔英・仏・伊三国のオーストリア独立の保障に関する共同声明〕をみのらせ、さらに一九三四年の「ローマ議定書」に対する補足議定書を調印、双方が政治的措置に先立ち相互に協議することを約したのであった。〔註70〕

このように熱心なイタリア傾斜にもかかわらず、その信頼は、一九三五年一〇月三日、イタリア軍のアビシニア侵入を境に揺らぎ始める。すなわち、孤立無援のアビシニア軍を相手に六ヵ月経ても決定的勝利が得られなかったことは、オーストリア独立の保障者としてのイタリアの軍事的な弱さを露呈したものと受けとられた。さらに、この侵略行為によって生じた英・仏とイタリアとの亀裂は「ストレーザ戦線」を無に帰せしめた。しかも、英・仏はイタリアの侵略行為に対して実質的に無力であった。

ナチ・ドイツの強大化と独・伊接近

この信頼の動揺に第三の要因が追い打ちをかけた。すでにドイツ国内の独裁権を掌握していたヒトラーは、一九三五年三月、ヴェルサイユ条約の軍事条項を一方的に破棄して再軍備にのり出していたが、さらに一九三六年三月七日、ラインラントの非武装化を規定したロカルノ条約を破棄してドイツ軍隊をこの地域に進駐させた。だが、英・仏ともにイタリアの問題にかまけて何らの具体的対抗策もとりえなかった。これらドイツの行動とそれに対する国際的黙諾は、国際政治全体に地すべり的変動を引き起こすきっかけとなった。

オーストリア政府にとって、このことは二重の衝撃を意味した。第一に、英・仏にとって一九一九年にみずから創り出した国際秩序の維持が戦争の危険を賭するには値しないとすれば、同じようにして創出された国際諸規定によって保障されたオーストリアの国際的地位は一体どうなるのか。第二に、ナチ・ドイツの急速な抬頭が英・仏によって黙認され、南方の独裁者に依拠して北方の独裁者から独立を守るという路線の先行きに不安が生じたことであった。すでにヒトラーの方がムッソリーニより強大であることは明瞭であった。

アビシニア侵略で英・仏から疎隔されたイタリアは、急速にドイツへ接近した。一九三六年一月、ムッソリーニはドイツ大使ハッセル(Ulrich von Hassell)に対し、ドイツ＝オーストリア協定の締結に好都合な時期が到来していること、自分はそのようなコースをオーストリア政府がとるよう促すであろうことを示唆した。〔註71〕三月のドイツ軍によるラインラント再武装化に際しては、ムッソリーニはロカルノ条約の保障国である立場を放棄してヒトラーに手を貸したのであった。スペイン内乱に対する独・伊の協働は開始されていた。一九三六年三月二一日—二三日のローマ議定書諸国の会議では、なおオーストリア独立の保障国であり続けるポーズをとりながら、ムッソリーニは、シュシニックに対してドイツと急ぎ協定に達することを促し、そのためには国内的譲歩が必要であろうと述べた。その際、シュターレムベルクとハイムウェアの抵抗は恐れるに及ばないとの示唆が与えられたのであった。〔註72〕そして一九三六年一〇月二五日には、ドイツ＝イタリア協定(ベルリン＝ローマ枢軸 Achse Berlin-Rom)が締結されるに到る。

ハイムウェアとの訣別

オーストリア政府内ではシュシニックが首相、シュターレムベルクが副首相であったが、「祖国戦線」内では序列は逆であった。後者は、「祖国戦線」を傘下諸団体の総合体とみなし、ハイムウェアを「祖国戦線」のみならず権威的国家体制の中核だとみなしていた。だが首相はそれとは異なった組織論をいだいていた。シュシニックは、体制を下から支える大衆組織を必要とはしたが、ナチ・ドイツ型もしくはソヴェト型に類する「国家の中の国家」としての党の存在を望まず、官僚機構と連邦軍への絶対的信頼を根幹とする権威的国家体制を目ざしていた。明らかに、この体制が内包する教権的ファシズムとハイムウェア・ファシズムとの二元主義の矛盾が存在したのである。〔註73〕

すでに一九三五年一〇月一七日の政府の改造で、シュシニックはファイとノイシュテッター＝シュテルマーを最終的に閣外へ追いやる策を弄したのであったが、シュターレムベルクは競争者で対立者でもあるファイの失脚を喜び、自分の友人のドラックスラー（Ludwig Draxler）が蔵相に就任することで満足した。自分の足許が掘り崩され、ハイムウェアの無力化が企てられていることに気づかなかったのである。翌年五月、アビシニアの首都アジス・アベバをイタリア軍が漸く占領したとき、シュターレムベルクは西欧諸国を非難する内容の祝電を発し、英・仏・両国大使の厳重な抗議を受けた。首相はその好機をとらえて、副首相シュターレムベルクを政府から排除することに成功する。シュシニックは、みずから「祖国戦線」の全国指導者となるが、すでに戦線は二〇〇万人をかぞえる強制加盟的な、したがって戦闘性をもたない組織に変貌していた。これら一連の策謀によってシュシニックはハイムウェアの解散を命令し（一九三六年一〇月九日）、「ドイツ寄りの道」への転換の障碍をとり除くことが可能となったが、同時にまた彼はヒトラーの陰謀に対抗すべき実力的政治基盤を自分の手で最終的に解体したのであった。

ドイツとの「七月協定」

ドイツの首相経験者であって、ヒトラー政権の副首相でもあったフォン・パーペン（Franz von Papen）が駐ウィーン大使に任命されたのは、一九三四年七月の下旬であった。パーペンもまた独墺合邦に賛成であったが、力で強制することには賛成ではなかったし、ナチのテロール方式には終止符を打ちたいと願っていた。

そのような〝誠実〟さに加えて、彼がヒトラーの〝競争者〟であり、カトリックであるということが、ヒトラーの対オーストリア陰謀にとって利用価値があったと思われる。だが、ウィーン側の新大使への反応は冷ややかであった。そのような雰囲気の中で、一九三五年七月一一日、パーペンはオーストリア外相ベルガー＝ヴァルデネック（Egon Berger-Waldenegg）に対し、一種の和解協定を提案した。

ムッソリーニのオーストリアへの関心が衰えて行くのを感知したシュシニックに、如何なる方途が残されていたであろうか。一つは英・仏への接近であったが、そのためにはせめて両国の世論の同情を引くような民主主義への復帰を演示することが必要だったであろう。それでも英・仏がオーストリアの独立維持のためにどれだけの犠牲を払うかは未知数であった。

いま一つは、チェコスロヴァキアとの親善を深め、それを介して小協商（Kleine Entente）へ政治的経済的に接近する途であった。一九三六年一月、シュシニックはフランスの支持のもとにプラハを訪問し、チェコ政府の共感を得ることには成功したが、それ以上の成果は困難であった。ハプスブルク家の資産返還など、復位の可能性をちらつかせることによって国内政治基盤を拡大しようとしたシュシニックの工作が国際面で裏目に出たとも見られるが、ローマ議定書によってイタリアとハンガリーに繋がれている立場から一挙に小協商との関係へ深入りする転換は、この段階では極めて複雑で困難な相談だったのである。〔註74〕

追いつめられたシュシニックは、パーペンの提案した和解協定に改めて関心を寄せざるをえなかった。

一九三六年の前半中に、オーストリア外交は、次第に重点の置き換えを行なった。しかし忍耐するのは主としてオーストリアの方であり、イタリアの態度もまたそれを要求し続けるものであった。事情を知ったシュターレムベルクは、事態の指導権を自分の掌中に収めようと意図し、オーストリアの前法相でドイツのゲーリング（Hermann Göring）の義兄弟に当り、ハイムウェアのメンバーでもあるフーエバー（Franz Hueber）

を仲介者としてドイツ＝オーストリア協定を整えようと動き始めた。〔註75〕だが首相は先制の攻撃に出た。ハイムウェアの外相ベルガー＝ヴァルデネックの更迭を提案したのであった。副首相はこれに反対した。五月一二日から一三日にかけての夜、二人は激突した。蔵相ドラックスラーは副首相を支持した。そこで首相はシュターレムベルクの辞任を要求した。副首相が行なったムッソリーニへの祝電と英・仏の厳しい抗議の件は表向きの口実にすぎなかったのである。〔註76〕一三日、シュターレムベルクはハイムウェアの「緑色一揆」（"Grüner Putsch"）を考えたがうまく行かなかった。七月一一日、いわゆる「七月協定」（"Juli Abkommen"）がオーストリアとドイツとの間に締結される。協定の内容は、オーストリア国家主権の完全な尊重が約束されていたので、一見オーストリア首相の勝利のように見えた。だが、この「和解」には条件が付いていて、オーストリアにおけるナチ政治犯の恩赦、および「民族主義的反対派」（nationale Opposition）でヒトラーにとって利用価値の高いギド・シュミット（Guido Schmidt）とグライゼ＝ホルステナウ（Edmund Glaise-Horstenau）の政府参加が要求されていた。〔註77〕

シュシニックのドイツ的心情

シュシニックは重荷から解放された。第一に、国内政治面では二正面闘争を整理することができた。国際的には彼の伝統的ドイツ的心情にそむくドイツ人国家間の戦争を回避できた。だが実は、この危機に直面して、彼のドイツ的心情と観念こそヒトラーとの闘争を困難へ導いたのであった。「七月協定」の秘密条項には、経済関係の正常化の他に、政治的・文化的条件が付せられていた。「祖国戦線」内における反ナチの宣伝停止および両国の文化的同質化を強調するナチ宣伝の流入は、オーストリア国民の精神的無抵抗化を促進するであろう。シュシニックは、この協定によって安定がもたらされると期待したが、見事に裏切られることとなるのである。

ヒトラーへの屈服

一九三八年二月一二日、バイエルンのベルヒテスガーデンにあるヒトラーの要塞山荘においてシュシニックとヒトラーの会談が開かれた。ヒトラーは軍事的進撃の露骨な脅しを背景に、オーストリア・ナチのザイス＝インクヴァルト（Arthur Seiß Inquart）を内相に任命し、ナチの政治犯に特赦を行ない、「祖国戦線」内におけるナチの活動を自由にすることを要求した。二月中にその要求はことごとく満たされた。二月二二日にウィーンを訪問したドイツ外相ノイラート（Konstantin von Neurath）は「ハイル・ヒトラー！」の歓声で迎えられた。彼が携えた提案は、通貨同盟を軸として経済的アンシュルス――実質的にはオーストリア経済をドイツ経済に組み込もうとする「改革」案であった。同時に彼は、もしオーストリアがハプスブルク王家の復活を決定すれば、それはドイツの即時軍事行動の理由となるであろうとの警告を伝えた。〔註78〕

完全に追いつめられたオーストリア首相は、三月九日、インスブルックの集会で、一三日にオーストリアの運命を決する国民投票を実施すると宣言した。ヒトラーはドイツ国防軍参謀長のベック（Ludwig Beck）にオーストリアへの進軍を委託したうえで、オーストリア政府に対して国民投票の中止を要求した。シュシニックはやむなくこれを受諾した。ついで第二の最後通告をヒトラーは突きつける。内閣の総辞職とザイス＝インクヴァルトへの政権の委譲。シュシニックは直ちに拒否回答したが、イタリアは救援を拒否し、英・仏はオーストリアの事象にほとんど関心を示さなかった。ついにシュシニックはラジオで辞任を発表した。

彼は抵抗を呼びかけなかった。反対にドイツ人同士の衝突と流血を避けるよう国民に要請したのであった。大統領ミクラスは、夜半にザイス＝インクヴァルトに政府を委嘱した。

翌日、ドイツ軍はオーストリアへ進軍した。ウィーン司教会議はアンシュルスを承認し、カトリック教徒に対して合邦に関する国民投票で賛成票を投じるよう要請した。〔註79〕カール・レンナーも新聞のインタヴューで賛意を表明した。〔註80〕ヒトラーの指示で挙行された四月一〇日の国民投票では、九九・七三パーセントが「合邦」――実質は「併合」――に賛意を表明した。〔註81〕

形式的にも実質的にも、第一次共和制は崩壊し、国家としてのオーストリアも消滅したのであった。

〔註1〕一九一八年一一月一二日、臨時国民議会（Provisorishe Nationalversammlung）は「ドイツオーストリア共和国」（Republik Deutschösterreich）の成立を宣言したが、サン・ジェルマン条約の規制によって、一九一九年一一月二一日、国名を「オーストリア共和国」（Republik Österreich）と変更した。

〔註2〕サン・ジェルマン講和会議の国境画定に際してフランス首相クレマンソー（Georges Clemenceau）は、「オーストリア、それは残りだ！」（L' Autoriche, c' est que reste!）と言ったと伝えられる。（vgl. Helmut Andics, Der Sraat, den keiner wollte, 1976, S.11-14）そこでアンディクスは「残土がオーストリアだ！」（Der Rest ist Österreich!）この言葉は歴史の記憶にこびりついている。帝制の終焉以来、この「残土」が一箇のネーションを意味しうるか、という問いが存在し続けた。パリの平和構築者たちが、ヨーロッパの新しい地図を諸民族の自決権にもとづいてではなく、大国の権力政治的安全保障観にもとづいて描こうと決心していたことは明らかである、と批判する。

〔註3〕正確には「社会民主労働党」と訳すべきであろうが、通称に従って「社会民主党」と表記しておく。

〔註4〕vgl. Walter B. Simon,1918―1938 , 1984, S. 54.

〔註5〕敗戦国オーストリア=ハンガリーへの講和条件がいまだ明らかでなかった一九一八年一〇月段階では、オットー・バウアーに代表される社会民主党左派はドイツ語地域の革命的ドイツへの合併(Anchluß)を主張し、ヴィクトル・アドラー(Viktor Adler)とカール・レンナー(Karl Renner)は旧王国の連邦化を主唱した。講和条件とハンガリー、チェコスロヴァキア等継承国家のナショナリズムは、まず多民族連邦化の可能性を閉ざした。革命的ドイツへの結集も不確かな未来の可能性にとどまった。この左派的願望が撤回され独立と中立の路線が確立されたのはヒトラー政権樹立後の一九三三年五月であった。

〔註6〕vgl. W. B. Simon, ebd., S.54-55,93-106. なおGroß - deutsche Volksparteiは本来ならば大ドイツ国民党と訳すべきであろうが、諸文献中ではしばしばGroß - deutscheと略称されているので、ここでも大ドイツ党と呼んでおく。

〔註7〕オーストリア共産党(Kommunistiche Partei Österreichs)は一九一九年二月九日のウィーン党大会で、ソヴェト・ロシアをモデルとする革命路線の立場から制憲国民議会選挙(二月一六日)のボイコットを決定し、六月一九日にはウィーンにおいて武装蜂起したが簡単に鎮圧された。(vgl. Gerhard Botz, Gewalt in der Politik : Attentate, Putschversuche, Unruhen in Österreich 1918—1934, 1976,S.60f.)だが、ウィーンの人民軍(Volkswehr)内部では依然としてコムニストの影響がつよく、社会民主党の指導部は共産党の武闘路線の拠り所となっていた人民軍第四一大隊の解散を強要した(一九一九年八月二七日)。レーニンの「オーストリアの同志への書簡」が送られたのち、オーストリア共産党は路線を転換し、一九二〇年の国民議会選挙に参加したが、約二万七千票を獲得したのみで国会へは進出できなかった。以降、第一次共和制下で同党が重要な役割を演じることはなかった。一九三〇年総選挙における得票数〇・六%(二万九五一票)、因みに社会民主党は四一・一%(一五一万七二五一票)。ワイマール・ドイツの事例と比較した場合、社会民主党(左派)の「急進性」

が共産党の伸びる余地を狭めたということも考えられる。なおドルフスとシュシニックの独裁政権下で社会民主党左派の革命的社会主義団（Revolutionäre Sozialisten）と共産党との間で反ナチ統一戦線の協議があったがみのらなかった。（vgl. Franz West, Die Linke im Ständestaat: Revolutionäre Sozialisten und Kommunisten 1934–1938, 1973.）

〔註8〕vgl. Klemens von Klemperer, Ignaz Seipel: Staatsmann einer Krisenzeit, 1976,S.101-102.

〔註9〕社会民主党は人民軍を正規軍とする方針を断念し、新しい連邦軍を発足させるに当って、キリスト教社会党と連立政権綱領を結び、連邦軍の共和国への忠誠・非階級性等を確保したかに見えた。（vgl. Ludwig Jedlicka, Ein Heer im Schatten der Parteien: Die militärpolitische Lage Österreichs 1918–1938, 1955,S.21-22.）

〔註10〕vgl. H. Andics, a. a. O., S.116-118. W. B. Simon, a. a. O., S.110-111. リンツ綱領のテキストは Klaus Berchtold (Hg.), Österreichische Parteiprogramme 1868–1966, S.247-267.

〔註11〕H. Andics, a. a. O., S. 13.

〔註12〕vgl. H. Andics, a. a. O., S. 175. Fritz Kaufmann, Sozialdemokratie in Österreich, 1978, S. 173-213. Hans Hautman u. Rudolf Kropf, Die Österreichische Arbeiterbewegung vom Vormärz bis 1945, 2. Aufl., 1974, S. 146-148. Walter Pollak, Sozialismus in Österreich, 1979, S. 142-151. Felix Kreissler, Von der Revolution zur Annexion, 1970, S. 125-129, 134-136. Heinrich Benedikt (Hg.), Geschichte der Republik Österreich, 1977, S. 461-464.

〔註13〕vgl. H. Andics, a. a. O., S. 176.

〔註14〕vgl. H. Andics, ebd., S. 175-176.

〔註15〕Heimwehr もしくは Heimwehren という呼称は、地方によって Heimatschutz, Heimatwehr, Starhembergjäger, Eisenbahnerwehr などと称されたものの総称。その発生については以下を参照。Anton Staudinger, Christichsoziale Partei und Heimwehren bis 1927, in: Rudolf Neck

u. Adam Wandruszka (Hg.), Die Ereignisse des 15. Juli 1927, 1979, S. 110-136. C. Earl Edmondson, The Heimwehr and Austrian Polltics 1918—1936, 1978, pp.19-48. S. U. Larser, B. Hagtvet u. J. P. Myklebust (ed.) Who were the Fascists, 1980, pp.227-228. F. l. Carsten, Fashismus in Österreich, 1977, S. 39-66. Everhard Holtmann, Zwischen Unterdrückung und Befriedung, 1978, S. 35-41. Martin Kitchen, The Coming of Austrian Fascism, 1980, pp. 54-57. G. Botz, Gewalt, S. 80-81. F. Kreissler, a. a. O., S. 61-62. またシュッツブントについては Karl R. Stadler, Austria, 1971, pp.128-129. Peter Broucek, Heerwesen, in: Erika Weinzierl u. Kurt Skalnik (Hg.), Geschichte der Ersten Republik, Bd. I, 1983, S. 214-215. F. Kreissler, a. a. O., S. 143-147. M. Kitchen, op. cit., pp.111-119. W. Pollak, a. a. O., S. 166-168.

〔註16〕第1次共和制下の経済情勢については以下を参照。Hans Kernbauer, Eduard März & Fritz Weber, Die wirtschaftliche Entwicklung, in: Erika Weinzierl & Kurt Skalnik (Hg.), a. a. O., S. 343-379. H. Kernbauer & F. Weber, Von der Inflation zur Depression: Österreich Wirtschaft 1918—1934, in: Emmerlich Talos & Wolfgang Neugebauer (Hg.), Austrofaschismus: Beiträge über Politik, Ökonomie und Kultur 1934—1938, 2. Aufl., 1984, S. 1-30. K. R. Stadler, Hypothek auf die Zukunft, 1968, S. 201-248. Dieter Stiefel, Von Inflationsschock zum Arbeitslosenschock: Die Wirtscsftliche Situation in der Zwischenkriegszeit, in: Josef F. Desput (Hg.), Österreich 1934—1984, 1984, S. 64-72. Ferdinand Tremel, Wirtschaft-und Sozialgeschichte Österreichs, 1969, S. 375-390. H. Hautmann & R. Kropf, a. a. O., S. 128-130, 144-146. M. Kitchen, op.cit., pp. 75-95. H.Benedikt (Hg.), a. a. O., S.490-572.

〔註17〕vgl. W. B. Simon, a. a. O., S.110. シモンは "Der 15. Juli : Politik der Zwischenkriegsjahre in Minitue" というタイトルの1節でこの主観と客観との結合の皮肉について言及している。

〔註18〕ハイムウェアに含まれない右翼団体に戦士団、オストメルキッシェ・シュトルムシャーレン

(Ostmärkische Sturmscharen)、ナチズムの諸団体、キリスト教社会党系およびドイツ民族主義系の武装したスポーツ団体(bewaffnete christlichsoziale und deutsch-nationale Sportvereine)があった。

〔註19〕シャッテンドルフ事件の仔細はvgl. G. Botz, Gewalt S. 107-111. F. Kaufman, a. a. O., S.216f. Viktor Liebscher, Die österreichische Geschwornegerichtsbarkeit und die Juliereignisse 1927, in: R. Neck & A. Wandruszka (Hg.),Die Ereignisse, S.75-79. Kurt Schuschnigg, Im Kampt gegen Hitler, 2. Aufl., 1969, S. 123-124. H. Andics, a. a. O., S.119-120. F. Kreissler, a. a. O., S. 149-150.

〔註20〕連邦軍の総数はサン・ジェルマン条約で最大限三方に規制されていたが、第一次共和制下でその定数を満たしたことはなかった。(vgl. L. Jedlicka, a. a. O., S.73) 国防相ヴォーゴワンは注意深く連邦軍から社会民主党の影響力を排除することに努めてきた。この事件の際には同党の影響下にない兵士たちを出動させた。(vgl. I. Andres, a. a. O., S.122)

〔註21〕vgl. F. Kreissler, a. a. O., S.150-152. クライスラーは、この三月事件を「ザイペルの電撃的攻勢」(Seipels Blitzoffensive)と称している。

〔註22〕ハルトレプはかつてシュタイアマルクのハイムウェアの初代の指揮者であったが、ハイムウェアの性格が変ると脱退した。シュッツブントとハイムウェアの双方を武装解除する彼の案を聞いた時、首相のザイペルは最初は笑い、そして同意した。首相はむしろ社会民主党の左右を分裂させることに関心があった。副首相の印象では、社会民主党幹部との会談においてはバウアーも含めて好意的で、その場で明白な拒否の態度を示したのはアウステルリッツ(Friedrich Austrerlitz)だけであった。この交渉が果して実る性質のものであったか、またもし実ることがあったとしても、それが共和制の擁護に結実しえたかどうか、疑問であろう。(vgl. H. Andics, a. a. O., S.125-128.)

〔註23〕vgl. K. Neck u. A. Wandruszka (Hg.), Die Ereignisse, S.69-70

〔註24〕vgl. H. Andics, a. a. O., S.130. 抗議行動や示威行為は一切とりやめ党機関紙の論説で「階級裁判」を激しく非難するにとどめようとしたらしい。

〔註25〕H. Andics, ebd., S. 132. 七月一五日事件については以下を参照。R. Neck. U. A. Wandruszka (Hg.), Die Ereignisse des 15. Juli 1927, 1979. F. Kaufmann, a. a. O., S.219f. H. Hautmann u. R. Kropf, a. a. O., S. 151-153. G. Botz, Gewalt, S. 107-160. W. Pollak, a. a. O., S. 169-191. K. Schuschnigg, a. a. O., S. 124-130. …, Dreimal Österreich, 1937, S. 130-134. F. Kreissler, a. a. O., S. 152-155. H. Andics, a. a. O., S. 129-1947

〔註26〕W. B. Simon, a. a. O., S. 119. では一九二九年秋から一九三六年春までは政治的緊張緩和期と位置づけているが、大衆レヴェルでは左右の衝突や暴力行為は激増し、一九二七年の六件（七月一五—一六日の事件を含む）に比べ、一九二八年八件、一九二九年二〇件、一九三〇年二二件、一九三一年七件、一九三二年四八件、一九三三年五一件と記録されている。(vgl. G. Botz, Gewalt, S. 264-277.) さらにこの時期に経済危機は顕在化し、先鋭化してゆく。

〔註27〕ハイムウェアの陣列には保守的カトリックの王制派から反カトリックで反王制の親ナチ分子に到るまで、さまざまなイデオロギーを持った「社会主義の敵」が結集していた。(vgl. W. B. Simon, a. a. O., S.111.) インスブルックの弁護士シュタイドレ（Richard Steidle）は、全国指導者として今や大きな権威を獲得した。彼の参謀は、一九一九年ベルリンのスパルタクス団蜂起に際してカール・リープクネヒト（Karl Liebknecht）とローザ・ルクセンブルク（Losa Luxemburg）の殺害に加担し、かつカップ一揆にも参加してドイツ国より逃亡してきたパプスト少佐（Waldemar Papst）であった。(vgl. H. Andics, a. a. O., S.150.) またシュタイアマルクのハイムウェアは親ナチ的で、その指導者プリマー（Walter Pfrimer）は一九三一年九月に一揆を起こして失敗し、更に後にはナチ陣営へ走った。

〔註28〕ハイムウェアの政治的抬頭と全国的結合についてはvgl. C. E. Edmondson, op. cit., pp.70-90. F. L. Carsten, a. a. O., S.98-130. F. Kreisler, a. a. O., S.155-156.

〔註29〕ショーバーの動機は複雑で主としてザイペルとの政治的競争が然らしめたと見られる。ウィーンのハイムウェアはこの頃すでにショーバーに対して不信感を表明していた。(vgl. C. E. Edmondson, op. cit., pp.50-54.）特にザイペルとハイムウェアとの関係については右のエドモンドソンの他にA. Staudinger, a. a. O., S.110-111. H. Andics, a. a. O., S.149-150. 参照。

〔註30〕経済界の資金援助とそれに応えるハイムウェアの化粧がえについてはvgl. C. E. Edmondson, op. cit., pp.56-58.

〔註31〕vgl. W. B. Simon, a. a. O., S.111. 左翼の大衆はリンツ党大会（一九二六）以来、いちどならず戦闘的スローガンに慣らされてきた。しかし、そのスローガンは行動の代替物にすぎず、右翼の前進を阻止しえないことがますます明らかとなった。失業者の大軍は緑色のハイムウェアの軍勢と同様にふくれ上り、それに対して社会民主党の幹部たちは何もなしえなかった。党指導部は威嚇を政治的手段としたが、大衆の方では実行を願っていた。（vgl. H. Andics, a. a. O., S. 132.）

〔註32〕vgl. K. R. Stadler, Adolf Schärf. Mensh, Politik und Staatsmann, 1982, S. 101-107. なお、ザイペルは社会民主党が分裂し、その穏健派と協調することを望んでいたが、逆にレンナーは保守勢力が分裂し、その民主派と協調することを希望していたという。（vgl. H. Andics, a. a. O., S.147.）

〔註33〕社会民主党は政治家ザイペルをうまく扱えなかったが、聖職者ザイペルにはひどい打撃を与えることができた。ザイペルが辞職を発表したとき、呆然と無理解を呼び起こした。肉体的精神的疲労を理由とした声明は誰にもそのまま信じられなかった。（vgl. H. Andics, ebd., S. 152-153.）ザイペルは一九三二年八月二日に死去した。勿論、辞職以上に大きな打撃を保守政界に与えた。

〔註34〕ウィーンのキリスト教社会党指導者カール・ルエーガー（Karl Lueger 1844–1910）の流れを汲む勢力。ルエーガーはリベラルで、経済的反セミティズムの中小市民層の支持を得、一八八五年一一月ウィーン市議会の三分の二の議席を制したが、皇帝、カトリック教会、大ブルジョア層の反感が強く、一八九九年四月まで市長就任を妨げられた。（vgl. Erich Scheithauer, Herbert Schmeiszer u. Grete Woratschek, Geschichte Österreichs in Stichworten, Teil 4: Von 1815 bis 1918, 1976, S. 180-181.）

〔註35〕Ständestaat を何と邦訳するかには迷いがある。ここではK. R. Stadler, Austria, pp.125f. におけ

るCorporate Stateとする英訳を借りて「協同国家」と訳した。このイデオロギーは、一九一九年以来ウィーン大学教授であったシュパン（Othman Spann）の「権威的国家指導」の原理を基礎に、その門下生W・ハインリヒ（Walter Heinrich）とH・リール（Hans Riehl）によって理論化された。シュパンの思想は議会政治の民主制と階級間対立を否定し、プラトン国家を地上に実現できるとする立場であった。その弟子たちの作業は一八九一年と一八九三年の法王回勅に定式化されたようなカトリック神学の社会理論から精神的影響を受け、またその政治的概念はムッソリーニのファシスト国家の経験から借用された。かくしていわゆる「キリスト教的協同国家」（Christlicher Ständestaat）の理論を、ハイムウェアはイタリア風に解釈し（Heimwehrfaschismus）、政治的カトリシズムの戦闘的部分は、教権的ファシズム（Kleriko Faschismus）風に考えたのであった。（vgl. W. B. Simon, a. a. O., S.115-117. H. Andics, a. a. O., S.150-151.）

〔註36〕奇妙にも外国でオーストリア民主主義の危機は鋭く感受されていた。一九二九年九月一七日には、ウィーンの各新聞編集局に諸外国の新聞編集局から、すでに左右の撃ち合いは始まっているかとの問い合わせの電話が殺到したといわれる。（vgl. H. Andics,ebd., S. 155.）

〔註37〕一九二九年憲法改正についてはvgl. W. B. Simon, a. a. O., S.119-122. Gernot D. Hasiba, Die Zweite Bundes-Verfassungsnovelle von 1929, 1976, S.64-136. Norbert Leser, Die Rolle der Sozialdemokratie der Verfassungsreform 1929, in: R. Neek u. A. Wadruszka（Hg.）, Die österreichische Verfassung von 1918 bis 1938, 1980, S.69-74. Ulrich Kluge, Der österreichische Ständestaat 1934-1938, 1984, S.17-23. H. Benedikt（Hg.）, a. a. O., S.166-167. 改正の主要点は、大統領を国民の直接投票により選出し、国会と併立する最高機関とする、その権限を拡大し、内閣の任命権、軍の統帥権、緊急命令権を与える、連邦参議院（Bundesrat）を州・職能代表議会（Länder- und Ständerat）に改組する（但しこれは施行されるに到らなかった）であった。右翼が狙った議会を通じての「協同国家」への移行は成功しなかった。バウアーは、社会民主党はオーストリア・ファシズ

ムが挑んだ「マルヌの戦い」で民主主義防衛に勝利を収めた、と評価した。(vgl. G. D. Hasiba, a. a. O., S.135.)

〔註38〕C・P・キンドルバーガー『大不況下の世界　一九二九―一九三九』(Charles P. Kindleberger, The World in Depression 1929–1939, 1973.)石崎昭彦・木村一朗訳、一九八二年、八七頁。

〔註39〕ボーデン・クレディトアンシュタルトの倒産についてはvgl. F. Tremel, a. a. O., S.385. F. Kreissler, a. a. O., S. 175-178. C・P・キンドルバーガー、前掲書、一二六頁。

〔註40〕シュタイドレの演説および〝誓い〟についてはvgl.C. E. Edmondson, op. cit., pp. 97-103. M. Kitchen, op. cit., pp. 61-62. W. B. Simon, a. a. O., S.118-119. F. Kreissler, Simon, a. a. O., S.165-166. H. Andics, a. a. O., S.160-161. K. Berchtold (Hg.), a. a. O., S.402-403.

〔註41〕H. Andics, ebd., S. 162. ではヴォーゴワンの策謀として描いているが、C. E. Edmondson, op. cit., pp. 106-107. ではザイペルを主役とみなしている。

〔註42〕F. Kreissler, a. a. O., S.167-170. によれば、ショーバー政権打倒はザイペルとヴォーゴワンの共同策謀であり、理由として、

①社会民主党の影響下にある鉄道労働者の力を弱めるため、グラーツ地方の市電スト弾圧で名を売った人物を強引に国鉄支配人に任命しようとしてショーバーと対立したこと

②キリスト教社会党が自前の首相を欲していたこと

③ハイムウェアが内部危機に陥っていたこと(キリスト教社会党とハイムウェアとのブロック政権で、それを克服しようと考えた)

④一九三〇年九月一四日のドイツ総選挙におけるナチ躍進の影響を懸念したこと

を挙げている。二人の閣僚が辞任した直接のきっかけは①であったらしい。

〔註43〕ハイムウェアからシュターレムベルクが内相として、フーエバー(Franz Hueber)が法相として入閣した。この二つのポストが示すように新内閣の性格は左翼に対して極めて攻撃的なものであった。

M. Kitchen, op. cit., pp.39. では、権威的国家創設への最初の重要な動きは一九三〇年のヴォーゴワン少数内閣によってなされた、と述べている。

〔註44〕シュターレムベルクは、シュタイアマルク地方の指導者プリマー（Walter Ptrimer）の過激路線にひきずられたのであった。（vgl.C. E. Edmondson, op. cit., p.113.）

〔註45〕vgl. H. Andics, a. a. O., S.165. ムッソリーニはシュターレムベルクの一揆計画に反対した。（vgl. C. E. Edmondson, op. cit., p.118.）

〔註46〕この指摘はH. Andics, a. a. O., S.166. による。また実際に、プランの失敗はドイツで「右からの波」（Welle von rechts）に対するブリューニング政権の国内政治上の立場を弱めた。vgl. Robert A. Kann u. Friedrich E. Prinz（Hg.）, Deutschland und Österreich,1980,S.166.

〔註47〕H. Andics, a. a. O., S.167. の評価である。独墺関税同盟（一九三一年）計画については、他にF. Kreissler, a. a. O., S.178-179. H. Benedikt（Hg.）, a. a. O., S. 175-180. R. A. Kann u. F. E. Prinz（Hg.）, a. a. O., S.165-166, 368-369.

〔註48〕vgl. F. Kaufmann, a. a. O., S. 261-265. C・P・キンドルバーガー、前掲書、一二五―一二八頁。

〔註49〕ことにウィーンではキリスト教社会党は半減し、大ドイツ党は消滅、ナチは一挙に一五議席を獲得した。一九三二年一一月六日のフォアアルルベルク州議会選挙ではナチの躍進は見られなかったが、一九三三年四月二三日のインスブルック市議会選挙では一月末のヒトラー政権成立の影響下にナチ党は四〇％を獲得し第一党となった。

〔註50〕この時期のドルフスの議会工作についてはvgl. H. Andics, a. a. O., S.177.

〔註51〕H. Andics, ebd., S. 172.

〔註52〕vgl. H. Andics, ebd., S. 172. 大戦中の軍人の戦後における不満感と反ボルシェヴィズム（もしくは反革命的気分）は各国のファシズム運動にほぼ共通に見られる現象である。また匕首伝説と反ユダヤ主義はドイツと類似性の強い政治風土を示している。

〔註53〕オーストリア・ファシズムを理論的に如何に把握するかについてK. R. Stadler, Austria, pp.125-128. が示唆に富む議論を提出している。だが本稿では本格的な「オーストリア・ファシズム論」は将来に残されたテーマである。

〔註54〕vgl. H. Andics, a. a. O., S.173. ここでは一九三四年四月一五日のグラーツにおけるドルフスの演説に注目している。彼が短命に終ったことが、彼の思想や政治志向の正確な把握を困難にしていると思われる。

〔註55〕Peter Huemer, Sektionschef Robert und die Zerstörung der Demokratic in Österreich, 1975, S. 139. この旧い法律に生命を吹き込む悪魔の作業を託されたのは国防省法務局長ヘヒト（Robert Hecht）であった。彼は一九二〇年代、連邦軍から社会民主党の影響を排除する上で多大な貢献をした後、三〇年代にはドルフスの委託に応えて「権威的協同国家」の制度化に奉仕したが、ユダヤ人なるが故に局長以上に昇進することはなかった。一九三八年ヒトラーのオーストリア併合後、ダッハウの強制収容所で死を迎えるという報酬が彼を待っていた。

〔註56〕ヒルテンベルク武器事件についてはvgl. C.A. Gulick, a. a. O., S. 195-196. H. Benedikt（Hg.）,S. 198-199.

〔註57〕vgl. C.A. Gulick, ebd., S. 400-404. 社会民主党幹部たちの案に同党院内総務のシェルフ（Adolf Schärf）は賛成しなかった。（vgl.K. R. Stadler, Adolf Schärf, S.97-98.）なお三人の議長が不在の時は議員の最長老が議長席に着くという一九二二年の先例があったが活用されなかった。（vgl. H. Andics, a. a. O., S.182.）社会民主党の議員たちは国会解散と総選挙を期待していたので、ここで会期を維持することに重きを置かなかったのである。

〔註58〕H. Andics, ebd., S.183. の表現。国民議会の「自己排除」（Selbstausschaltung）の後にドルフスの強権による排除が追い打ちをかけるのである。（vgl. F. Kaufmann,a.a. O., S.281 f.）

〔註59〕この異議申請に対して前述のヘヒトは、刑事たちの多数を半ば脅迫し半ば「協同国家」の最高法廷判事

任命の利で誘って辞職させ、憲法裁判所を裁定不能に陥らせるという奸策を弄した。そのことによって国民議会に次ぎ憲法裁判所も排除（ausschalten）されたのであった。（vgl. P. Huemer, a.a. O., S. 178-192.）

〔註60〕祖国戦線については特に Ludwig Reichhold, Kampf um Österich : Die Vaterländiche Front und ihr Widerstand gegen den Anschluß 1933−1938, 1984.

〔註61〕交渉は五月初め首相の名代ブーレッシュ、シュシニック、リンテレンとオーストリア・ナチ党のドイツ人指導者へビッヒトの間で行なわれた。（vgl. H. Andics, a. a. O., S.186.）

〔註62〕ムッソリーニの圧力行使は vgl. H. Andics, ebd., S.188.

〔註63〕H・アンディクスはユリウス・ドイッチュから直接この事実を第二次大戦後に聴取した。（vgl. H. Andics, ebd., S.340:Anmerkung.）アンディクスの著書はこの種の聞き書きを多く採用している点で重要である。

〔註64〕vgl. H. Andics, ebd., S.195.

〔註65〕ケルナー将軍は後にスペイン内戦で展開されたようなパルチザン闘争型の人民蜂起をかねて考えていたが、党の主流の容れるところとはならなかった。（vgl.Ereic C. Kollman, Theodor Körner: Militär und Politik. 1973. S. 204 f.）

〔註66〕レンナーは最後の方策として自由労働組合（社会民主党系）の存続という条件のみで二年間大統領に全権を委任する妥協案を作成していたという。（vgl. H. Andics, a. a. O., S. 192-193.）だが、ドルフスがこの段階で社会民主党と何らかの妥協に入ることはムッソリーニに見放されることを意味したであろう。

〔註67〕社会民主党も自由労働組合も地下で生き続けた。急進的な若い世代は非合法組織の「革命的社会主義者団」（Revolutionäre Sozialisten）に結集した。多数の党幹部が亡命し、あるいは刑務所や収容所へ送られたが、彼らの抵抗はオーストロ・ファシズムの支配期を越えて、ナチ支配下でも絶えなかった。地下抵抗運動については最近漸く地域レヴェルまで掘り下げた資料や文献が

続々と出版されつつある。二月蜂起に関しては次の諸文献を参照。Ludwig Jedlicka u. R. Neck（Hg.）, Das Jahr 1934:12. Februar, 1975. Julius Deutsch, Der Bürgerkieg in Österreich, 1934. K. R. Stadler, Opfer verlorener Zeiten:Geschichte der Schutzbund-Emigration 1934, 1974, S.17-58. J. F. Desput（Hg.）, Österreich 1934—1984, S. 154-172. Joseph Buttinger, Das Ende der Massenpartei, 1972, S.7-28. L. Jedlicka, Vom alten zum neuen Österreich, 1977, S. 237-261, 278-282. M. Kitchen, op. cit, pp.202-230. F. Kreissler, a. a. O., S.215-219, 225-231. E. Holtmann, a. a. O., S.93-108, 157-160. H. Benedikt（Hg.）, a. a. O., S.208-220, C. A. Gulick, a. a. O., S.491-496, F. Kaufmann, a. a. O., S.301-309, H. Andics, a. a. O., S.109-200. なお戦いに敗れた社会民主党サイドの分析と主張は一九三四年二月から凡そ一年間の *"Internationale Information"*, *"Der Kampf"*, *"Arbeiter-Zeitung"* の機関誌・紙に数多い。オットー・バウアー自身の見解は Otto Bauer, Revolution und Konterrevolution in Österreich（Typoskript mit den Vermerk Geschrieben in Brastislawa, Feb. 1934）. Der Aufstand der österreichischen Arbeiter: Seine Ursachen und seine Wirkungen（Brastislawa, 19. Feb. 1934）. Eine Eriklärung der Genossen Bauer und Deutsch, Brastislawa, 15, Feb. 1834（*Internationale Information*, Nr.5, 1934）. に詳しいが、彼の「弁明」と諸史家の分析との間には微妙なギャップがあって興味をそそられる。

〔註68〕七月二五日事件に関する文献も数多いが特に次の三点を挙げておきたい。Gerhard Jagschitz, Der Putsch: Die Nationalsozialisten 1934 in Österreich, 1976. L. Jedlicka（Hg.）, Die Erhebung der österreichen Nationalsozialisten in Juli 1934: Akten der Historischen Kommission des Reichsführers SS, 1984（1965）. L. Jedlicka. u. R. Neck（Hg.）, Das Jahr 1934: 25. Juli. この反乱計画の中枢は最初ミュンヘンのＳＡ（ナチ突撃隊）であったが、のちＳＳ（ナチ親衛隊）の指揮下に収められた。Ｅ・ファイは事前に計画を知ってドルフスに伝えたが、ファイの権力回復を狙った功名心とドルフスの猜疑心が適切な措置を妨げた。

〔註69〕vgl. C. A. Gulick, a. a. O., S.664-667. F. Kaufmann. a. a. O., S.378-383.

〔註70〕シュシニックの熱心な「イタリア寄りの道」(die italienische Kurs)についてはvgl. H. B.enedikt (Hg.), a. a. O., S.231-238. H. Andics, a. a. O., S.223-241.

〔註71〕vgl.Gerhard L. Weinberg, The Foreign Policy of Hitler's Germany: Diplomatic Revolution in Europe, 1933-36, p.264.

〔註72〕vgl.G. L. Weinberg, ibb., pp.265-266. 一九三六年六月一〇日、強力なオーストリア独立の擁護者であった外務次官スヴィッチは解任され、外務省はムッソリーニの女婿チアーノ(Galeazzo Ciano)に全面的に委ねられた。(vgl.G. L. Weinberg, ibb., p.268.)

〔註73〕両者の差異、亀裂についてはvgl. H. Andics, ebd., S.237. C. A. Gulick, a. a. O., S.591-597, 613-615.

〔註74〕vgl.G. L. Weinberg, op. cit., p. 265. 小協商に関する手許の文献はWalter Hummelberger, Österreich und die Kleine Entente: Im Frühjahr und Sommer 1936, in: L. Jedlicka & R. Neck (Hg.), Das Juliabkommen von 1936, 1977, S.84 f. W. Hummelberger, Österreich und die Kleine Entente: Vor und nach dem Februar 1934, in: L. Jedlicka & R. Neck (Hg.), Das Jahr 1934: 12. Februar (a. a. O.), S.34-44. W. Hummelberger, Österreich und die Kleine Entente um die Jahresmitte 1934, in: L. Jedlicka & R. Neck (Hg.), Das Jahr 1934: 25. Juli (a. a. O.), S. 58-68.

〔註75〕vgl.G. L. Weinberg, op. cit., p. 266.

〔註76〕シュターレムベルク排除のドラマはvgl. C. A. Gulick, a. a. O., S.619-621

〔註77〕G・シュミットは外務担当国務次官、G・ホルステナウは無任所相として入閣した。彼らはカール・バルドルフ(Carl Bardolff)、ヘルマン・ノイバッヒャー(Hermann Neubacher)、フォン・ズルビク(Heinrich Ritter von Srbik)、ザイス＝インクヴァルト(Arthur Seiß Inquart)らと共に、オーストリア国内における右翼の〝名望家〟であり、街頭テロ的なオーストリア・ナチとは異質な〝別働隊〟として利用された。ヒトラー政権とオーストリア政府の〝つなぎ役〟を演じ、征服的〝併合〟の権

力移行過程を担ったのであった。なお「七月協定」に関する文献も豊富だが、特に vgl. L. Jedlicka & R. Neck (Hg.), Das Juliabkommen von 1936 (a. a. O.).

〔**註78**〕ベルヒテスガーデンの会見とその影響は vgl. C. A. Gulick, ebd., S. 647-655.

〔**註79**〕カトリック教会の黙従はオーストリア人の反ナチ抵抗を困難にした理由の一つであったが、はやくも一九三八年一〇月頃には枢機卿のインニッツァーは初期の無気力な降伏を悔いるようになっていた。一〇月一〇日「子供たちを真の信仰で育てるべきカトリックの親たちの義務に関する教書」を発表してドイツ占領軍の怒りを買った。しかしこれに励まされてすぐにオーバーエステルライヒとニーダーエステルライヒ地方のカトリックの人びとが別々にレジスタンスのグループをつくり始めた。(vgl. M. Balfour & T. Mair, Four-Power Control in Germany and Austria 1945–1946, 1956, p.293.)

〔**註80**〕レンナーが賛成の意見を公表したのは、その表面の言葉とはうらはらに、社会民主党の地下組織が時間かせぎのためナチとの衝突を暫時おくらせることを望んだことが真の理由だったといわれる。(vgl. H. Andics, a. a. O., S.295-296.)

〔**註81**〕シュシニックとヒトラーの「国民投票」の対比について vgl. G. Botz: Schuschniggs geplante Volksbefragung und Hitlers Volksabstimmung in Österreich: Ein Vergleich, in: R. Neck & A. Wandruszka (Hg.), Anschluß 1938, 1981, S. 220-243. ヒトラーの「国民投票」への賛成の異常な高率とナチ支配下におけるレジスタンスの「最終的に到達しえたレヴェルの高さの驚くべきもの」との間には余りにも大きなギャップがある。当時のウィーンの情報通によれば、もしシュシニックの「国民投票」が実行されていたら少くとも人口の六五%の支持を得たであろうという。なればこそヒトラーはそれを阻止し、軍事力を用いた併合を急いだのだった。(vgl. M. Balfour & J. Mair, op. cit., p.293.)

第二章　オーストリア併合をめぐる国際環境

（一九九〇年刊）

序

1　ある特派員の記録

2　イーデン辞任の背景

序

一九三八年三月一二日、ナチ・ドイツの軍隊はオーストリア領に侵入を開始、ヒトラーはみずから彼の生まれ故郷の近くのリンツへ到着した。翌一三日、オーストリア大統領のミクラス（Wilhelm Miklas）は職を退き、オーストリアのドイツ帝国への「再統一」が布告された。一五日、ヒトラーはウィーンのヘルデンス広場の政治大集会で演説し、民衆の熱狂的な歓呼を浴びる。その三日後、ウィーンの司教会議はアンシュルスを承認し、二七日にはカトリック教徒に対して、ヒトラーの行なうアンシュルスに関する国民投票に賛成するよう呼びかける教書を発表した。〔註1〕社会民主党の領袖の一人であり一九一八年革命直後の首相をつとめたレンナー（Karl Renner）は、四月三日、新聞のインタヴューでアンシュルスに賛成を表明した。〔註2〕こうして四月一〇日に実施された国民投票では、九九・七三パーセントが賛成票を投じた。

このようなオーストリア国民の態度は、諸外国のあいだに、ヒトラーのオーストリア併合とその後に展開されたナチの侵略戦争に対してオーストリア人になにがしかの加担責任ありとする見方を生み出したとしても不思議はなかった。しかし、第二次世界大戦後、ことに一九七〇年代から八〇年代にかけて顕著に公にされた調査資料によれば〔註3〕、オーストリア人の反ナチ感情とレジスタンスには相当なものがあり、当時の国民の圧倒的多数がナチの併合と支配を歓び迎えたとは到底言い難い。一九三〇年代における内政過程およびこの国をとりまく国際環境が、オーストリア国民を深い失望と無気力に陥れ、一時的に、もしくは部分的に、併合賛成のやむをえざる選択を強いられたと見るのが妥当と考えられる。

オーストリアの屈服は、一面から見れば国内的な政治崩壊の結果であったが、それ以上に国際的孤立がもたらした結末であった。〔註4〕国際的な孤立無援と経済的生存の先行き不安のなかで、オーストリアの民衆がよぎなくされた選択――それは、圧倒的な力の印象とともに着々と国際的成功を収めつつあったヒトラーによる併合を受け入れ、結果よかれと願うことでしかなかった。それ以上に何か他の選択がありえたであろうか。

顧みれば、第一次世界大戦終了後のいわゆる戦後処理の全体が、ヴェルサイユ条約、サン・ジェルマン条約を含めて、基本的な性格は、ヨーロッパ諸大国のパワー・バランスを主たるモティーフとして構築されたものであり、したがって、一〇年前とはまったく異なった力関係が現実化した一九三八年の時点で、「オーストリアのために」諸大国が自ら定めた国際条約をまもるという「正義」はもともと存在しなかったのである。

オーストリアの第一次共和制は、その全期間を通じて、政治的にも経済的にも戦勝国によって厳しい主権的制約下に置かれ続けた。〔註5〕一九二九年世界恐慌の影響下でオーストリア政府が危機克服のため自主的に締結したドイツとの関税同盟（一九三一年）も、国際的圧力によって圧し潰された。〔註6〕もしヒトラーの政権への到達を妨げる最後の機会があったとするなら、おそらくこの関税同盟を諸大国が承認し、かつ両国を経済的に援助すること以外にはなかったであろう。オーストリアを見殺しにしたことは、裏切りであっただけでなく、そのすぐ後に続くチェコスロヴァキア併合と第二次世界大戦への道筋を見れば判るように、重大な逸機だったのである。

この小論では、特に新しい資料を探し用いるのではなく、これまですでに大方は明らかにされ知られている資料や研究を、オーストリア併合の国際的環境というテーマに沿って整理し直すのが目的である。

1　ある特派員の記録

大著『第三帝国の興亡』『フランス第三共和制の興亡』など両大戦間期のヨーロッパ政治史をえがいていて

わが国でも著名なウィリアム・L・シャイラー（Wiliam L. Shirer）は、一九三四年一月から一九四〇年一二月にいたる〝戦争への序曲〟の時期と大戦初期と合わせて七年間、新聞社、通信社、放送会社（CBS）の特派員としてヨーロッパに駐在し、この激動期の生々しい記録を日記形式で残している。いうまでもなく、この七年間は当時のヨーロッパの政治ドラマのほとんどすべてを含んでいるがゆえに、この記録の魅力には抗いがたいものがある。〔**註7**〕

その『ベルリン日記』にはいくつもの歴史的瞬間がうかがえるが、一九三八年三月一二日に強行されたヒトラーによるオーストリア併合の前後、シャイラーはちょうどウィーンにいて、この国の運命をめぐるヨーロッパ諸国政府の動向を深い失望のうちに書きとめた。

一九三七年一二月二五日、シャイラーは当地に勤務していた同国人たちとクリスマスを祝う。しかし彼は不安にとりつかれていて落ち着かない。

「私は現在の政治情勢にあまりにも強く関心を奪われている。」

ウィーンの街は、彼がかつてここに住んだ一九二九年から三二年の頃に比べると、

「ひどく見すぼらしく、気の滅入る街になってしまった。労働者は働き口のある連中でさえも、むっつりと不機嫌な顔をしているし、どの街角にも乞食の姿が見られる。」

ところが少数の人々はカネを持っていて遊技場や高級レストランなどで札ビラを切っている。

「この対照のはげしさは胸が悪くなるほどだ。政府は大衆の憎しみの的で、大衆はいまでも地下でかなりの強い力を持っている彼らのかつての社会民主党〔註8〕に戻っていくか、あるいはナチズム〔註9〕へ走るかのいずれかだ。」

「ここの教権的独裁〔註10〕の大きな過ちは、社会改革案を持っていないことだ。ヒトラーとムッソリーニはこういう失敗は犯さなかった。それでも、ここにはドイツよりも食べものがあり、独裁にしてもずっと穏やかではある――プロシア人とオーストリア人との違いだ。」

彼は、プロシア的でない、いわゆるオーストリア的な特質について列挙している。

「ここの人々の気持ちのよさ（Gemütlichkeit）と魅力と知性、バロック風の建築、洗練された趣味、芸術と人生への愛、アクセントの柔らかさ、全体の雰囲気の実に温和な特質。」

このGemütlichkeitについては、むしろ「寛雅」とでも訳すべきであろうか。それはウィーン的気質の一部ではなく全体を特徴づけるものだ。シャイラーは、ここでも他の書でも、最も愛するヨーロッパの街がパリであることを隠さないが、そこに次いでウィーンに他のどこよりも愛着をいだいていた。それゆえに、彼の嘆きは深い。

強い反ユダヤ主義、勿論それはここにもある。だが、考えてみれば、それは昔からあったものだ。前世紀末から今世紀初めにかけてはなやかなウィーンの繁栄に大きく寄与しながら皇帝にはうとまれたカール・ルエーガー（Karl Lueger）市長〔註11〕は、ブルジョア的なキリスト教社会党の中ではいわゆる「ウィーン左派」

の源流であるが、他面、反セミティズムの扇動者であることによって、広範な小市民層の支持を得たのであった。

「ヒトラーがこの街のルンペンだった頃、〔註12〕このテーマで彼に最初に教育を施してくれた恩師」

という辛らつな表現で、シャイラーは皇帝に抵抗した民主主義者ルエーガーの名を挙げる。

ここで日記の日付は、いきなり一九三八年二月のウィーンへとぶ。彼は「ベルリンの出来事」がウィーンの異変に関係があるらしいことを感じ、二月五日の日記にその不安な予感を記している。ドイツ国防軍をワイマール共和国の初期以来築いてきた男たちの中の二人の将軍――国防大臣兼国防軍最高司令官ブロムベルク（Werner von Blomberg）と陸軍最高司令官フリッチュ（Werner von Fritsch）がクビになり、ヒトラーが自ら総統と国防大臣の権力を併せ持つ「最高戦争指揮者」（a sort of Supreme War-Lord）になった。すなわち三軍を統合する国防軍最高司令部（OKW, Oberkommando der Wehrmacht）が新設されてヒトラーがその最高司令官となり、カイテル（Wilhelm Keitel）将軍が参謀長として直属することとなった。また、ブラウヒッチュ（Walther von Brauchitsch）将軍が陸軍最高司令官に登場し、外相のノイラート（Konstantin von Neurath）がその地位を追われてリッペントロープ（Joachim von Ribbentrop）がとって代り、経済相シャハト（Hjalmar Schacht）の後任にフンク（Walther Funk）が座った。ゲーリング（Hermann Göring）は「奇妙にも」元帥になった。〔註13〕「この大移動の背景はいったいなんだろうか。」

シャイラーがいぶかった。この人事大移動は、一面では、ヒトラーの政権掌握以来続いてきた国防軍・外務省・経済官僚たちの「消極的」抵抗に対するナチ党の勝利の決定的な一瞬であり、また他面、差し迫ったヒトラーの対外的行動のつぎの局面を実現するための体制固めでもあった。

今日では、ニュルンベルク裁判に向けて収集された膨大な資料、その他から明らかとなっているが、ヒトラーは、一九三七年一一月五日、首相官邸に国防大臣、外務大臣および三軍のそれぞれの最高司令官を集め、その席上で、国家政策に関する重大な発言を行なった。〔註14〕すなわち、多産で人口急増的なドイツ人にとって生活圏（Lebensraum）の確保が死活的に必要であり、その目的達成のためにはまずオーストリアとチェコスロヴァキアを最小限の犠牲で獲得し、さらにポーランドとウクライナを手中に収めなければならないという考えを述べた。その手段と時期については、できるだけ早い方がよいし、しかも犠牲者も、彼らと同盟を結んでいる国々も、マヒさせてしまうような電光石火の速さで行なわれるべきである。時がたてばイギリスやフランスの軍備が進むだろうから、一九三八年中が好機かもしれない。イギリスは中央ヨーロッパに深い利害を持っていないし、そのイギリスの保証がないかぎりフランスもロシアも動くわけにいかないだろう。――出席者に秘密の厳守を誓約させた上でヒトラーはそのような国家政策を説明し、もし自分が死ぬようなことがあれば、これは総統の政治的遺言とみなすべきことを要求した。だが、これは出席者全員、ことに国防大臣、陸軍最高司令官、外相にとっては大変なショックであった。国家政策の目標そのものに反対できる者はいなかったが、ブロムベルクとフリッチュは純粋に軍事技術的な見地から成功の可能性に否定的な見解をいだいた。ノイラートは職業的外交官の経験から英仏との衝突を恐れたし、道義性の点でも苦痛を感じたらしい。三人は横の連絡をとりながら、ヒトラーの計画を抑制しようとしたが無駄であった。

総統は、彼の閣僚の中の役に立たない連中を追い出し、一九三三年にヒンデンブルクから引き継いだ遺産〔註15〕を清算してしまおうと決意を固めた。シャハトを経済大臣からはずし（三七年一二月八日に辞表受理）、ノイラートの代わりに、かねてヒトラーの意に添った外交を推進してきた腹心のリッペントロープを登用することは難事ではなかった。国防軍を相手のいちばん難しい仕事を請け負ったのはヒムラー（Heinrich Himmler）とハイドリッヒ（Reinhard Heydrich）の両名であった。ブロムベルクは再婚の相手が元娼婦であったという国軍の最高位者としては許されない不名誉を暴かれ、フリッチュは同性愛者だとの虚偽の証言をでっちあげられて罷免された。ただ罷めさせられただけでなく、国防軍の内部に分裂を引き起こし、この事件がきっかけで「国家の中の国家」をもって自ら任じ、ナチ党に対抗しうる唯一の体制内保守勢力であった国防軍の地位は崩壊したのであった。〔註16〕

この清算劇は、一九三七年末から翌年の二月四日にかけて実行された。この「二月四日のヒトラーの大掃除」では、そのほか一六名の先任将官が引退させられ、四四名の将官が左遷された。また老練な二人の職業外交官、ローマ駐在大使ハッセル（Ulrichi von Hassell）と東京駐在大使ディルクセン（Herbert von Dirkssen）、およびウィーン駐在大使パーペン（Franz von Papen）が解任された。シャイラーは他の著書（『第三帝国の興亡』）の中で、

「一九三八年二月四日は第三帝国の歴史の主要な一転機であり、戦争への道の一里塚だった。その日をもって、ナチの革命は成就したといってよかった。ヒトラーが、ひとたびドイツの戦備が十分に整った暁には乗り出していく決意を長いあいだ固めていた道のりの行く手に立ちはだかる最後の保守派の連中は一掃された。」

と述べている。〔註17〕一九三四年の「六月三〇日事件」は、突撃隊長レーム（Ernst Röm）に率いられたナチ党内の左派および将軍政治家シュライヘル（Kurt von Schleicher）を抹殺することが主目的であった。国防

軍の上級将校団は伝統的保守派の最も強力な、そして最後の砦であり、その城砦に対するヒトラーの闘いは、シュライヘル暗殺に始まり、この二月四日に事実上終結したのであった。それから僅か一ヵ月余りの後にオーストリアの併合が強行されたのである。

ヒトラーが事を急いでいたと推測させる材料は少なくない。二月七日のシャイラーの日記には、奇怪な話が記されている。警察がオーストリア・ナチ党の本部を手入れしたところ、ルドルフ・ヘス(Rudolf Hess)のイニシャル署名のある新たなプッチの計画書が発見された。それによれば、ナチはメッテルニヒ・シュトラーセのドイツ大使館前で暴動を起こし、どさくさにまぎれてドイツ大使パーペンを射殺し、それを口実としてドイツ軍の侵入、オーストリア占領をとげようともくろんでいたというのであった。ヒトラー内閣の副首相だったパーペンは、「六月三〇日事件」の際にヒトラーの「奇妙な義理固さ」〔註18〕によって暗殺を免れたのち、一九三四年七月二五日に起こったドルフス(Engelbert Dollfuss)首相暗殺事件後のオーストリア対策に起用され、一九三六年七月下旬以来、ドイツ大使としてウィーンへ送り込まれていた。ヒトラーは彼の利用価値をよくわきまえていたというべきだろう。だがオーストリアの併合が達成されれば必要ない人物であった。

生きながらえてヒトラーの野望に貢献したパーペンを、さらに死でもってその野望の一番の完成に役立てる計画をヒトラーとその側近たちが考えたとしても、さほど不思議はなかった。この暴露されたプッチ計画は、ホンモノであったか否かは別として、オーストリア首相シュシニック(Kurt von Schuschnig g)を追いつめる効果はあった。併合が達成された後パーペンは本国からさらに遠ざけられて駐アンカラ大使となり戦後まで生き延びて多くの証言を残すのであるが、二月四日の時点では、彼もまた慌てて自分の延命策に走らざるをえない立場であった。パーペンはヒトラーの許へ走り、シュシニックとの直接会談を献策した。パーペンに説得され、条件つきではあったが、ドイツの独裁者を何とかなだめようとはかない希望をいだいて、オーストリアの独裁者シュシニックは、二月一二日、ベルヒテスガーデンへ出かけたのであった。〔註19〕その翌日は日曜日であったが、「非常に切迫した空気だ」とシャイラーは書きとめている。秘密会談の内容を彼が知ったのは一四日であったが、実は「ひどいことが起こっていたのだ。」ヒトラーの山荘におびき出されたシュシニックは、侮辱され、脅迫され、ザイス＝インクヴァルト（Arthur Seiss-Inquart）ほか数名の親ナチを閣僚に任命し、投獄中のオーストリア・ナチを全員釈放すること、オーストリア・ナチ党の合法性を回復すること、シュシニックが実権を握るオーストリア教権ファシストの「祖国戦線」〔註20〕（Vaterlandisch Front）内部でナチの活動を自由にすること、を要求された。もし要求に応じなければドイツ軍がオーストリア領内へ進撃するというのであった。〔註21〕

帰国したシュシニックの報告を聞いた「大統領ミクラスは、この要求はとても呑めないと頑張ったらしい。」ヒトラーは一五日、最後通牒を突きつけた。

「昨夜の真夜中少し過ぎ、シュシニックとミクラスは膝を屈した。新しい内閣が発表され、ザイス＝インクヴァルトが内相の要職を占め、さらにナチ全員が恩赦になった。」

シャイラーの仲間の通信記者は、「これでオーストリアはおしまいだ」とつぶやく。

二月二〇日、ベルリンの国会でヒトラーは勝ち誇って演説をした。ドイツは帝国領外にいるドイツ人一千万人を自分の手で保護すると宣言した。その一千万人とは、オーストリアに住む七〇〇万人、チェコスロヴァキアに住む三〇〇万人のズデーテン・ドイツ人の総計に外ならない。ヒトラーは、この要求をドイツ人の民族自決権だと主張し、それを妨げているイギリス、特に英外相イーデン（Anthony Eden）に的をしぼって猛烈に攻撃した。ヒトラーはイギリス政府の内情をよく知っていたのである。

同日おそく、アメリカの放送局がイーデンの辞任を報じた。それを聞いたシャイラーは記した。「まるでヒトラーの命令で罷《や》めたかのようだ。」

2 イーデン辞任の背景

一九三八年二月二〇日、ベルリンの国会でヒトラーが勝ち誇ってイーデンを攻撃したことにも、その直後にイーデンが辞任したことにも、もちろん背景に一連の根拠が横たわっていた。ヒトラーは、軍事や外交の職業的専門家たちの合理的推測や心配を無視したが、別段、神がかったところがあったわけではなく、実はイギリス政府内部の対立をよく知っていて、事の成り行きについても確信を持っていたのである。そうして、彼の強気の行動が成功するたびに、プロフェッショナルたちは自信を失い、逆にヒトラーの権威は肥大していった。やがてヒトラーは成功に酔っているうちにしだいに自己過信に陥るようになったのである。

一方、ボールドウィン(Stanley Baldwin)やチェンバレン(Neville Chamberlain)ら英首相たちの名で語られる、いわゆる「宥和政策」(appeasement policy)がヒトラーをしばしば危機から救い、ドイツ内部のナチズムに対する抵抗力を弱めたことは、すでによく知られているところである。かつて、一九三六年三月、ヴェルサイユ条約とロカルノ協定を公然と破ってドイツ軍がラインラントへ進駐したとき、ドイツ国防軍首脳たちは、ドイツ側が動員しうる兵力が僅か一個師団に過ぎないのに対し、フランス側は少なくとも二〇個師団は動かせると読み、総統の命令が理性をまったく欠いていると考えた。しかしヒトラーは、いささかも動じることなく、

「すべては計算ずみだ。フランスは一兵たりとも動かせないという絶対に信頼できる情報をにぎっている。諸君はそれが事実であることをやがて知るだろう。それ以上のことも！　世界はヴェルサイユ条約の首かせからラインラントを解放することを既成の事実として認め、手だしをしないだろう」

と明言し、それが万一失敗したときには、総統と首相の座を退くと言い切ったと伝えられる。〔註22〕そうして結果は、彼の見通した通りになった。そこに神秘的な何かがあったわけではなかった。彼は、フランスが軍事行動に出るか否かは、イギリス政府の態度如何にかかっていること、またイギリス政府内部および政府と軍部との間に意見の対立があり、イギリスが動く筈はないことを知悉していたのであった。オーストリア併合に際しても（そしてチェコスロヴァキア併合の際も）、同様であった。イギリス政府内の対立はさらに鋭くなっていて、その情報をヒトラーは正確につかんでいたのである。〔註23〕

スペイン、オーストリア、チェコスロヴァキア等を犠牲に供した当時のイギリス外交の内幕は、これまでの研究で相当に解明されている。イギリスがなぜ性懲りもなくナチ・ドイツとの妥協に腐心したのか。——ひと昔以前まで有力だったのは、資本主義にとって共通の階級敵であるソヴェト連邦にナチ・ドイツの反共主義がヒトラーの野心的な政策の強行の攻撃の矛先を向けさせるために対独宥和が謀られたとする歴史解釈、あるいは、要するにイギリス政府の反共主義がヒトラーの野心的な政策の強行を許し、助長したとする見方であった。チェンバレンをはじめイギリス側の頑な反ソ的態度については枚挙にいとまがないくらいだし、この解釈はかなり確度が高いと考えられたのであった。〔註24〕

それとは別の角度から見た新しい解釈は、当時のイギリスにおける産業構造上の変化にともなうインタレスツが対外政策に多大な影響をおよぼしたとする歴史の読みかたである。〔註25〕発展しつつある「新しい産業」(電気・自動車・航空機・レーヨン・アルミニウム・精密機械・化学工業・建築)は拡大しつつある国内市場に依存し、衰退しつつある「古い産業」(石炭・綿毛織物・造船・鉄鋼・鉄道)は失業率が高く、輸出市場に依存していた。前者は静かな国際環境を利益とし、後者は積極的な国際市場の拡大策を望んだ。いずれも交渉による対立の解決による障害のない貿易の流れと世界平和の維持を欲したというのである。この産業面からの要請はイギリスの帝国的インタレスツの重要な一部分であり、当時のこの国の対外政策を解釈するうえで見逃すことのできない、補足要因であろう。ただし、その経済的要請と政策決定との必然的つながりの過程について、なお詳細な実証を必要としているようである。

第三の解釈は比較的最近のものであり、より包括的な解釈である。それは、ヨーロッパ正面のみでなく地中海からアジアへと広がるイギリスの帝国的利益の広大さと多面性が同時的に脅威にさらされている状況下で、所与のパワー条件を前提として、合縦連衡の組立てを時間的・空間的にいかに構想し得たか、その戦略的選択のあり様の問題として、当時のイギリスの対外政策を考える立場である。すなわち、一九三〇年代の半ばから第二次世界大戦のはじまりまで、フランスに軍事的保証を与えることを躊躇してドイツ、イタリアそして日本を宥めることを主政策とし、決定的に追いつめられて漸くアメリカ、ソ連と同盟を結ぶ政策へと移行したイギリス外交であったが、それは、中部ヨーロッパ地域ではドイツと、地中海地域ではイタリアと、極東地域では日本と、相手の獲物を部分的に容認する個別交渉によって帝国的利益を守ろうと意図する、いわば孤立主義的な自力解決の路線であった。この第三の解釈を前提にするとき、ヒトラーがオーストリア併合の前夜に何故チェンバレンと対立する英外相に激しい非難を浴びせたか、そしてなぜ外相イーデンが辞任に追い込まれたか、ドラマの背景が最もよく理解できるように思われる。

イギリスの首相と外相の戦略観の相違を、この最近の研究〔註26〕を参考にしながら、要約的に眺めてみよう。

まず、チェンバレン首相の戦略的思考を制約した要因は深く関連し合う二方面にわたるものであった。その第一は、イギリスの財政・経済上の問題に対する配慮であった。概して当時のヨーロッパは均衡財政主義の思想からいまだ自由になりえていず、そのことが多分に諸国の政治的運命を決したことは無視できない。イギリスも例外ではなく、チェンバレン首相および当時の政策担当者たちは均衡財政主義の発想になお深く囚われていた。現状の変革をラディカルに迫る枢軸諸国に対処するうえでイギリスは軍事面の準備が遅れ劣勢であることは明らかであったが、急激な再軍備の推進は財政を破綻させる恐れがあると考えられた。

「大蔵省の経済政策が国防・外交政策双方を支配するパターンは、一九三二年以降六年間にわたってほとんど不変であったとされる。」〔註27〕

この点、すなわち日・独・伊三国の同時的攻勢に対処するうえでイギリス国のパワーが不足していることの認識、および再軍備が財政にもたらす負担を懸念する点では外相も同じであったが、外相の考え通りに情勢を展開させるためには積極的軍備拡大と国家財政思想の転換が必然的に要請されていたこともまた見逃せないところであろう。〔註28〕

第二に、イギリスがグローバルな帝国であるが故の脆弱性が戦略的思考の制約要因となった。七つの海にまたがり陽の沈むことなしと誇った大英帝国は、いまヨーロッパ正面におけるドイツの脅威だけでなく、地中海地域ではイタリアの、アジアでは日本の挑戦状を突きつけられて、もはやこれら三方面の脅威に同時対処するだけの力量はなかった。そこで、このような危機に対するチェンバレンの処方は、イタリアの地中海・アフリカへの野心には英伊友好関係の再建を、ドイツとは「ロカルノ条約の線に沿った西欧条約」の締結による緊張の緩和を、日本とは侵略抑止のための「太平洋条約」を、という具合に、枢軸諸国との取引・和解の可能性に希望をいだき、ある程度の獲物の供与を条件に「地域的条約」の締結による世界の危険地帯の除去を意図するものであった。

とりわけイギリス本国が直接ヨーロッパの戦争に巻き込まれることを回避することに最重点を置いたのであった。それは、弱小諸国の犠牲のうえに大国間の勢力均衡を再編し「平和」の維持を図ろうとする路線に外ならなかった。しかし、現実には、チェンバレンの妥協的態度は枢軸諸国をいっそう増長させ、極東における危機の進行はヨーロッパでのいっそうの宥和を、ヨーロッパにおける危機の進行は極東での侵略のいっそうの拡大を、もたらすのみであった。

これに対する外相イーデンの対外戦略観は如何なるものであったか。最初から首相と外相の外交・軍事政策をめぐる見解が対立していたと考える必要も根拠もないように思われる。一九三〇年代の前半において少なくとも対ドイツ政策について両者の意見が食い違っていたと見るのには困難があるようである。対立が顕著になったのは三七年夏以降のことであるらしい。首相の対外政策上の戦略観との対比で、イーデンの考え方は、つぎの四点に集約されるであろう。

まず第一に、イーデンには全般的な法と秩序の維持、イギリスの道義的権威の保持という発想があったようで、ドイツへの植民地割譲があり得るとしても、それはヨーロッパにおける全般的問題解決の条件とみなすべきであり、それを「西欧条約」交渉の一部に含めるべきであると考えたのであった。チェンバレンはヒトラーとの和解を第一義的に重視したが、イーデンは問題の全般的解決を第一義とし、ヒトラーへの無原則的割譲には反対であった。その底には、ヒトラーやムッソリーニといった独裁者の性格や策謀に対する両者の基本認識の相違があったと考えられる。〔註29〕

次に、イーデンはドイツとの政治的取引に際して、第三国への圧力や犠牲の強要には反対であった。チェンバレンはポルトガルやベルギーに犠牲をしわ寄せすることでヒトラーに植民地を与えようとしたが、イーデンはそれに反対した。そのような卑屈な妥協や第三国への犠牲の強要は、イギリスの政治的・道義的権威を傷つけ、味方の結束を弱めることになると主張したのであった。

さらに、チェンバレンは、イタリアのアビシニア（エチオピア）侵略の法的承認を条件に英伊会談の早期開催をムッソリーニに受諾させようとしたが、イーデンはスペイン、リビア、西地中海におけるイタリアの軍事行動の停止がすべての前提条件であるべきだとの立場をとった。これもまた原則上の相違であったといえる。

最後に、チェンバレンが友邦諸国、とくにフランスとの共同行動に及び腰であり、また米国の協力を引き出すことにはほとんど望みを持っていなかったのに対し、イーデンは、大英帝国の安全と責任を全うするためには、とくにフランス、アメリカとの緊密な共同行動が必要不可欠だとの考えを持ち、その実現の機会を掴むべく努力したのであった。

要するに、

「イーデンの外交戦略は、イギリス帝国の脆弱性や軍備不足を広範な「平和戦線」によって補完しながら、グローバルな勢力均衡による侵略抑止と現状維持を目標とするものであったと結論することができる。これは、ヨーロッパ中心の孤立主義的勢力均衡政策によって独裁者との和解を志向するチェンバレンの外交戦略とは著しい対照をなす」〔註30〕

ものであった。

もっとも、このようなイーデンの外交路線においてオーストリアの運命がどのように位置づけられていたかという問題は、なお残る。オーストリア、チェコスロヴァキアに対してヒトラーが野心をいだいていることは勿論イーデンは知っていた筈だし、そこで彼はチェンバレンとは異なった動きを示したであろうか、という問題である。全般的な資料が示すところでは、チェンバレンがこれら中欧諸国の運命を大国間の取引の材料とみなしたのに対して、イーデンは自国の利益のためにこれらの国々を売り渡すことは考えなかったし、それのみか機会を掴んではヒトラーとムッソリーニの行動を牽制する意図を持ち続けていたことが判る。ただし効果的な実行は、イギリスの軍事力の不足とチェンバレン主導の外交路線のため妨げられたとみるのが妥当であろう。

一九三八年二月の時期にイーデンがオーストリア問題についてどのような判断と行動を示したかを彼の『回顧録』で見てみよう。

イーデンは、オーストリア首相シュシニックがベルヒテスガーデンで脅迫された出来事を数日後になって知った。

「私は、オーストリア大統領ウィルヘルム・ミクラスが、この降伏を受諾するようなことは拒否するものと考えていた。が、それはかすかな望みに過ぎなかった。」〔註31〕

実際、それははかない望みに過ぎなかったし、かりに拒否したところで、何の結果が期待できたであろう。しかし、英外務省はこの事件から一つの結論――ムッソリーニはヒトラーに対してオーストリア策謀に関し黙認を与えている――を導き出し、秘密情報によってそれを確認したという。

「おそらくこれは、スペインで支援してやるという誓約と引き換えにしたものだったであろう。もしもローマで討論することによって、オーストリアを救うことができるのだったら、私はすぐさまそうしていたことであろう。」〔註**32**〕

だが、それは不可能であった。イギリスに単独で中欧問題に介入する力はなかった。チェンバレンが夢想したようにイタリアの協力を仮に得られたとしても、ムッソリーニには、アビシニア、スペイン、リビアに加えてオーストリアをも同時に抑えておくだけの力はなかったのである。反対にムッソリーニは地中海方面での野望を遂げるために代償を払ってヒトラーの援《たす》けを得ることに腐心していたのであった。戦後に押収されたドイツ外交文書によれば、〔註**33**〕すでに一九三七年九月にムッソリーニがベルリンを訪問した際、地中海におけるイタリアの権益とオーストリアにおけるドイツの特殊権益との取引は行なわれていたのであった。

この取引が公になる時、アビシニアで傷ついたムッソリーニの権威はいっそう深い傷を負うことになるであろう。権威の凋落を救い、ヒトラーに自分を高く売りつける方途は、まずアビシニア侵略に対する国際連盟の制裁措置をイギリスの妥協と協力で解除され、国際法的承認をかち取るのが当面の近道であった。イタリア外相チアーノ（Galeazzo Ciano）が「イタリア大使館と十番街との間をとりもつ仲介者ども」〔註**34**〕の援けをかりて、外相イーデンの追い落しを謀り、チェンバレン主導の屈服外交を勝利させようと策謀をめぐらしたのは、そのためであった。だが、イーデンにしてみれば、

「それだから、いまこの瞬間にローマで会談を開くことには、ますます気が進まなくなっていた。ヒトラーがウィーンに行進して行く時に、そしてムッソリーニがスペインで彼の軍隊を増強するとともに彼

のアビシニア帝国の承認を要求している時に、われわれがローマで話し合っているということは、まさしく屈辱を受けていることになるわけであろう。」〔註35〕

二月一九日、閣議の席上でイーデンと首相は激しく衝突した。首相は、オーストリアの事件はムッソリーニにとって不本意なものに違いないと信じ込んでいた。ヒトラーに温和な態度をとるようにとの電話による説得を試みたが成功しなかった、というドゥーチェ（ムッソリーニ）の報告なるものを首相は披露したが、戦後になってもこの情報の存在は確認されていないとイーデンは指弾している。また首相は、この閣議で、イタリア大使グランディが、オーストリアについてドイツとは何も協定を結んでいないと確言した旨を報告した。「もしも協定があるとすれば、なぜムッソリーニ氏がわれわれとの会談を始めたいとあれほどまでに切望しているのか諒解に苦しむ」〔註36〕首相としては、イタリア大使が真実を語っていることに満足しているので、英政府はローマで会談を開く用意がある旨、相手方に通知したいと述べるのであった。

結局、両者の外交戦略の相違は、一九三八年の一月から二月にかけて、二つの重要問題への対応をめぐって決定的な対立点に到り、イーデンの辞任劇となるのである。その一つは、米国大統領ローズヴェルトが枢軸諸国の無法を抑制するため初めて国際的行動のイニシアティブをとることについて英政府に内密の打診を行なった際（一月一二日）、首相が故意に外相の意見を無視して（相談もなく）拒絶したことによって生じた。〔註37〕いま一つは、上述した如く、首相が独裁者たちの誠意を信じ、ムッソリーニのアビシニア侵略の法的承認を急いだことが、決定的な対立となった。こうしてチェンバレン首相は、閣内の反対者を一掃したことによって、ミュンヘン協定への道を掃き清めたのであった。

〔註1〕カトリック教会の黙従は、ヒトラーの国民投票の成功を援け、オーストリア人の反ナチ抵抗を困難にした理由の一つであったが、はやくも一九三八年一〇月頃には枢機卿のインニッツァー（Theodor Innizer）はヒトラーへの無気力な降伏を悔いるようになった。彼は、一〇月一〇日「子供たちを真の信仰で育てるべきカトリックの親たちの義務に関する教書」を発表してナチの怒りを買った。だが、この教書に励まされてオーバーエステルライヒとニーダーエステルライヒ地方のカトリックの人々が個別にレジスタンスのグループをつくり始めた。（M. Balfour & T. Mair, Four-Power Control in Germany and Austria 1945―1946,1956,p.293.）

〔註2〕レンナーがここで併合に賛成の意見を公表したのは、その表面の言葉とはうらはらに、社会民主党の地下組織が時間をかせぐためナチとの衝突を暫時おくらせたいと望んだことが真の理由であったといわれる。（H. Andics, Der Staat, den keiner wollte, 1976, S. 295-296.）

〔註3〕数多くの文献や資料が刊行されているが、とくにRadomir V. Luza, The Resistance in Austria 1938―1945, 1984; Der Widerstand in Österreich 1938―1945, 1985. は抵抗それ自体をテーマとした文献で豊富な資料を駆使している。資料としては、Dokumentatitionsarchiv des Österreichischen Widerstandes の編集になるWiderstand und Verfolgung in Wien 1934―1945: Eine Dokumentation, 3 Bände, 1975. の刊行以来、一九八〇年代の半ばにかけてオーストリアの各州ごとのレジスタンスの詳細な資料が刊行された。

〔註4〕Alfred D. Low, The Anschluss Movement,1931―1938, and the Great Powers,1985. の序文では、従来の「オーストリア併合」研究は、諸種の事情や制約のためオーストリア政府側の対独抵抗および内政過程の研究に重点が置かれ、大陸内のバランス・オブ・パワーと安全保障をめぐるヨーロッパ史の部分として見る視角が弱かったと指摘している。

〔註5〕中川原編『一九三〇年代危機の国際比較』法律文化社、一九八六年、一四〇―一四三頁参照。

〔註6〕同書、一七一―一七六頁参照。

〔註7〕Willam L.Shirer, The Rise and Fall of the Third Reich : A History of Nszi Germany,1960. 井上勇訳『第三帝国の興亡』全五巻、一九六一年。The Collapse of the Third Republic: An Inquiry into the Fall of France in 1940,1969. 井上勇訳『第三共和制の興亡——一九四〇年、フランス没落の探求』全二巻、一九七一年。Berlin Diary: The Journal of a Foreign Correspondent 1934–1941,1941. 大久保和郎・大島かおり訳『ベルリン日記・1934–1940』一九七七年。

〔註8〕オーストリア社会民主党は、一八八八年一二月三〇日〜一八八九年一月一日、はハインフェルトに開かれた党大会で創立された。一九一九年の制憲国民議会選挙において得票率四〇・八%、七二議席で第一党となり、カール・レンナーを首班に保守のキリスト教社会党と連立を組んだ。だが、翌年一〇月の選挙で敗北し、その後第一次共和制下で野党に終始した。リンツ綱領（一九二六年）で急進的な政治目標を掲げたが、実際には選挙による政権の掌握と民主的改革をめざした。ピーク時には党員数約六五万（一九三二年）をかぞえ、一九三〇年選挙では得票率四一・一%、七二議席と再び第一党の座を占めたものの、ついに政権を掌握できなかった。一九三三年、ドルフス（Engelbert Dollfuss）政権が議会を停止し、圧制を強化するなかで、社会民主党の急進分子は党指導部の制止をきかず武装抵抗に走り内戦となった。社会民主党は敗北し、党員たちは亡命か地下活動をよぎなくされた。ドルフスおよびその後を継いだシュシニックの独裁下でも労働者の間で同党はなお隠然たる影響力を持っていた。

〔註9〕オーストリアのファシズムは、三つの源流に分けられる。反動的な政治的カトリシズム（教権的ファシズム　Kleriko-Faschismus）、元来は汎ドイツ主義の傾向が強かったが、後にイタリア・ファシズムの影響を強めたハイムウェアのファシズム（Heimwehrfaschismus）、およびドイツ・ナチの指導下にあったオーストリア・ナチの三勢力である。オーストリア・ナチは、一九三〇年、経済危機が深まり、失業者が四〇万人に達する社会的政治的不安のなかで台頭し、一九三二年の地方選挙においてはじめて州議会・市町村議会に進出した。一九三三年、ドイツでヒトラーが政権を掌握するとオーストリア・ナチに対する資金援助が積極化し、テロ攻勢が目立つようになる。ドルフスはこれ

を同年六月に非合法化したが、一九三四年七月二五日、ナチの一団は首相官邸を襲撃し、ドルフスを暗殺した。ドルフスが議会政治を封殺した理由の一つは、総選挙を行なえば保守諸党の票はナチに食われ、社会民主党が政権をとるであろうと予想されたことにあった。

〔註10〕一九三二年五月二〇日に成立したドルフス政権は、イタリア型のファシズムを志向するハイムウェア（Heimwehr）と同盟を結び、例外法規である「戦時経済授権法」を適用して国民議会を閉鎖した後、マルクス主義・資本主義的経済秩序・ナチズム・政党支配に反対し、職能的な（Ständisch）基礎と強力な権威的指導（autoritäre Führung）にもとづく社会的・キリスト教的・ドイツ的な国家オーストリア（die soziale,christliche,deutsche Staat Österreich）をめざす「権威的協同国家」（der autoritäre Ständestaat）の樹立へと進んだ。まず社会民主党を圧迫して内戦へ追い込み非合法化する一方で、ナチ党をも弾圧した。一九三四年二月一二日の内戦で社会民主党を政治舞台から排除した直後の五月一日、いわゆる職能代表的・権威的な「一九三四年五月憲法」（die berufsständische, autoritäre "Maiverfassung 1934"）を公布した。七月二五日事件でドルフスが暗殺されると、この体制はシュシニックによって継承される。（中川原編、前掲書、一七八―一九三頁参照。）

この「権威的協同国家」のイデオロギーは、一九一九年以来ウィーン大学教授であったO・シュパン（Othman Spann）の「権威的国家指導」の原理を基礎に、その門下生W・ハインリッヒ（Walter Heinrich）とH・リール（Hans Riehl）によって理論化された。シュパンの思想は議会主義的民主制と階級間対立を否定し、プラトン的国家を地上に実現できるとするものであった。その弟子たちの理論化作業は、一八九一年と一九三一年の法王回勅に定式化されたようなカトリック神学の社会理論から精神的影響を受け、また政治的概念はムッソリーニのファシスト国家の経験から借用された。こうして、いわゆる「キリスト教的協同国家」（der christliche Ständestaat）の理論を、ハイムウェアはイタリア風に解釈し、政治的カトリシズムの戦闘的部分は「教権的ファシズム」風に解釈したのであった。だが、ハイムウェア・ファシズムと教権的ファシズムとの政治的ヘゲモニーの争いでは、終始後者が優位にあった。

(Walter B. Simon, Österreich 1918−1938,1984, S. 115-117. H.Andics,a.a.O., S.150-151.)

〔註11〕手元のKarl Luegerに関する文献は、Hellmut Andics, Luegerzeit: Das schwarze Wien bis 1918,1984. Johannes Hawlik, Der Bürgerkaiser : Karl Lueger und seine Yeit, 1958.

〔註12〕若いヒトラーのウィーン時代の生活については、Werner Maser, Die Frühgeschichte der NSDAP: Hitlers Weg bis 1924,1965. 村瀬興雄・栗原 優訳『ヒトラー』紀伊国屋書店、一九六九年。W. Maser, Adolf Hitler : Legende, Mythos, Wirklichkeit, 1971. 黒川 剛訳『人間としてのヒトラー』サイマル出版会、一九七六年。Joachim C. Fest, Hitler, 1973. 赤羽龍夫・関 楠生・永井清彦・鈴木満訳『ヒトラー』河出書房新社、一九七五年。John Toland, Adolf Hitoler, 1976. Louis L. Snyder, Hitler and Nazism, 1961. 永井 淳訳『アドルフ・ヒトラー』角川文庫、一九七〇年。

「ヒトラーはウィーンを憎んだ。だがそこにやって来た時はまだ半分子供だった彼も、去る時は一人前の大人になっていた。〈この期間に、のちに私のすべての行動の確固たる基盤となった世界観と哲学が、私の内部で形成された。〉ヒトラーが憎むことを知ったのはウィーンにおいてだった。まず第一に、彼は労働者階級に支配される社会の実現を望む社会主義者を憎むことを知った。……第二に、ヒトラーはユダヤ人を憎むことを知った。」(永井 淳訳、二二頁。)

風趣の変った文献では、桜井健二『マーラーとヒトラー』二見書房、一九八八年。およびErich Fromm, The Anatomy of Human Distructiveness, 1973. 作田啓一・佐野哲郎訳『破壊——人間性の解剖』紀伊国屋書店、一九七五年。後者の第一三章でヒトラーの性格分析が試みられているが、フロムは、ヒトラーのウィーン時代(一九〇七〜一九一三年)について「この決定的な時期に、彼は自分をどのように仕上げたか」を性格分析学の立場でテーマとしている。

〔註13〕この時期、ゲーリングは再軍備のための四ヶ年計画の責任を負わされていたうえに、オーストリア併合のためオーストリア向けの影響力の行使も彼の任務の一つであった。また彼がブロムベルク将

軍とフリッチュ将軍の追い落としにどの程度まで関与していたかは証明されていないが、かなり深く陰謀の片棒を担いでいたことは間違いなさそうである。彼は第三帝国の後継者の地位を確実なものにするには国防軍を掌握することが最重要だと考え、ブロムベルクを排除した後は、当然自分が報酬として国防軍最高司令官の地位につくものと強く期待していた。ヒトラーはこの期待を無にした代りに彼を元帥に任じたのであった。（Leonard Mosley, The Reich Marshal, 1974. 伊藤 哲訳『ゲーリング――第三帝国の演出者』ハヤカワ文庫、下巻、三〇―四〇頁。W. L. Shirer, The Rise and Fall of the Third Reich, p.318. 邦訳、第二巻、一三四頁。）

〔註14〕一九三七年一一月五日の会議記録については、Akten zur Deutschen Auswärtigen Politik 1918―1945, Series D, Bd. 1, 1950, Nr.19. その要旨は W. L.Shirer, ibid., pp.304-308. 邦訳、第二巻、一一三―一一八頁。三人の態度については、W.L.Shirer, ibid., p.308. 邦訳、第二巻、一一八―一二二頁。John Wheeler-Bennett, The Nemesis of Power : The German Army in Politics 1918―1945, 1953, pp.361-363. 山口 定訳『国防軍とヒトラー』（1）みすず書房、三三三―三三四頁。

〔註15〕「ブロムベルク、フリッチュ、ノイラートは、ナチの行き過ぎにブレーキの役をつとめるために、ヒンデンブルクと旧派の保守主義者たちによって、その地位に任命され、あとではシャハトもこれに加わった。」W. L. Shirer, ibid.,p.320. 邦訳、第二巻、一三六頁。

〔註16〕ブロムベルク事件については J. Wheeler-Bennett, ibid., pp.363-367. 邦訳、（1）三三五―三三八頁。W.L.Shirer, ibid., pp.311-314. 邦訳、第二巻、一二三―一二八頁。フリッチュ事件に関しては」W. L. Shirer, ibid.,p.367-370. 邦訳、第一巻、三三五―三三八頁。W. L. Shirer, ibid.,pp.314-318. 邦訳、第二巻、一二八―一三三頁。国防大臣であったブロムベルクがヒトラーに対して軍部の意向を代弁しなくなったことがフリッチュをはじめ将校団には不満であった。そこへブロムベルクの結婚問題が発生した。将校たちは将校団のこのうえない恥辱だと感じたし、フリッチュは陰謀に気づくどころかゲーリングに同調してブロムベルクの罷免を主張した。国防大臣の後任の最短距離にいると考えられたのは陸軍

最高司令官であったフリッチュであった。だがフリッチュを待っていたのはヒムラーたちの憎悪に満ちた陰謀であった。さすがに将校団は激怒したが、この武装集団は断固たる抵抗に立ちあがるには気力を欠いていた。裁判でフリッチュの冤罪が証明されたが、ヒトラーは彼を原職に復帰させようとはしなかった。

〔註17〕W. L. Shirer, ibid.,p.320. 邦訳、第二巻、一三六頁。

〔註18〕ワイマール共和制崩壊期の一九三二年六月一日にパーペンは首相に就任したが、それは国防軍の頂点にあったシュライヘル（Kurt von Schleicher）の推薦と支持によるものだった。七月三一日の総選挙で一七〇議席から二三〇議席へと躍進したヒトラーは、シュライヘルに対して首相の座を要求したが拒否された。一一月九日の総選挙ではナチ党は大敗して一九七議席と後退し、財界から資金も得られなくなった。もういちど選挙があれば一五〇議席程度に転落するだろうと予想された。一方シュライヘルはパーペンを見限り内閣総辞職を迫った。パーペンは大統領ヒンデンブルクに辞職を申し出、後任にヒトラーを推したが、大統領はヒトラーを引見し、パーペンの下で副首相に就くか、国会で絶対多数を持つ政府の首相となるかの二者択一を迫った。一二月、陰謀家シュライヘルが首相となると、パーペンはヒトラーに接近、彼を首相に推す代りに自分に副首相とプロイセンの施政権者の地位を与えるよう提案した。財界のナチ党に対する資金援助の再開もパーペンが斡旋した。大統領の信頼を得ていたパーペンのこの陰謀によって、一九三三年一月二八日、シュライヘルは罷免され、三〇日ヒトラーが首相に任命された。（J. Wheeler-Bennett, Hidenburug: The J. Wheeler-Bennett, Wooden Titan, 1967,pp.395-436. 木原健男訳『ヒンデンブルクからヒトラーへ——ナチス第三帝国への道』京邦出版社、一九七一年、三三八—三七二頁。）一九三四年六月三〇日、ナチの親衛隊（ＳＳ）はヒトラー、ゲーリング、ヒムラー、ゲッペルス（Joseph Gebbels）の直接指揮の下にレーム（Ernst Röhm）をはじめナチ突撃隊（ＳＡ）幹部をいっせいに襲撃し虐殺した。ついでにナチ領袖たちの恨みを買っていた人々や邪魔者が殺害された。シュライヘルは妻と一緒に射殺された。副首相のパーペ

ンも逮捕され、ゲーリングとゲッペルスは彼を殺したがったが、ヒトラーは「奇妙な義理堅さ」で彼の命を助けた。国防軍は競争相手の突撃隊とレームが粛正されることを歓迎し、ヒトラーの虐殺計画を事前に知りながら黙認することで、ナチとともにおそるべき退廃の道を歩みはじめたのであった。(J. Wheeler-Bennett, The Nemesis, pp.304-324. 邦訳(1)二八一—二九九頁。)

〔註19〕一九三四年七月下旬、パーペンはドルフス暗殺後のドイツ＝オーストリア関係を調整する役目を担って駐ウィーン大使として着任した。ウィーン側の新大使への態度は冷たかったが、二年かかって両国間の和解を図る「七月協定」(Juli Abkommen)をまとめあげた。そのなかでは、オーストリア国家主権の完全な尊重が約束されていた。シュシニックはこの協定の趣旨が守られることをヒトラーとの会談の条件としたが、裏切られ、だまされたのであった。「七月協定」については、Ludwig Jedlicka & Rudolf Neck (Hrsg.), Das Juliabkommen von 1936, 1977. Alfred D. Low, op.cit., p.170ff. Kurt Schuschnigg, Im Kampf gegen Hitler, 2 Aufl.,1969, S.184f.

〔註20〕一九三三年、オーストリア首相ドルフスによって「権威的協同国家」の基礎をなす全国的なファッショ的大衆組織として創設された。ドルフス暗殺後はシュシニックが指導権を握った。それは一方で永年、社会民主党の影響下にあった労働組合を、他方でともすれば自立しようとする右翼のハイムウェア・ファシストを呑み込み、包摂する運動体を自分の指導下に置き、「大衆国家」の樹立をめざしたのであった。カトリック・ドイツ的な国家としての独立オーストリアをめざす大衆組織が力をもつことは、ヒトラーのオーストリア占領プランの妨げであった。ヒトラーはこの組織への浸透と切り崩しを意図したのであった。(Ludwig Reichhold, Kampf um Österreich: Die Vaterlandische Front und ihr Widerstand gegen den Anschluss 1933–1938, 1984.)

〔註21〕ベルヒテスガーデンにおける会談のもようは、シュシニックが後に記憶をたどってメモしたものが最も信頼できるという(シャイラー)が、筆者はまだそれを見ていない。シャイラーはかなり詳しく引用し、要点をまとめている。(W. L. Shirer, ibid.,pp.325-330. 邦訳、第二巻、一四三—一五三頁。)また

Franz von Papen, Memoiris, Trans. by B. Connell, 1953,p.408ff. も参考になる。

〔註22〕Ladislas Farago, The Game of the Foxes, Pan Books 1973, p.113. 平山善之訳『ザ・スパイ――第二次世界大戦下の米英対日独謀報戦』サンケイ新聞出版局、一九七四年、一〇一頁。このファラゴーの著述は、いわゆるキワモノのスパイ物語ではない。周到な資料蒐集にもとづく本格的な研究といえる。

〔註23〕ヒトラーの情報源は自国の諜報機関（複数）だけではなかった。英首相チェンバレンとそのとり巻きは、外相イーデンの反対を無視して何とかムッソリーニをイギリス側にとり込もうと接近し、相手に手の内をさらけ出していた。駐英イタリア大使館は英政府内の動きを正確に掴むことができた。（The Memoirs of Sir Anthony Eden: Facing the Dictators 1931–1938, 1962, vol.2. 南井慶二訳『イーデン回顧録』Ⅳ「独裁者との出会い・一九三一―一九三八」みすず書房、一九六四年、二六三頁。）

〔註24〕斉藤 孝『第二次世界大戦前史研究』東京大学出版会、一九六五年、およびI・M・マイスキー『三十年代』木村晃三訳、みすず書房、一九六七年、参照。駐英ソ連大使マイスキーは次のように述懐している。「ソ連大使としての私にとって、チェンバレン政権の出現は特別な意味があった。一九三一年一一月彼と交した会話は忘れられない。それからの五年間は、数多くの事実や実例からして、ネーヴィル・チェンバレンが一貫してわが国の敵であることを証明した。このような首相は英ソ関係をただ尖鋭化するだけである。このような首相はソ連国家への敵意の故に、侵略者の『宥和』政策を強める一方だった。」（マイスキー、三四八頁。）英外相イーデンは、外相就任後ドイツ、イタリア、日本に対抗するためにロシアを利用することをしばしば考えた、と述べている。だが、彼はソ連の対外政策の二重性に不信をいだいた。ソ連外務省の示す「ロシアの善意についての、そしてまた侵略の黙認拒否についての高邁な確約」とコミンテルンが英帝国内で展開している政治工作との矛盾であった。またイーデンは、ソ連国内の粛正の行方にも関心をもち、スターリンがモスクワ＝ベルリン枢軸の路線をとる可能性をも予想していた。結局、「英国とフランスは両国がいっしょになって自分たちの武装兵力を築きあげるよりほかに手はない、と私は考えていた。その間できるだけの

ことはしてロシアとの関係を平静に維持して行くようにする。が、ロシアからの助力は何も当てにしない。もしもロシアから助力が来るとすれば、それは意外な恩恵だということになるだろう。」（『イーデン回顧録』Ⅳ、二〇一―二〇二頁。）

〔註25〕中川原編、前掲書、第五章（亀井紘）「イギリスの一九三〇年代」。亀井紘「一九三〇年代イギリス外交における経済的側面」①『八幡大学論集』第三四巻第四号、同②『八幡大学論集』第三八巻第一号、同③『八幡大学論集』第三八巻三・四合併号、参照。

〔註26〕佐々木雄太『三〇年代イギリス外交戦略――帝国防衛と宥和の論理』名古屋大学出版会、一九八七年。

〔註27〕佐々木、同書、四三頁。国家財政による有効需要拡大のケインズ的経済政策が公民権を得たのは、いうまでもなく、一九三〇年代アメリカの後期ニュー・ディール時代においてだった。オーストリアでは一九二九年九月から一九三〇年九月まで存続したショーバー（Johannes Schober）政権が経済危機への対応策として有効需要を拡大する巨大プロジェクトを導入し、かつ国際的には多面的な開放政策を展開しようとしたが、内外からの圧力で押しつぶされた。（中川原編、前掲書、一七一頁参照。）

〔註28〕外相イーデンは、チェンバレンの前任者ボールドウィン首相の時から、イギリスの再軍備の立ちおくれが独伊日を相手とする外交の遂行上、重大な障害になっていることを指摘し、政府内部で、あるいは世論に向って、軍事力の増強を急ぐべきだと主張し続けた。一九三七年一月の閣議でイーデンは、主要な危険はドイツからやってくるという点を指摘したが、他の閣僚たちは独裁制の性格を理解しなかった。「それを認めたがらない人間があまりに多すぎたのだ。」チェンバレン首相も「その判断の基準を軍事力においている連中と交渉する場合」相手を怖れさせる軍事力が必要であることを理解しようとしなかったのである。（『イーデン回顧録』Ⅳ、一五九―一八三頁。）

〔註29〕明らかにチェンバレンは、ヒトラー、ムッソリーニのような手合いをテーブルをはさんで交渉すれば解りあえる相手だと信じていたらしい。その一例――一九三八年二月一八日、チェンバレン首相およびイーデン外相は、駐英イタリア大使グランディと会談した。チェンバレンはイタリア大使

との会談を休会してイーデンとの協議に入った。イーデンはムッソリーニとの無原則な会談をローマですぐに開こうという首相の意見に強硬に反対した。N・C（チェンバレン）は非常に激昂した。イーデンが書き遺した日記の一節は次の通りである。「こんなに彼が激昂したのは私としていままでに見たことがなかった。そして部屋の中を大股で行ったり来たりしながら、すごく重みをきかせて、N・C・はこういうのだった。〈アントニー、君は次から次へと機会を逸してきた。はっきり言って、君はもうこんな調子でやっていくことはできないよ。〉私は言った。〈あなたのやり方は正しいでしょう。あなたが交渉している相手の男をあなたが信用しているとすればです。〉N・Cは答えた。〈しているとも。〉」（『イーデン回顧録』Ⅳ、二六一―二六二頁。）すなわち、チェンバレンの「宥和外交」の基底には、外交への無知と人間観の浅薄さもあったということになるだろう。


〔註30〕佐々木、前掲書、五二頁。

〔註31〕『イーデン回顧録』Ⅳ、二五六頁。

〔註32〕『イーデン回顧録』Ⅳ、同頁。

〔註33〕Akten zur Deutschen Auswärtigen Politik 1918-1945, Series D, Bd.1,1950,Nr.1,2.

〔註34〕『イーデン回顧録』Ⅳ、二五七頁。

〔註35〕『イーデン回顧録』Ⅳ、二五八頁。

〔註36〕『イーデン回顧録』Ⅳ、二六七頁。

〔註37〕『イーデン回顧録』Ⅳ、二二七―二五一頁、二五四―二五五頁参照。

第三章　〈資料註解〉オーストリア・ファシズム

――初期ハイムウェアの目的と活動――

（一九九八年刊）

ファシズムに関する最近の研究は、個々の国々における実体の検証をさらに掘り下げる方向と、個別的なケースの国際的な比較を行う方向と、二つの方向をたどっている。既成の個別研究の到達枠を実証的に再検証する内向的方法が一つだとすれば、いま一つは複数国のファシズムないしファシズム的な現象の発掘を比較論的に検証しようとする外延的方法である。これらの研究は、ファシズムの概念を、より厳密に縮小して解釈しようとしたり、またおおらかに拡大を試みようとしたり、揺れ動くことが避けられない。対象の微妙な陰影を丹念に追っていけば、必然的にそうならざるをえない。

過去には、ドイツ、イタリアのファシズムを源流、原型とみなし、その他の諸ケースをプレ・ファシズムとか、伝播、亜流の現象であるとか、いわゆる原型化・原論化のこころみもなされた。しかし個別研究に沈潜していた人々にとって、この原型論はとうてい検証に堪えうるものではなかったのである。そのあげくの結論は決して不思議なものではなく、それぞれの国に発生したファシズムもしくはファシズム的な政治現象を、あらためてそれぞれの国に原初的な歴史社会的な現象として検証すること、すなわち性急な一般化を試みるまえに、個別的なケースをさらに掘り下げることであった。この結論は、比較政治論的な方法の原則を再確認することに外ならなかった。

ここに紹介する資料は、C・アール・エドモンドソン（C.Earl Edmondson）の論文「初期ハイムウェアの目的と活動」（Early Heimwehr Aims and Activities; in〝Austrian History Yearbook〟, Vol. Ⅷ, 1972）である。この論文は一九七二年に発表されたもので決して新しくはないが、わが国ではおそらくほとんど知られていないし、また何よりも、わが国では未知のテーマであるオーストリア・ファシズムに関する重要文献である。

オーストリアにおけるファシズムには三つの源流が認められる。反動的な政治的カトリシズム（教権的ファシズム Kleriko-Faschismus）、汎ゲルマン主義の強い志向を内蔵しながら、イタリア・ファシズムの影響を次第に受容するようになったハイムウェアのファシズム（Heimwehr Faschismus）およびドイツ・ナチの指導下にあったオーストリア・ナチの勢力であり、これらはそれぞれ異なったイデオロギーと政治目的をもち、互いにからみあって一九三〇年代オーストリアの危機の時代を演出する。

ここに紹介するハイムウェア・ファシズムは、一九二七年以降、オーストリア政治の表層に立ち現われて一九三八年のヒトラーによるオーストリア併合まで、顕著な動きを示したのである。それ以前の初期運動を資料的に開拓した点で、この論文は注目すべきものである。すなわち、このハイムウェア運動は一九二七年の危機に突如として全国ないし中央の政治に姿を現わしたように見えるが、実はそうではなく、第一次共和制のかなり早い時期から、全国的に連携して反共和制・反社会主義の策謀を企んでいたこと、ドイツおよびハンガリーの反動主義や保守主義者との連絡が早期にあったこと、が詳細な資料で検証されている。またこのオーストリアに視点をすえた実証的な研究は、ドイツ、イタリア、オーストリア、ハンガリーにおける第一次世界大戦後のファシズム運動を、始源にさかのぼれば、各国それぞれに独自の現象、それでいて共通する徴候、そして意外に密な国境を越えた連動が存在したことを、明るみに出しているといえよう。

まずこの資料を翻訳紹介しながら、註解を試みたいと考える。なお、原著者の付註資料は詳細を極めているが、ここでは省略することにした。しかし、本文の註記が次のような注目すべき特徴をもっていることは記しておかなければならない。

(1) 左右両陣営が当時刊行した紙誌が多用されている

(2) 共和制のドイツからオーストリアへ派遣された領事や公使の見聞記録および本国への報告（ドイツ外交文書に収録）が多用されている

(3) 連合国から派遣された軍事監察官たちの報告が用いられている

(4) 当時の歴史の渦中にいた人物が、その渦中で書き遺した記述（たとえば Julius Deutsch の数多くの著述）が重要視されている

(5) ハイムウェアの当時の指導者たちの戦後におけるインタヴューが利用されている

なお本文中の小見出しは原文にはなく、筆者が付したものである。

序

一九二七年七月にウィーンで起こった暴動およびそれに続くストライキの敗北は、ほとんど間をおかずにオーストリア第一次共和制の歴史における転換点とみなされるようになった。その年四月の国会選挙で社会民主党（SPÖ）はかつてなく比較的高い成果を収めたのであったが、たちまち防御に追い込まれ、他方キリスト教社会党（CSÖ）を主とする与党の反社会主義の諸グループは、数ヵ月のうちに強大な政治的攻勢に向けてその力を結集し始めた。反社会主義攻勢の最前線には七月の全国ストライキを失敗させるのに主導的役割を果たした各種の準軍事的なハイムウェアが立った。社会民主党の指導者たちが暴力的な階級戦争を行なう準備をしているという広まった恐怖を利用して、ハイムウェアの指導者たちは、地方の組織を急速に拡大し、それらを武装した圧力団体として利用した。彼らは、「ブルジョア的な」国会議員たちが社会主義者たちに対抗して断固たる態度をとることを可能にし、あるいは強制することによって、オーストリアの社会秩序を救済する、そのための大衆運動としてハイムウェアを描き出そうとしたのであった。

一九二七年七月の事件は、最後にはオーストリアにおける権威主義体制の創出に重要な貢献をすることとなったハイムウェアが、事件直後に一大政治勢力となったのであるから、とくに注意しなければならないの

である。

一九二七年以前にはハイムウェアはほんの軽い勢力にすぎず、突然ながい冬眠から覚めたように見られた。ハイムウェアの指導者たちは、彼らの組織が社会主義者の「暴力」を前にずっと潜伏していたのだと人々に信じ込ませようとした。七月の日々は彼らに「防御的に」行動しているのだという口実を与えた。そしてそのやり方が、そのとき以降何であれ「積極的な」行動を計画するのに好都合だと知ったのであった。

この解釈を、これまでほとんどすべての観察者たちが、受け入れてきた。ラヨス・ケレケス（Lajos Kerekes）がハンガリー外交文書の資料の暴露を行い、最近の著述家たちに（ハイムウェアの）一九二〇年および一九二一年の蜂起計画について記述することを可能にしているにもかかわらずである。チャールス・A・グーリック（Charles A. Gulick）でさえも――彼は戦間期オーストリアの社会主義者寄りの歴史書のなかでハイムウェアを主要な悪役の一つだと考え、またその起源と一九二三年までの活動をかなり詳細に記述しているのであるが――ハイムウェアが一九二〇年代の中頃、産業界、金融界の援助を受けて反議会的な「勢力の道具」の中核として生き続けたと記述している程度である。カール・R・シュタートラー（Karl R.Stadler）は、ハイムウェアを、いささか過剰な敵意をもって、オーストリアの政治の一要素というよりむしろデキモノだと片付けている。この時期におけるハイムウェアの計画や活動の詳細については、上記および他の著述家たちはほとんど触れないままなのである。

しかしながら、詳しい調査によれば、七月の日々が消滅しかかった組織を突然よみがえらせたのではなかったことが明らかである。ハイムウェアは、明らかに一九二七年七月の司法者焼き討ち事件につづく全国規模のストライキに対抗して効果的に行動するよう準備されていたのであった。とくにそれはティロルとシュタイアマルクにおいて顕著であった。実際、オーストリアの政治的経済的な相対的安定期において、アルプス諸地方のハイムウェア指導者たちは、運動の野心的な政治的目標を作成し、諸組織の軍事的な備えを維持しようと企て、一九二六―二七年の冬に武装蜂起を実演しようと本気でもくろんでいたのであった。

そのようなかねてからの計画は、ほとんど知られていなかったが、その実行例を彼らは(七月に)示したのであった。

1 ハイムウェアの発生

一九二〇年代中頃のハイムウェアの諸組織は、戦争直後のおそるべき混乱の中で出現したブルジョア的集団や田舎の自警団から成長した。非公然に、また場合によってはなかば公然と武装した民間人の集団は――すぐに地方の退役軍人たちと結びついた――脅威を受けたり、不安定であったりしたスラヴやイタリアとの国境沿いに、あるいはまた、前線から無秩序に帰郷する数多くの兵士たちの流れがたどる主要ルート沿いに出現した。最初は、これらの集団の多くは、彼らの陣列に労働者たちが入るのを歓迎した。ただ大都市周辺では――大都市では労働者警備隊の出現や武装した都市労働者の食料徴発の例が、ロシア型の暴力的社会革命の恐怖を高めていた――田舎や小さな町のグループは初めから彼らと対立的な階級的性向を示していた。

しかし、(国境を侵す隣国の)略奪軍隊に対する共通の危機感が過ぎ去ると、階級意識の差異が、どこであれ労働者とブルジョア的ないし農村的グループとの間でいっそうはっきり際立つようになった。フォルクスウェア(人民軍)――新共和国政府の公式民兵――が主として労働者から構成され、事実上、社会民主党の付属物であったという事実が、やはり非社会主義者たちに武装対抗力の創出という見地から考えるようにさせた。過激な労働者たちが、政治的に自己を表現しようとする社会的対立者を威嚇するために、この時代の寛容さを利用した例は、数多く存在したのである。加えて、社会的・宗教的反動主義者たちは、非宗教的傾向をもつ国際主義的な社会主義者に、戦後の災厄すべての責任を負わせようとした。その一つの結果として、農民と町民は、市民自警団、農民自警団、あるいは単に自家自警団などさまざまに考案された武装組織に加入していった。サン・ジェルマン条約――オーストリアが武装させておくことができる員数を個別に制限した――が発効した一九二〇年初めまでに、これらの諸集団は、非社会主義者が支配する多くの地域の地方官吏によって補助警察として承認された。

一九一九年春の諸事件は、そのような集団の創出を刺激した。隣接するバイエルンおよびハンガリーにおいて短命ながら共産主義者の政権が樹立されたことは、反社会主義者の感情を結集させるためのオバケとしてながく役立った。また四月半ばには、オーストリアのいくつかの都市で共産主義者の騒乱があった。もっともその際には、かなりの地方で、ブルジョア的集団は穏健な労働者自警団と秩序維持に協力した。しかし本当のところ、オーストリア人に最も説得力をもって武器をとるよう強いたのは、ユーゴスラヴィアの不法集団がケルンテンへ侵入したことであった。この州の防衛に成功したことは、結果的にハイムウェア伝説を生みだすこととなった。しかし、この初期のケルンテン州のハイマートシュッツ(郷土自衛団)は(社会民主党系の)フォルクスウエア(人民軍)と協力したのみでなく、その陣列内に多数の労働者を含んでいたのであるから、明瞭に党派的な「ブルジョア的」組織がケルンテンに設立されたのは、一九一九年の闘いから一年近く経ってからであった。

2 国外からの工作

これら初期の自衛集団は、彼らの運命が純粋に国内的条件によって決定されたのであれば、おそらく徐々に消滅したであろう。このことはとくに山岳地方の場合に当てはまる。そこでは非社会主義の多数派が州政府を支配し、それらの州政府は一九二〇年の新しい連邦制憲法によって大きな地方権力を付与された。実際、これらの地方の多くでは、地方「防衛」組織は、在郷軍人会、民間消防団、体育クラブ、射撃クラブ等々が伝統的に受けてきた扱いと同様の地位をすぐに得た。彼らは社会的に尊敬され、多分に影響力をもっていたが、あからさまに政治的ではなかった。

しかし、一九二〇年中にこれら非社会主義ないし反社会主義の諸集団は、いつのまにか国の内外から発せられるさまざまの悪質な陰謀に陥るようになった。春から夏にかけてオーストリア駐在の連合国官吏は、旧将校たちによる反政府陰謀の報告を受けている。彼らのうちには、キリスト教社会党のいろんな政治家たちと示し合わせて行動する者もいた。熱狂的なハンガリー人、バイエルン人の指導者たちは、彼らの本国における反革命の勝利に満足しないで、右翼のオーストリア人と協力して政府の共和政体を打倒しようと考え、あるいは少なくとも、内閣から社会主義者の影響力を排除しようと考えた。ハンガリー政府は、主として「秩序と法のための協会」と称される秘密の「アンブレラ」同盟を通じて、オーストリアのいくつかの反共和制グループに多額の資金を配分した。その中では将来の首相イグナッツ・ザイベルが顕著な役割を演じていた。それにまた、貨車一五〇〇台分の小麦粉、五、六台分のジャガイモとトウモロコシを、反乱に成功した政権に対し永続的なオーストリアの食糧不足に対処して提供することを考えていた。また同じ頃、バイエルンの大きな極右の準軍事組織の指導者たち、著名なゲオルグ・エッシャーリヒ(Georg Escherich)およびルドルフ・カンツラー（Rudolf Kanzler）――二人ともバイエルンおよびハンガリーの政府と緊密に結合していた――は、オーストリア国内における準軍事的活動を推進し、国内に統一組織をつくろうと企てた。

この外国からのあらゆる励ましにもかかわらず、オーストリア人の反革命勢力は、まずいことに親ドイツのナショナリストとハプスブルク王統主義者とに分裂していて、そのことの故に、成功の確信を持ちえず、ついに反乱を企てるに到らなかった。彼らを後押しした外国勢力ほど大げさな野心はなかったので、彼らは一九二〇年一〇月の選挙で非社会主義諸政党の立場が強化されたのちは、非常時の感覚をほとんど失った。それにもかかわらず、国外からのいっそうの励ましは、いくつかのオーストリア人集団内における暴動の扇動とともに、一九二〇年末に社会民主党が連立政権から退いたのちも続いた。事実、この形成期は、ハイムウェアの後期の発展に多くの基礎を与えたのであるが、一九二三年中も続き、結集した外見を保ったのであった。

3 ティロル地方

ティロルは最初から、ハイムウェア活動の主たる中心の一つであった。（中央の）特権に対するねたみという点でつとに知られた地方であって、そこの政治家たちは、何であれ政治がコスモポリタン的ウィーンに集中する傾向に深い憤りを懐いていた。――その感情は連邦問題にかんして社会主義者がかなりの影響力を行使していた当時に、とくに鋭いものがあった。ティロル人のハイマートウエアの物語の多くは、兵役の経歴はなかったが政治的に活動的な弁護士、リヒャルド・シュタイドレ（Richard Steidle）という人物をめぐって展開する。一九一八年の一一月にシュタイドレは、主要なハイウエイ沿いの町々につくられたのと同様にインスブルックにおいて市民義勇兵を組織した。一九一九年春、(ドイツの)ミュンヘンに起こったボルシェヴィストの暴動に際しては、ティロル州政府は彼をティロル防衛委員会の議長に任命したが、この委員会は新しいローカル・グループスを組織すること、ならびにそれら相互間の緊密な協力を調整することを委ねられたのであった。シュタイドレは、(隣国の)バイエルン・ソヴェトが鎮圧された後も、促進的な努力を継続した。

一九二〇年三月、彼はカンツラーとの連絡を確立し、オーストリアにおけるバイエルン人右翼の活動を支援した。カンツラーの指導のもとに、シュタイドレの秩序ブロック(Ordnungsblock)は州全体の反ボルシェヴィスト連合体の結成を呼びかけた。ほとんどシュタイドレの努力によって、五月一二日、ティロル人の自衛連盟であるハイマートウエアがシュタイドレを指導者とし、州の副知事を副官として正式に樹立された。彼ら指導者たちは、この新しい連盟の創立を、公的な安全保障力はあまりに弱体で秩序の維持を保障するものではありえないとする理由にもとづいて正当化する決議を起草した。シュタイドレは、その結果、この国の最も著名なハイムウェア指導者の一人となった。

南ティロル人として(彼は一八八一年にメランで生れた)彼は汎ドイツ・ナショナリズムに傾入していたが、政治的にはティロル農民同盟(キリスト教社会党の関係団体)と緊密な関係を維持し、そのなかで一九一八年から一九三四年まで州レヴェルと連邦レヴェルでのさまざまな地位を保った。シュタイドレはハイムウェアの指導者のなかではかなり知的な人物だと認められていたが、地方的な思考を決して乗り越えることがなく、またしばしば情熱が知性を圧倒することを許した。おそらく彼の最大の資産は忍耐と大衆的演説家としての才能であったろう。この少し猫背で短くとがったあご鬚を生やし、穏やかな物腰の一市民が、その雄弁によって人々を煽り立てることができようとは、想像しにくいことであった。しかし演台に立つと、彼は誇張したデマゴギーの洪水のなかで穏健さを失い、しばしばマナーさえも失った。ドイツの領事館員が「無責任に口ぎたなく」と呼んだ数々の演説のなかで、シュタイドレはブルジョアジーを、自称「九〇パーセントのボルシェヴィスト」たちと「非民主的な」妥協を行なっていると激烈に非難し、また自分の敵たちを政治的抹殺（の言辞）で脅迫した。彼は多数の賞賛者を得たが、そのなかには数ヵ月間インスブルック大学に在学した若き公子エルンスト・シュターレムベルク（Prince Ernst Rüdiger Starhem-berg）が含まれていた。彼はシュタイドレの「鋭く華麗に輝く弁舌」の魔力に魅せられたのであった。

シュタイドレがハイムウェアの初期における代弁者であったとすれば、彼の参謀長であったヴェルデマール・パプスト（Waldemar Papst）大尉は、それを代表する行動者であった。かつてドイツ参謀本部に属し、プロシアからの政治的逃亡者であったパプストは、天性の組織者であり、疲れを知らぬ活動家であり、生まれつきの陰謀家であった。戦後ベルリンで、一九一九年一月、カール・リープクネヒトとローザ・ルクセンブルクを捕らえて暗殺した師団の参謀長として、彼はうさんくさい令名を獲得した。それから彼は（ドイツにおいて）一九二〇年三月のカップ一揆の扇動者となり、それが失敗した結果、ドイツ国外へ逃亡したのであった。彼は最初ハンガリーへ行ったことが明らかであるが、すぐにティロルへ移り、そこで好意的な州政府の斡旋によりミーミング村における居住権——一種の仮市民権——を得たのであった。

パプストは、一九二〇年から一九二七年までの間、全国的なハイムウェア活動を創り出す野心的な計画を、他の誰よりも燃やし続けた。彼は、一九二二年五月一日まで、シュタイドレの正式の参謀長になったわけではなかったが、早くから頭角をあらわしていた。一九二一年一月頃には、彼はシュターレムベルク公子——当時は学生だったが——に命じて政府の兵器庫から大砲を盗み出させた。彼は、資金や武器の集め方を知っていたし、外国との重要な接触をもっていた。また彼は、ハイムウェアを公衆の前に宣伝するデモンストレーションを計画するのが巧みであった。さらに彼は、オーストリア国内で活動するようになった最初から、国家の正式の武装勢力――軍隊、警察、憲兵隊――に彼の影響を受けやすい人々を使って浸透しようと努めた。「偉大なワルデマール」と呼ばれたこの冒険家は、用心深さをわきまえていただけでなく、自分の母国にいかに奉仕すべきかも心得ていた。

一九二三年から数年間、パプストは、年当たり一万二千マルクの報酬で、オーストリアおよび南ティロルにおけるドイツ外相クスターフ・シュトレーゼマン（Gustav Stresemann）の諜報員として、またティロル州政府とドイツ外相の仲介役として活躍した。もしパプストがまさしく何かの原理にもとづいて行動していたとするのであれば、それは確固とした反マルクス主義であった。それが、政治的社会主義の、さらにまたオーストリアとドイツの共和制的デモクラシーの、いかなる形態にたいしても抗うよう彼を導いたのであった。

4 シュタイアマルク地方

この国のアルプス山脈中心部から東南にかけて、隣接するスラヴ、マジャールの国境まで広がるシュタイアマルクは、ティロルに劣らずハイムウェア活動の中心となった。シュタイアマルクも同様に、一九一八年には帰還兵士たちの波で溢れかえったし、そのあとハンガリーの共産革命の恐怖を、さらにまたドラヴァ地区がユーゴスラヴィアに移管される際には南からの侵攻の恐怖を、経験した。おびただしい数の自衛グループが発生し、あるものは政党と連係し、あるものは独立性を求めたが、つまるところすべてが成員と支持者を獲得しようと競い合ったのであった。敵意とまではいかないがキリスト教社会党と農民同盟（オーストリア南部の民族主義的で反教権的な地主たちを代弁した）との烈しい競争心が、シュタイアマルクにおける統一的な準軍事的組織の創出を妨げた。

にもかかわらず、地方政府の最高幹部たちは、なかでももっとも著名だったのが知事のアントン・リンテレン（Anton Rintelen）と副知事のヤコブ・アーレア（Jakob Ahrer）――二人とも汎ドイツ・ナショナリズムに傾斜したキリスト教社会党員――であったが、比較的大きな自衛グループに対する支援を保障するのに力があった。彼らはまた、ルドルフ・カンツラーがさまざまな派閥集団を結集しようとするのを援《たす》けた。一九二〇年六月、グラーツにおける内乱事件ののち、カンツラーは三つの主要な反社会主義の政党（キリスト教社会党・農民同盟・大ドイツ党）を説得して、さる準軍事的組織の支援に協力させることに成功した。だが、彼らがつくった同盟は、決して緊密な結合ではなく、事実上、ハイムウェア指導者たちの活動に限られた。

ことに一九二一年二月上旬に、諸武装勢力は、命令が三党のうち少なくとも二党の代表者によって署名されない限り行動を起こしてはならない、という合意が後援者たる政党間で行われた後は、そうであった。それら準軍事的諸集団のうちいくつかは、主として、ヴァルター・プリマー（Walter Pfrimer）博士――最後にはシュタイアマルクにおけるハイムウェアの指導的人物となった――の指揮下にあったが、この指令を受け入れることを拒否し、三政党によって組織された脆弱な同盟を瓦解させたのであった。

5　ウィーン地方

ウィーン周辺地域は、一九二〇年代の初期、準軍事的な活動が生起した第三の重要な中心地であった。社会主義勢力の砦であったウィーンでは、中産階級が他のどこよりも恐怖にとらわれており、同時にほかとは異質な地域であった。さまざまな極右の政治グループが、互いの同情で形成されたが、ブルジョア的な準軍事的組織は、戦後初年には首都には出現しなかった。しかし、一九一九年から一九二〇年にかけての冬、若干の戦闘的な反社会主義者たちが、その大部分は終戦時に失職と不評判でみじめになっていた旧将校たちであったが、首都における暴力革命という最悪の怖れが現実化しなかったとき、勇気をとり戻し始めた。

一九二〇年二月、旧帝国陸軍の退役将校たちが、「戦士協会」を指導する委員会を創設した。彼らは、極右的で反共和制的なグループに共通となった「小さな政党的利益よりも全般的善を」というスローガンの一変種を採用した。狂信的な汎ドイツ民族主義者で反ユダヤ主義者であり、個人的に彼に忠誠な将校たちの一種の義勇団をすでに率いていたヘルマン・フォン・ヒルツル（Herman von Hiltl）大佐が、この協会の指導的人物として立ち現われた。三月八日には、最初の大衆集会が挙行され、主催者側は一五〇〇人の参加者があったと称した。この新しいグループのスポークスマンたちは、「東方的要素」（ユダヤ人）を罵倒し、ユダヤ人たちが惨めさと飢えを操ってオーストリアにおける事態を正そうとする愛国者たちを「壁際に立たせようとしている」と罵ったのであった。

戦士連盟はまもなく、ウィーン、ニーダーエステルライヒ周辺、ついにはブルゲンラントにおける反社会主義的な準軍事的活動をすべて支配するようになった。その支部がオーストリア全土に設立された。ただし、ウィーンをとりまく中心地域を除いて、そのメンバーたちは、自分たちの結合を友愛協会的なものと考え、政治的には他の準軍事的組織に参加したりする傾向があった。戦士連盟と他のハイムウェアのグループとの間には、かなりの摩擦があったのである。ことに前者の熱烈なドイツ民族主義および激しい反社会主義に関してそうであったが、やがて彼らの間には緊密な結びつきが発展した。

ウィーンにおける他の反社会主義的な分子は、バイエルン人に援《たす》けを求めた。しかし、たとえカンツラーでも、そこでの活動がさらに進捗するまでは、ウィーンに巻き込まれることに熱心ではなかった。カンツラーは、ハプスブルグ王朝主義者と極端なドイツ民族主義者との間の敵対心はほとんど克服し難いと気づいていた。後者のある者たちは、教権主義者をボルシェヴィストよりはるかに危険だとみなしていたのである。それでもやはり、一九二〇年九月、カンツラーの懸念はあったものの、いくつかの体育協会、在郷軍人会、学生協会の指導者たちが、カンツラー機構Ｏｒｋａ（Organisation Kanzler）として知られるオーストリア人の準軍事的同盟と提携する用意があると声明した。民族主義派を満足させるために、（ドイツとの）アンシュルス問題が明確になるまでは、王朝問題に関する議論は行なわないことで合意された。汎ゲルマン派とキリスト教社会党双方の著名な代表者たちが（ザイペルも含めて）交渉に参加し、またさらに、この企画は、ハンガリー政府から財政的援助を受けたのであった。にもかかわらず、カンツラーの組織が一九二一年末にオーストリア全土で崩壊したのちは、ウィーンおよびニーダーエスライヒのハイムウェアは、弱体化し、分裂していった。

6　バイエルン、ハンガリーの共謀者たち

ハイムウェア諸組織の全オーストリア的な最初の同盟は、一九二〇年の夏に、バイエルン人の後援によって準備された。七月二五日、ミュンヘンで開かれた会合で、オーストリアのさまざまな部分から選ばれた準軍事的指導者たちは、エッシャーリヒとカンツラーの指揮下に統一することで一致した。ハイムウェア側は提供できる限りの助力を約束したが、バイエルン人側は、彼らの目的は全ドイツ人の統一であると主張し、またオーストリアの国内政治に干渉するつもりはないことを確言した。

しかし、八月と九月に、オーストリア、バイエルン、ハンガリーの共謀者たちは、（オーストリアの）連立政権に対する武装蜂起について、再び協議した。汎ゲルマンの見解に傾いていた地方のハイムウェア指導者の

何人が彼らの組織内におけるハンガリー人の役割を十分に知っていたかは明らかでない。ドイツ共和国からバイエルンを分離する陰謀にハンガリー人の支援を求めようとするカンツラーに対して疑念をいだく人々は、シュタイドレを含めて最初からいたのである。いくつかの集団内では、オーストリア側をバイエルン人およびハンガリー人と別立てにしようとする計画が話し合われたこともあった。このような分離主義はパプストの賛成を得ていたかもしれない。(彼は数年後にハイムウェア独裁をまずオーストリアに、ついでバイエルンに、そして最終的には全ドイツ国家に独裁をつくりだす計画を語っている。)しばらく後にはおそらくシュタイドレもそうであったかもしれない。しかし、オーストリアの(ドイツ)民族主義者の大部分はドイツとのアンシュルスという観念にあまりにも強く惹きつけられていたので、ドイツが分割されることを望まなかった。

ほぼ一年の間、カンツラーはオーストリア人の信頼をとり戻してハイムウェアと一緒にやって行こうと、地方の準軍事的指導者たちとの会合を毎月開くなど、やりくりした。しかし彼は、全体的に受け入れられる指導性を確立することには成功しなかった。したがって、ハイムウェアを統一する彼の主要な努力は、一年程度しか続かなかった。

7 連合国の介入

一九二〇年と一九二一年初めに、連合国軍事管理委員会(the Inter-Allied Military Control Commission)は、オーストリア政府に準軍事的組織を解散させ非武装化させようと試みた。同委員会は、カンツラーの指揮下にある連盟が名目的な組織以上のものになるかもしれないと恐れてはいないように見受けられた。にもかかわらず、地方レヴェルでハイムウェアがもはや一時的な自衛グループではないということ(委員会に対するシュタイドレの自己正当化の報告は、彼らの本姿を偽って主張していた）は明らかであった。そこで幾人かの連合国軍事管理委員は、この民間人の武装を平和条約違反であると見なした。一九二〇年一一月、ティロルのハイマートウエアによってたくらまれた地方レヴェル最初の「射撃競技」の結果として、連合国軍事管理官たちは、ハイムウェアを解散させ、個人所有でなければ徴発された武器を保管庫に収めさせせようと精力的な努力を行なった。しかしながら、連合国諸政府は、依然として中欧におけるボルシェヴィキの脅威を、より重大に考えていたので、軍事コミッショナーの一部が考えたほど熱心には準軍事的組織の非武装化を強くは迫らなかったのであった。オーストリアの官吏たちは、平和条約を尊重する意思を強調し、何らかの不法な準軍事的組織が存在するとしても、諸情勢が正常に復すればおのずから消滅するであろうと連合国側に保証した。圧力下で、連邦政府は地方政府に対し、軍事的性格を持ったいかなる私的団体──いずれにせよそうであると告白する団体はなかったが──にも法的承認を与えることを差し控えるよう、用心深く「頼み」込んだのであった。一年後、連邦政府は地方政府に対し軍事的な武器の使用および訓練の明白な禁止を公布するよう、また私的諸団体にそれを同意させるよう、説得を行なった。しかし、行政府のあらゆるレヴェルで、オーストリアの官吏たちは、連合国の要求を引き延ばし戦術や身の入らぬやり方で妨害したのであった。こうして、連合国官吏の干渉は、ハイムウェアの行動に対して何らはっきりした影響力を示さなかった。

8 一九二一年、武装蜂起の企図

各州のハイムウェアの指導者たちは、一九二一年にもしばしば会合をかさね続けた。一九二一年一月、彼らはオーストリアが維持できなくなるかもしれないという、懐《いだ》き続けてきた恐れについて議論し、さまざまな偶発事件に対していかに対応すべきか協議した。カンツラーやシュタイアマルクの知事リンテレンも参加したその会合で、彼らは、ウィーン地方を除いて、いずこであれハイムウェアは国内秩序を維持する（すなわちコミュニストや社会主義者の蜂起を鎮める）に足るだけの力は持っているが、外国からの侵攻を撃退するには十分でないとの結論をくだした。

彼らは、もしユーゴスラヴィア国境の攻撃がむし返された場合、ケルンテン州のハイマートシュッツは、イタリアに援助を求めることが許されるであろうこと、また左翼の蜂起がおこった場合や中央政府が瓦解したような場合には、地方は独立を宣言し、ドイツとの同盟を単独で求めるべきであることについて合意した。ハイムウェア連盟が形成された最初の年に、会合が開かれて指導者たちの皆が武装蜂起について話し合ったという証跡はない。しかし、一九二一年の初め頃、ハイムウェアに関係の深い人物たちが、ブルジョア諸政党に好意的な傾向をもつ官僚たちの内閣に替えて、極右政権の樹立を再び提唱した。確かなところでは、二月二六日に、ザイペルと旧帝国の外相だったオットカー・ツェルニン（Ottokar Czernin）が、ハンガリー政府に宛てて、オーストリアに強力な反社会主義の軍事力をつくるための装備を提供する援助を要請した。（ほぼ同じ時期に、ツェルニンはあるイギリス人高官にハンガリーに後援された武装蜂起が起こるかもしれないと語ったと伝えられる。）

おそらく蜂起計画と関連してであろうが、三月五日、州副知事アーラーは、シュタイアマルク州の工業家協会、著名銀行家たち、および一部の大地主たちに、五百万クラウンをハイムウェアに寄付するよう説得した。また同月頃、ティロル州のハイマートウエアは、バイエルンのさる関係筋から単独で月に一万四千マルクを受け取っていたと推測される。しかしながら、超憲法的行動の主唱者たちは、またもや危険な企図から次第に後退した。彼らが消極的になったのには、いくつかの要因があった。すくなからぬ影響があったのは、当然考えられる失敗への怖れであった。あるいはまた当時オーストリアが絶望的なまでに食糧を連合国に依存していたという不利な情勢であった。一九二一年春にハンガリーで王冠を回復しようとした前国王カールの企ての失敗が引き起こした幻滅と混乱は、オーストリア王統主義者たちの希望を打ち砕いた。

だが一方では、オーストリアとハンガリーの間のブルゲンラントをめぐる紛争は、ハンガリーの保守的勢力を一時オーストリアの右翼グループに対する支援を中止させる方向へ導いた。同じ頃、カンツラーの脆弱なオーストリア・ハイマートウエア連盟は解体し、その結果、一九二一年末には外国からの支援金は急速に縮小した。

9 ドイツ人による指導の行き詰まり

カンツラーの指揮下にあったハイムウェア連盟――それは実際には確たる基盤を築いたわけではなかったのであるが――の瓦解をめぐる諸事件は、オーストリア人指導者たちの間の競争関係および外国との連係をよみがえらせた。失敗に終ったとはいえ、カールの反乱の企図は、ハイムウェアのドイツ民族主義者たちの間に不信感をひき起こした。カンツラーが南ドイツ、オーストリア、ハンガリーを包含する君主制（王朝）を樹立するよう前国王を励ましていたのではないかとの疑いを抱いたのであった。カンツラーは嫌疑を否定し、バイエルンの個人的なライバルが不当にも彼に対する不審を煽り立てたのだと主張した。しかし、一九二一年六月、ドイツ人の住民自警団（Ein-wohnerwehren）が解体したことで彼の活動基盤は著しく弱体化した。八月半ばには、Ｏｒｋａ（カンツラーの指揮下にあったオーストリア人の極右的な準軍事的組織の連盟）の指導者として辞任する旨の手紙を各地のハイムウェアへ送ることをよぎなくされた。それはケルンテン州のハイマートシュッツのアンシュルス派（pro-Auschuluss）の幹部によって要求されたのであった。

しかしながら、カンツラーの辞任がオーストリアの準軍事的組織の諸問題へのドイツ人の関与を終らせたわけではなかった。Ｏｒｋａはさらに数ヵ月は名目的に存在したが、彼の後継の指導者はオットー・ピッティンガー(Otto Pittinger)博士であった。ピッティンガーは、バイエルン同盟(Bund Bayern)および「ライヒ」(das Reich)の首領であって、オーストリアにおける準軍事的連盟が瓦解した後も、一九二三年の夏頃まではオーストリアの右翼諸集団の間でかなりの影響力をふるった。しかし彼には、ライバルがいた。エリッヒ・ルーデンドルフ(Erich Ludendorff)将軍は、ドイツの東への進出を復活させるのに 役立つであろうドイツ人とオーストリア人の準軍事的な勢力を組織したいと望んでいた。オーストリアにおける彼の代表はマックス・バウアー(Max Bauer)大佐であった。この人物はパプストに従ってカップ一揆に参加した過去をもっており、ウィーンに指揮所を設け、新しいハイムウェア連盟をつくってその中心人物になることをたくらんでいた。

このように、バイエルンの極右的な準軍事的組織の活動にとって好都合な環境は、ヒトラー＝ルーデンドルフのミュンヘンにおける一九二三年一一月の一揆が失敗に終るまでのことであったが、「キリスト教者の保守派」(Christian conservative)や「純粋民族派」(völkish-national)を自称するドイツ人活動家たちは、オーストリア人のハイムウェア――そのすべてに彼らの信奉者たちがいた――に対する指導権をめぐって争った。しかし、戦後革命の直接的衝撃がおさまると、カンツラーもその後継者たちも、うまく行かなくなった。実のところ、ハイムウェア問題にドイツ人たちが競って関与し続けたことは、ばらばらになったハイムウェアの組織を再統一しようとするオーストリア人指導者たちの新たな努力を妨げたのであった。

10 ザイペルの登場

オーストリア人の支援によるハイムウェア再組織の努力は、一九二二年五月、ザイペルが首相になった後に始まった。ザイペルは、その年の財政的危機およびこの国の経済的可能性の持続的な不安定が準軍事的集団の活動継続に与える影響を知っていた。彼は、共和国に初めて成立した明確な党派性をもった非社会主義的政府を確実に軍事的に支える組織にハイムウェアの諸集団をまとめあげることを希望したのであった。彼はすでに西部の五州の主要なハイムウェアの諸集団を支援していた産業家たちに対して、連邦政府を通して寄金を行うよう要求した。それは彼の体制を後援する「統一的な」ハイムウェアの「戦線」を資金の受領者たちが形づくることを要求するものであった。

ザイペルは特に、ニーダーエステルライヒ、ウィーン、シュタイアマルクにおけるハイムウェアの諸集団が共同の綱領と指導について一致することを望んだ。それらの地方では、競い合う準軍事的集団の指導者間で思想面と人的な面で対立が最も顕著だったのである。しかし、そのようなハイムウェア戦線の創出は、国中の多数の集団にとって明らかに困難な仕事であった。彼らは「オーストリア」という呼称に依然としてなじめなかったし、バイエルンの諸組織とのもとからの結びつきを保持することにこだわっていた。

短期間のうちに、首相は、オーストリア主導のもとに統一的なハイムウェアを引き込むことに成功した。準軍事的連合体の樹立という彼の計画は、三つの非社会主義的政党の代表者たちによって方向づけられ、かつ影響力を拡げようと努めていたパプストおよびシュタイドレの支持をタイムリーに受けたのであった。一九二二年六月、パプストはシュタイドレの承認を得た上で、ザイペルに宛てた用心深い言い回しの覚書を送り、さまざまな緊急事態に備えて、信頼できる武力的支援を政府に提供する軍事的組織の創出に協力することを提案した。パプストは、いかなる政治的対価も、またハイムウェアの人物の政府内ポストも要求しなかった。ザイペルはこれらの支援の約束を受け入れるにあたって、保守派の政党の代表者からなる四人委員会の設置に同意し、シュタイドレをキリスト教社会党の二人の代表者の一人として推し、彼を議長にすえた。

シュタイドレは、七月一〇日、ザイペル宛に要求を送ったが、それは彼の委員会および各地域の武装集団とその技術的支援団体の月々の活動費五千万クローネの予算化を提案するものであった。ハイムウェアの中央コントロールが確立されることを期待して、さまざまな保守的団体、とくに中央産業協会は、求められた資金をシュタイドレの委員会に提供することを約束した。その内三千万クローネをウィーンとニーダーエステルライヒに用いられるものとされた。九月になると、その総額はインフレによって月々一億五千万クローネに増大した。その内八千万クローネがウィーンとニーダーエステルライヒに配分されるものとされた。そのような気前のよい資金的援助の約束が受け入れられた後に、少なくとも一九二三年二月中に、これら二つの地域の競い合っていた諸集団は、不完全ながら新しい全オーストリア的なハイムウェア連合の創出を許容する合意に到達した。

しかしながら、この気前よく補助された準軍事的連合は、ほとんど長続きしなかった。それまでの指導権をめぐる争いは、最初から重大な障害となった。ドイツ民族主義のグループ、とくにシュタイアマルクとケルンテンの彼らは、産業家からの支援の分け前が少ないことに激しく反発した。同様に重要だったのは、構成組織のいくつかは、国際連盟の保証のもとに行なわれた巨大な国際借款とひきかえにザイペルがアンシュルスを放棄したのを不本意ながら支持しているのが明らかだったことであった。加えて、さまざまなハイムウェアの指導者たちは、首相が借款協定の議会承認を得ることで社会民主党に対して軟化していると非難した。またザイペルとの協力によって得られたシュタイアマルクの指導権に異議を唱え始めた。つまるところシュタイドレは、国家の諸事においてハイムウェアが影響を持ち得ることの劇的な証明を、ザイペルから迫られていると感じたのであった。

一九二三年一月一六日、シュタイドレが首相に送った独断的な最後通告は、政府とハイムウェア戦線との間の協力の約束を終らせた。シュタイドレの無神経な書簡では、ザイペルによって指示された支援の役割に対する彼の苛立ちのみならず、彼自身のハイムウェアに関する思い上がった野心をも鮮明にした。首相官邸に対する直接の接近を要求した彼は、ザイペルに対してハイムウェアをオーストリアにおける決定的な要素たらしめるもくろみを通告したのであった。ザイペルは、オーストリアの産業家たちによって提供される支援金を打ち切ることでシュタイドレの高慢な要求に返答した。ザイペルは、準軍事的な組織が必要だと感じるのと同程度に、彼ら指導者たちに政府内における有力な発言力を与えるよりも、ハイムウェアを合憲的な地方集団のなかに分属させることが望ましいと考えていたのであった。一月末にシュタイドレは、ハイムウェア戦線の執行委員会から辞任した。続いて起こったルーデンドルフ派とプッティンガー派との、ハイムウェア内の支配的発言力をめぐる闘争は、戦線を完全に分裂させた。

11　アルプス地方連盟

この失敗の後、再び効果的なハイムウェアの全オーストリア的連合が樹立されるまでには、およそ六年近くを要した。しかし、シュタイドレとパプストは、強力なハイムウェアを確立しようという野望を決して放棄しなかった。シュタイドレとザイペルは、最終的には一定の和解に到達したが、ティロルの連中は、ハイムウェアを独立の政治勢力に組み入れるのを支援する拠りどころを求めようと決心しているように思われた。とりわけその理由から、彼らは、ウィーンおよびニーダーエステルライヒのハイムウェアと協働するのを躊躇したのであった。相手方は、何はともあれ資金援助を受け取るために、ザイペルおよびショーバー(Johannes Schober)の仲介に大いに依存し続けていたのである。

郷里の近くで、シュタイドレとパプストは、ハイムウェアの「アルプス地方連盟」への支配的影響力をすばやく獲得した。この連盟は、一九二三年二月にフォアアルルベルク、ティロル、ザルツブルク、ケルンテン、オーバーエステライヒのハイムウェアなどによって設立された。最初、この連盟は、ピッティンガーを首領とする団体「バイエルンとライヒ」に名目的に加盟していた。シュタイドレは、この支持関係を終らせるために、ピッティンガーがバイエルン地方で影響力を失いつつあることを指摘し、またルール危機や急激なインフレーションなどドイツが直面している危険からオーストリア人は距離を置くべきだと主張した。

四月の終わり頃には、シュタイドレは、この分離した「アルプス地方連盟」の全体的な指導者に彼自身を選ばせていた。

12 社会民主党の対応

このようなハイムウェアの活動のすべては、社会民主党の警戒心を高めた。彼らは、国内的にも対外的にも、情勢の展開について将来への不吉な前兆を感じていたのである。オーストリアをとりまくヨーロッパの多くは、すでに反動的勢力が優勢となる徴候を示していた。一九二二年一〇月、ムッソリーニの勝利の後、イタリアは反革命的な隣人としてハンガリーのホルティ政権と結びついた。さらに、保守的なミュンヘンは、社会主義者の支配するベルリンよりもウィーンと親密であった。

国内では、社会主義者たちは、ザイペル首相が、狡猾で、強力な、敵意を抱いた対立者であることに気づいていた。もとより彼らは、ザイペル首相が、連合国は社会主義的でない準軍事的な構造物が発展することに反対しないであろうとの非公式な保証をジュネーヴから持ち帰ったことを知るよしもなかったのである。

社会主義者たちには、ハイムウェアの諸組織が統合された状態にとどまることが不可能であるとは考えられなかった。彼らは、シュタイアマルク、ケルンテン、ティロルの町や村でくり返されるハイムウェアの日曜パレード、デモンストレーションに悩まされていた。それらの地方では、農民たちは「赤の連中」が彼らの農場を燃やそうと企んでいると警告されていた。また彼らは、一九二二年一一月に、シュタイアマルクのユーデンブルクで起こったストライキ中の労働者とプリマーに指揮された数千人のハイムウェアとの緊迫した武力衝突によって、ひどくおびえさせられていた。加えて、ユリウス・ドイッチュ（Julius Deutsch）の後任の国防相となったキリスト教社会党のカール・ヴォーゴワンは、人民軍（Volkswehr）を保守的な国防軍に変質させ始めていた。そのような連邦軍とハイムウェアは、社会民主党のウィーンにおける政治的支配のみならず党の存在それ自体にとって、いつか重大な脅威となるかもしれなかった。

社会民主党は、このような展開に対して、宣伝と具体的な対抗措置で対応した。情勢に民衆の注意を喚起するために、ドイッチュは二種のパンフレットを公刊し、その中で「ファシストの危険」について警告し、さらにまた「誰が内乱のために武装を進めているのか」と問うた。歴史に対する鋭い眼で観察すれば、彼は、すべての非正規な自警団の非武装化を提案することによって、武装化競争における社会民主党の潔白を主張する根拠を示したのであった。彼の対立者たちは、この提案の誠実さを決して試めそうとはしなかった。

一方、合意が成立するとは実際には期待できないままに、社会民主党の指導部は、一九二三年の初め、彼ら自身の党の自警団と全国的な労働者の武装組織シュッツブント（共和国防衛団）をハイムウェアに対する軍事的な対抗力たらしめるとともに、また社会主義派のデモンストレーションを保護し、かつ統御するための組織に転移させるプランを完成したのであった。

多くの点でこの措置は、彼らの初期の組織立ての合理化を意味した。それは、形態的には地方分散的であったのが、ドイッチュをナショナル・リーダーとして明確に承認し、「兵士委員会」を通じて人民軍と密接に協力するようになったのであった。この連邦政府によって承認された「私的団体」の公言された目的は、地方的なハイムウェア諸組織のそれと、さして異なるものではなかった。しかしながら、その対抗者とは違って、シュッツブントは社会民主党の中央指導部に対して忠実であり、ブルジョア政党やマルクス主義者に対して敵意をいだく地方の指導者に対してではなかったのである。

シュッツブントの編成は、多分に社会主義者たちによる防衛的な反応だったのであるが、ハイムウェアの指導者たちにとっては、「赤い」軍隊に対して国を守らなければならないとの主張をより明瞭に正当化する根拠を与えたのであった。

13 一九二三年の相対的静穏

ハイムウェアの指導者たちは、一九二三年には、組織を拡大するために、フランスのルール地帯占領とかオーストリア国会の選挙とかによって呼び起こされた興奮状態を刺戟しようとして利用した。彼らは、団旗を捧げたパレード、射撃競技会、軍事演習などによって、献身的で敏速に対応できる組織性を保持しようと努めた。ケルンテン州のハイマートシュッツは、一九二三年九月にクラーゲンフルト近くの草原で挙行された団旗奉戴式と決起集会に一万五千人を集めたと主張した。群集には、プリマーに指導されたシュタイアマルクから千人、シュタイドレ指揮下のティロルからの小派遣隊が含まれていて、シュタイドレは集会における主要な演説の一つを行なった。そのような華やかな見世場づくりの努力に加えて、社会民主党系の労働者とのさまざまな種類の衝突――それはハイムウェアの活気を維持するいま一つの主要な手段であった――が頻繁にひき起こされた。それらの事件は、たいていは小さなもので、口論から生じたなぐり合い、政治集会におけるヤジ馬によってひき起こされた小競り合い、あるいはストライキと結びついた暴力沙汰などであった。しかし、一九二三年には、社会民主党員がナチスおよび戦士団のせいだとした政治的衝突で二人の社会主義者が殺害された。

戦線は主として私的武装集団の間の闘争として展開しているように見えたが、それでも長い期間、小競り合いが続く程度にとどまった。一九二三年一〇月の総選挙以降、議会における非社会主義勢力の多数支配が再認され、またドイツの危機が平穏化したことによって、脆弱なオーストリア共和国の政治生活がある程度の安定を達成するように見受けられた。

14 一九二四年――二六年の経済再建

一九二四年から一九二六年に到る間の最も重要な展開は、主として経済的なものであった。一方でインフレーションの終息および国の財政の安定化があり、他方では、キリスト教社会党にダメージとなった銀行スキャンダルによって強調された経済不況であった。この数年間の準軍事的諸集団は、一九一九年から一九三六年までのどの時期に較べても、目立った役割を演じることは少なかった。彼らの暴力および政治力行使の潜在力は健在であったが、全般的に、社会主義者の武装力も大衆の目には目立たなかったし、大衆には一九二七年の初めまで内戦を怖れる理由は殆どなかったのである。

一九二四年から一九二六年までの間、国内情勢が安定していたと称することは、この時期、経済的に、あるいは政治的に、オーストリアが健全であったということにはならない。ザイペルの財政再建は彼に相当な威信をもたらし、またキリスト教社会党を強化したと思われたが、それは苦痛に満ちた耐乏生活の犠牲の上に達成されたのであった。経済の健全化は、国際借款の条件として国際連盟によって課せられたものであったが、数千人の公務員を解雇し、また一九二六年までに二万人を少し超える軍事要員削減をよぎなくされた。したがって、民間の政治的武装力は相対的に強化されたのであった。加えて、インフレーションの終息には、多くの新しい企業の整理およびなによりも低減する生産の危機と失業の増大へと導いた産業部門における再調整を必要としたのであった。しかしながら、通貨の安定が達成され、国家予算が均衡した後は、産業はかなりの資本をひきつけることができ、また大がかりな合理化を通じて、生産は徐々に、しかも着実に、一九二五年から一九二九年初期にかけて上昇した。だが、この生産の増大は雇用面では逆に作用し、一九二四年の後半以降失業者の数が一〇万人以下に減ることはなかった。

政治的な戦線の面では、一般化した条件を永続的なものとして受け入れようと考える者はほとんどいなかった。にもかかわらず、一九二四年から一九二六年の間、権力闘争は正規の政治制度に沿って全般的に闘われた。一九二三年の国会選挙後――その選挙ではキリスト教社会党は前回の得票数四二％から四五％に増大し、他方で社会民主党は三六％から四〇％近くに増加させ、両勢力とも、長期的な趨勢では永続的な優位を獲得できるであろうとの期待を抱いたのであった。

あと三〇万票増加すれば、社会民主党は議会多数派を握れるであろう。キリスト教社会党は、汎ゲルマン主義者たちと手を結べば（一六五議席中九二）連邦参議院を容易に支配することができた。さらに非社会主義の諸政党と組めば国民議会の三分の二を占めることができるので、社会民主党によって始められた（とくにウィーンにおける）市営住宅プラン、全国的な賃貸料の制限、そのほか戦後の多くの社会政策立法、（非宗教的な）届け出婚姻法、（非宗教的な）普通教育などに関して憲法改正を行なうのに必要な勢力を実現することを望んでいた。ザイペルは、彼の党がもっと多くの議席を獲得できなかったことに失望したが、一九二四年一〇月まで首相の座にとどまった。その年に、彼の内閣は、中央政府の勢力を増す好条件に恵まれ、キリスト教社会党の地方的な要素を代表するひとりの国会議員に道を譲ったのであった。

およそ二年近く、ザルツブルク出身の国会議員であったラメク（Rudolf Ramek）が、内閣を率いた。彼は立法面ではかなりの成果を収めたが、キリスト教社会党の数多くの指導的人物の名誉を損った銀行スキャンダルは広く記憶されていた。その中には、シュタイアマルクの副知事だった財務相アーラーも含まれていた。やがてラメク政権は、経済的危機が永続的だと思われたことで失望感が広がり、窮地に陥った。

一九二六年一〇月、ザイペルは再び首相の座に就いた。その際、次のようなコメントが伝えられた。「オーストリアの事態は私が首相を引き受けなければならないほど悪くはないが、そうしないことが許されるほど良くもない。」

この時点から、各主要政党が、この国の諸問題について、それぞれの立場にもとづく解決の観点から発言するのが増し、それにつれて国内政治のとげとげしさは激しくなって行くのである。

15　一九二三―二六年

この数年の相対的に安定した期間におけるハイムウェアの活動については、あまり知られていない。バイエルンの右翼とオーストリアの武装集団との結びつきの中断は、ハイムウェアに関する情報の一源泉を停止させた。彼らの運動にかんする歴史は一九三四年に最初に公刊されたが、各地方におけるハイムウェアの「英雄的な創始」に数ページを捧げている。

ついで一九二七年七月以降についての叙述は、社会主義者の脅威への「積極的な」対応へと飛躍する。このようにハイムウェアの初期の歴史は、あいまいに描かれている。さらに一九二三年から一九二六年までの間、(オーストリアに駐在する)ドイツの外交筋は、事実上ハイムウェアに関する報告を本国へ送信するのを止めている。また連邦参議院におけるハイムウェアについては、殆ど述べられていない。

しかしながら、多くの点で、この沈黙は欺瞞的である。実際には、中央司令部も指揮所もまったく存在しなかったというのが真実なのである。またウィーン地区では、いくつかの競争的なハイムウェアの組織があって、生きのびるため戦いが必要であった。しかし、西部および南部地方の諸集団は、すでに一九二三年までにしっかりと確立されていて、彼らの地盤をただ保持するというだけにはとどまらなかった。

前述したように、シュタイドレとパプストは、はやくも一九二三年には、最終目標としてオーストリアにおける最高権力の征服を採用していた。もっと直接的な目標は、パプストによれば、「赤い」テロリズムに対抗する防衛を固め、戦闘精神を増進し、「赤い」都市で街頭の支配を戦いとることであった。早急なアンシュルス(ドイツとの合邦)は、彼の諸要求の一つではなかったか。パプストが強調したように、ハイムウェアはオーストリアを「健全なドイツ国家」の核たらしめなければならないのであった。

明らかに、ハイムウェアの指導者たち、および産業と政治における彼らの資金的後援者たちの多くは、一般大衆が知るようになるずっと以前から、ハイムウェアに対する「積極的な」願望を抱いていたのであった。

前者は、ハイムウェアを、いっそうの変革を防ぎ、「革命」によって実現された社会改革の多くを無効にするために役立つ道具とみなしていた。ムッソリーニの独裁的野望の先例が、ハイムウェアの多くの人々に魅力的であったし、また彼のファシズムおよびその他コーポーラティズムのあいまいな諸観念も、同様に人気があった。シュタイドレやパプストのようなハイムウェアの指導者たちだけでなく、リンテレンのような政治家たちも、オーストリアに権威的で反社会主義的な体制を樹立するために彼らの軍勢を利用することを夢見ていた。戦前の世界がいかに完全に過ぎ去ったのか理解しないままに、彼らは、社会階層制が富裕者と軍上層部の結合体によって支配され、また小ブルジョア、官僚、独立農民層の利益が守られる、そのような秩序の回復を望んだのであった。社会主義の裏切り者たちや労働者の影響からいったん救われると、彼らはそのような旧体制を支持し、社会階層制の重圧に耐えることが幸せなのだと信じたのであった。

ティロル地方は、ハイムウェアの活動と野心の中心であり続けた。他地方の同類と同様に、シュタイドレとパプストは、この地区の軍指導部との緊密な結びつきを保持し、戦争もしくは革命に際して正規軍と協力する計画を作成した。彼らはやはり軍事的演習を指導し、彼らの組織員たちが社会主義者たちと張り合って互いの集会をぶちこわすことを許した。一九二四年一〇月、ティロル人のハイムウェアは、強硬に反社会主義的な『ティロル・ハイマートウエア新聞』の刊行を始めた。それは一九二五年一一月までに二二号を発行した。そして一九二六年一月初めに『アルプス地方ハイマートウエア新聞』(Alpenländische Heimatwehr)と名称を変更した。第二巻を刊行し始め、いくらか定期性を増した。

一方、シュタイアマルク地方では、一九二〇年代の半ばには、武装集団の指導者たちは、彼らの努力のすべてを(ドイツ)民族主義的で反政党的なハイマートシュッツを、小規模で親政党的なハイムウェアと再結合することに注いだ。一九二五年には、この地区の双方の組織に属する諸集団は、グラーツの戦士連盟の指導者の方針に従って軍事的指揮系統を統一することに同意した。ただし政治的には、彼らは、一九二六年中は別々であった。しかしながら、いっそう軍事的精神をもったハイムウェアの指導者たちは、政党の影響から離脱することを求めた。知事のリンテレンは、決して忠実なキリスト教社会党員ではなく、生来の陰謀家だったので、政党寄りでなくリンテレン寄りの——実のところハイマートシュッツは、一九二五年一二月以降はプリマーによって指導されていて、すでにそうなっていた——大きな準軍事的組織を作ろうとする努力を支持した。一九二五年の内に、リンテレンは、成功しなかったけれども、「最も有望な機会に」ウィーンへの進軍を可能にする私的軍隊を装備するためにムッソリーニから資金援助を得ようと試みた。彼はおそらくファシスト体制への道を準備する軍事的独裁を樹立しようと考えたのであろう。

オーバーエステルライヒにおいては、地方のハイムウェアの維持は、民主的な傾向の聖職者で気が進まないままにそれを支援していた知事のヨハン・ハウザー(Johann Hauser)の見方によれば、それは難しい仕事であることがわかった。オーバーエステルライヒのハイムウェアとハウザーとの間の重要な仲介者は、ファニイ・シュターレムベルク王女(princes Fanny starhemberg)であった。彼女は、敬虔なカトリックで、連邦参議院の活動的なメンバーであり、将来ハイムウェアの指導者となる人の母親であった。後のハイムウェア年代記作者たちは、一九二五年七月、バート・イッシュルの彼女の別荘で行なわれた自衛連盟の代表者たちと非社会主義諸政党との調停を、オーバーエステルライヒにおけるハイムウェア発展の画期的な事件であったと賞賛している。しかし実際には、ペーター・レファーテラ(Peter Revertera)——彼のヘルフェンベルクの屋敷はハイムウェアの演習の初期の基地であった——の語るところによれば、会合は同盟を結ぶのではなく諸政党との休戦をもたらしたに過ぎず、また双方とも地方、地域でわずかに組織を強化しようとしていたに過ぎなかった。

16 パプストの企図――二四万人の「軍隊」

ハイムウェアの運動の中には党派主義や競争心が広く見られたにもかかわらず、パプストは――彼はそれらのオーストリアの関心事に心を乱されない唯一のドイツ人であった――真に全国的な準軍事的組織を創出しようと根気強く活動した。一九二四年末までに、彼はそのようなハイムウェアの軍隊を創出するための野心的な企画を作成した。アメリカの軍事情報部が「信頼できるイタリアの情報源」から得た彼のプランは、この国の下部行政区分と凡そ一致する部隊の構成を描いていた。それによれば、クライス、ベツィルク、ガウ、オルトの各行政区域に対応するハイムウェアのグループは、それぞれ四五兵団、一八〇連隊、七二〇大隊、二八八〇歩兵団に編成される。一方、歩兵団は各二〇人程度の小隊四個で構成される。これにもとづいて二四万人の「軍隊」が、規模の点で一倍半という条件をつけて基本的に希望された。――国全体では、サン・ジェルマン条約によって軍と警察の勢力は、ハイムウェアが企図した主兵力の規模の六分の一に制限されていた。(中略)

17 忠実なメンバーたち

このような大げさなプランにもかかわらず、一九二四年から一九二六年までの間は、ハイムウェアの忠実な成員にとっては本質的に試練の時期であった。その活動的な中心は、主として「義勇兵」(Freischärler)から成り立っていた。――この「無法者たち」については、戦争詩人ギド・ツェルナット (Guido Zernatto) によってたいそうロマンティックに描かれている。凋落し名誉を汚された職業軍人の将校たち、小さなペンションかあるいは幸せにも所有地の大部分を残された田舎貴族たち、学校教師かホワイトカラーの勤め人であることに満足しない予備役の将校たち、さらに、きつい先輩たちの軍人としての英雄的行為に感嘆していた、そして現在、経済的不況と不安な政治にさらされている社会に未来を見ることができない幻滅せる若者たち。

これらの怒りと不安を抱く男たちの目には、社会主義者たちこそ彼らの生活の陰うつさと不安定に責任があると映ったのであった。この侮辱に、社会主義者たちはさらに侮蔑的なスローガン「戦争はもうたくさんだ」をつけ加えた。それは彼らの英雄的な歳月――あるいは夢――をおとしめるものであった。

シュタイドレやプリマーのような著名人は例外として、年がら年中ハイムウェアの諸事を指導した人々は、大部分は退役将校や称号を失った旧貴族たちであった。彼らの陣列からは、参謀、幕僚、下級幹部など、地方組織を建設し、維持し、拡大した人々が出現した。その仕事は、一〇年の間には、二度、三度とくり返してなされなければならなかったのであり、またレファーテラの表現によれば、参謀本部の指図を必要とするような仕事であった。ハイムウェアを一九二〇年代の半ばに生き続けさせたのは、これらの人々の不屈の精神であり、彼らが地方政府や産業家たちから確保し続けた資金援助であった。

下士官に相当する活動的な部分の範囲を見定めるのは、かなり難しい。ハイムウェアの基礎的な成員となったのは、小農や山嶽地帯の下層中間階級の出身であった。たとえばケルンテン州では、小農のグループが市民グループよりも、明らかに結束力を保った。この小農たちは、おそらく、社会主義者たちからの脅威を他の誰よりも感じていなかったと思われる。しかし、彼らは、読み書きの能力がなかったし、またオーストリア社会民主党とロシア共産党との正確な相違を知る機会にも恵まれなかった。煽動者たちは、社会主義者らが中欧で最も自立性の強いオーストリア小農民の農場を焼き払うつもりでいるという物語を拡げて、小農たちの恐怖感を助長したのであった。加えて、教区司祭の殆どが小農の子息であったので、教会は反宗教的な社会民主党員について悪しざまに語った。社会民主党は、貧しい小農および農場労働者たちの支持を得ようと、とくに一九二五年の農業綱領の採択後は努力したが、その成果は限られたものであった。その時の政治的風潮によって、小農たちは、町や村、のちには市部からやって来る商人、専門家、学生、公務員たちによって社会主義に向けられる嫌悪に同調したのである。

一九二七年七月末、ハイムウェアはかなりの数の労働者を成員に加えていた。それは主として、ドイツ人が経営するアルピーネ・モンタン社が支配した工業地帯においてであった。一九二八年六月の時点では、ハイムウェアが主張する成員は一五万人のうち、観察者の見るところ、ほぼ七〇%が小農層、二〇%が学生や町人、そして一〇%が労働者たちであった。これらのうち、ほぼ五万二千人が軍事的な役務に利用できる者であったと考えられている。

彼らの任務が主として防衛的なものであった下層中枢部分の考え方を支配しようと努めながら、シュタイドレとその他は、政治的事象におけるハイムウェアの主導権へ支持を得ようと懸命に活動した。一九二六年には、ハイムウェアの活動のテンポは相当に高まっていたが、そのことは少数の鋭い観察者を除いて、ほとんど気づかれていなかった。疑いもなく彼ら指導者たちは、一九二六年の五月と七月に行なわれる社会民主党の巨大なデモンストレーションと、四年毎の総選挙の接近によってかき立てられる不安を利用しようと考えていた。

首相のラメク（一九二四―二六）は、一九二六年にイギリスの閣僚に対して、ハイムウェアは徐々に自発的に解体して行きつつあると当たり障りのない保証を語ったが、インスブルックに新しく着任したドイツ人の領事ザラー（H.Saller）は、ティロルのハイムウェアの戦闘心は月毎に高まっており、山岳演習を頻繁に行ない、とくに社会民主党に対する強硬方針が顕著に見られると不安を述べている。ハイムウェアが政府の法令に反対して武力行使で脅しをかける二つの場合を想定して、その運動は地方政府にとって真の危険を引き起こすと警告している。

一九二六年一〇月二六日、シュタイドレは綱領的演説を行ない、社会民主党とブルジョア政党の双方を激しく攻撃した。社会民主党の新綱領のプランに反応して、このハイムウェアの指導者は、「我々は権力闘争の新しい段階に入った」と断言した。〝受動的な自己防衛ではなく、積極的な自助のみが、外国の議会依存主義のオーストリア的実験によって生まれた混乱を一掃することができる。時の必然は、ブルジョアジーに犠牲を要求するのみでなく、ハイムウェアのメンバーたちの指導者への信頼、規律、無条件の服従を要求している。〟そう彼は論じた。

18 社会民主党への宣伝攻勢

一九二六年の暮れに、ハイムウェアの指導者たちは、新たな支持を求める手段として社会民主党が採択した論争的な新リンツ綱領にすばやくとびついた。社会民主党は、このリンツ綱領の中で、わが党は民主共和制の枠内で「いかなる階級支配も廃止」すべく努めるであろうとの保障を提起しながら、一方では、ブルジョアジーが誘発する反革命を阻止するには、労働者階級は共和国防衛のための十分な軍事力を保持しなければならず、また「内乱に際しては、国家権力を制圧し、……独裁の手段によってブルジョアジーの抵抗を打破しなければならない」と主張していた。

シュタイドレを先頭にハイムウェアの指導者たちは、社会主義者たちがプロレタリアートの独裁を樹立するために暴力の使用を主張していると思われるように、この綱領を早速ねじまげた。社会民主党のリンツ党大会の二週間後に、シュタイドレは、それがどういう意味かは明らかでなかったが、「健全な良識にもとづく独裁」を提唱した。彼は、オットー・バウアー（社会民主党議長）の「受け売りの」民主主義者に山岳地方の「生来の」民主主義者を対置してみせた。また他の演説で、シュタイドレは、お気に入りのテーマを新たな迫力を加えて展開した。「オーストリアの社会民主党は、ロシアを除けば最もラディカルな社会主義者であるが、オーストリアのブルジョアジーはヨーロッパで最もおとなしいのである。」

パプストに支援されて、シュタイドレは、また諸地方の全体を包含する軍事的＝政治的運動を形成する努力を強化した。一一月が終る前に、シュタイアマルクの二つの組織の指導者たちが、一九二三年以来存続する緩いアルプス連盟に加入した。その名称は自衛連盟（selfstschutz- verbände）へと変更されたが、各地域の自衛連盟は、依然として大きな自主性を保持していた。シュタイドレは、そのような連盟の執行委員会の議長であった。

社会主義者らとシュッツブントに対抗する宣伝活動から離れていたわけではなかったが、シュタイドレの新しい連盟には属していなかったニーダーエステルライヒ州の自衛連盟が、一九二六年の暮れに「国家の危機」を警告する小冊子を発刊した。それは一九二七年の明けに行なわれる国政選挙に関して懸念を示したものであったが、そのメッセージの要点は、もしボルシェヴィストが三〇万の票を加えて国会の多数派を獲得すれば、彼らは「赤衛隊」を用いて国軍を中立化し、私有財産制を廃止することができるというのであった。

著者のアルトゥールカルク＝ベーベンブルク（ArturKarg-Bebenburg）は旧男爵で、小農たちに社会主義者が票を得ようとする努力に対抗するよう警告するのに腐心していたのであった。「赤い連中」は大地主を敵視してプロパガンダを展開しているけれども、社会主義者たちの真の狙いは、すべての私有財産を奪い去ることにあるのだ、と彼らは論じた。反ボルシェヴィストの人々は、そのような大惨事に直面する前に、圧倒的な対抗力を構築しなければならない。なぜなら、「家がすでに燃えあがっている時に消防署を建てようとしても役には立たない」からだと主張した。

19 一九二七年一揆への動き

一九二七年の最初の週頃には、ハイムウェアの陣営内に不穏な緊張の存在することが明らかになった。ザラー領事の伝えるところによれば、シュタイアマルクとケルンテンのリーダーたちは、戦士連盟のヒルツル大佐も含めて、「部下たちを制御し続ける」ことがもはや難しいと断言した。彼らは、来るべき総選挙に不安感を抱いていたが、もっと直接的には、もしイタリアとユーゴスラヴィアとの間のアルバニアをめぐる緊張関係が交戦状態となるならば、オーストリアの南部諸州は紛争の舞台となりかねないと心配していた。またもやハイムウェアの指導者たちは、クーデターに重大関心を持ち始め、ウィーンへの進軍について語り始めていた。ザラー領事が聞いたところでは、彼らは政府を支配して、「連邦首相シュタイドレが当然に指導的役割を演じるであろう」執政府の樹立を画策しつつあった。また領事の本国宛報告によれば、パプストは、ハイムウェアとシュッツブントの国内の政治的闘争によって引き起こされるいかなる情勢にもイタリアは介入を試みることはないであろうとの暗黙の保証を得ていた。一九二七年初めにおいて、ハイムウェアの指導者たちがなんらかの武装反乱を企てようと欲していたことは、ほとんど疑いないと思われる。

しかしながらまもなく彼らは、時期の点で好ましくないと判断した。おそらく彼らは、ウィーンおよびニーダーエステルライヒ州のシュッツブントの強固な力に対して一揆が成功するチャンスは乏しいと判断したのであろう。また彼らは、外国の介入の可能性も怖れたに違いない。だが、もっと直接的な判断要素は、彼らの財政的な後援者たちがリスクを分け持とうとしなかったという事実であったかもしれない。ザラー領事は、財政的支援の欠如こそが即時の行動を妨げたと感じていたが、ティロル産業協会の会長が──彼はハイマートウエアに対する気前のよい寄金者であったが──「現時点で」一揆の計画を実行するのには反対したと本国へ報告している。

一月の第二週の初め頃には、一九二六年一〇月に再び政権を担当して間もないザイペルの内閣が、その任期を全うすることを承認されるべきであり、行動を起こす計画は、もし総選挙の結果が受け入れ難い場合にのみ実行されるべきであるとする考えが有力となった。ハイムウェアの参謀首脳部たちが一九二七年一月末にインスブルックに会合した際には、シュタイアマルクの代表を除いて、他の全員が「緊急事態」においてさえもウィーンへ進軍することに疑念を抱いていた。会合は、組織の改組および行動計画についての不安の点で議論がまとまらず、解散した。

一月三〇日、クラーゲンフルトにおいて挙行された公然たる決起集会の際に、ハイムウェアの指導者たちの重要な会議が開かれたが、彼らは最終的に、攻撃的プランは当分の間見送ることに決した。シュタイドレは、公開の演説では、オーストリアにおける内乱への期待を語り、「自衛」から「自助」への転換をとなえた。しかし、リーダーたちの非公開の議論では──それは国家的次元の政治よりも組織内の事柄について論じられたのであったが──穏健派が急進派に対して優勢であった。とくに知事のフィンツェンツ・シュミイ(Vinzenz Schumy)は、どんな種類の冒険も思いとどまらせた。一方、ヒルツル大佐は野心的な一揆主義者だと多くの人に信じられていたが、多数派の意見に沿うことに同意した。「積極的な」行動は、春に行なわれる国政選挙後まで延期されることになったのであった。

20 シャッテンドルフ事件（一九二七年一月）

クラーゲンフルト決起集会のまさにその日に、ブルゲンラントの小村シャッテンドルフにおいて、共和国の歴史に深刻な影響をもたらすことになった事件が発生した。戦士団とシュッツブントの衝突のなかで、労働者一人と少年一人が銃撃で殺害された。この出来事は、オーストリアとハンガリーの反動主義者の協力を社会民主党が怖れていたということもあったが、オーストリアにおいて高まる政治的緊張の表れであった。シャッテンドルフの殺害の後、労働者たちは全国的な抗議のデモンストレーションで激しい怒りを表現したが、ハイムウェアの威嚇は、インスブルックで計画されていたデモンストレーションの中止を社会主義者たちによぎなくさせた。しかし、いたるところで社会民主党の指導者たちは、七月に予定された被告人たちの裁判で「正義」を期待するよう支持者たちに熱心に勧めたのであった。

平穏がしばらくはよみがえったと思われたそのとき、表面下ではなお緊張が続いていた。そもそもこの時期に何が起こったのか、依然としてあいまいであったが、ハイムウェアがその真の色合いを示したということは疑いなかったし、またこの組織は注意深く見張られる必要があるというのが、大方の見方であった。二月二二日付の長文の本国への報告書の中で、駐オーストリアのドイツ公使フーゴー・ラーヘンフェルト伯(Hugo Lerchenfeld)は、この点を完ぺきに明らかにしている。ハイムウェアの多くは「不快な」平和よりも「過激な」戦いを好み、さらにウィーンへの進軍の計画とか、ドイツ人およびハンガリー人のハイムウェアへの支援とか、社会民主党の主要人物を拘束する陰謀とかのうわさが流布されていると、彼は本国への報告で述べている。にもかかわらず、社会民主党のリーダーたち、とくにドイッチュは――彼はラーヘンフェルトに好印象を与えていた――国内的な武装解除を要求し続けたが、ザイペル首相は、ハイムウェアの武装解除は連邦政府の権限外だとの回答をくり返した。ザイペルの態度の更なる意味は、ラーヘンフェルトに対する彼の主張に示されていた。すなわち、彼はユーゴスラヴィアとイタリアとの間に発生する紛争を予想しないけれども、政府としては、国境のパトロールに奉仕する「自衛的な人々を訓練する」ことに反対しないであろうと述べ、トラブルが起こった際には、と彼はドイツ公使に確言した。「人々はどこかで必要な兵器をきっと探すでしょう。」

21　一九二七年四月の総選挙

春になると、国中の一般的な関心は、国会の選挙に集中し始めた。この選挙は四月二四日と最終的に設定されたが、ブルジョアジーとプロレタリアートの重要な戦いだともてはやされた。全般的にハイムウェアは、キリスト教社会党と汎ゲルマニストによって形成された統一リストを支持した。選挙のちょうど一〇日前に、民族主義的で反セミティズム的なケルンテン州のハイマートシュッツが、ハイムウェアの週刊誌では最も長く続いた『ハイマートシュッツ』誌（Heimatschuz-Zeitung）の刊行を始めた。選挙前に二号まで刊行した同誌は、不統一と「選挙疲れ」およびブルジョアジー側の無関心が社会民主党に対する勝利を失わせることになるというおそれを表明した。

その編集者は、それによってハイムウェアが満足することにはならないブルジョア諸政党への支援を仲間たちに熱心に勧めることの、また経済状況の真の改善をもたらすことのできない議会を支持することの、パラドクスを説明する必要があると感じていた。「我々は危険な洪水に対抗してダムを強化するのと同様に、議会のブルジョア政党を支援しなければならない。」しかし、ひとたび国会内の「赤の氾濫」の危険がなくなれば、「ブルジョア諸政党に対し本気の真剣な言葉を用いて」「彼らを我々の見解に改宗させる」ことによって、現在の諸条件を改善し始めるのが可能となるであろう。ここ暫くのところ、愛国者の義務は非社会主義の諸政党に票を投じることである。

選挙の結果は、「赤い氾濫」をひき起こさせなかった。だが、それはハイムウェアの指導者たちの懸念を正当化するものであった。ザイペルの統一リストは、戦術的には失敗であることを証明したのであった。すなわち、国民議会に選出された連立与党の議席は九二から八五に減少した。議席の配分は、キリスト教社会党に社会民主党より僅かに議席の優位を与えたに過ぎなかった。社会民主党は四二％の票を獲得し、国民議会における代表を六八からから七一に増やした。政府はひどく動揺した。しかしザイペルは、選挙後に今まで避けてきた注目すべきことをやってのけた。すなわち、彼は、今まで対立関係にあり、今度の選挙で五議席から九議席に勢力を増した民族主義的で基本では反教権的な農民同盟に対し、与党に加わるよう説得したのであった。この拡大された連携は、国民議会において九四票を内閣にもたらし、前議会より二議席増となったのであった。

22 激しい動きの新たな兆候

一九二七年七月中旬の危機が彼らを舞台にひき出さなければ、この四月選挙はハイムウェアの歴史における転換点として知られるようになったかもしれなかった。大方の予想では、長い目で見れば社会民主党が勝利するかもしれないという点で一致していた。ハイムウェアの指導者たちにとっては、もし反社会主義者たちが国民議会で勝利しえないとすれば、議会の外で闘う準備をしなければならなかった。選挙の僅か三日後に、ザラー領事は、ハイムウェアの激しい動きの新たな兆候が見られると本国に報告している。ハイムウェアの宣伝担当者たちは、明らかに選挙の結果に狼狽している様に見えた。彼らは宣伝の効果については大いに喜んでいたかもしれなかったが、選挙の結果については明らかにとまどっているようであった。『ハイマートシュッツ』誌は、選挙前の確言は忘れたかのように、反民主主義的な攻撃を書き立てた。「いま何を（なすべきか）？」と題する選挙後の一連の論説で、「費用のかかる」第二議院の連邦参議院は、職能協同的な評議会（Ständerat）に変えることを要求し、地方や農村に有利な傾斜配分的な投票システムを要求した。新しい国民議会における社会民主党の妨害戦術に言及して、「戦いは始まっている」と宣言し、議会制度は目的のための一手段にすぎないとか、政府は議員たちを追い出して彼らなしで統治すべきであるなどと主張した。

シャッテンドルフの殺害事件で起訴された連中の裁判の前夜、シュタイドレは、ハイムウェアは戦いを熱望している、と公言した。オーバーエステルライヒ州のウェルスで開催された集会で、彼は長い「綱領的な」スピーチを行ない、その中で、ちょうど裁判のあとウィーンで起きた暴動の直前にハイマートウエアの間で広く行きわたっていた精神について、さらなる証言を提供した。オーストリアは将来の見込みのない騒ぎを「強いられていて、我々はそれを望んではいない」状態にあると不平を述べたあと、彼は、オーストロ・マルクス主義者たちを糾弾することに最大の時間を費やした。彼ら敵対者たちは、ただ単に「赤いファシズム」のために党の軍隊シュッツブントの存在を正当化しようと、共和国は脅かされていると叫んでいるのだ、と彼は抗議した。社会民主党に手を貸すいかなる企ても、自ら生命を断つ行為に等しい。なぜなら、かの党は「支配を求め、所有権の剥奪を求めている」からである。

極く少数の手中におさめる「非政党的権力をつくりだす」仕事をしないブルジョアジーを厳しく非難したあと、シュタイドレは、外国の干渉、モスクワの影響、「アジア的実験」から国を守ろうと努めてきたハイムウェアは、万人のために働く強力な政府――「指導し、統治し、妥協やまごつきから、また他のものへとふらつくことのない」政府を支援する用意がある、と宣言した。ハイムウェアは愛国的な労働者と戦おうと望んでいるのではなくて、ただ階級戦争、テロと憎しみから彼らを解放しようと考えているのである。ハイムウェアは内戦を望んでいるのではなく、内和（civil Peace）のみを望んできたのである。これらの目的を達成するためには、「我々は組織された力を必要とする。そしてそれは愛国的な防衛の同盟が欲しているものなのである」と主張した。

シュタイドレは、（社会民主党の）ドイッチュが行なった最近の発言、「決定的な闘いが待ち受けている」に同意見だと述べ、そしてつけ加えた。「我々は準備しなければならない。」彼は警告した。もし革命が勃発したら、社会主義者たちはウィーンを支配するだろう。しかし、地方政府だけでオーストリアの「秩序を維持する」ことができるであろう。ハイムウェアの主要な任務は、社会主義者に対抗する防衛に反対者を結集することであろう。「我々は必要とあれば、やはり力に訴えるであろう」と約束した。それは嵐の前の鮮明な予告であった。

23　裁判に抗議する暴動・全国スト

シュタイドレが七月三日に語った時点で、シャッテンドルフ事件の被告に対し七月一四日にウィーン（の裁判所）で無罪判決が下された後に起こった意図されざる社会主義者の「革命」以上のことを、彼が望んだ筈はなかった。七月一五日から一七日にかけての出来事は、共和国の政治的分極化を悲劇的に増大させた。法務省の建物の炎上、大規模な暴動。（その無慈悲な鎮圧はおよそ九〇人の死者を出したが、大部分は労働者階級の市民であった。）そしてさらに、怒れる労働者たちの信頼をとり戻し、政府に取引を強いようとする社会民主党指導部によって呼びかけられた全国的なストライキ。それはシュタイドレが早くから呼び覚まそうと努めていた非社会民主党側の多くにショックを与え、おびえさせた。一六日になって、この国が行き詰っていたとき、人々は首都で何が起こっているのかほとんど何も知ることができなかったが、革命が進行しつつあるとはすぐには信じることができた。（社会民主党の指導部が、街頭デモをすべて中止させようと努め、またシュッツブントが武器を使用するのを禁止したことは、彼らにとって問題ではなかったか、さもなければ彼らはそのことを知らなかったのである。）

情勢はハイムウェアにとって、攻勢に出ようと「守勢に」徹しようと、絶好の機会を与えたのであった。シュタイドレの予想は現実のものとなった。地方におけるハイムウェアの行動は、ティロルとシュタイアマルクにおいて思いもかけず強力であったが、ひどく動揺した内閣を社会民主党――内閣の辞職を要求していた――への重要な譲歩から救ったのであった。

24　ハイムウェアの武装動員

七月一七日の朝、連邦政府のさる代表がインスブルックへ急行した。内閣が政権にとどまるためには、地方の支援が必要であった。そこで、ティロルの地方政府に対し、この地方の完全な支配を維持し、もし可能ならば、この地方のストライキを強制的に終らせるために、あらゆる必要な手段を用いるよう要請した。ティロル州の役人たちは、すばやくハイマートウエアに秩序を維持するための補助警察官として協力することを要請した。一方、フォアアルルベルク州の知事は、ハイマートディーンスト（Heimatdienst）に対し同様の目的に沿って行動した。七月一七―一八日の夜に、これらの勢力は、正規の警察官と結合して、僅かな抵抗を排し重要な鉄道駅の大部分を占拠した。ストライキ委員会は、ザルツブルクへ撤退することをよぎなくされた。緊急の鉄道輸送を回復しようとするハイムウェアの努力は、ある程度の成功は収めたが、大部分の列車は動かず、通信は部分的に維持されていた。ザラー領事の本国への報告によれば、「一定の範囲で」フォアアルルベルクとティロルのハイムウェアが、その地域のストライキが「実体をなくす」のを援けた。

実際の暴力のより大きな危険は、ティロルにおいてよりもシュタイアマルク地方に存在した。そこでは、ストライキ参加者が極めて多数であり、かつ非常に過激であった。それに対して対抗者側は、西部諸州のハイムウェアが享受した公的承認なしで行動した。一九二二年一一月の（国境紛争における）彼の功績のくり返しになるのであったが、プリマーは、七月一六日の午前一一時に彼の指揮下にあったハイマートシュッツを動員した。そうして六千から一万のライフルとマシンガンで武装した者たちは、ムール河渓谷の工業地帯にいたストライキ参加者の大部分を、彼らの居住する町々に押し込めた。武装の誇示に恐れをなして上部シュタイアマルク地方の社会民主党指導部は、まず交渉を要請し、ついで無条件でストライキを解除し、あらゆる「テロ行為」を止めるというプリマーの要求に屈服した。

彼らは、七月一五日の悲劇的な諸事件を、現社会の法制にもとづく一般的な不法行為の根拠と見なさないというザイペルの個人的な保証で満足せざるをえないと感じたので、抵抗を停止したのであった。七月一八日から一九日の夜にかけての夜に、運送および通信関係の従業員たちは、ティロル地方を除く全国で仕事を再開した。ティロルでは八時間遅れたが、抵抗の最後のジェスチャーであったのか明らかでない。

25 社会民主党の屈服

かくして、一九二七年七月の悲劇的結末は、ハイムウェアをナショナルな政治権力における一定の地位に割り込ませたのであった。後にドイッチュが述べたように、七月の日々における実際の勝利者は「ファシスト・ハイムウェア」であった。ストライキに対抗するハイムウェアの介入は、おびえた非社会主義的な大衆が彼らに好意的な関心を寄せるきっかけとなった。それはおそらく、この事件がなければ、起こりえない事象であったろう。社会民主党が、政治的な場面におけるハイムウェアの姿を「ばかたれのいくじなし」とするような見方をせず、嘲笑的な挑発をしなければ、事態は変わっていたかもしれない。オーストリアの情況は一変した。労働者の政党が防衛的になり、他方、ハイムウェアはすばやく広範な政治的攻勢に立った。そのような機会を長らく待っていたのであるから、ハイムウェアは、社会主義者たちをできるだけみじめな境位に追いつめ始めた。

さらにハイムウェアは、社会民主党に対抗する活動をもっと積極的に支援するよう連邦政府に圧力をかけたようであった。インスブルック駐在のドイツ領事ザラーは観察している。――ハイムウェアの「成功」は、それ自身の活動を最大限に進め、連邦政府と諸地方政府の双方に対して圧力を加える危険性が増大していると。七月二二日の本国宛電信によれば、シュタイドレが公然とザイペルに対して、ハイムウェアは犯罪者や暴動をひき起こした者たちを含む連立は容認しないであろうと警告した。また、もし政府が社会主義者たちに対して寛容な方策をとるならば、「断固とした抵抗」を行なうと確言した。

さらに、『ハイマートシュッツ』誌は、「ザイペルは行動するだろうか、それとも赤に再編する時を与えるだろうか」と問うた。もしウィーンで秩序が回復されないならば、その時はハイムウェアはウィーンに向かって行動するであろう、と。

オーストリアの一般大衆がハイムウェアの存在を知らないということは、もはやありえなかったであろう。たくさんの情報源に助けられて、ハイムウェアはついに政治的攻勢を保持することができた。団結して出現し、国を「作り変える」と約束することで、ハイムウェアは一九二七年七月の後二年半の間に、大衆運動に匹敵するほどのものに急成長したのであった。首相ザイペルは、憲法の改正を含む対立的な立法の面で社会民主党に譲歩をよぎなくさせたいと希望していたので、ハイムウェアの活動を激励した。彼は政治体制をもっと権威主義的なものにする（ハイムウェアの独裁ではなく）道ならしをしたいと望んでいた。

同様に重要だったのは、ハイムウェアの指導者たちは、またハンガリー政府とのコンタクトをよみがえらせ、それを通じてムッソリーニとの接触を再開したことであった。ムッソリーニは、ハイムウェアの反社会主義的で独裁的な目標を支援し始めた。同時にハイムウェアは、オトマー・シュパン（Otmar Spann）の信奉者たちと密接な結びつきを確立したが、彼らは一九二八年から一九三〇年にかけて、ハイムウェアの支持者たちに対し、団結するよう根気づよく説いたのであった。ハイムウェアは、一九二九年の秋には勢力のピークに到達していた。それは憲法修正をめぐる危機の時期であったが、ハイムウェアの指導者たちはひどい失望を味わった。それは、彼らが権力を掌握することも、議会を通じて彼らの極端な要求を強いることでもなかったからであった。

26 ハイムウェアの衰運

それ以来、シュタイドレは、一九三〇年五月に作成された「コールノイブルクの誓約」（Korneuburger Eid）

をハイムウェアの人々に受け入れさせることによって、また同月中に行なわれた政治権力を目ざすその他の努力によって、分裂と衰退を回避しようと努めた。しかし、彼の諸々の努力はいずれも役に立たなかった。

共和制最初の首相であった、そして再び首相の座に就いたショーバー（Johannes Schber）は、パプストを国外へ追放し、さらにハイムウェア連合の指導者シュタイドレをしりぞけ、シュターレムベルクに代らせた。

シュターレムベルクは、少数内閣への無分別な参加、および一九三〇年末の総選挙への参加によって、ハイムウェア連合の運勢の逆転を促進した。それ以降、オーストリア・ナチが活動的な競争相手として出現しはじめるにつれて、（ハイムウェア内部の）反教権的な（汎ドイツ）民族主義者とカトリック・オーストリアの伝統に忠実な者たちのとの根本的な不一致が妥協できないまでに達するのである。

一九二七年七月事件後の勢力発展にもかかわらず、コールノイブルクの誓約以前のハイムウェアの歴史は、基本的には一断片に終った。一九三〇年まで頭角を現わし続けたハイムウェアの指導者たちは、自分たちの手で政治権力を獲得することを優先的な目標としていた。彼らは、大衆参加の政治的軍隊に基礎をおく軍事的タイプの独裁を樹立しようという構想に熱中した。地方的および人間的な競争関係や、いくつかの点での見解の相違はあったものの、彼らはその目標を変えることはなかった。ただ彼らには、その目的の達成はままならなかった。一九二〇年代のハイムウェアの発展の中では、いかなる点でも鋭いイデオロギー的亀裂はなかった。というのは、かの指導者たちは、マルクス主義に対する反対と、この国の議会制デモクラシーに対する反対とを、区別していなかったからである。常々、有機的社会（organic society）というあいまいで多義的な概念の提唱者であった彼らは、一九二九年とその後の彼らを特徴づけた協同主義（corporatism）の強調へと安易に動いたのであった。その際でも、理論の要点の精細化よりも権力の掌握に強い関心を持ち続けた。その点では、彼らは「プレ七月」の見地に依然として忠実だったのであった。このように、七月事件後、彼らの成功のチャンスは増大したにもかかわらず、「全面的な」成功に達するのを妨げた彼らの性急さは、多分に、かの日以前の年月に育まれた攻撃的な野心が生み出したものであり、また一九二八年と一九二九年の浮き立った膨張の産物でもあったのである。

註解

(1) 一九二七年七月事件

一九二七年七月一五日、ウィーンで左翼の暴動が発生したが、このいわゆる「七月一五日事件」は、一九一八年のオーストリア革命（敗戦、帝政崩壊、共和制施行）以来、一九二〇年代を通じて内包されてきた内政的危機の集約であったが、同時に一九三〇年代危機へ向けて政治状況を流動化させる転機ともなった。

すでに一九二七年は年初から全国各地で左右の勢力の衝突、小ぜりあいが頻発していたが、ハンガリーとの国境沿いの小村シャッテンドルフで一月三〇日に起こった事件が、やがて共和国の命運を左右する大事件に発展しようとは人々の予想し得ないところであった。それは、その村の左翼団体シュッツブント（後述）とウィーンその他からやってきた右翼団体との小衝突のあと地元の右翼「戦士団」（Frontkämpfervereinigung）のメンバーが左翼の数名を散弾銃で殺傷した事件であった。死亡したのは八歳の小学生と一四歳の見習工で、他に五人が負傷した。

この事件の裁判は、七月四日にウィーン裁判所の刑事第二法廷で開始され、同月一四日夕刻、結審した。大方の予想に反して、陪審員は無罪の判定を下した。判決の直後、「階級裁判」に抗議する示威行動が裁判所前で開始された。その夜のうちに電気労働者はストライキを決議した。翌日の早朝からデモの隊列が続々とウィーン都心めがけて行進しはじめた。この時、奇妙にも、社会民主党の指導部も政府も、事態をまったく予想していなかった。ウィーン都心部でデモ隊と警官隊が激しく衝突し、司法省の建物が炎上、ついに武装警官隊が発砲した。九〇人の死者とおよそ六〇〇人の負傷者を数えるに至る。社会民主党は遅ればせながら全国に交通ストを指示し、脱落もなくそれは実施された。だが、キリスト教社会党の政権を辞職に追い込もうとする意図は達せられなかった。

この全国ストライキに対して各地のハイムウェアが立ち上がった。フォアアルルベルク州では官公庁を占拠し、交通ストに対抗して緊急業務を組織した。ティロルおよびザルツブルグでは駅を占拠した。シュタイアマルクでは、彼らは独自に治安機関を設置した。周辺の反社会主義的な諸国も動き始めた。チェコスロヴァキアとハンガリーが国境に軍隊を動員した。ムッソリーニのイタリアは、交通ストがブレンナー鉄道を止めた場合、軍隊をティロル州へ進めると声明した。社会民主党は力くらべに敗れた。四八時間のストライキの後、ついに政府との交渉に同意した。〔第一章参照〕

(2) オーストリア社会民主党

オーストリアの社会民主党(Sozialdemokratische Arbeiter Partei Österreichs)は、一八八八年一二月三〇日~一八八九年一月一日に開かれた党大会においてヴィクトル・アドラー(Victor Adler)とカール・カウツキー(Karl Kautsky)の指導のもとに設立された。党の思想、性格、歴史については、ここで詳述するいとまはないが、当初から急進派と穏健派の両グループを抱えていたことは記憶されなければならない。第一次世界大戦後、党首オットー・バウアー(Otto Bauer)が左派の、カール・レンナー(Karl Renner)が穏健派の中心指導者と目されていた。一九一九年の制憲国民議会選挙で同党は四〇・八%の票を獲得し、一九一九年三月~一九二〇年七月、カール・レンナーはキリスト教社会党との連立政府で首相をつとめた。

一九二〇年一〇月の国民議会選挙でキリスト教社会党が議席の多数を握ると、社会民主党は政府から排除された。レンナーを中心とする穏健派は政権への参加を拒否しなかったが、バウアーの率いる多数派の左派はキリスト教社会党の「反革命路線」に不信感と警戒感を抱き、抵抗と野党の路線を主張した。しかしバウアーら指導部の行動は矛盾に満ち、口では過激な抵抗を説きながらも本心は議会で多数をめざすことにあった。

社会民主党指導部は、一九二七年四月の総選挙で国民議会の過半数を制し得ると期待した。七〇〇万余の国民人口のなかで党員数は六〇万余、労働組合全体の約八〇％を指導下に置いていたのである。しかし、結果は大きな失望に終わった。一九二三年の選挙にくらべ得票数は二二万八千票も伸びたにもかかわらず、議席増は僅か三にとどまり、過半数には遠くおよばなかった。党内右派の妥協的連立の構想を退け、急進左派の実力闘争要求をも抑えてきたオットー・バウアーの「左翼」路線は、このときすでに手詰まりに陥っていたのである。社会民主党および労働組合の急進的な分子は、焦燥にかられ、党幹部の指導から離れつつあった。

バウアーの「左翼」路線は、保守のキリスト教社会党が一九一八年革命の成果を掘り崩す反革命の意図をもっているとする認識に基礎を置いていた。社会民主党は、一九一八年一〇月にカール・レンナーを首班とする臨時政府が成立して以来、一九二〇年一〇月にキリスト教社会党によって政府から排除されるまで政権内にあったが、その初期に人民軍（Volkswehr）を組織し、これを正規軍として共和制防衛の実力組織にしようと策して、戦勝国の反対にあい失敗した。だが、その兵器を同党は隠匿した。

バウアーは、その後の行動から判断すれば、隠匿した武器を実際に用いるつもりはなく、政治的圧力として用い、反革命に対する抑止力たらしめることを意図していたと考えられる。いわゆる「左翼」路線は、保守派の反革命を阻止しつつ国民議会で過半数を獲得して改革を前進させる「左翼的議会主義」の機会をうかがっていたと思われる。

しかしながら、社会民主党の党綱領（一九二六年リンツ綱領）では、階級闘争を高々と強調していた。

社会改良のための日常的闘争については僅かしか述べず、ブルジョアジー打倒をはじめイデオロギー的原則をつよく前面に押し出していた。

「民主的共和国の歴史はブルジョアジーと労働者階級との間の共和国支配をめぐる階級闘争の歴史である。」

「もし社会民主党のあらゆる努力にもかかわらず、デモクラシーを破砕しようとするブルジョアジーの反革命が成功するのであれば、そのときは労働者階級はたとえ内乱を通じてでも国家権力を奪取するであろう。」

この一見過激に見える用語は実はマルクス主義的社会主義政党の伝統的な常套語であり、実体は「防御的綱領」なのであった。だが保守的な人々は、ストライキ、集団的示威行動、街頭の衝突、武器隠匿などが与えるイメージでこの過激な用語を理解した。また社会民主党系の若い急進的労働者たちも、いざというときは党は武器をとって実力闘争をたたかうのだと正直に党綱領を信じていたのであった。

〔第一章参照〕

(3) キリスト教社会党

キリスト教社会党（Christlichsoziale Prrtei Österreichs）は、最初一八九〇年前後ウィーンにおけるカトリックの社会改革派の人々、およびカトリック小市民層のなかの反セミティズム・グループによって形成された。一九〇七年普通選挙権の施行以後、カトリック系の農民および市民層に翼を広げ、同年カトリックの保守政党と合同、その影響力の範囲は、一九一一年には、オーストリアのアルプス諸州におよんだ。第一次世界大戦の敗北後「ドイツオーストリア共和国」の設立に参画、全国政党として連邦的構成を達成した。大戦後オーストリア社会民主党と連立政権を組んだが、一九二〇年の総選挙で勝利すると社会民主党と袂を分かって政権外に追い出し、以後一九三三年まで政権を掌握し続けた。

一九二〇年代の同党首脳ザイペル（Ignaz Seipel）およびその後を継いだヴォーゴワン（Carl Vaugoin）

は、ドイツとの合併には消極的であったが、他方、社会民主党の勢力に対抗するためハイムウェアに接近し、オーストリア第一次共和制の崩壊に手を貸すこととなる。

同党の総選挙における得票率は、一九二三年四五％、一九三〇年三六％で勢力は後退していったが、社会民主党がそれに代わって国民議会の多数を制することもできなかった。一九二七年の総選挙に向けて作成された一九二六年党綱領では、社会の階級構成観を否定し、「わが党は、国民政党として、すべての職能（Berufsstande）を根本的に国民共同体の平等な構成員と考える。」〔cf. Klaus（Hrsg.）Berchtold, Österreichische Parteiprogramme 1878—1966,1967.〕と宣言した。この時すでに「協同国家観」（Ständestaatsidee）が同党の思想に浸透していたのであり、そのことは一九三三年～三四年、ドルフス首相（Engelbert Dollfuss）による同党の変質、解体への道を容易にしたと見ることができる。同党は一九三四年解党、第二次世界大戦後「オーストリア国民党」（ÖVP）として再出発した。

ところで、本文に即して述べれば、一九二七年四月の総選挙に臨んで、キリスト教社会党は、当時急速に勢力を伸ばしていた社会民主党に敗れることを恐れた。一月事件と七月事件との間に実施された総選挙の前月、国防相ヴォーゴワンは、軍隊を派遣してウイーン兵器廠を占拠し、労働者が厳重に隠匿していた銃と弾薬を摘発した。これに対し兵器廠の内と外で労働者が立ち上がり、連邦軍の派遣部隊を包囲した。この一触即発の内乱の危機に直面して社会民主党指導部は妥協の道を選んだ。政府側もこの時期にあえて正面から武力で争う決心はなしえなかったが、総選挙に与える影響という点では社会民主党に打撃を与えることに成功したのであった。総選挙で今度は過半数を取れるともくろんでいた社会民主党指導部は、選挙に失敗したのみならず、若い党員たちの信頼をも失い始めたのであった。

(4)　ハイムウェア

一般的に、ハイムウェア（Heimwehr）もしくは複数形のハイムウェアレン（Heimwehren）という呼称は、地方によって Heimwehr, Heimatschutz, Heimatwehr, Starhembergjager, Eisenbahnerwehr な

ども称した右翼的な郷土自衛組織の総称である。本論文の著者もこの方法をとっている。その発生事情については本文に述べられるとおりである。ハイムウェアの訳語としては「郷土自衛団」が適当であろう。これを「護国団」と訳するのは賛成できない。彼らに護るべき「国」意識があったとは認められない。これに対抗した左派の自衛組織はシュッツブント(Schutzbund)と称し、「共和国防衛団」(der Republikanische Schutzbund)の略称である。

(5) 一九三四年権威主義体制の成立

一九三二年、経済恐慌により失業者が増大する一方で、地方選挙でナチ勢力が保守党の票を食って台頭する。危機感が増大するなかで、キリスト教社会党、農村連盟、ハイマートブロック(ハイムウェア的諸団体はオーストリアの政治土壌により基本的に地域組織だったので、国会内では連合を形成した。)の三党からなるドルフス政権が成立した。ドルフスは、一九三三年国会の混乱に乗じて国会の機能を停止し、報道の自由の制限、街頭行進の禁止、ストライキの禁止、シュッツブントの解散、地方議会選挙の停止等をあいついで命令し、国民議会なしでいわゆる権威的統治を推進した。

一九三三年九月一一日、ウィーンのトラーブレン広場における祖国戦線の政治集会でドルフスは基調演説を行なったが、そのなかで彼は、マルクス主義・資本主義的経済秩序・ナチズム・政党支配に反対し、「職能的基盤と強力な権威的指導に基礎をおく社会的・キリスト教的・ドイツ的なオーストリア国家」について所信を表明した。

一九三四年二月一二日、ウィーンのハイマートシュッツの指導者で副首相のファイ(Emil Fey)の指導下に、リンツの労働者ハイムへの武器捜索が行われ、シュッツブントの武装抵抗を引き起こした。社会民主党指導部は武装抵抗を制止しようとしたが指導力を発揮できず、ウィーンでも戦闘が始まった。予期されざる内乱であった。

左派の勢力が一掃された後、四月三〇日、社会民主党がいない国民議会が召集され、一九三三年四月七日以降、政府によって発令された四六六の緊急命令および「新憲法案」に「見せかけの合法化」が施された。翌日の五月一日、職能的権威的「一九三四年五月憲法」が公布された。この国家体制は、ヒトラーによって併合される一九三八年三月一三日まで続いた。同憲法は一九四五年五月一日、正式に廃棄された。

(6) Layos Kerakes, Charles A. Gulick, Karl R. Stadler の文献

原著者は次の諸文献を挙げている。Layos Kerekes, "Die 'Weisse Allianz': Bayrisch-österreichisch-ungarische Projekte gegen die Regierung Renner im Jahre 1920", Österreichische Osthefte, Vol. Ⅶ, No.5 (Sept.1965), S.353-366. Charles A. Gulick, Austria from Habsburg to Hitler (2. Vols., U. of California Press, 1948) Vol., pp.129-133. Karl R. Stadler, "Austria", in Stuart J. Woolf (ed.), European Fascism (N.Y., Vintage Books, 1969.) p.90.

筆者の手許では、ラヨス・ケレケスについては不明。グーリック教授は、一八九六年米国のダラスに生まれ、一九三八―六三年カリフォルニア大学教授、ウィーン高等学術研究所の客員教授でもあった。筆者の手許にあるのは、上掲書のドイツ語版(Österreich von Habsburg zu Hitler, Forum Vlg., Wien 1976.)である。

シュタートラー教授は、一九一三年ウィーン生まれ、一九三〇年代のオーストリアにおいてドルフス独裁政権に抵抗、一九三八年三月ヒトラーのオーストリア併合に際して英国に亡命。一九四六年ノッティンガム大学講師、一九六四―六六年ウィーン開発問題研究所々長、ウィーン高等学術研究所客員教授、一九六八年リンツ大学助教授、一九七〇年同教授(近現代史研究所々長)、一九七三年オーストリア社会党政権下で Dr. Kral Renner Institut(オーストリア社会党研究所)所長。同国社会党のラディカル・イデオローグの一人。グーリック教授とはウィーンで親交があったと思われる。同教授の上掲論文は、筆者の手許では S. J. Woolf (ed.), Fascism in Europe, Methuen, London & New York,1981. に

所収。シュタートラー教授には、オーストリア近現代史をカヴァーする著作が多数あるが、筆者の見るところ、その代表作は Karl R. Stadler, Austria, Ernest Benn, London 1971. であろう。この書には同教授のオーストリア現代史に対するある種の執念が感じられる。筆者はウィーン留学(一九七六―七八)に際しては同教授にお世話になった。

(7) 戦後の国境問題

サン・ジェルマン講和条約は、オーストリアの国境に関して、いくつもの紛争要因を残した。
①ティロル州の南ティロル地方がイタリア領とされた
②オーストリアの南東部国境がチェコスロヴァキアとの間で紛争化した
③西部のハンガリーとの国境をめぐって紛争化した
④チェコスロヴァキアのズデーテン地方(ドイツ人三〇〇万人が居住)が失われた

①南ティロルに関しては、休戦の時点ですでにイタリアがブレンナー峠以南を占領しており、オーストリア側の強い抗議にもかかわらず、イタリアは第一次世界大戦への参戦の条件であった一九一五年四月のロンドン秘密条約を楯に、講和会議でその主張を押し通した。

②ケルンテンの南部国境地域はスロヴェニア人部隊に占領され、占領地は次第に拡大されたため、一九一八年一二月、これに対してケルンテン州当局と住民は武装抵抗した。一九一九年五月にはセルビア正規軍も介入し、州都クラーゲンフルトが占領された。パリ講和会議は、オーストリア政府の強い抵抗によって、ユーゴスラヴィア軍の州都からの撤退を指示し、国際管理下の住民投票によって解決することを講和条約に規定した。サン・ジェルマン講和条約の締結後、住民投票が行なわれ、ケルンテンの大部分がオーストリア領にとどまった。この州の戦いで、オーストリア側は二〇〇人の死者と八百人の負傷者を出した。この地域のハイムウェアの結束の固さは、この武装抵抗の経験と紛争の

再現への恐れが背景にあったと考えられる。

シュタイアマルク州の国境地域では、スロヴェニア軍がドイツ系居住地域に侵入した。ここでも住民投票が考慮されたが、イタリアの賛成に対してフランスが強く反対した。住民の武装抵抗もあったが、オーストリアに不利な形で決着した。

③ハンガリーとの国境地域ブルゲンラントは、古くからドイツ人が入植した農業地域であった。しかしオーストリア・ハンガリー帝国解体に伴い、ハンガリー政府がこの地域を支配した。講和会議でのオーストリア代表団は、この地域の帰属を国際管理下の住民投票で決するよう要求したが、講和条約では住民投票抜きでオーストリアへの帰属を決定した。ハンガリー政府はこれに従わず、オーストリア政府へ移管されなかった。

一九二一年七月二六日連合国とハンガリーとの間のトリアノン条約が発効すると、オーストリアは国家警察隊を派遣してブルゲンラントを接収しようとした。ハンガリー軍はこれに抵抗し、国家警察隊を押し返し、オーストリア領内に侵入した。オーストリア政府はやむなく国際連盟に提訴した。連合国は紛争解決をイタリアに委任し、ヴェネチアで会談が開かれた。ユーゴスラヴィアと対立し、ハンガリー政権への接近を策していたイタリアは、ブルゲンラントの州都たるべきエデンブルクとその周辺地域の帰属を住民投票で決する案を議定書に定め、オーストリア政府に強引に承認させた。住民投票には不正な工作が行なわれ、その結果、ブルゲンラントの西半分のみがオーストリア領となった。

④チェコのズデーテン地方に取り残されたドイツ人たちの運命は、ヒトラーが政権を掌握した後、オーストリア併合に次いで、東方進出の好餌となった。ヒトラーは民族自決原則を正当化の根拠として揚げ、英・仏両国は宥和政策の代名詞となった「ミュンヘン協定」において、これを容認したのであった。

(8) サン・ジェルマン条約

第一次世界大戦の結果、連合諸国とオーストリアとの間に、一九一九年九月一〇日、講和条約が締結された。戦争末期の革命によって生まれた新しいオーストリア共和国の議会によって、一〇月一七日、批准された。

この条約は、

①ドイツとのヴェルサイユ条約と同じく、冒頭に国際連盟規約を掲げている

②旧オーストリア帝国内の異民族の独立を承認した。すなわち、チェコスロヴァキア、セルブ・クロアト・スロヴェーン(一九二九年ユーゴスラヴィアと改称)、ポーランド、ハンガリーの独立を承認し、同時にこれらの新しい諸国は、自国内の少数民族の保護を約した

③ブレンネル峠にいたる南ティロル、およびトレンティノ、トリエステ、イストリア、ダルマティア沖の諸島など、いわゆる「未回収のイタリア」(イタリア・イレデンタ)地方をイタリアに、ベーメン、メーレン、ニーダーエステライヒの一部、オーストリア領シュレジエンの大部分をチェコスロヴァキアに、ガリツィアをポーランドに割譲する。さらにヴコヴィナをルーマニアに、ボスニア・ヘルツェゴヴィナをセルブ・クロアト・スロヴェーンに与える

④徴兵制度を禁止、陸軍兵力は三万に制限。ドナウ河に警察艇三隻を保有しうるが、全海軍を引渡し、海空軍の設置は許されない

⑤ドイツとの合併は禁止

⑥オーストリアは戦争の責任を認め、賠償委員会の決定する賠償金額を一九二一年五月以降三〇年間に支払う義務を負う

などを規定した。

この条約成立の結果、オーストリアは面積、人口が戦前の四分の一となり、しかも人口の三分の一はウィーンに集中し、歴史ある大帝国は一朝にして変則な一小国となった。工業地帯のチェコと農業

地域のハンガリーを失ったオーストリアは、経済的に自活できるか疑問視された。戦勝諸国は、この破産に瀕するオーストリアが、ソヴェト・ロシアあるいはドイツに接近することを怖れ、復興のための経済援助を行なわざるをえなかった。一九二〇年に国際連盟は国際救済借款委員会を設置してオーストリアのための公債を発行し、翌一九二一年には賠償金の要求を止めるにいたった。

この条約は、オーストリア帝国の支配下にあった諸民族の独立という点では、民族自決の原則に適っているように見えたが、イタリア領となった南ティロルに二五万、チェコスロヴァキアに三百万のドイツ人が切り離された。オーストリアの左右両派がそれぞれ異なった目的意識で希望したドイツとの合併（アンシュルス）の厳重な禁止にしても、民族自決原則の明らかな否定であった。オーストリアは休戦に際しての諒解に反するとして抗議したが、ドイツの復興を怖れる諸国、とくにフランスの強硬な要求でこの条項が設けられたのであった。

こうしてこの条約は、本来紛糾を続けてきた東ヨーロッパやバルカンの問題をかえって深刻化し、戦後世界に禍根を残したのであった。

(9) 旧皇帝の復位の企図

第一次世界大戦の末期、革命の波はロシア、オーストリア、ドイツの帝制を崩壊させた。ロシアの皇帝ロマノフ一家は、内戦が激化する中で殺害された。ドイツのホーエンツオーレルン家は、フランスがもっとも恐れるプロシャ軍国主義の象徴であり、復辟《ふくへき》の機会はあり得なかった。オーストリア・ハンガリー帝国のハプスブルク家は、二度にわたりハンガリー国王への復辟を企てたが、はかない夢に終った。

一度目は、一九二一年三月二六日、前国王（オーストリア皇帝）カールが突然ハンガリーの西部国境に現われ、ハンガリー国王の摂政ホルティ（Miklos Horthy）政権と復位の交渉を始めた。一九一九年三月に成立したクン・ベラ（Kun Bela）の共産党政権が八月に倒された後に政権を握ったホルティが国体を王国と称し、自らを摂政としたのは、前国王の復権を想定していたとみることができよう。しかし、チェコスロヴァキア、ルーマニア、ユーゴスラヴィアの「小協商」国およびオーストリア政府が激しく反対し、ホルティは復位を断らざるをえなかった。カールはオーストリア社会民主党の政治家および同党系の将校・兵士らに監禁されて、オーストリア経由でスイスへ護送された。

二度目の事件は一九二一年一〇月二〇日、カールが飛行機でエデンブルクに乗り込んだことで始まった。当時ブルゲンラントに駐留していたハンガリー軍の一部はカールに従い、ブダペストへの進軍を開始した。これに対し、チェコスロヴァキアは軍事行動を声明し、ルーマニアとユーゴスラヴィアは連合国へ向けてカールの逮捕を要求した。ハンガリーは屈服し、カールは捕らえられて僧院に監禁された。カールは、その後まもなく、イギリス海軍によって大西洋上の流刑地へ護送されることとなったが、その途中病没したと伝えられる。三五歳であった。

⑽ フォルクスウェア(Volkswehr 人民軍)

一九一八年一月、ウィーナー・ノイシュタットでストライキ発生、以後各地へ拡がり始めた。一〇月初め、中欧諸国和平覚書が提案され、一〇月二一日「ドイツオーストリア国」設立のための臨時国民議会が招集された。一〇月二八日、チェコスロヴァキアは共和国樹立を宣言し、オーストリア・ハンガリー二重帝国は崩壊へ向かった。一〇月三〇日、臨時国民議会は暫定憲法を制定し、社会民主党のカール・レンナーを首班とする臨時政府が成立した。一一月三日には休戦協定が締結され、皇帝カール一世は、すべての国家的執務を放棄し、その翌日に「ドイツオーストリア共和国」の樹立宣言が行なわれた。

時系列的にみたオーストリア革命であるが、それ以降、社会民主党の主導のもとに大胆な政治・社会改革が進行する。帝国の解体と貴族制度の廃止、すなわち共和制への移行は、当然ながら社会改革を含めた「革命」派と「反革命」派との対立がこの国の政治の基調となる。

社会民主党は早くも一九一八年一一月に、この「革命」の成果を守り、かつ推進するための人民軍(Volkswehr)を創設し、これを共和国の正規軍とすることを意図した。結局、サン・ジェルマン講和条約では、「ドイツオーストリア」という国名とともに、この人民軍創設も禁止された。

一九二〇年一〇月、社会民主党が政権から排除されると、新設の連邦軍から社会民主党の影響を排除する保守派の策謀が進む。危険を感じた社会民主党は、共和国防衛団(Rep-blikanische Schutabund)を全国的規模で労働者主体に組織し(一九二三年二月)、内務省はこの準武装集団を結社として認可した(四月一二日)。その際、シュッツブントはフォルクスウェアの武器弾薬を大量に隠匿した。社会民主党の指導部がこの武器の使用を指令したことが一度もなかったところから見れば、むしろそれを共和制擁護のための政治的パワーとして用いることに終始したと考えることもできるであろう。しかし、保守派はこれを社会主義革命のための武装力とみなして、ハイムウェアを強化することで対抗しようとするのである。

⑾ リヒャルド・シュタイドレ(一八八一―一九四〇)

一九〇〇年頃インスブルックのキリスト教青年会で活動家となる。第一次世界大戦に際しては、兵役不適格で軍事体験はない。プリマーはプロテスタントでドイツ民族主義者であったが、シュタイドレはカトリックであった。一九二〇年、ティロルのハイムウェアに参加、一九三四年まで州のハイムウェア指導者であった。一九二六年から一九三〇年九月までハイムウェアの熱心な全国指導者(Bundesführer)であったが、一九三〇年五月、いわゆる「コールノイブルガー綱領」(Korneuburger Programm)を性急に提起し、政党に従属したハイムウェアを自立的な組織とし、国家権力奪取をめざす運動方針を各州の指導者たちに要求した。ザイペル政権との衝突はなんとか和解することができたが、ショーバー政権は、全国指導者の地位をシュターレムベルクに変えることを要求した。彼の参謀であったパプスト(ドイツ人)は国外に追放される。

シュターレムベルクは、ハイマート・ブロックを率いて国民議会に進出し、政府に参加する。シュターレムベルクは、シュタイドレに、一九三二―三四年、ハイムウェアの全国指導者代理(Stillvertreter)に就くことを要請する。その後、シュターレムベルクが権力を失うと、総領事として、トリエストへ放出された。ヒトラーのオーストリア併合によって、一九三八―四〇年、ブッヘンヴァルトの強制収用所に拘禁され、そこで死去した。

ヒトラーは、彼自身がオーストリア出身であり、オーストリアの地方意識の強固であることを知悉していた。保守派であってもオーストリア的、ないし地方的意識を組織する能力のある人は、拘禁されたのである。

⑿ **ヴァルター・プリマー(一八八一―一九六八)**

一九一七年、兵役不適格の判定。出自と人生観により、ドイツナショナリスト。弁護士。一九二七年七月一五日事件後の政治的ストライキに対する反撃の成功によって頭角を現わし、一九二八年からハイムウェアの全国指導者となる。一九三〇年、シュタイドレと共に退任。新しい全国指導者シュターレムベルクは、暫定的に彼に指導を委託。一九三一年九月一三日、プリマーは一揆を起こし、国外へ逃亡したが、陪審裁判は帰国の自由を判決した。

一九三二年ヒトラーと協定を結び、一九三三年二月、ナチ党に加入。オーストリア併合後、一九三八年、帝国議会議員。一九四五―四六年、イギリス占領軍によりヴォルクスベルクに抑留されたが、反逆罪裁判所は不起訴とした。その後は出生地のユーデンブルクにおいて弁護士を開業。

⒀ **ユリウス・ドイッチュ(一八八四―一九六八)**

一九〇八年法学博士。一九〇九年ウィーンにおいて社会民主党書記局職員。『Arbeiter-Zeitung』の編集者。第一次世界大戦では、前線勤務、陸軍中尉。一九一七年、帝国の陸軍省に入り、労働組合代表者となり、秘密の戦場委員組織をつくる。一九一八―一九年、臨時政府の内閣官房政務次官。一九一九―二〇年、陸軍省官房長としてフォルクスウェア（人民軍）の組織にたずさわる。

一九二〇年、国民議会の議員（一九三四年まで）。一九二三年より一九三四年まで一貫してシュッツブントに関わり、その代表者となる。一九三四年二月の内戦では指揮者であった。ドルフス政権に敗北してチェコへ亡命。一九三六―三九年、スペイン内戦に参加。一九三九年パリへ逃げ、さらに一九四〇年米国へ亡命。一九四六年ウィーンへ帰還。社会民主党の書記局で外事部の長、および党の出版部の長をつとめる。一九五一年意見の衝突で辞任。第一次共和制の最高幹部では数少ない生き残りで多くの証言を残した。

⒁ イグナッツ・ザイペル（一八七六―一九三二）

一九八八年、司祭の資格。一九〇三年カトリックの神学博士。一九〇九年ザルツブルク、ウィーンにおいて倫理神学の大学教授。一九一八年帝国政府の社会扶助大臣。一九一九年臨時国民議会の議員。一九一八―一九年、君主主義者と改革派とに分裂したルーエガー党の統一に尽力。

一九二一年から一九二九年までキリスト教社会党の代表として君臨し、一九二二―二四年（経済危機の時期）と一九二六―二九年（政治危機の時期）に連邦首相をつとめる。

彼は、一九二三年に創設された社会民主党のシュッツブントに対抗するため、ハイムウエアを後衛として育てようとしたが失敗。自立して反政党の権力獲得を目ざすハイムウェアに距離を置き、一九三一年六月、社会民主党にバウアーを副首相とする連立内閣を打診した。しかし、一九二七年七月一五日、司法省炎上事件の際の労働者虐殺のイメージ「無慈悲な聖職者」が彼に刻印されており、社会民主党の柔軟な姿勢を引き出すことができなかった。一九二四年の暗殺未遂の際に受けた傷が、彼の死を早めたとみられている。

⒂ オットー・バウアー(一八八一―一九三八)

ウィーンで学び一九〇六年法学博士。一九〇七年より社会民主党の機関紙 Arbeiter Zeitung および機関誌 Der Kampf の編集にたずさわり、党議員団の書記局を指導。一九一四年兵役に入り、ロシアで捕虜となる。一九一七年ウィーンへ帰還。

一九一八―一九年、臨時政府の外相となり、ドイツ民主共和国とのアンシュルスの交渉にあたる。カール・レンナーとともにサン・ジェルマン講和会議に参加するも、正式の会議にオーストリア代表を参加させない連合国の態度に失望し、外相を辞任。

一九一九年、社会化委員会の議長。一九一九―二〇年、憲法制定委員会議のメンバー。一九二〇―三四年、国民議会の議員、社会民主党の指導的代表。カール・レンナーが党の穏健派の中心で、保守派との連立政権にも肯定的であったのに対し、バウアーは左派(多数派)の中心人物で保守派との連立には否定的であった。彼の言説は急進的と思われていたが、一九二七年、一九三四年の危機に際して常に後手に回り、決戦を回避しようとした。そのため急進的な青年層の信頼を次第に失って行った。

バウアーの思想と政治的判断の内実は複雑であって、正確な把握は困難である。彼が執筆した(と見なされる)ものは極めて膨大で、筆者も彼の著作集を入手して接近を試みたが、自分の寿命を計算して断念せざるをえなかった。

一九三四年、ドルフスの先制攻撃に対する「二月闘争」のあと、チェコのブリュンに逃れ、社会民主党の国外指導部を設立。一九三八年五月、パリへ亡命し、そこで国外指導のビューローを設立するも死去。

⒃ コールノイブルクの誓約

一九三〇年五月一八日、諸州からコールノイブルクに集合したハイムウェアの諸集団は、団旗を捧げた行進を開始しようとしていた。全国指導者のシュタイドレは、長く激しいブルジョア政党批判と社会民主党攻撃の演説を行なうのが恒例であったが、この日の彼の演説はいつもとは異なっていた。ハイムウェアの指導者たちは、それぞれの地方でブルジョア政党と協力しており、キリスト教社会党を主体とする中央政府の仲介のもとで地方資本家たちの資金援助を受けていた。ところがこの日のシュタイドレは、諸政党に所属しているハイムウェアの議員たちは、まず第一にハイムウェアに義務を負うべきであると主張した。

二列に並んで行進しようとする人々は、長時間待たされることとなった。シュタイドレから態度決定を迫られた指導者たちは、義務を負わねばならないという文句の解釈をめぐって論争を始めた。キリスト教社会党のフラクションに所属する国会議員のラーブ（Julius Raab）は盟友シュタイドレの要求を拒絶することができなかった。彼はキリスト教社会党から離れることになる。

しかし、シュタイドレの「綱領的な」演説の要求する中心点は、ハイムウェアがブルジョア政党に従属することを止め、イタリアのムッソリーニが実現したような、自立、自助の国家権力掌握を目指すことであった。その目的のために、議会主義のブルジョア政党と手を切り、地方主義的なハイムウェアが一つの政治勢力にまとまることを要求したのであった。

示威行進のために集まった人々は疲れ切ってしまい、朗読された誓約の文句をよく聞いていなかったし、それを正確に理解した人は極めて少なかったにちがいなかった。それは「誓約ではなく、誓約の押し付けであった」といわれる。人々の耳に残ったのは「国家権力を取る」という文句であった。それは社会民主党を「プロレタリアートの独裁」という文句で理解するのと同じやり方であった。

この後シュタイドレは、この誓約をハイムウェアに理解させ浸透させようと精力的に活動するが、ブルジョア政権の反応は素早かった。ザイペルはハイムウェアに距離を置く決心をしたようであったし、ショーバー首相はドイツ人パプストを国外へ追放し、シュタイドレを全国指導者から追い落とした。この翻訳資料の著者が述べているように、一九二七年の反ストライキ攻勢で社会民主党とシュッツブントに対して優位に立ち、一躍国政の表舞台に大衆運動の態を成しておどり出たハイムウェアが、いきなり国家権力をめざすという性急な路線を鮮明にすることによって、一転して衰退に向かうのである。

(17) カール・レンナー(一八七一—一九五〇)

一八七〇年メーレンに生まれる。父は農民。中等教育、兵役、法学教育を経て、一八八六年法学博士。一八九五—一九〇七年、帝国議会附属の図書館に勤務。一九〇七年帝国議会の社会民主党議員。一九〇八—二一年、ニーダーエステライヒ州議会の議員。一九一八—一九年、臨時憲法制定議会の議員。最初はドナウ連邦の支持者であったが、のちドイツとの合邦に賛成する。彼は憲法制定および選挙規則の制定に関し、顕著な役割を演じたと伝えられる。

一九一八年一〇月三〇日、臨時国民議会により暫定憲法が採択され、社会民主党のカール・レンナーを首班とする臨時政府が成立。同年一一月中に、休戦協定締結、皇帝の退位、「ドイツオーストリア国」の樹立宣言と変革をリードする。一九一九年二月、制憲国民議会の選挙で社会民主党が第一党となり、キリスト教社会党との連立による第二次レンナー政府成立。貴族制の廃止、死刑の廃止など改革を進める。

連合諸国との講和会議には、オーストリア代表として臨んだが、正式の会議に参加することは認められず、民族自決の休戦条件も無視され、「ドイツオーストリア国」という民主的ドイツとの合邦を眺望する国名は拒否された。その他賠償支払いをはじめ種々の不利益な処分に従うほかなく、一九一九年九月一〇日、講和条約に調印する。

一九一九年一〇月、第三次レンナー政府成立。国名を「オーストリア共和国」と変更。一九二〇年六月、社会民主党とキリスト教社会党の連立が瓦解し、制憲議会の選挙における得票に応じた比例配分にもとづき各党が参加するミハエル・マイアー(Michael Mayr)内閣が成立した。同年一〇月、制憲議会において連邦制を採択。一〇月一七日、国民議会選挙が行なわれ、キリスト教社会党が第一党となり、一〇月二二日、社会民主党の閣僚は排除された。これ以後、社会民主党は国民議会選挙の度に接戦を演じ、議会で多数を握り、政権を手にすることで共和制を擁護し、社会改革を推進することをめざしたが、ハイムウェアは、議会主義的共和制を拒否する一方で、社会民主党の政権復帰を最も怖れたのであった。社会民主党の左派(多数派)は保守勢力との連立政権を拒絶したが、レンナーは連立には柔軟な考えを持していた。

一九三四年二月闘争で社会民主党は国政の表では壊滅したが、ドルフス政権の独裁下でも党の非合法活動は続いていた。一九三八年三月一二日、ヒトラーのドイツ軍がオーストリアへ進軍し、四月一〇日ドイツへの合邦(アンシュルス)に関する国民投票が行なわれ九九・七三%が賛意を表明した。レンナーはこの合邦に賛意を示した後、山荘にこもってしまった。彼がヒトラーの併合に賛成した真意については、各種の説があるが定かではない。

一九四五年、レンナーはその生涯に二度臨時政府の首領となる運命を迎えるが、そこには興味深いエピソードがある。彼がトコトコ山を下ってソ連軍の司令部へ行くと、指揮官が彼の名を知っていてモスクワへ報告した。ところがスターリンが彼の民族理論を読み知っていたというのである。ソ連はその占領地区にオーストリアの臨時政府を発足させ、レンナーを首班にすえた。英・米・仏の三連合国は最初レンナー政権をソ連のカイライと見なしたが、数ヵ月後には彼の国民的威信を認めざるをえなかった。レンナーは一九五〇年までオーストリア第二共和制の初代大統領をつとめる。第二次世界大戦後の社会民主党は社会党と改称したが、レンナーの議会主義路線を引き継いでいるといえるであろう。オーストリア社会党の研究所はカール・レンナーの名を冠している。

〔図 1〕オーストリア第一次共和制の歴代首相

カール・レンナー	karl Renner	1918.10.30 — 1920. 7. 7
ミヒャエル・マイアー	Michael Mayr	1920. 7. 7 — 1921. 6.21
ヨハン・ショーバー	Johann Schober	1921. 6.21 — 1922. 1.26
ヴァルター・ブライスキー	Walter Breisky	1922. 1. 2 — 1922. 1.27
ヨハン・ショーバー	Johann Schober	1922. 1.27 — 1922. 5.31
イグナツ・ザイペル	Ignaz Seipel	1922. 5.31 — 1924.11.20
ルドルフ・ラメク	Rudolf Ramek	1924.11.20 — 1926.10.20
イグナッツ・ザイペル	Ignaz Seipel	1926.10.20 — 1929. 5. 4
エルンスト・シュトレールヴィッツ	Ernst Streeruwitz	1929. 5. 4 — 1929. 9.26
ヨハン・ショーバー	Johann Schober	1929. 9.26 — 1930. 9.30
カール・ヴォーゴワン	Carl Vaugoin	1930. 9.30 — 1930.12. 4
オットー・エンダー	Otto Ender	1930.12. 4 — 1931. 6.20
カール・ブーレッシュ	Karl Buresch	1931. 6.20 — 1932. 5.20
エンゲルベルト・ドルフス	Engelbert Dollfuss	1932. 5.20 — 1934. 7.25
クルト・シュシニック	Kurt Schuschnigg	1934. 7.25 — 1938. 3.11

〔図 2〕第一次大戦後のオーストリア連邦・諸州

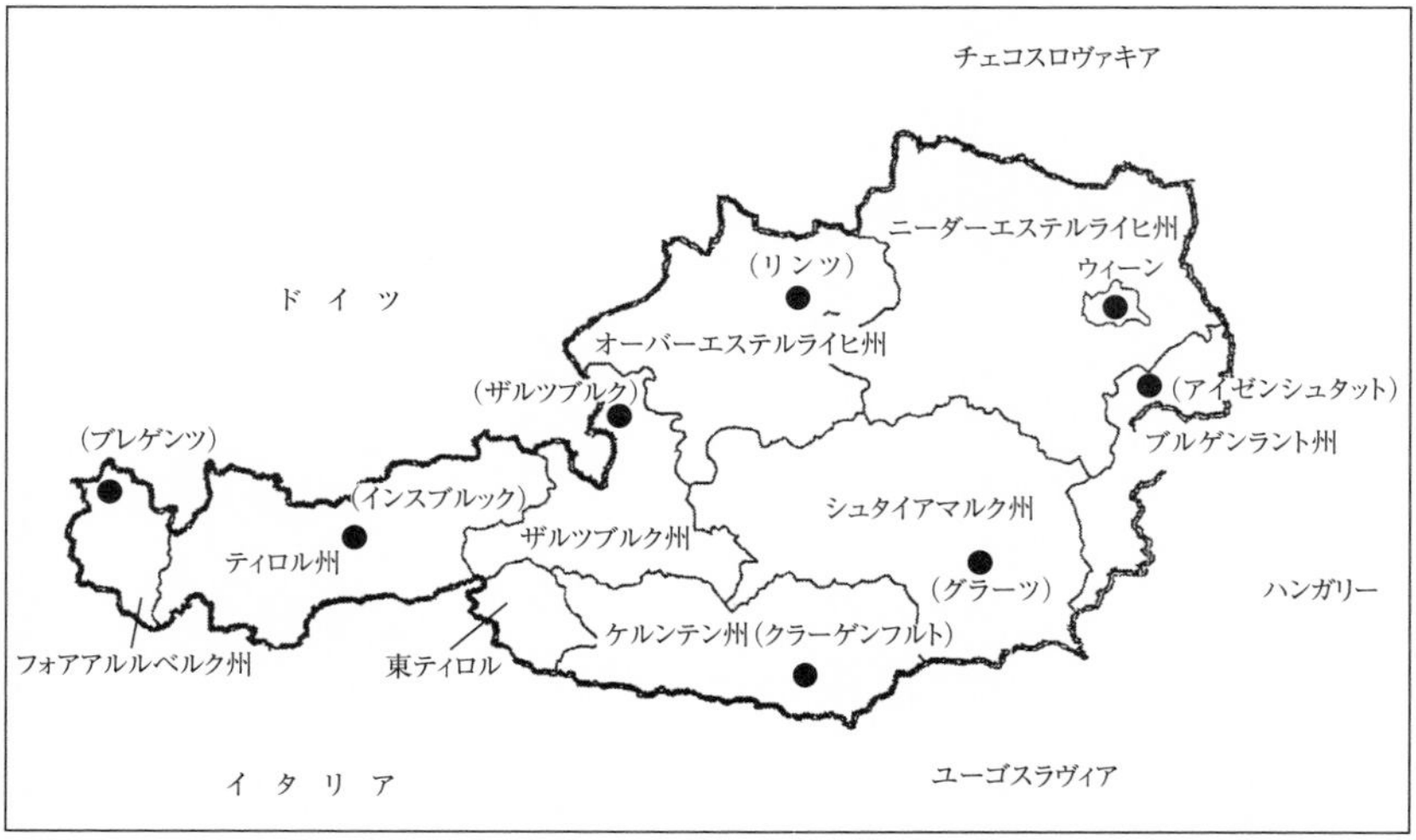

(出典) 連邦報道庁発行『オーストリア　事実と数字』(ウィーン、1976 年)原図より作成

〔図 3〕ハプスブルグ帝国(1867–1918)内の言語と民族

(出典) Karl R.Stadler. Austria. より

〔図 4〕オーストリア・ハンガリー帝国の解体

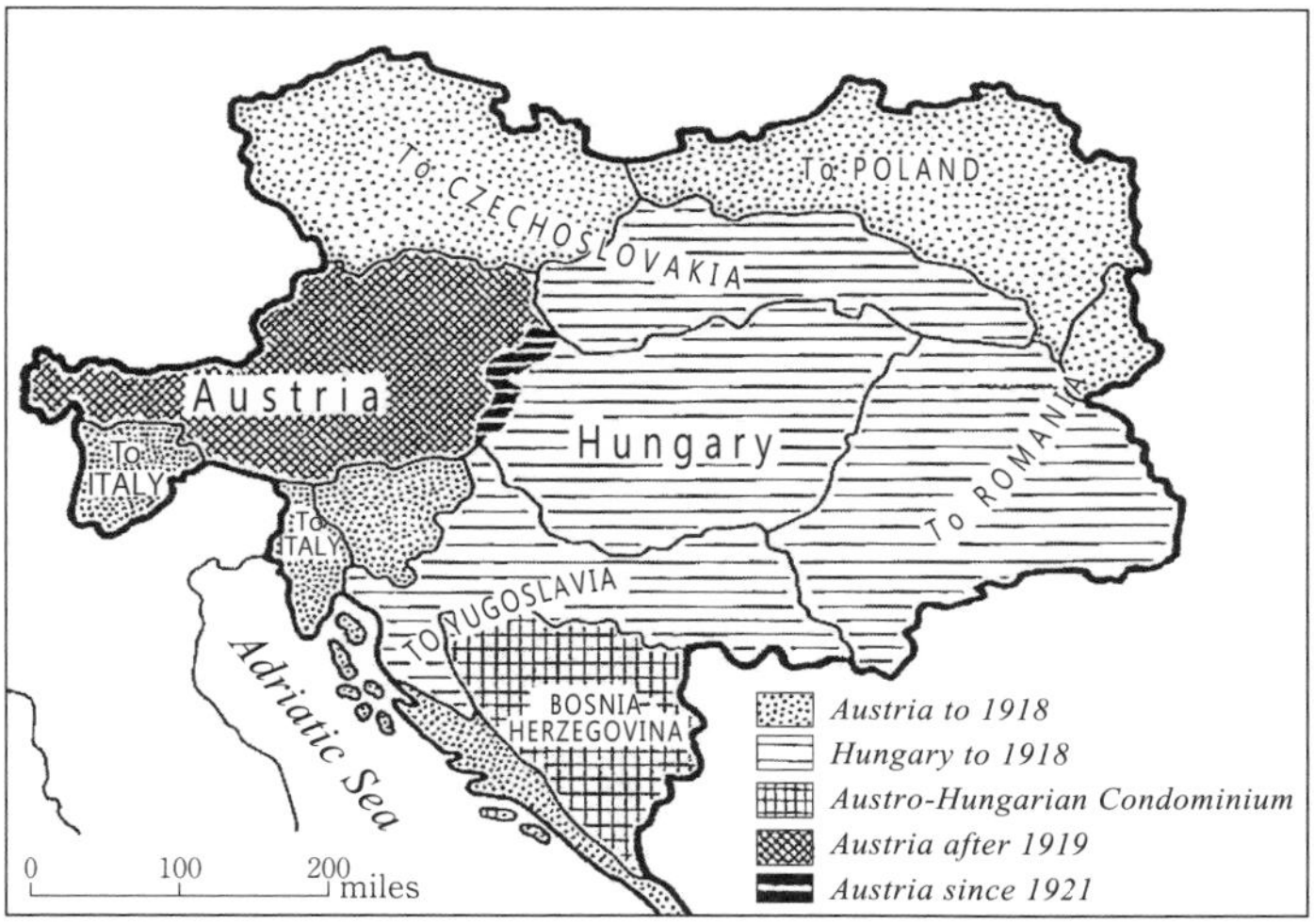

(出典) Karl R.Stadler. Austria. より

〈特別寄稿〉

はじめに

一　大戦下オーストリア問題をめぐる国際過程

二　戦後オーストリアの国家再建・臨時政府の成立

三　全オーストリアの解放と占領

四　臨時政府の国内的承認と国際的承認

結び　——総選挙への道——

オーストリア臨時政府の正当性と占領管理

瀬口　誠

はじめに

第二次世界大戦末期、〈一九三八年以来名もなき国民であり、国家なき国民であり、統治機構なき国民〉〔註1〕であったオーストリア人は、ソ連、アメリカ、イギリスそしてフランスの軍隊によってナチス・ドイツの支配から解放され、国家再建への道を歩みだした。そのオーストリアは、一九三八年のアンシュルッス（ドイツによるオーストリア併合）の結果、国家としてのオーストリアは消滅し、ナチス・ドイツの一部として対連合国戦争に参加したにもかかわらず、連合国によって「解放せられるべき」国家とみなされて、戦後は独立国家として再建された。しかし、連合国によって解放されたオーストリアを待ち受けていたのは、連合国による一〇年に及ぶ分割占領管理であった。

本稿は、一九四五年のオーストリアに誕生した臨時政府の国際過程と国内過程の具体的展開を、被占領国オーストリアの個別的展開と占領する四ヵ国連合国との連関を意識して、政治史的アプローチで分析

〔註1〕vgl. Karl Renner, "Die Provisorische Regierung 1945", Der Österreichischer Bundesregierung (Hrsg.) Karl Renner-Für Recht und Frieden: Eine Auswahl der Reden des Bundespräsidenten-1950,S.19.

している。〈国家再建過程ではあらゆる政治勢力が結集する〉という脈絡で語られがちな現象を、単純に当たり前のこととして片付けることはできない。占領軍とそれに後援された勢力が、強権的に権力闘争に勝利するという側面を強調するのではなく、むしろオーストリア国家再建において多元的な政治勢力を結集する過程が重要な意味を持つ、ということに着目する必要があるように思われる。

一　大戦下オーストリア問題をめぐる国際過程

モスクワ外相会議

まず、イギリス、アメリカ、ソ連の、オーストリアをめぐる大戦中の関係を一瞥しておく必要があろう〔註2〕。一九三八年三月のヒトラーによるオーストリア併合（アンシュルッス：Anschluss）は、英仏伊の対独宥和政策によって平和的に行われ、オーストリアを国際法上消滅させたが、大戦が始まると、それぞれの思惑によって小国オーストリアの存在は無視し得なくなっていった。第二次世界大戦下、イギリス・アメリカ・ソ連の

〔註2〕オーストリア四ヵ国占領の詳細に関する文献には枚挙に暇がないが、とりあえずここでは、次の代表的文献を挙げておく。vgl. Günter Bischof,Austria in the First Cold War,1945-55,1999. Manfried Rauchensteiner,Der Sonderfall-Die Besatzungszeit in Österreich 1945 bis 1955,1995. Gerald Stourzh,Um Einheit und Freiheit: Staatsvertrag,Neutralität und das Ende der Ost-West-Besetzung Österreichs 1945-1955,1998.

三ヵ国は、来るべきドイツ敗北後のオーストリア占領政策の方向性を定めるために、独自にオーストリア問題を検討していた〔註3〕。イギリスは、亡命オーストリア人を受け入れ、その組織活動を許しただけでなく、時折、戦時内閣における議題にもなっていた。イギリスにとってオーストリアは戦後ヨーロッパ再編問題、特にドイツ問題に関わる小さくない要素であった。ソ連・スターリンにとってもオーストリア問題は、自国の安全保障を確保するという信念を基礎とするヨーロッパ再編・ドイツ問題に関わる重要な問題であった。

アメリカ、イギリス、ソ連の三連合国は、一九四三年一〇月にモスクワで初の外相会議（一九四三年一〇月一八日〜一〇月三〇日）を開催した。この会議は、戦後ヨーロッパ問題を大国が公式に討議した最初のものであり、小国にとってはその運命を決する重要な会議であった〔註4〕。この会議においてオーストリアは、自由で独立した国家として再建されることが決定され、戦後オーストリアの国家再建を基礎付けた文書「オーストリアに関する宣言」（一九四三年一一月一日）、通称「モスクワ宣言」が発表された。そして連合国は、戦後ヨーロッパ問題を更に検討するために、一九四四年一月からヨーロッパ諮問委員会（European Advisory Commission:EAC）を発足させ、オーストリア問題もその委員会に付託された。他の中東欧諸国と同様に戦後オーストリアにとってこのモスクワ外相会議は、非常に重要な意味を持ったのであると同時に、連合国に

〔註3〕スターリンは、早くも一九四一年一二月、モスクワを訪問したイギリス外相イーデン（Anthony Eden）に対して、戦後のオーストリアは独立国家として再建されねばならない、と述べた。vgl. Michael Balfour and John Mair,Four-Power Control in Germany and Austria,1945-1955,1956,p.278.

〔註4〕モスクワ外相会議についてコンパクトにまとまったものとして、広瀬佳一『ヨーロッパ分断 1943——大国の思惑、小国の構想』中公新書、一九九九年参照。

とっても、戦後ドイツの位置づけに関連して、オーストリア国家の再建は無視できないものとなっていた。

一九四三年のモスクワ宣言は、連合国のオーストリア政策の枠組みとなったこと、当時の連合国間の妥協によって生まれた文書であったこと、そして一九五五年の国家条約をも拘束する文書になったこと、そのあらゆる意味において、戦後オーストリアに関する基本文書なのである。

モスクワ宣言に見出される連合国間関係の諸側面は、各連合国がオーストリアをそれぞれの戦後構想の中でどのように位置づけていたのかという問題と深く関わっていた。まず、モスクワ宣言において、三国がオーストリアに関して合意した重要な点を提示する。

第一に、アメリカ・イギリス・ソ連の三国は、オーストリアがナチスの支配から〈解放せられるべき〉国であることに合意した。第二に、三国は、〈オーストリアは、ナチスの攻撃の犠牲となった最初の自由国家〉であることに合意した。第三に、三国は、オーストリアにおける一九三八年から一九四五年までのナチス支配のあらゆる変化は、〈無効とみなす〉ことに合意した。第四に、三国は、オーストリアが〈自由で独立した〉国として再建されるべきである、ということに合意した。第五に、三国は、オーストリアは〈ヒトラー・ドイツの側で戦争に参加したことについて逃れられない責任を有する〉ということに合意した。そして最後に、三国は、〈最終的な解決に際して、自国の解放への寄与〉が、不可避的に評価されることになる、ということに合意した。

これらの合意事項は、同時に、三国の思惑の妥協の産物でもあった。研究によって明らかにされているように、オーストリアに関するモスクワ宣言を取りまとめる専門部会において、特に文言をめぐってイギリスとソ連は対立していた〔註5〕。

モスクワ外相会議に先立つ一九四三年七月二二日、三国に送付・回覧されたオーストリアに関するイギリス草案には、モスクワ宣言において合意された第一と第五の点が含まれていなかった〔註6〕。そこから分かるように、イギリスは当初、オーストリアに対する懲罰的政策は考えていなかった。モスクワ宣言の条項に、いわゆる「責任条項」（上記の第五点）と呼ばれる文言の挿入を強く主張したのは、他ならぬソ連であった〔註7〕。

オーストリアを独立国として再建することは、ドイツ問題と深く関わっており、この点に関して、イギリ

〔**註5**〕vgl. G.Stourzh.a.a.O.,S.18-28.

〔**註6**〕vgl. M.Rauchensteiner,a.a.O.,S.17-20.

〔**註7**〕一九四三年一一月一五日、やや遅れて、フランス代表として自由フランス国民委員会が、モスクワ宣言の受け入れを表明した。そのとき彼らは、「オーストリアに関する宣言」に「責任条項」がない、と付け加えた。フランス側が、モスクワ宣言の文面を注意深く見ていなかったのは明らかであるが、フランスの解釈は、モスクワ宣言のあいまいさに着目した、とも考えられる（vgl. G.Stourzh.a.a.O.,S.23.）。さらに、フランスのド・ゴール将軍は、EACにアルジェの国民解放委員会から参加できないことについて、イーデンに対して不満を述べた。イーデンは、やがてフランスも参加することになるだろう、と明言したが、モスクワ外相会談において、だれ一人フランス代表の参加を要請しなかったという（「ルネ・マシリからアルジェのド・ゴール将軍にあてた報告」、一九四三年一一月一〇日、『ド・ゴール回顧録』〈4〉、みすず書房、一九九一年、二一三頁参照。）モスクワ外相会談の後に開催されたテヘラン会談（一九四三年一一月二八日～一二月一日）において、スターリンはド・ゴール将軍に関して冷淡な意見しか述べなかったが、フランスがEACに参加することに関しては、否定的ではなかった。結局、フランスのEAC参加は、フランス政府によって一九四四年九月一四日に正式に表明された。〈フランス政府代表は、アメリカ、イギリス、ソヴェト各政府代表と完全に同等な資格で同委員会に出席するであろう。〉　翌日（一五日）、フランスのEAC参加は、三ヵ国によって許可された。（「ソヴェト連邦駐在大使ロジェ・ガローから政府あての電報」一九四四年一一月一六日、『ド・ゴール大戦回顧録』〈5〉、一九一頁参照。）

スとソ連は同じ立場であった。

イギリスとソ連は、第一次大戦後のサン・ジェルマン条約の時と同様に、オーストリアをドイツから分離することによって、戦後のドイツを弱体化させたいと考えていた。ソ連が、オーストリアの責任について、明確にそして具体的に宣言の文言に規定することを求めたのに対し、イギリスとアメリカは、国際法上存在していなかった国家に責任を負わせることはできない、と考えていた。最終的文書において、際限なく責任を課すことになる「オーストリア国民」という文言ではなく、「オーストリア」と表現することによって、国際法上の責任 ――条約によって限定される可能性を持つ―― をオーストリア国家が有することになった。それゆえに、モスクワ宣言は、連合国の妥協の産物ではあったが、連合国のオーストリア政策の基本方針として、連合国の戦争目的 ――大西洋憲章など一連の連合国の共同声明に表現された―― と一致する形において、三ヵ国に受け入れられたのであった。

ヨーロッパ諮問委員会におけるオーストリア問題

連合国のオーストリア政策の具体的検討、すなわち、徐々に連合国の日程に上ってきたオーストリア占領の中身の議論は、モスクワ外相会議において設置されることが決定したヨーロッパ諮問委員会（European Advisory Commission: EAC）に付託された〔註8〕

〔註8〕EACの形成過程については以下を参照。vgl. Bruce Kuklick, "The Genesis of the European Advisory Commission", Journal of Contemporary History, No.4, 1969, pp.189-201.

ＥＡＣは、オーストリア占領が開始される前に占領政策の方針を確定できなかった。それは、ＥＡＣにおける議論の行方が、戦局や大戦略をめぐる連合国首脳間の対立に左右された、つまり、連合国指導者間の大戦外交によって著しく影響を受けたからであった。そして、占領政策が決定していない状況において、ソ連軍によって一方的に承認されたヴィーンの臨時政府が設立されたこと（一九四五年四月二七日）は、それからさらに二ヵ月もの間、連合国間のオーストリア占領政策の方針決定を、遅らせることになったのである。

前述したように、連合国のオーストリア政策の基本方針は、モスクワ外相会議において合意されたモスクワ宣言の中に表れていた。ＥＡＣは、モスクワ宣言を基本原則として、〈戦争の進展とともに生じている欧州問題の検討に際して、三国政府間により緊密な協力を保証するため〉に、設置された。そして、およそ一年半かけて、連合国によるオーストリア占領が実際に始まった後に、オーストリア占領政策の具体的枠組みは決定された。

連合国によるオーストリア占領が始まる前に連合国がオーストリア問題を策定しえなかったのには、いくつかの要因が挙げられる。第一に、戦局の展開に規定された、連合国間の政治力学の変化が挙げられる。第二に、アメリカ大統領ローズヴェルトが、オーストリア占領へのアメリカの参加を渋ったことである。そして第三の要因は、首都ヴィーンに関する議論が難航したことである。連合国のオーストリアに関する占領枠組みの決定が、これらの要因に阻まれていたまさにその時に、ソ連のオーストリア占領が始まり、突如としてヴィーンを含む東部オーストリアに臨時政府が樹立され独自の発展を遂げたのである。そのようなことは、オーストリアの西側連合国占領地域では見られなかったことである。ともかく、オーストリアに関する連合国の占領政策の最初の諸協定が締結されたのが、四ヵ国によるオーストリア占領の開始のおよそ二ヵ月後だったことは、留意されなければならない。

一九四四年一月にロンドンで始まったＥＡＣの会議〔註９〕は、主としてイギリスとソ連の代表が、オーストリア問題に関する議論の指導的役割を担った。イギリスの方針は、大戦中、戦時内閣首相チャーチルが抱いていたドナウ連邦構想を中東欧政策の基調としていたので、南ドイツ地方（バイエルン）からドナウ川流域諸国を含む旧ハプスブルク帝国を髣髴とさせるドナウ連邦の首都として、ヴィーンを位置づけていた〔註10〕。それに対してソ連は、オーストリアを独立国家として再建させることを、第二次大戦中、一貫して主張し続けていた。しかしながら、両国は、戦後オーストリアをドイツから分離させるという点においては一致していた。

〔註９〕ＥＡＣ各国代表は、一九四三年一一月二八日から一二月一日まで開催されたテヘラン会談において任命された。アメリカ代表ジョン・ワイナント（John G. Winant）、イギリス代表ウィリアム・ストラング（William Strang）、ソ連代表フェドア・グーゼフ（Fedor T. Gousev）。後に加わるフランス代表はルネ・マシリ（René Massigli）。

〔註10〕vgl. G.Stourzh,a.a.O.,S.10-14. 一九四三年四月四日、イギリス外務省ドイツ局のジェフリー・ハリソン（Jeoffrey Harrison）は、イギリスの対オーストリア政策の基本となる文書「オーストリアの将来」（Future of Austria）を起草した。この文書は、戦後オーストリア問題の可能な解決案として以下の四点を挙げた。①ドイツとオーストリアの結合、完全な統合もしくは連邦を基礎とする。②南ドイツ連合にオーストリアを含める。③自由で独立した国家としてオーストリアを再建。④中欧もしくは東欧諸国連合にオーストリアを含める。

この文書は、五月二五日、イギリス外相イーデンの手によって戦時内閣に回覧され、六月一六日の閣議において、チャーチルは④をイギリスの対オーストリア政策の骨子として採用した。これに基づいて、チャーチルはヤルタ会談において、自らのドナウ連邦構想をスターリンに対して個人的に提案したが、スターリンは、そのようなドナウ流域諸国の連邦国家構想に強く反対した。さらに、ローズヴェルトも、スターリン同様に、チャーチルの東南欧の連邦国家構想には反対した。（福田茂夫『第二次大戦の米軍事戦略』中央公論社、一九七九年、二〇四―二〇六頁参照。）

いた。さらに、戦局の展開からして、ソ連軍による中東欧諸国の占領が現実的日程に上っていたため、モスクワ外相会議においてソ連は、中東欧におけるソ連の勢力圏の確定をイギリス・アメリカに提案した。ヨーロッパに勢力圏を築くことになるソ連の提案は、モスクワ外相会談の場ではアメリカ国務長官ハル（Cordell Hull）に拒否されたが、最終的に、一九四四年一〇月のチャーチル・スターリン会談において、中東南欧の戦後の勢力圏が取り決められた〔**註11**〕。

ソ連同様にイギリスも、中東南欧における勢力圏の確定を望んでいた。イギリスは、アメリカがヨーロッパに強力な軍隊を維持している間に、そして、主要連合国がかなりの程度に共同行動を必要とされる間に、イギリス単独では解決しえないヨーロッパ諸国の問題を戦時中に取り決めたい、という思惑があった〔**註12**〕。ソ連の思惑は、結果から見れば、赤軍が占領した国・地域にすばやく政府を発足させて、その政府に土着の共産主義者を参加させ、間接的に政府活動を操作することによって、ソ連の勢力圏に編入する、というものだった。

ＥＡＣの議論を通じて、イギリスとソ連は、アメリカをオーストリア占領に加えることに、そして、オーストリア占領に消極的なアメリカをオーストリアに関与させることに熱心だった。イギリスは、アメリカをオーストリア占領に参加させることによって、自国の対ソ連交渉力を補おうと考えていた。ソ連は、アメリ

〔**註11**〕vgl. Vojtech Mastny, Russia and the Cold War: Diplomacy, Warfare, and the Politics of Communism, 1941-1945, 1979, pp.195-212. オーストリアは、英ソ間のいわゆる「パーセンテージ協定」に含まれなかった。

〔**註12**〕vgl. Philip E. Mosely, "The Occupation of Germany", Foreign Affairs, Vol.28, No.4. July 1950, p.581.

カをオーストリア占領ならびにオーストリア問題の検討に関係させることによって、対イギリス交渉を有利に進めようと考えていた。またソ連は、ヨーロッパに関与することを渋っていたアメリカが早期に占領への関与を放棄するかもしれないので、それによって生じる情勢が、ソ連に有利に働くことをソ連側が期待したであろうし、イギリスとアメリカの反目を期待した節もある〔註13〕。それゆえに、連合国、特にイギリス・ソ連間に顕著だった戦後ヨーロッパをめぐる思惑の違いが、ＥＡＣにおけるオーストリアに関する議論を各国代表の背後から規定したのである。

アメリカがオーストリア占領への参加を正式に表明したのは、ＥＡＣ発足のおよそ半年後の一九四四年七月三一日だった。それからなおもオーストリア占領へのアメリカの関与を渋り続けた大統領が、最終的にオーストリア占領へのアメリカの全面的関与に同意を与えたのは、一九四四年一二月九日になってからであった。アメリカがオーストリア占領を渋り続けた理由は、国内の孤立主義者への配慮が影響を与えたことよりも、実際的な見地からの理由が重要であった。もし、アメリカ軍がオーストリア占領に参加すれば、ヨーロッパの戦闘終結後、対日戦へのヨーロッパ派遣部隊の配置転換に重大な支障が生じる恐れが考えられた〔註14〕。そのため、少なくともアメリカ占領ゾーンは、ドイツの港湾を有するゾーンを確保することを前提としていた。

初期にＥＡＣに提示されたオーストリア占領ゾーン分割の提案は、ドイツをイギリスとソ連の二国が占

〔註13〕vgl. William L.Stearman,The Soviet Union and the Occupation of Austria: An Analysis of Soviet Policy in Austria,1945-1955,1962,p.16.
〔註14〕vgl. M.Balfour and J.Mair,op.cit.,p.284.

領し、アメリカがオーストリアを占領する、というものだった。アメリカは、前述の軍事的配慮のため、そのような提案を呑むことはできなかった。最終的に、アメリカ軍の配置転換に関わるドイツの港湾の確保の問題は、ドイツのイギリス占領ゾーンにある港の管轄権をアメリカに移管する、という調整がイギリスとアメリカの間で行われた〔**註15**〕。さらにローズヴェルトがオーストリア占領へのアメリカ軍の関与を躊躇した理由として挙げられるのは、彼が（国務長官ハルも同様に）、バルカンや東中欧におけるイギリスとソ連の勢力圏争いにアメリカが巻き込まれることに対し、嫌気がさしていたことである〔**註16**〕。そして、最後に、アメリカがオーストリア占領への関与の表明を遅らせることになった要因に、ワシントンの政策決定過程の弊害が影響したことを指摘することができる。

〔**註15**〕vgl. Donald Whitnah and Edgar L.Erickson,The American Occupation of Austria: Planning and Early Years,1985,pp.65-66. イギリス・ゾーンにある港湾へのアクセス問題については次を参照。vgl. William M.Franklin, "Zonal Boundaries and Access to Berlin," World Politics,vol.16,No.1,1963,pp.5-7.

〔**註16**〕コーデル・ハル『ハル回顧録』（宮地健次郎訳）、中公文庫、二〇〇一年、二三〇—二三七頁参照。

ＥＡＣのアメリカ代表ワイナント駐英大使は、大統領との個人的親密さに基づいて、ホワイトハウスと直接連絡するための手段として、アメリカ海軍の暗号電報を使用する権限を有していた。これは、ＥＡＣのアメリカ代表が、所属する国務省や関係省庁を通さずに、大統領と直接やり取りできることを意味した。外交官ロバート・マーフィ（Robert D.Murphy）は、後に、ソビエト研究者でワイナントの政治顧問も勤めたモーズリーと当時を再検討し、当時のワイナントの立場を次のよう述べている。

彼は、公式に所属していた国務省を素通りして、彼自身の政策を勝手に発展させることのできる立場にあった。（中略）陸軍省からも同様に遊離した、独自の政策を遂行したのであった〔註17〕。

アメリカ国務省は、一九四四年中頃まで対ヨーロッパ政策の統一的な見解をまとめるに至っていなかった〔註18〕。EACに対する国務省内の否定的な態度を勢いづけたのは、大統領がEACに対して抱いていた否定的な見解であった〔註19〕。さらに、ドイツ問題をめぐる国務省と陸軍省の方針対立や国務省内における対

〔註17〕ロバート・マーフィ『軍人のなかの外交官』（古垣鉄郎訳）、鹿島研究所出版会、一九六四年、二八七頁。

〔註18〕当時、ワイナントの政治顧問であったジョージ・ケナンによると、国務省内においてEACに懸念を抱いていた人々が少なからずいたという。彼らは、〈この新しい機関が、もしかしたら何らかの拍子に間違って実際に何かを仕でかすのではないか、またとくにアメリカ代表がひょっとしたら熱心になりすぎて、あるいは不注意のために、不運な事件に引き込まれはしないか、といったことを最も懸念していたのであった。〉また、当時の国務次官補ジェームズ・ダン（James C.Dunn）は、ケナンがロンドンに出発する直前、次のように述べたという。〈国務省は戦時下の国策に関してはただ諮問的な役割をとっているだけであり、進言をするのは、それを求められたときだけに限っているということを、くれぐれも忘れないように。〉（ジョージ・F・ケナン『ジョージ・ケナン回顧録〈上〉』（清水俊雄訳）、読売新聞社、一九七三年、一六一頁。）

〔註19〕大統領のEACに対する見解は、彼が国務長官に宛てた覚書の中に表明されている。〈われわれはヨーロッパ諮問委員会は「諮問」のためであるという事実を強調しなければならない。そして貴下も私も、その勧告に縛られるものではない、という事実を強調しなければならぬ。これは時には見逃しがちな重要点である。そしてもし委員会がこの「諮問」という言葉を記憶していないと、委員会はどんどん仕事を進めていって、その勧告のあるものを実施してしまうかもしれない。そして、後になって、それはわれわれから見て少しも好ましいものではないかもしれないのだ…（中略）…われわれがドイツを占領していないという事実から見て、現在の時点においては、われわれが細部にわたってどういう種類のドイツを望んでいるかについては、同意を与えるわけにはゆかない。〉（R・マーフィ、前掲書、二八一—二八二頁。）

立が、ＥＡＣのアメリカ代表の立場を困難にしていた。国務省内の戦後問題諮問委員会はドイツ分割占領に意見を統一させたが、国務長官その人はドイツ分割に反対の立場だった。陸軍省は、戦後ヨーロッパの占領に関わる問題は純粋に軍事的領域であると考え、外交官が取り仕切るＥＡＣへの協力を拒んだ〔註**20**〕。ワイナントが、このようなワシントンの状況を乗り越えてオーストリア占領へのアメリカの参加を決定できたのは、前述した大統領との個人的関係に基づく、大統領への直接説得と指令直接授受という手段を用いたからであった〔註**21**〕。

一九四四年五月、ワイナントがオーストリアへのアメリカの関与をローズヴェルト大統領に強く要請したとき、大統領がワイナントの説得を受け入れたのは、少なくともレトリックとして、中東欧（オーストリアを含む）へのアメリカの関与を表明する必要に迫られてのことであった。そのため、大統領にとってオーストリア占領へのアメリカの関与は、この時はまだパフォーマンスの域を出るものではなかったという〔註**22**〕。そして一九四四年七月三一日、ＥＡＣは、アメリカの留保（オーストリアへの中・小規模軍隊の派遣）を受け入れることによって、アメリカのオーストリア占領統治への参加を決定した〔註**23**〕。

ＥＡＣにおけるオーストリア問題の議論が長引いた第三の要因は、ヴィーン市の境界と占領ゾーンをめぐる議論だった。ＥＡＣは、一九四五年一月末に、オーストリアを四つの占領ゾーンに分割することを決

〔註**20**〕vgl. P.E.Mosely,op.cit.,pp.584-585.
〔註**21**〕vgl. Edgar Erickson, "The Zoning of Austria," The Annals of American Academy of Political and Social Science,vol.267,1950,p.107.
〔註**22**〕vgl. Robert H.Keyserlingk,Austria in World War 2: An Anglo-American Dilemma,1988,pp.174-175.
〔註**23**〕vgl. Cabinet Paper.PREM.3/138/1,EAC.Summary,No.34.

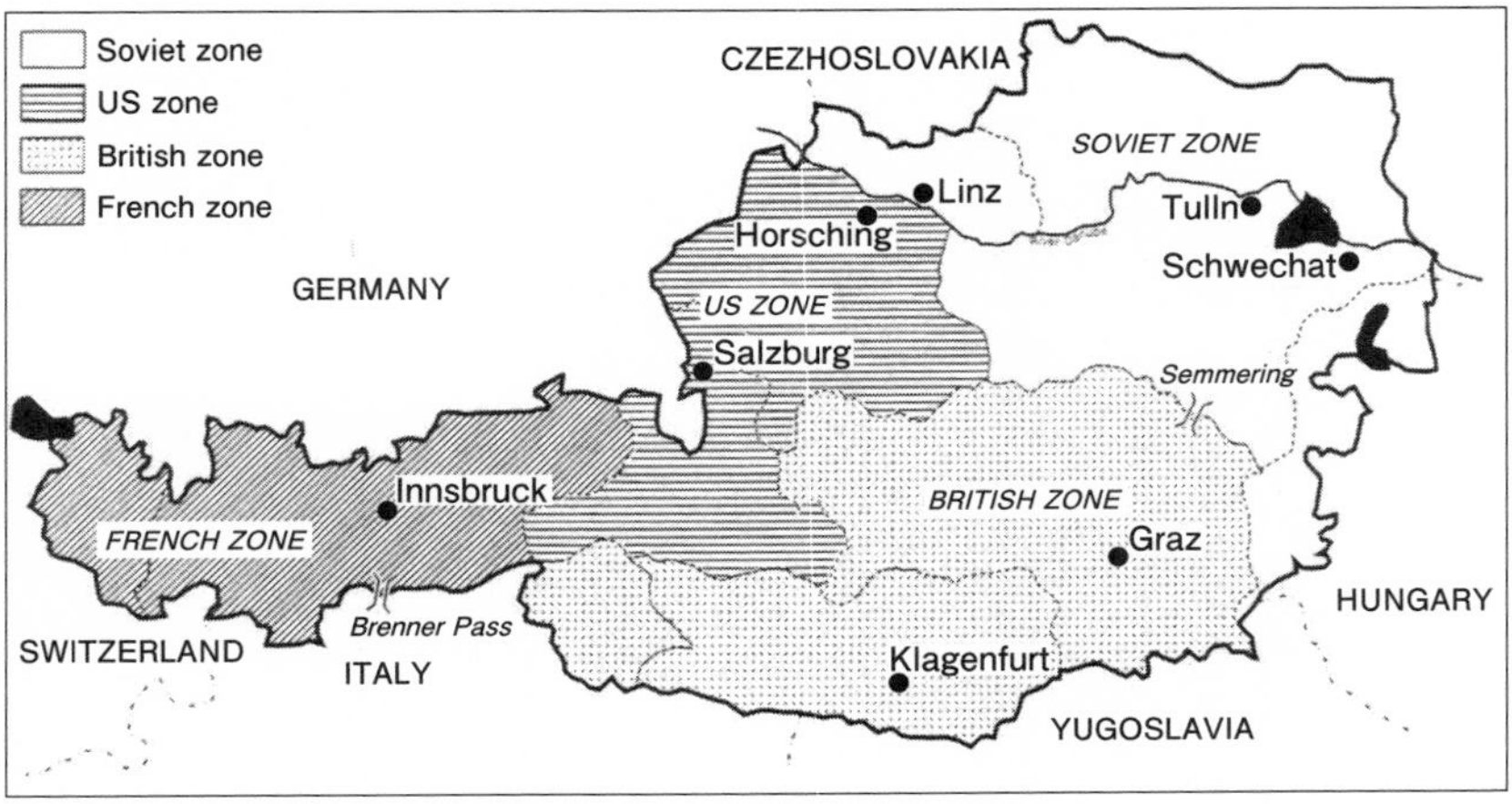

（オーストリアの連合国占領ゾーン、
出典：Günter Bischof, Austria in the First Cold War, 1945−55, 1999. p.50）

定した。オーストリアの占領ゾーン分割が決定された後も、さらに半年も争われたのが、ヴィーン市の境界とその占領ゾーンに関してであった。ソ連が、西側連合国軍のヴィーン占領参加に難色を示すのも当然であった。というのも、ソ連占領ゾーン（ニーダーエステルライヒ）に、西側連合国のいわば跳び領地を作ることになるからであった。西側連合国、特にイギリスは、アンシュルッス以後のいわゆる大ヴィーン案を提案した。そうすれば西側連合国は、ヴィーン内のいくつかの飛行場を使用することができる、という理由からであった。これに対して、ソ連は、アンシュルッス以前のヴィーン境界、いわゆる小ヴィーンに固執した。ソ連の案（小ヴィーン）は、アンシュルッスとそれ以降に行われたいかなる変更も認めないと宣したモスクワ宣言に基づいていたため、結局ソ連案が採用された。オーストリアにおける西側連合国の占領ゾーンとヴィーンの間はかなり距離があったため、空路を確保する必要があった西側連合国は、結局、ソ連占領ゾーンのニーダーエステルライヒにあるヴィーン周辺の二つの軍事飛行場、トゥルン(Tulln)とシュヴェッヒャー(Schwaecher)を使用するとになった。トゥルン飛行場はアメリカ軍が使用し、シュヴェッヒャー飛行場はイギリスとフランスの共同使用が決定した〔註24〕。

ヴィーンの境界については、ソ連がその主張を貫徹することができたが、ヴィーンの占領ゾーン分割については、西側連合国に妥協することになった。イギリスの提案によって、オーストリアにおける独特の占領案が採用された。それは、最も多くの政府庁舎が集中するヴィーン中心部に位置する旧市街地――ヴィーン第一区――が、四ヵ国の共同占領となる国際セクターと宣言された。これらの案は、最終的に、オーストリアの四ヵ国による占領が実質的に始まった二ヵ月後の一九四五年七月四日と九日、ロンドンのEACにおいて、「オーストリアにおける管理機構に関する合意」（第一次管理協定）と「オーストリアにおける占領ゾーンとヴィーン市行政についての合意」として合意・成立した〔註25〕。

しかし、第一次管理協定と占領ゾーン分割に関する協定が連合国間において合意されてから約三ヵ月もの間、西側連合国はヴィーンの臨時政府をオーストリアの正当な中央政府として承認しなかったのである。

〔註24〕vgl. Memorandum by the Department of State,11 January 1945,FRUS 1945,vol.3,pp.5-6. フランスは、占領ゾーン協定が結ばれる直前まで、オーストリア領土の占領分割に反対した。その理由は、もし分割されれば、フランス本国、ドイツのフランス占領ゾーン、そしてオーストリアのフランス占領ゾーン間におけるフランス軍の活動に、支障が予想されたからであったという。(「ドイツ占領に関して外務大臣および陸軍大臣にあてたド・ゴール将軍の覚え書」、一九四五年四月一〇日、『ド・ゴール大戦回顧録』〈6〉、一八六―一八七頁参照。)

〔註25〕vgl. Winant to Byrnes,9 July 1945,FRUS 1945,vol.3,pp.158-159.

二 戦後オーストリアの国家再建・臨時政府の成立

ソ連軍のオーストリア占領

一九四五年三月二八日、ソ連は、オーストリアに向けて第二、第三ウクライナ方面軍を進軍させ、ヴィーン攻防戦（四月一三日解放）が始まった。ソ連第三ウクライナ方面軍司令官トルブーヒン（Fedor I.Tolbuchin）元帥は、四月二日、モスクワからの指令を受けて、オーストリア住民に対して、赤軍は解放軍であり、〈赤軍は独立オーストリアに関する連合国のモスクワ宣言に立脚して、一九三八年まで、すなわち、ドイツのオーストリアへの侵入のときまでオーストリアに存在していた秩序の再建に貢献する〉、との声明を発した〔註26〕。続く四月三日から四日にかけて、当時オーストリア地域を防衛していたドイツ軍の曹長フェルディナント・ケス（Ferdinand Käs）とソ連軍のトルブーヒンとの休戦交渉が行われた。この交渉において、ソ連軍によるヴィーン爆撃の中止と抵抗運動組織へのソ連軍の支援が合意された。

このように、オーストリアをナチス支配から解放し、秩序を取り戻す役割を公言してオーストリア占領を開始したソ連軍であったが、その公式声明とは裏腹に、兵士たちの個人的、組織的略奪や暴行が横行した〔註27〕。

〔註26〕vgl. M.Rauchensteiner,a.a.O.,S.65. イギリスとアメリカは、すでに一九四四年から、〈勝者としてオーストリアに入る連合国軍〉というビラをオーストリア中に撒いていた。ソ連は、ようやく一九四五年四月になってからビラを撒き始めた。

〔註27〕戦後オーストリアにおけるソ連軍の略奪や暴行に関しては、Bischof が著書の中で詳細なデータを挙げて記述している。vgl. G.Bischof,op.cit. pp.30-36.

カール・レンナーの発見

オーストリアに最初に進入した連合国であるソ連軍は、第一共和制期に活躍した旧社会民主党の政治家カール・レンナー（Karl Renner）の捜索指令を受けており、発見されたレンナーも、臨時政府を率いる決意と経験を有していた。彼は、第一共和制最初の臨時政府を首相として率いただけでなく、第一次世界大戦の敗戦国オーストリアと戦勝諸国（連合国）とのサン・ジェルマン条約のための交渉団を率いた経験をもつ人物であった。そして、第一共和制下の国民議会において、民主主義が機能していた議会の最後の議会議長という経歴も有していた。

四月三日、レンナーは、戦時中に隠居していた山村のグログニッツから出て、ソ連兵による蛮行への対処を要請するために、ソ連軍司令部と接触した〔註28〕。この交渉に参加したケスは、トルブーヒンから、第一共和制の初代首相レンナーが発見されたことをヴィーン中に知らせる指令を受けた〔註29〕。そしてレンナーの存在は、ソ連軍によってすぐさまモスクワのスターリンに報告された。その時点から、ソ連のオーストリア臨

〔註28〕ドイツによるアンシュルッス以後、レンナーは、毎週木曜日、ヴィーンのカフェでトランプに興じていた。そこで、後に内務相になるオスカー・ヘルマー（Oskar Helmar）らと接触を続け、戦後の準備を練っていたと言われている。vgl. Hans Rauscher,1945: Die Wiedergeburt Österreichs,1995,S.44-45.

〔註29〕vgl. Ernst Fischer,Das Ende einer Illusion —Erinnerungen 1945-1955,1973,S.28.

時政府構想の中心に、レンナーの存在が具体的に、そして現実的に位置づけられることになった〔註30〕。

ソ連軍主導で始まった臨時政府の形成は、ソ連軍の進駐占領している東部オーストリア限定ではあったが、政党の独自再建を契機として、レンナーを中心に据えて行われた。

政党政治の再建

ソ連軍によるヴィーン解放直前の四月一二日、まず旧社会民主党員たちが、ヴィーンに集結して党組織の再建を始めた。彼らは、ヴィーンの市議会建物内、第一共和制期に旧社会民主党議員の部屋であったいわゆる「赤いサロン」(der Rote Salon)に集まり、政党再建を確認しあった。そして一四日、アドルフ・シェルフ(Adolf Schärf)を暫定党首に選出して、党名を新たに「オーストリア社会党」(Sozialistische Partei Österreichs [Sozialdemokraten und Revolutionäre Sozialisten]:SPÖ: 以下社会党と略す)とした。そして、党の設立はすぐさまソ連軍によって承認された〔註31〕。

旧社会民主党の再建と時を同じくして、その傘下の諸労働組合の再建が始まった。オーストリアの労働組合活動は、一九三四年三月の内戦以来、非合法の状態が続いていたが、逮捕や処刑されず前線への投入も免れた組合員たちは、非合法期間中も互いに連絡を取り合っていた。ソ連軍によるヴィーン解放が始まると彼らは、すぐさま新しい労働組合再建のための準備会議を開催した。四月一三日、その第一回会議が行われた。数度の会合を経て、四月一五日、新たな労働組合が出席者の満場一致によって結成され、「オーストリア労働組合総同盟」(Österreichischen Gewerkschaftsbund: ÖGB)が設立された。この新たな労働組合の再建が、共産党員や旧キリスト教社会党系労働組合代表も出席している前で行われたことは、戦後オーストリア政治における重要な出発点であった〔註32〕。
「オーストリア社会党」は、その名称からして第一共和制期の社会民主党の後継であることを任じていたが、その党名が意味するところは、戦後に党内右派が主導権を握ったとはいえ、依然として党内左派のRS派（革命的社会主義者党）を無視できないことを示していた〔註33〕。

〔註30〕vgl. W. L. Stearman, op. cit., pp.23-24. スターリンは、理由は明らかではないが、戦時中よりレンナーの捜索を前線の部隊に対して指令していた。一九四五年三月末日、モスクワのソ連軍参謀本部においてスターリンは、オーストリアへ進攻する第三ウクライナ方面軍に対して、レンナーの捜索を指令したという。vgl. M.Rauchensteiner,a.a.O.,S.66.

〔註31〕創立集会に集まったのは、アドルフ・シェルフ（Adolf Schärf）、カール・ホナイ（Karl Honay）、ゲオルク・インマーリンク（Georg Immerling）、アントン・ヴェーバー（Anton Weber）、フェリクス・スラヴィク（Felix Slavik）、ヒルデ・クローネス（Hilde Krones）、レオポルト・タラー（Leopord Thaller）、ヨーゼフ・アフリッチュ（Josef Afritsch）、テオドール・ケルナー（Theodor Körner）、パウル・シュパイザー（Paul Speiser）、ハインリヒ・シュナイドマードゥル（Heinrich Schneidmadl）、ガブリエーレ・プロフト（Gabriele Proft）、フランツ・プフェファー（Franz Pfeffer）、オスカー・ヘルマー、ほとんどがレンナー率いる旧社会民主党右派に連なる人物であった。有力な党首候補であったカール・ザイツ（Karl Seitz）はまだ強制収容所に収監されていた。

〔註32〕フリッツ・クレナー『オーストリア労働運動史』（阪本　泉訳）、誠信書房、一九五七年、一三四―一三五頁参照。

〔註33〕vgl. Franz Buchegger und Walter Stamminger, "Anspruch und Wirklichkeit: Marginalien zur Geschichte der SPÖ",in Peter Gerlich und Wolfgang C.Müller (Hrsg.), Zwischen Koalition und Konkurrenz: Österreichs Parteien seit 1945,1983,S.19-20.

第一次共和制期の「キリスト教社会党」(Christlichsoziale Partei) の後継となる「オーストリア国民党」(Österreichische Volkspartei) は、戦前と同様に、地方保守層とカトリック団体を支持基盤とするものの、いっそう幅広い階層を代表する包括的政党に変わって再建された。戦闘終結直後、支持基盤を拡大して生まれ変わった旧キリスト教社会党は、しかしながら、農民、小事業主、産業界、労働者、そしてサラリーマンの一般的な対立を抱え込むことになった。一九四五年四月一七日、ヴィーンに集まった旧キリスト教社会党員は、支持者の利益を代表する三つの利益団体(「農民同盟」(Bauernbund)〔註34〕、「経済同盟」(Wirtschaftsbund)、「労働者・サラリーマン同盟」(Arbeiter-Angestelltenbund)) の連合体として、党名を新たにして「キリスト教社会国民党」(Christlichsoziale Volkspartei 後に「オーストリア国民党」Österreichische Volkspartei: ÖVP と改名:以下国民党と略す) を結成した〔註35〕。国民党に集まった人々の中には、社会党員と同様に強制収容所を体験した者も幹部に少

〔註34〕戦時中の一九四四年五月四日の復活祭の日、農民同盟の指導者ヨーゼフ・ライター (Josef Reither) は、ユーデナウ (Judenau) に農民同盟の諸州代表を集め、戦後保守陣営の中核となるレオポルト・フィグルに対して、農民たちによる「農場引渡し」(Hofübergabe) の儀式を行い、フィグルを後継者に就任させて農民階級の代表組織の中心にすえた。諸州代表の出席者は、フォーラルルベルク州のウルリヒ・イルク (Ulrich Ilg)、シュタイアマルク州のアントン・ピルヒェッガー (Anton Pirchegger)、ケルンテン州のフェルリッチュ・ハンス (Ferlitsch Hans)。ヴィーンの旧市街にあるユリウス・ラープ (Julius Raab) の行きつけの店「Café Rebhuhn」とヴィーン第三区にあるフィグルの住居が、戦後国民党に集結する人々の溜まり場だった。彼らは、レオポルト・クンシャクを、保守・ブルジョア陣営の指導者としてふさわしくないと見ていた。(vgl. Hellmut Andics,Die Insel der Seligen: Österreich von der Moskauer Deklaration bis zur Gegenwart,1976,S.80.)

〔註35〕第一共和制下のキリスト教社会党は、キリスト教労働組合、経済団体連合会、農民同盟の三者を直接の基盤とする政党であった。戦後、これらの組織が新たに再編・変名して、レオポルト・フィグ

ル率いる「農民同盟」、ユリウス・ラープ（Julius Raab）を指導者とする「経済同盟」、そしてアロイス・ヴァインベルガー（Alois Weinberger）に指揮された「労働者・サラリーマン同盟」となった。後には、ヴィンツェンツ・シュミー（Vinzenz Schumy）率いる「農村同盟」（Landbund）も加わった。九月八日、党首はクンシャクからフィグルに代わった。

なからずいたことも、国民党が戦後の政治状況に適応する重要な要素であった。そして、国民党は、オーストロ・ファシズムに迎合せず、レンナーと個人的に親しかったレオポルト・クンシャク（Leopold Kunschak）を党首に指名した。

戦後初期、国民党内で最も勢力を誇ったのは、レオポルト・フィグル（Leopold Figl）率いる「農民同盟」であった。農民同盟は、オーストリアの最も小さい村にまでその支持基盤を伸ばしており、シュタイアマルクやオーバーエステルライヒのような産業化が他よりも特に進んだ地域ですら、その勢力は大きかった〔註36〕。しかし、一九四五年九月には、三つの同盟による「反乱」（Putch der Bünde）によって、国民党の党首は農民同盟の指導者レオポルト・フィグルに代わった〔註37〕。新しい国民党は、公的にカトリック教会との結びつきを否定して戦前との相違をアピールしていたが、その本質は地方（特に農村部）を基盤とする保守的なブルジョア政党であった。その内実、多くの幹部党員は戦前のドルフス、シュシニックのオーストロ・ファシズム体制に迎合した人たちであった。例えば、ユリウス・ラープは、第一共和制政治危機の一翼を担った「ハイム

〔註36〕vgl. H.Andics,ebd.,S.81.
〔註37〕vgl. Herbert Gottweis, "Zur Entwicklung der ÖVP: zwischen Interessenpolitik und Massenintegration", in P.Gerlich u. W.C.Müller (Hrsg.), a.a.O.,S.55-56.

ウェア」〔註38〕の指導者の一人であった。そしてこの点は、戦後直後において、左翼陣営やソ連に対する国民党の弱みとなったのである。

戦前の第一共和制の国民議会に議席を有していなかったオーストリア共産党（Kommunistische Partei Österreichs: KPÖ）は、一九四五年四月一〇日、モスクワに亡命していた幹部が空路帰国し、彼らを中心に一二日に党組織が再建された〔註39〕。再建された共産党に集まった三つのグループは、戦後党内において主導権を握るモスクワ亡命グループ、ユーゴスラヴィアでチトー指導下のパルチザンに所属したオーストリア人部隊を率いていたグループ、そしてオーストリアにおける抵抗運動組織に参加していたグループであった。

戦後オーストリア共産党を主導したモスクワ亡命グループの中心的人物の一人エルンスト・フィッシャー（Ernst Fischer）は、臨時政府設立をめぐって国民党および社会党との交渉を担当した。彼によれば、戦後の共産党は、モスクワから独立することが独自の社会主義的で民主主義的なオーストリアのために、ひいては戦後世界新秩序のために、必須の前提条件である、と考えていた。

〔註38〕この「ハイムウェア」（Heimwehr）という名称が、必ずしも統一組織的なものを意味するものではないことをここで指摘しておきたい。「ハイムウェア」は、地方によって、'Heimatschutz'、'Heimatwehr'、'Starhembergjäger'、'Eisenbahnerwehr' など様々であった。その便宜的名称として、'Heimwehr' がここでは使用される。（中川原徳仁「オーストリアの危機・一九二七―三八年」、中川原徳仁編『一九三〇年代危機の国際比較』法律文化社、一九八六年所収、二〇二頁註一五参照）

〔註39〕共産党は、モスクワから帰国した党首ヨハン・コプレーニヒ（Johann Koplenig）とエルンスト・フィッシャーを中心に、ユーゴスラヴィアから帰国したフランツ・ホンナー（Franz Honner）とフリートル・フュルンベルク（Friedl Fürnberg）も幹部に加わって再建された。中心的な幹部たちがモスクワにいたにもかかわらず、ソ連において、亡命オーストリア人政府は形成されなかった。

コミンテルンの解散の中に、わたしは、世界革命とは長い矛盾にみちた過程であって、ひとつの中央本部から独裁的な参謀本部によって指導されるようなものではないのだ、という認識の帰結を見てとった。〔註40〕

フィッシャーは、モスクワからの帰国直前、モスクワにおいて旧コミンテルン書記長ディミトロフ（Georg Mihailovitch Dimitolov）との会話において、オーストリア共産党の戦後構想を語った。それによると、まず、議会と複数政党制を補完する各産業や工場ごとの労働者評議会（レーテ）を形成する。それから、各地方の市町村において選挙によって選出された人民評議会が中央に代表を送り、その代表らによって中央にも評議会が形成される。彼らは、共通のオーストリア再建綱領を採択し、その後で国会の選挙を行う、というものだった〔註41〕。これらの構想は、実際には、ソ連占領ゾーン内の一部の工場において実施されたに過ぎなかった。それにフィッシャーは、オーストリア共産党がすぐにでも指導的政治勢力になれるというような幻想は抱いていなかった〔註42〕。

〔註40〕エルンスト・フィッシャー『回想と反省　――文学とコミンテルンの間で――』（池田浩士訳）、人文書院、一九七二年、五二六頁。

〔註41〕フィッシャー、同書、五二七―五二八頁参照。

〔註42〕ディミトロフはフィッシャーに質問した。〈オーストリア共産党は指導的勢力になれるのかね？〉フィッシャーは答えた。〈私たちはレーニンを持っていません。私たちはボリシェヴィキではありません。しかし、抵抗の中でだけ共産主義者の勇気がみんなに認められるものではなく、われわれは知性や私欲のなさや倫理的資質によって共感をかちえることもできるだろうと思います。わたしたちは最強の党にはならないでしょう、同士ディミトロフ、ですから、少数派であってもわれわれの理念を徐々に貫徹していくことが可能であるような状態で、社会主義への移行のすべての問題を考えなければならないのです。〉フィッシャー、同書、五二八頁。

ソ連は、フィッシャーや党首コプレーニヒの亡命を受け入れ、帰国の斡旋もしながら、この時期、明確な指導や指令を彼らに与えていなかった〔註43〕。そのため共産党は、党再建と臨時政府設立交渉が行われた一九四五年四月の時期に、独自の方針で臨まなければならなかった。

後述するように、共産党は、ソ連がレンナーを軸とした臨時政府形成を促進していることも知らされていなかったのである。それゆえに、共産党は、党再建と臨時政府設立交渉前に構想していたこととは全然別の事態がやってきたが、彼らは結局、ソ連軍を梃子とした過剰な要求を行ったり、自らの政治的社会的基盤に基づくと自ら考えていた以上の行動はとらなかったのである。

ヴィーン市政府の再建

ソ連軍によるヴィーン解放後、各政党の再建が始まると、ヴィーンで暫定的に市政を担当していた抵抗運動連合体の臨時オーストリア国民委員会(Provisorische Österreichische Nationalkomitee: POEN: 通称 O5)は、すぐに市政再建過程から排除された〔註44〕。

〔註43〕vgl. Hella Altmann, "In der provisorische Regierung", in Franz Danimann und Hugo Pepper (Hrsg.) Österreich in April 1985, S.199. 著者ヘラ・アルトマンは共産党員で、臨時政府の法務次官を勤めたカール・アルトマン(Karl Altmann)の妻であった。夫カールは、後の内閣において産業電力相にもなったが、共産党内において、社会党右派との結びつきが強いとみられていた。

〔註44〕vgl. H.Andics,a.a.O.,S.76. 臨時委員会は、ラウール・ブンバラ(Raoul Bumballa)を代表として、旧社会民主党員のフェリクス・スラヴィク、グスタフ・フラーザー(Gustav Fraser)、エデュアルト・ザイツ(Eduard Seitz)、旧キリスト教社会党のヴィクトル・ミュルナー(Viktor Müllner)、フランツ・

ゾーベク（Franz Sobek）、共産党員のマティルダ・フルトリツカ（Mathilda Hrdlicka）、無所属のエミル・オズヴァルト（Emil Oswald）によって構成されていた。vgl. H.Andics,ebd.,S.73.

四月一三日、各党代表によるヴィーンの臨時市政に関する会議が開催された。社会党は、会議直前に、市長に老練なテオドール・ケルナーを推すことを内定していた。共産党は、古参幹部のカール・シュタインハルト（Karl Steinhardt）を臨時副市長に推すことを提案した。そして国民党は、市長候補としてレオポルト・クンシャクを推した。この交渉では、市行政の各党による担当分野の配分も検討された。社会党は金融・財政等の経済産業分野を、共産党は治安・教育に関する分野を担当することを主張した。しかし、このような提案は社会党にとって、ましてや国民党にとっても受け入れることはできないものであった。社会党シェルフの強い主張により、この提案は排除された〔註45〕。

四月一七日、ヴィーン市議会内において国民党が社会党と共産党に対してクンシャクを副市長に据えることを提案することにより、各党間においてヴィーン臨時市政に関する合意ができあがった。それと同時に、社会党のシェルフと国民党のクンシャクは、臨時に市政を担当していた05の臨時委員会が置かれた「Palais Auersperg」を訪れて、建物の明け渡しを要求した。四月一七日から一八日にかけて、政党の再建とともに、旧政府庁舎の建物が明け渡されると、〈あたかも抵抗運動などなかったかのように〉、旧第一共和制の「正党

〔註45〕 vgl. E.Fischer,a.a.O.,S.49.

国家」が再生し始めた。一八日、市長のように振舞っていた05の共産主義者ルードルフ・プリクリル（Rudolf Prikryl）は、忽然と姿を消した〔註46〕。

ソ連軍司令官トルブーヒンは、これらの政党の提案を考慮し、市長はケルナー、副市長にクンシャクとシュタインハルトを任命することに同意した。ヴィーン臨時市政は、市長を社会党、副市長は市長と異なる政党に属する人物を任命するという、後の臨時政府の制度に先んじる構成になっていた。ヴィーン市政が政党によって独占されると、抵抗運動組織は、急速に国政レヴェルからも同様に排除されていった。そしてついに、ソ連軍によって解散を命じられた〔註47〕。

臨時政府設立をめぐる交渉

レンナーを中心とする政党間の臨時政府交渉は、第一共和制の政治的危機を振り返って、どのようにすれば政党間の協調ないしは一致に達しうるのか、という政治課題への対処であった。

〔註46〕vgl. H.Andics,ebd.,S.82. オーストリアは、第一共和制以来、常に政党が政治の舞台を支配してきたにもかかわらず、議会外における党組織の活動や組織化に関して、一九七五年まで何の法的規制も行われてこなかった。これは、一九七五年までのオーストリア政治が、事実上議会外に存在した、準軍事組織や当該組織などを有する政治的な力への依存が著しく強かったことを意味する。vgl. Peter Gerlich,"Österreichs Parteien: Rahmenbedingungen und Fragestellungen",in P.Gerlich u. W.C.Müller（Hrsg.）,a.a.O.,S.4-5.

〔註47〕ソ連軍は、当初から抵抗運動組織（O5）を地方行政の重要ポストから外すことを意図していたわけではなかったようである。vgl. E.Fischer,a.a.O.,S.46-47.

四月一七日、レンナーは、旧社会民主党のシェルフと旧キリスト教社会党のヨーゼフ・コルマン（Josef Kollmann）に手紙を送り、二〇日にヴィーンで合うことを求めた〔註48〕。

そもそも、この適応の政治家レンナー〔註49〕は、一九三三年の国民議会を召集するという形での議会制デモクラシーの復活を、新しい政府構想の基礎と考えていた〔註50〕。そしてそれは、自ら首相として指導した一九一八年から一九二〇年までの国家再建期の政治状況を再現することを基礎としていた〔註51〕。しかし、第二次大戦直後の混乱によって、旧議員の生死所在が分からず、連絡を取ることもままならない状況では、レンナーの構想をそのまま実現することは困難であった。さらにその構想には、連合国による全オーストリアの解放を待たねばならない、という難点もあった〔註52〕。しかしながら、適応に長けた政治家レンナーは、自らの

〔註48〕vgl. Siegfried Nasko und Johannes Reichl,Karl Renner: Zwischen Anschluss und Europa,2000,S.83-84.

〔註49〕vgl. Peter Loewenberg,"Karl Renner and the Politics of Accommodation: Moderation versus Revenge",Austrian History Yearbook,vol.22,1991,pp.35-56.

〔註50〕レンナーは、第一共和制期を通して、社会民主党の政治戦略として連立政府を考えていた。労働者の状態が改善される限りにおいてという条件は付いていたが。そして、社会民主党左派に属していたブラウンタールは、レンナーの政治戦略を次のように評している。〈レンナーが実際に望んだのは、いわば党の精神的雰囲気を変えることだった。つまり、連合政府の評価、党の政策の理論的規定、なによりも党の宣伝の用語法　――オットー・バウアーの用語法を変えることだったのである。〉レンナーは、理論的に、連立政府は労働者階級による国家への要求を貫徹させる形態である、と考えていた。（ユリウス・ブラウンタール『社会主義への第三の道　――オットー・バウアーとオーストロ・マルクス主義――』〈上条 勇訳〉、梓出版社、一九九〇年、一五二―一六五頁参照）

〔註51〕vgl. K Renner,a.a.O.,S.19.

〔註52〕vgl. H.Andics,a.a.O.,S.82-83.

構想に固執しなかった。彼は、四月一五日のスターリン宛書簡において、第一共和制誕生のときのように、議会召集を経ない臨時政府の形成を示唆した。ソ連軍は、レンナーに対して臨時政府を早く作るように、催促し始めていた〔註53〕。

四月二〇日、レンナーの呼びかけによって、社会党のシェルフ、ケルナーそれにメンタスティ（Alois Mentasti）、国民党のクンシャクとコルマン、共産党のコプレーニヒとフィッシャーの三党代表が、ヴィーンに一堂に会した。この臨時政府設立交渉の最初の場において共産党は、まず、ソ連軍が占領した中東欧諸国の例にたがわず、副首相と内務相のポストを要求した。レンナーは、この時、共産党の後ろにソ連の支援があると信じて疑わなかった。実際は、共産党は、ソ連の後ろ盾はあったものの、いかなる指令も受け取っておらず、発言したフィッシャーは、ほとんどアドリブで話していたという〔註54〕。

四月二二日、再び三党による会合が催され、社会党から四人、国民党から二人、共産党から三人が参加した。この会議において、レンナーが当初構想していた旧議会の召集は完全に拒否され、選挙および議会召集を経ない政党政府の形成が決定した〔註55〕。たとえレンナーの案を国民党と社会党が支持したとしても、一九三〇年の自由選挙において一％以下の得票率しかなかった共産党と、ソ連軍も賛成しないとい

〔註53〕ソ連軍は、西側連合国によるオーストリア西部の占領に先駆けて、ソ連軍占領地域にできるだけ早く政府を作ろうとしていることを、コプレーニヒとフィッシャーに明らかにしていた。vgl. H.Andics,ebd.,S.83-84.
〔註54〕vgl. H.Andics,ebd.,S.84.
〔註55〕vgl. Daglous W.Houston, "Karl Renner and Austria in 1945", Austrian History Yearbook,vol.1,1965,pp.125-126.

うことは明らかだった。この日、共産党は提案を新たにして、前の二つのポストに加えてさらに教育相のポストも要求した。実際の勢力や国民的基盤とはかけ離れていた共産党の要求に対して、社会党と国民党は危機感を抱き、会議は決定に至らなかった〔**註56**〕。

翌四月二三日、レンナーの要請によって再度会議が招集された。この会議には、社会党からレンナー、シェルフ、シュパイザー、共産党からはフィッシャー、コプレーニヒ、ホンナーが、そして国民党からは、クンシャクが出席した。レンナーは、内閣の決定方式の一つとして、全会一致の決定原則を制度化したものを提案した。すなわち、内閣は全会一致を原則とし、内閣において議決できない場合、それは首相を補佐するために設けられる政策閣議(der poritische Kabinettsrat または der politische Kabinett と呼ばれることもある)によって議論され、ここでも全会一致によって決議される。そして、各大臣(Staatssekretär)の党派的偏重や恣意を防ぐために、各大臣の下には、大臣と異なる政党を代表する二人の次官(Unterstaatssekretär)が付いて大臣を補佐し、この大臣の執政も大臣と二人の次官との全会一致を決定原則とした。レンナーは、次官の役割を「監督者」(Überwacher)と位置づけ、大臣の監督権限と報告権限を共産党単独で扱わせないことに、留意した〔**註57**〕。

〔**註56**〕臨時政府設立の交渉過程は、国民党は共産党と社会党の協力関係が、共産党は共産党に対する国民党と社会党の共同戦線が生まれた、と見ていた。(vgl. H.Altmann,a.a.O.,S.200.) このような状況が、相互に妥協を求めることにもつながる圧力効果を生んだとも言えるかもしれない。

〔**註57**〕vgl. H.Andics,a.a.O.,S.84. この提案の原型は、前日二二日に提案されていたが、共産党によって排除された。それは、各党に割り振られた大臣ポストの下に、大臣とは異なる政党から任命された一人の副大臣を置くというものだった。これによってレンナーは、共産党や国民党を牽制できると考えていた。しかし、フィッシャーの次の発言によって、提案を引っ込めざるを得なくなり、翌日改

めて改正された案を提出しなければならなかった。〈誰がそのような要求をする権限をあなたに与えたのか？〉この発言の裏にあるのは、ソ連軍（すなわちスターリン）の許可なしに勝手な提案はできない、ということであった。すなわち、レンナーは、フィッシャーの後ろにスターリンの影を見て取ったのである。しかし、フィッシャーのこの発言は即興のブラッフであった。この事態に、ソ連軍将校がすぐさまフィッシャーをたしなめるような介入を行った。というのも、このソ連軍将校は、スターリンがレンナーを信頼していると、信じていたからであった。vgl. E.Fischer,a.a.O.,S.66.

社会党と国民党は共に、戦前議会において議席を持っていなかった共産党に対して同数の閣僚ポストを譲る気はなかったが、レンナーは、共産党に対して他の二党と同配分のポストを約束した。ソ連軍単独占領下のヴィーンにあって、レンナーが共産党に配慮するのは当然のことではあった。結局、国民党と社会党によってレンナーの提案が受け入れられたのは、レンナーが導入した新しい政策決定システムの存在が決定的であった〔註58〕。

三党は、レンナーの提案を受け入れ、臨時政府の設立に同意した。同日、ソ連軍当局は、レンナーを首相とする臨時政府案に承認を与えた。

〔註58〕以上の二つの新たに導入された意思決定システムが共産党抑止策として効果を持ったのは、いみじくもレンナーが語ったように、協調か辞任かを迫るものだったからである。〈私の決定に不満な人は、辞任したらよいのです。〉（Memorandum of Conversation between Clark and Renner,29 September 1945,Foreign Relations of the United States：1945,vol.3: European Advisory Commission; Austria; Germany,p.614. 以下 FRUS 1945,vol.3 と略す。）さらに、ソ連単独占領地域に成立した臨時政府という点を考慮すれば、それが現実的な脅しとなったかどうかは疑わしいが、共産党がオーストリア住民にあまりに不人気だったため、政府内において公然と意思決定を滞らせることもまた、共産党にとって現実的な判断ではなかったと思われる。

レンナー臨時政府の構成

一九四五年四月二七日、レンナーがソ連軍に提出した閣僚名簿は受理され、臨時政府閣僚は、ソ連軍ヴィーン地区司令官ブラゴダトフ将軍（Aleksey V.Blagodatov）に伴われてヴィーン市民の前に姿を現した。臨時政府の全役職と名簿は以下のとおり。

〈政策閣議〉
・首相：カール・レンナー（SPÖ）
・無任所大臣：アドルフ・シェルフ（SPÖ）
・無任所大臣：レオポルト・フィグル（ÖVP）
・無任所大臣：ヨハン・コプレーニヒ（KPÖ）

〈専門所轄閣議〉
首相府（Staatskanzlei）
・首相：カール・レンナー（SPÖ）
・次官：（軍事担当）フランツ・ヴィンテラー（Franz Winterer SPÖ）
・次官：ハインリヒ・ヘルグロッツ（Heinrich Herglotz ÖVP　一九四五年五月四日から）
・次官：（外務担当）カール・グルーバー（Karl Gruber ÖVP　九月二六日から）

内務（Staatsamt für Inneres）
・大臣：フランツ・ホンナー（KPÖ）
・次官：オスカー・ヘルマー（SPÖ）
・次官：ラウール・ブンバラ（ÖVP）
・次官：ヨーゼフ・ゾンマー（Josef Sommer ÖVP　九月二六日から）

法務（Staatsamt für Justiz）
・大臣：ヨーゼフ・ゲーレ（Josef Gerö：無所属）
・次官：カール・アルトマン（KPÖ）
・次官：マクス・シェフェネッガー（Max Scheffenegger SPÖ）
・次官：フェルディナント・ナーゲル（Ferdinand Nagl ÖVP）

教育文化（Staatsamt für Volksaufklärung,für Unterricht und Erziehung und für Kultusangelegenheiten）
・大臣：エルンスト・フィッシャー（KPÖ）
・次官：カール・ルークマイアー（Karl Lugmayer ÖVP）
・次官：ヨーゼフ・エンスライン（Josef Enslein SPÖ）
・次官：（文化部門）エルンスト・ヘーフェル（Ernst Hefel ÖVP）

社会行政（Staatsamt für soziale Verwaltung）

・大臣：ヨハン・ベーム（Johann Böhm SPÖ）
・次官：フランツ・ダーフィト（Franz David KPÖ）
・次官：アロイス・ヴァインベルガー（ÖVP）

財務（Staatsamt für Finanzen）
・大臣：ゲオルク・ツィンマーマン（Georg Zimmermann：無所属）
・次官：ハンス・リッツィ（Hans Rizzi：無所属、五月四日から）

農林（Staatsamt für Land- und Fortwirtschaft）
・大臣：ルードルフ・ブッヒンガー（Rudolf Buchinger ÖVP　九月二六日まで）
・大臣：ヨーゼフ・クラウス（Josef Kraus ÖVP　九月二六日から）
・次官：アロイス・メンタスティ（SPÖ）
・次官：ローレンツ・ゲンナー（Laurenz Genner KPÖ）

産業・通商・運輸（Staatsamt für Industrie,Gewerbe,Handel und Verkehr）
・大臣：エドゥアルト・ハインル（Eduard Heinl ÖVP）
・次官：カール・ヴァルトブルンナー（Karl Waldbrunner SPÖ）
・次官：ヘルマン・リヒテンエッガー（Hermann Lichtenegger KPÖ　五月四日から）

国民食料管理（Staatsamt für Volksernährung）
・大臣：アンドレアス・コルプ（Andreas Korp SPÖ）
・次官：ヘレーネ・ポストラネッキー（Helene Portranecky KPÖ）
・次官：ヨーゼフ・クラウス（Josef Kraus ÖVP、九月二六日まで）
・次官：エルンスト・ヴィンザウアー（Ernst Winsauer ÖVP　九月二六日から）
公的建造物・移行経済・復興（Staatsamt für öffentliche Bauten,Übergangswirtschaft und Wiederaufbau、九月二六日から）
・大臣：ユリウス・ラープ（ÖVP）
・次官：ハインリヒ・シュナイドマードゥル（SPÖ）
・次官：オットー・メードラーゲル（Otto Mödlagl KPÖ）
財産保護・経済計画（Staatsamt für Vermögenssicherung und Wirtschaftsplannung）
・大臣：ヴィンツェンツ・シュミー（ÖVP）
・次官：フランツ・ラウシャー（Franz Rauscher SPÖ）
・次官：アルフレート・ノイマン（Alfred Neumann KPÖ）

レンナーは、臨時政府の用語において、首相、大臣、そして次官を、第一共和制の最初に用いられた用語である「Staatskanzler」、「Staatssekretär」、「Unterstaatssekretär」としたことで、第一共和制との連続性と歴史的正当性を強く意識していた〔**註59**〕。そして、「第二共和制オーストリアの宣言」（Proklamation der

Zweiten Republik Österreich)、いわゆる「独立宣言」が発せられた。〔註60〕この宣言は、前段において、アンシュルッスの否定、ナチスによってオーストリアの統一が破壊されたこと、オーストリアの経済的基盤をナチスが略奪したこと、オーストリア人はナチスの侵略行為にその意思に反して加担させられたこと、そして連合国のモスクワ宣言の前段を引用してオーストリア人はこの戦争の犠牲者であったことを強調した。宣言の後段において、「独立宣言」(Unabhängigkeitserklärung)が宣せられ、カール・レンナー(社会党)、アドルフ・シェルフ(社会党)、レオポルト・クンシャク(国民党)、ヨハン・コプレーニヒ(共産党)によって調印された〔註61〕。

〔註59〕vgl. Gertrude Enderle-Burcel,Rudolf Jeřábek (Hrsg.),Protokolle des Kabinettsrates der Provisorischen Regierung Karl Renner 1945 (Band.3), 2003, S.XI-XII.

〔註60〕vgl. Der Österreichischer Bundesregierung (Hrsg.), a.a.O.,S.9-12.

〔註61〕第一項、民主的な共和制オーストリアが再建されるのであり、一九二〇年憲法の精神において設立される。

第二項、一九三八年にオーストリア国民に強制されたアンシュルッスは無効である。

第三項、この宣言の実施のために、すべての反ファシズム政党の下に、臨時政府が任命される。そして、その条件として、占領軍の法にすべての立法・執行権力を委任する。

第四項、この独立宣言の公布日から、すべてのオーストリア人は、ドイツ帝国とその指導によってなされた軍事的、職務的もしくは個人的誓約を無効とし、その義務から解かれる。

第五項、この日からすべてのオーストリア人は、再び共和制オーストリアに国家市民の義務・忠誠関係をおく。

先に言及したモスクワ会議における追加義務の検討部分には、次のように書いてある。

〈しかしながら、オーストリアは次のことに気づかされるだろう。オーストリアは、ヒットラー・ドイツの側で戦争に参加したことについて責任があり、それから逃れられず、そして最終的な解決に際して、解放への自らの寄与が考慮されることは避けられない。〉任命される政府は、オーストリアの解放へのできる限りの寄与を行うために、即刻対策を講じるであろう。しかしながら、その寄与は、我が国民の消耗と国土の荒廃に直面して、国民の無念さに答えることができるだけだ、ということに気づかされるのである。

当時、交通・通信手段がほとんど破壊されていたヴィーンにあって、「宣言」のビラと市庁舎からの口頭の声明が、瞬く間に口伝えに東部オーストリアに広まったということは驚くべきことであった〔註62〕。

プロポルツ制とレンナーの権謀術数

臨時政府の政策決定システムが、特定の政治党派への偏重を防ぐことを目的としていたことは、「第二共和制オーストリアの宣言」のすぐ後に発せられた「臨時政府の統治宣言」（Die Regierungserklärung der Provisorischen Regierung）に表明された。

いわく、ある省の行政が、〈もし大臣の指導の下に一つの傾向が示されるならば、別の傾向を持つ次官が協力して運営するであろう。党派性、一面性、そして恣意が行政において排除されるのである。〉〔註63〕これ

〔註62〕vgl. S.Nasko u. J.Reichl.a.a.O.,S.271.
〔註63〕Der Österreichischer Bundesregierung（Hrsg.）, a.a.O.,S.14.

は、戦後オーストリアの政治社会システムの基本的要素となるプロポルツ（Proporz）〔註64〕についての言及であった。臨時政府によれば、この措置によって、〈中立性と公平性が保証される〉のであった〔註65〕。臨時政府は、〈統一国家の枠組み〉によるオーストリア国家の再建がなければ他国による効果的な支援も受けられず、国土が分裂していれば国土を守ることもできないことを、十分に理解していた。それ故、正当性を有する中央政府の確立が急務だったのである〔註66〕。

共産党を媒介とするソ連の影響力行使を防ぎ、第一共和制のような深刻な政党（陣営）間対立を回避し、閣内一致のために設けられたプロポルツ・システムは、単にそれのみによって機能したわけではない。何よりも、この制度を導入したレンナー自身が、制度のみによって閣内一致が行われるとは考えていなかった。そのため、レンナーは、プロポルツ・システムを補完するために、数々の権謀術数を用いることによって、全会一致による閣議決定を導いた。そしてその術策は、臨時政府閣議の特に紛糾した

〔註64〕プロポルツに関する的を射た簡潔な説明は以下を参照。中川原徳仁「ウィーンの東と西　――比較政治論の試み――」、『久留米大学比較文化研究所紀要』第四号、一九八八年、一三五―一五〇頁参照。

〔註65〕共産党は、もとより国民的支持基盤を欠いていたが、ソ連軍が占領を開始すると、急速に即席の共産党員・ソ連支持者が増加した。しかし、占領開始直後の四月のソ連軍による暴力や略奪等の蛮行によって、共産党やソ連に対する否定的国民感情は高まった。そして臨時政府は、プロポルツ・システムを国民にアピールすることによって、共産党を抑制しようとしている姿を示し、政府の信頼性を高めようとした。vgl. H.Andics,a.a.O.,S.73-74.

〔註66〕vgl. Der Österreichischer Bundesregierung（Hrsg.）, a.a.O.,S.13.

憲法論議〔註67〕において、集中的に現れた。

そのときに、そしてそれ以後も用いられたレンナーの術策はいくつかある。第一の術策は、「辞任の脅し」(Rücktrittsandrohung)である。一九三四年に政府当局に没収された社会党の資産の回復と賠償を議題にしたとき、レンナーは、もし一九三四年の財産没収が弁償されないならば、首相として執政は続けられない、と宣言した。

この脅しが効果を持ったのは、第二の術策がすでに用意されていたからだった。その第二の術策とは、閣内においてスターリンの恩寵を受けている首相に見られることであった。レンナーはつねづね、自ら全てのオーストリア人の首相であり、公平性と正義へのオーストリア住民の信頼に基づいている、と主張していた。しかし他方で、スターリンに任命された首相をも自任していた。このようなレンナーの態度は、特に国民党にとって脅威であった。

〔註67〕一九四五年四月二七日の「独立宣言」は、〈一九二九年憲法の精神〉に基づく共和国オーストリアの形成を規定していた。この考えは、各政党のみならず、抵抗運動グループも共有していた。臨時オーストリア国民委員会は、第一共和制憲法の復活を掲げており、旧憲法の復活は、この当時、幅広く受け入れられていたと思われる(vgl. Elisabeth Barker.Austria 1918-1972.1973.pp.155-158.)。ソ連は、一九三八年(アンシュルッス)以前の憲法上の地位に戻るべきだ、と考えていた。これは、社会党から見れば、ドルフスが導入したオーストロ・ファシズム期のいわゆる「一九三四年憲法」に他ならなかった。レンナーは、新しい憲法の作成も視野に入れていたが、社会党党首シェルフは、新憲法導入に伴う政党間対立の激化を回避するためにも、旧憲法の復活を推進した。社会党と国民党が押す旧憲法の復活は、共産党の反対を呼び起こした。しかし、共産党に明確な憲法構想があったわけではない。五月一三日、臨時政府は、「憲法移行法」(Verfassungs-Überleitungsgesetz)の導入を閣議決定し、一九二九年修正憲法が、五月一日にさかのぼって施行されることを決定した。

第二の術策と関連するレンナーの第三の術策は、「ソ連による支持の示唆」という援護射撃である。レンナーは臨時政府の首相としての期間、閣議に提出される個々のテーマについて、時には自分の考えとは逆の立場を意識的にとることによって、国民党を牽制して自党の立場を擁護した。閣議の調整役である首相が社会党や共産党の側につくことは、国民党には「ソ連による指示の示唆」に映った。レンナーは、社会党やソ連の意図に反して国民党の側につくことはなかった。

第四の術策は、「大統領独裁」と呼ばれた手法を用いたことである。憲法移行法導入の際、政治的紛糾が激しくなることが予想され、実際に激しい議論が始まったために、レンナーはこの手法を用いた。すなわち、もし閣内の一致が難しいならば、第一から第三までの術策を援護射撃として用い、「統治宣言」に基づいて期日どおりに閣内一致をもたらすために、独裁的に「憲法移行法」導入を決定した。それは、臨時政府の原則である全会一致というといわゆる協議デモクラシーの立場から見れば、枠組みを逸脱した非常手段であった。同僚のカール・ザイツは、そのようなレンナーの手法を「大統領独裁」(Präsidialdiktatur)と呼んだ。

第四の術策と関連して、第五の術策は、異議を聞き流す、というものであった。耳が聞こえにくいと自称していたレンナーは、閣議の議長として非常に小さい声で文書を読み上げ、閣議決定の際、閣僚らによる異議を聞き流したのである。

第六の術策は、レンナーにとって不快となる次官は、所轄でないときは引き下がらせる、というものである。レンナーは次官たちに対して、次官の職務はあくまで大臣の補佐であり、所轄の問題も大臣を通じて閣議に提起しなければならない、と強調した。レンナーは、大臣の決定や判断が次官二人との合意に基づくという原則にもかかわらず、次官を大臣の単なる随伴者とみなしたのである。

そして最後に、第七の術策は、多数派と一致しない人はすぐさま辞任しなければならない、という脅しである。憲法移行法の議論の際にレンナーは、旧憲法の復活に異議を唱える共産党出身閣僚に対して、閣内の一致を乱すなら辞任という形で責任を取るように強く迫った。共産党出身閣僚たちは、結局閣内に留まり、法案に署名したのである〔註68〕。

さらに、術策の第八に数えるべきものとして、閣内一致の決定を促すための閣僚に対する懐柔策も指摘しなければならない。レンナーは、閣議をしばしば夜の九時ごろから開催した。そして、夜遅く始まる閣議では、議事運営上、紛糾しそうな議題は最後に持ってこられた。当時、食糧不足が深刻だったオーストリア・ヴィーンの状況にあって、当然のことながら、閣僚たちは夜中まで激しいやりとりをすることを好まなかった。そのことを十分に理解していたレンナーは、真夜中の閣議が終了した後、参加閣僚たちに対して、洋酒やワイン、それにソーセージやサンドウィッチを振舞った。これは、閣議運営をスムーズにする潤滑油の効果があったと思われる〔註69〕。

以上のようなレンナーの術策により、プロポルツ・システムは補完され、閣内の一致は確実なものとなり、共産党は政府内外でも徐々に追い詰められていった〔註70〕。

〔註68〕七つの術策に関しては、次の文献に拠った。(vgl. S.Nasko u. J.Reichl.a.a.O.,S.284-286.) 社会党と共産党は、政策調整のための委員会を開催していたが、それでも閣内において二度の深刻な対立が生じた。一つは、本文において略述したように、五月の憲法移行法導入に際して生じた。これを機に、党間の調整のための委員会が発足した。二度目の対立は、九月に国民党の産業通産運輸大臣ハインルによって閣議に提出された、基幹産業の国有化に関する法案をめぐって生じた(vgl. H.Altmann.a.a.O.,S.200-201.)。前者は、ソ連占領ゾーン内における限定的領域政府と西側連合国との未接触、そして共産党のみの反対、という条件の下に成立した。後者は、国民党と社会党が法案に賛成し、共産党、ソ連、そして西側連合国が反対するという条件の下に、廃案となった(翌年復活し、成立)。こ

れは、連合国間協調が働いたのではなく、まして政治主体が複雑化したことが原因でもない。むしろ、それぞれの政治主体が、自らの直接的利益を主張したことによる、と解すべきであろう。

〔**註69**〕vgl. D.W.Houston,op.cit.,p.130.

〔**註70**〕一九四五年のレンナー臨時政府期において、確かに、共産党指導部と社会党幹部との個人的ではあったが友好的な接触があった。何よりも、社会党左派のエルヴィン・シャルフ（Erwin Scharf）と共産党指導部との関係は密接であった。そして、社会党幹部は、目前の具体的問題に対処するために、共産党との統一行動を検討する委員会を党内に設けていた。その構成員は、シャルフ、クローネス、シュパイザー、シェルフであった。委員会は、共産党指導部とも個々の問題について協議を行っていたが、共産党が敗北した一九四五年一一月二五日の選挙以後、開催されなくなった。（vgl. H.Altmann,a.a.O.,S.200.）そしてついにレンナーは、首相として最初で最後の議会演説において、臨時政府の協力者から共産党員を除外して演説をしたのである。vgl. K.Renner, "Die Provisorische Regierung 1945", in Der Österreichischer Bundesregierung（Hrsg.）, a.a.O.,S.26.

三　全オーストリアの解放と占領

諸州の解放と占領

オーストリアの各州の再建は、ヴィーンに臨時政府が樹立された後だった。そして、西側連合国軍に占領された西部諸州においても、ヴィーンの臨時政府同様に、三党を中心とする連立州政府が形成された。ここでは、各州の再建の様子を概観する。

ニーダーエステルライヒ州（Niederösterreich）

ヴィーン同様にソ連軍が占領し、一九四五年五月八日までに全域がソ連軍占領下に入った。四月一八日、ソ連軍当局によって臨時州政府が任命され、設立された〔註71〕。この州は、後のヴィーン臨時政府同様に、国民党、社会党、共産党による三党連立政権であった〔註72〕。この州の旧キリスト教社会党の政治家たちが主として中央集権主義者であったことは、ヴィーンの政府を中心とする連邦政府権限の強い連邦主義を志向することを意味し、後の諸州会議の基底ともなった〔註73〕。

ブルゲンラント州（Burgenland）

ソ連軍に解放・占領されたこの州は、オーストリア中で最も戦争被害の激しい州であった。不幸なことに、ソ連の占領を受けるこの州に戦後の臨時政府の核となるような抵抗運動組織や政治状況は存在しなかった。もちろん、戦時中、戦前の政治家たちによる散発的な接触は行われていたが、政府を形成するような政治的組織にはいたらなかった。そのため、一時的ではあるが、ヴィーン市が州政府を兼ねることになった〔註74〕。

〔註71〕この日付は、すべての州の中で最も早い州行政の再建である。
〔註72〕レオポルト・フィグル（国民党）、オスカー・ヘルマー（社会党）、オットー・メードラーゲルが指導した。この州の州都がヴィーンであるため、ヴィーンの臨時政府や政党幹部とニーダーエステルライヒ州の重要人物は重なることがある。
〔註73〕M. Rauchensteiner, a.a.O.,S.81-83.
〔註74〕M. Rauchensteiner, a.a.O.,S.83.

シュタイアマルク州（Steiermark）

この州は、一部はソ連軍に、残りは西側連合軍に占領された。そして、ナチス支配から解放されて、新しい行政の受け皿となったのは、旧社会民主党と旧キリスト教社会党の政治家たちであった〔**註75**〕。五月八日、共産党を加えた臨時州政府は、第一共和制期の構成と異なり、社会党（3）、国民党（3）、共産党（3）の対等な連立政権として再建された。五月一二日、ソ連軍当局は、シュタイアマルク臨時州政府を承認した。州都グラーツに設立された臨時州政府は、グラーツを訪問したヴィーンの臨時政府首相レンナーによって、〈政府の名の下に〉必要な指令を出す権限を与えられることになった。これにより、イギリス軍占領に代わる七月までは、ヴィーンとグラーツの結びつきやコミュニケーションが機能していた。しかし、イギリス軍占領地域になると、連合国軍によって占領地域境界線が引かれ、州境界は封鎖された〔**註76**〕。

ケルンテン州（Kärnten）

イギリス軍に占領されることが確定していたこの州は、第一共和制期の政治家によって臨時州政府が形成された。その構成は、社会党（2）、国民党（2）、無所属（1）であった。しかしながら、イギリス軍当局により、〈オーストリア人の行政は下から設立すること〉を理由に、六月四日、臨時州政府は解散させられ

〔**註75**〕ナチスのライヒ総督ジークフリート・ウイバーライター（Siegfried Uiberreither）はソ連軍進入直前に逃亡し、代わって、ガウ指導者アルミン・ダデュー（Armin Dadieu）が最後の行政移行を担当した。

〔**註76**〕かつての州政府構成は、社会民主党（3）、キリスト教社会党（2）、共産党（2）であった。vgl. M.Rauchensteiner,a.a.O.,S.84-85.

た〔註77〕。イギリス軍当局は、代わって新たに「諮問州委員会」(konsaltive Landesausschuß)を任命し、臨時に州政府の業務を代行させた〔註78〕。

ティロール州(Tirol)

カール・グルーバーを抵抗運動の指導者とするこの州では、五月三日夜半にアメリカ軍がインスブルックに進駐したときには、すでに州の行政は抵抗運動組織に握られていた。五月三日、アメリカ軍が進駐する直前、「ティロール・オーストリア人抵抗運動執行委員会」(Exekutivausschuß der Österreichischer Widerstandsbewegung in Tirol)は声明を発表し、新しい州政府となることを示唆した〔註79〕。しかし彼らは、ヴィーンとの結びつきはなく、ヴィーンの政治状況をほとんど何も知らなかった。当初はアメリカ軍の占領下に置かれていたが、後に、連合国によるオーストリア分割占領管理に関する協定が七月に確定すると、フランス軍がその任を引き継いだ〔註80〕。

〔註77〕vgl. M.Rauchensteiner,ebd.,S.90.
〔註78〕ケルンテン州は、解放時、州内にユーゴスラヴィアのパルチザン部隊とおよそ一五万人のクロアティア人を抱えており、これらの存在が州の統一と安全を脅かしていた。イギリスの要請を受けたスターリンの措置(ケルンテンに進駐した第三ユーゴスラヴィア民族解放軍部隊は、五月一六日、ソ連軍第三ウクライナ方面軍指揮下に一時的に編入され、五月一九日から二三日にかけて、ユーゴスラヴィア軍はケルンテンから撤退した)により、ケルンテンは危機を脱した。vgl. M.Rauchensteiner,ebd.,S.86ff.
〔註79〕vgl. Michael Gehler (Hrsg.), Karl Gruber: Reden und Dokumente 1945-1953,1994,S.36-37.
〔註80〕vgl. M.Rauchensteiner,a.a.O.,S.94.

フォーラルルベルク州（Vorarlberg）

四月三〇日、フランス軍がこの州に進駐したとき、彼らはいかなる占領構想も州政府再建構想も持っていなかった。五月二四日、臨時の州行政機構としてフォーラルルベルク州委員会が発足した。この州の抵抗運動組織が委員会に編入され、臨時州政府となった。この委員会は、他の州のように政党間対等比率によって構成された。六月末から七月にかけて、フランス軍軍政司令部が置かれ、軍政を担当するジュン大佐（H.Jung）がブレゲンツに入り、州政府の権限は拡大し、効力を持つようになった〔註81〕。

サルツブルク州（Salzburg）

五月二日、アメリカ軍による占領が開始されたこの州では、五月二三日にアメリカ軍による臨時州政府の任命が行われ、ドルフス、シュシニック時代に市長だったリヒャルト・ヒルトマン（Richard Hildmann）を臨時市長として任命した。サルツブルク州では、抵抗運動が特別な役割を演じることはなかった。しかし、他の州と同様に、第一共和制期のこの州の政治家たちは、戦争終結以前に連絡を取り合っていた。その結果、旧社会民主党と旧キリスト教社会党の政治家たちが、この州の臨時州政府を担うことになった〔註82〕。

〔註81〕フランス軍最高司令官エミレ・ベトー（Emile Béthouart）は、フランス軍独自に占領行政を行うのではなく、西側占領軍のすべての最高司令官がオーストリアにそろうのを待つべきである、と考えていた。vgl. M.Rauchensteiner,ebd.,S.94-95.

〔註82〕解放後、警察長官には抵抗運動の指導者ヨーゼフ・ダスペルグルーバー（Josef Daspelgruber）を任じた。サルツブルクにおいても他州同様に、アントン・ノイマイアー（Anton Neumayer）とマルティン・フーバー（Martin Huber）ら旧社会民主党と旧キリスト教社会党の政治家が中心となって臨時州政府の母体となるような会合を開いていた。ヒルトマンは、州や市の行政に旧社会民主党員が関

わることを望まなかったが、フーバーをはじめとする新生国民党のメンバーは、そうは考えなかった。五月一〇日、アメリカ占領軍当局は、アドルフ・シェーメル（Adolf Schemel）を交渉相手とすることに同意した。シェーメルは共産党を排除した臨時州政府建設を主張したが、アメリカ軍当局は、共産党の完全なる排除は正しくないとして、結局、一人の共産党員を臨時州政府に加えることになった。当時アメリカ軍当局は、〈ロシアとの問題を引き起こすことになるために、そのことにあらゆる関心を向けていた〉のであった。この州にとってアメリカ占領軍は、州の規模からすると巨大なものであった。〈アメリカ軍政は、自ら統治するにはあまりに少なく、臨時州政府がその統治を実施しうるには、あまりに多すぎた。〉M.Rauchensteiner,ebd.,S.97-98.

オーバーエステルライヒ州（Oberösterreich）

五月八日、アメリカ軍はこの州の全ての政党に支持された市長を承認し、ここにこの州の行政が始まった。他の州の例に漏れず、オーバーエステルライヒ州も国民党、社会党、共産党の協力による連立の臨時州政府が形成された。しかし、五月一四日、アメリカ占領軍当局は、突如、政党禁止令を発し、それによって全ての政党が非合法化された。その後、政党に代わって臨時の州行政を担ったのは、ナチス支配期にこの地域を指導したアドルフ・アイグル（Adolf Eigl）であった。彼は、政党を排除した官僚によって州行政を指導した。この州は、部分的にソ連軍によっても占領されており、州内はアメリカ占領ゾーンとソ連占領ゾーンに分断された〔註83〕。

〔**註83**〕アイグルは、ヴィーンの共産党指導下の警察から目をつけられており、結局、八月に罷免・逮捕された。vgl. M.Rauchensteiner,ebd.,S.101.

第一共和制オーストリアは、政党レヴェルの分裂と政治の地域的分裂によって共和国の基礎が脅かされたが、第二次大戦後のオーストリアは、それとは異なる展開を予想することができた。

オーストリアは、アンシュルッス以後に展開されたナチス・ドイツによる強制的同質化によって、伝統的な州自治は押さえつけられ、ドイツ第三帝国の一地域として、東方の砦である「オストマルク」(Ostmark)に格下げされた〔註84〕。オーストリアの地方各州は、首都ヴィーンに対する反感を持っていたが、同じドイツ人によって、かつての国際都市ヴィーンがドイツの地方都市と同じレヴェルに落とされたことは、オーストリア人の自尊心を傷つけた。ヴィーンがドイツの地方都市と同格ならば、帝国内において旧オーストリアの地方都市はどれほどの価値があるというのであろうか。

さらに、オーストリア人は、ナチスによってさんざん共産主義＝ソ連に関するプロパガンダを聞かされていたので、ソ連赤軍のオーストリア占領は、オーストリア人の恐怖心に現実味を帯びさせたのである。そして、連合軍によるオーストリア地域への空爆、オーストリアを逃亡する際に破壊と収奪を実行したナチス・ドイツ軍、さらに東部オーストリアにおけるソ連軍兵士による略奪行為の結果、オーストリア住民は、できるだけ早いオーストリア人による国家政府の復活を望むようになっていた。

第一共和制オーストリアとは異なり、第二共和制オーストリアは、残土でも誰も望まない国家でもなく、誰もが望む国家になっていた。

〔註84〕「オストマルク」の行政区画の構造について、末永信義「「オストマルクの使命」と第三帝国　―オーストリア合邦（一九三八年）をめぐって―」、『西洋史学』vol.188、一九九七年、四三―五五頁参照。

臨時政府の承認問題

一九四五年四月、レンナー臨時政府がソ連の支援を受けてヴィーンに成立したとき、イギリスは、オーストリアに臨時政府らしきものが形成されるかもしれないということを知りつつも、まだ西側連合軍がヨーロッパ中央部に進入していなかったために、手を打つことができなかった。イギリス外務省は、すでにハンガリーからの情報によって、オーストリア（当時はまだ第三帝国の一地域、オストマルク）に自由オーストリア委員会なるものが形成されたことを知っていた。さらに一九四五年二月二日の『New York Times』の報道によって、イギリスは、（結局事実ではなかったが）自由オーストリア委員会がモスクワによって臨時政府の母体として選ばれた、ということを知った。イギリスは、こうした状況に対して、〈新しい事実に対応しなければならない〉とは考えていたが、ポーランドやチェコスロヴァキアとは異なりロンドンにオーストリア人の亡命政府がなかったため、モスクワに対する具体的な方策を立てることはなかった〔註85〕。

イギリス外相イーデンは、オーストリアが連合国の占領管理下に置かれたとしても、それはソ連の利益に合致するだろうと考えていた〔註86〕。そのため、一九四五年四月二六日、イギリスは、レンナーから送付された臨時政府

〔註85〕vgl. Alice Hills.Britain and the Occupation of Austria,1943-45.2000,p.185.

〔註86〕イーデンは、しかしながら、ドイツ問題がソ連の外交政策を抑制する鍵である、とも考えていた。すなわち、ソ連にとっての戦後ヨーロッパにおける最大の懸案は、復興したドイツが西側と結びついて、再び反ソ的態度をとることであった。だからこそ、ドイツを弱体化し、押さえつけておくことが重要だった。この点を逆手にとって、イーデンは、オーストリアにおいて、ソ連が取ると考えられる方策（二国間条約や内政への不当な介入）を抑制しうる、と考えていた。vgl. A.Hills,ibid.,p.186.

設立を通知する書簡に対して、公式には何の反応もしなかった。もし反応すれば、それは間接的にも、イギリスがレンナー政府をオーストリアの正当な中央政府として認めることになりかねないからであった。しかし、ソ連政府が、ソ連駐在イギリス大使に対してオーストリア臨時政府の設立を知らせると、チャーチルは強く反応した。チャーチルは、トルーマンに対して、オーストリアにおけるソ連の単独行動への抗議文をスターリンに送りつけることを提案し、ソ連に対してイギリスとアメリカそれぞれによって抗議が行われた〔註87〕。

五月一日、チャーチルは新しい状況に対応するために、早期に西側連合国の代表を飛行機でヴィーンに入れるようスターリンに提案したが拒否されたため、大戦中にそうしていたように、直接首脳間交渉の場において問題を解決することを決意した〔註88〕。

西側連合国のオーストリア進駐・占領が開始され、オーストリアの状況報告がイギリス本国に入り始めると、イギリスは、レンナー臨時政府への反対理由を具体化し、正当な中央政府として承認するための条件の準備をはじめた。五月四日、オーストリア占領イギリス軍司令官政治顧問マック（William Mack）は、レンナー臨時政府を認めることができない理由をまとめた。それによれば、

1　ヴィーンの臨時政府は、ソ連の〈一国主義的性質〉に基づいて形成された。

2　地方（州）の政治システムが再建されずに、中央政府が形成された。

〔註87〕vgl. Churchill to Truman,30 April 1945,FRUS 1945,vol.3,p.102. また、『トルーマン回顧録』（1）、一六二頁参照。イギリスとアメリカが、共同ではなく別々に抗議した点は、両国のソ連に対する対応として、留意する必要がある。

〔註88〕同書、一六三頁参照。

3　第一共和制期オーストリアの選挙結果からすれば、共産党が政権内に入っている正当な理由がない。

4　前項(3)に関連して、政府内の重要ポスト(内務省と教育相)が、共産党に握られている〔註89〕。

マックは、レンナーについて、彼は右派社会主義者であり、中東欧諸国の臨時政府と同様に、連立政権の首相に持ってこられた人物であり、同時にオーストリア国民から多大な尊敬を受けている、と報告した。この報告に基づいて、イギリスは、レンナー本人には幾分信用したようだが、政府の再編成(新政府の樹立)が不可避だと考えるようになった〔註90〕。

チャーチルが求めていた大国間交渉は、七月一七日から八月二日までドイツのポツダムにおいて開催され、ソ連・スターリンとの直接交渉が実現した。オーストリア問題が主として議題にあがったのは、七月一八日の第二回会議、七月二〇日の第四回会議、七月二四日の第八回会議であった。

ポツダム会議直前に、ＥＡＣはオーストリアに関する占領ゾーンと管理協定に合意に達していたので、ポツダム会議のオーストリアに関する議論の焦点は、ＥＡＣ合意の即時履行と食糧問題に絞られた。イギリスは、会議において、慎重にも臨時政府承認に関する案件を避けていた。しかし、イギリス総選挙の結果、首相がチャーチルからアトリーへ、外相がイーデンからベヴィンに代わると、スターリンの攻勢が始まった。特にオーストリアに関わるドイツ在外資産問題についてのスターリンの要求は、トルーマンの関心

〔註89〕vgl. A.Hills.op.cit.,pp.88-89.

〔註90〕vgl. A.Hills.ibid.,p.189.

の薄さも重なり、イギリスの抵抗は長く続かなかった〔註91〕。

その結果、オーストリア東部における旧ドイツ資産がソ連による賠償の対象になりうるという、「解放」された国という規定からは矛盾するようなソ連の要求を、西側連合国は認めたのである。結局、ポツダム会談の最終コミュニケにおいて、ソ連提案によって、〈オーストリア全土に対するオーストリア臨時政府の権限の拡大〉について連合国間において引き続き検討することが決定された。食糧問題の解決を優先するねらいもあって、トルーマンがこのスターリンの提案に同意したことは、レンナー政府を承認する用意がまだなかったイギリスにとって打撃であった。オーストリア問題に関して、ポツダムでは実質的な解決が得られなかったため、議論の場は、ポツダム会談において設置が決定されたロンドン外相会議に持ち越されることになった〔註92〕。

オーストリア政府権威の全土拡大の問題は、九月一一日から始まったロンドン外相会議（一九四五年九月一一日―一〇月二日）において協議された。九月一二日、外相らは、ロンドンにおける第二回会議において、オーストリア臨時政府の権威拡大の問題を初めて議題に挙げたが、深い議論にもならず、留保されただけだった。というのも、外相たちは、オーストリア問題を議論するには、他にあまりに多くの重要議題を抱えており、現地

〔註91〕『トルーマン回顧録』（1）、二三五―二九三頁参照。

〔註92〕ロンドン外相会議は、〈講和の取り決めにとって必要な準備の継続のため〉に、設置された。戦後に未解決となっているさまざまな問題の検討のために、イギリス、アメリカ、フランス、ソ連、中国の外相によって構成される外相会議は、実質的に、ＥＡＣの任務を引き継いだが、ドイツとオーストリアに関する細目的事項は、それぞれベルリン管理理事会とヴィーンの連合国委員会に引き継がれた。（ゲルト・レッシング『ヤルタからポツダムへ』〈佐瀬昌盛訳〉、南窓社、一九七一年、一九三―一九六頁参照。）

オーストリアの各国代表からの情報なしには、踏み込んだ議論も決定もできなかった。同様に、各国の外相たちからの指令がなかったために、オーストリア占領軍連合国委員会（後述）も、ポツダム会談のコミュニケ「オーストリア全土に対するオーストリア臨時政府の権威拡大に関するソ連の提案」を確認するのが精一杯であった〔註93〕。

九月一九日、イギリス外相ベヴィンは、オーストリア占領軍連合国委員会イギリス代表マクリーリーに対して、承認されるべきは新しい政府であり、その新政府は諸州とすべての政党を完全に代表されねばならないとの訓令を出した。この訓令は、イギリスの臨時政府承認の条件の表明であった。結局、九月二〇日の連合国理事会は、ソ連提案（まずレンナー臨時政府の権限を全土に拡大し、その後、各国による承認を行う）を拒否しただけで、新たな展開はなかった。

しかしながら九月二〇日、イギリスの対オーストリア政策上、重要な進展が見られた。イギリス外務省がベヴィンに提出したメモは、ソ連が中東欧・ドナウ流域諸国からオーストリアへの食料輸出によって、オーストリアにおけるソ連支配の地歩を固めていると見ていた。ソ連は、食糧問題と臨時政府承認問題を結びつけ、食料問題解決に先立つ臨時政府承認を求めていた。そのためイギリス外務省は、オーストリアの緊急の食糧問題を、国際的な援助によって支援することにより、オーストリアへのソ連の影響力の浸透を防ぎ、臨時政府を国際的管理（連合国委員会の管理）下におくことによって臨時政府とソ連をともに国際的監視下に置くことができる、と考えたのである〔註94〕。これは、イギリスがオーストリア臨時政府を承認するうえでの大きな前進であった。

〔註93〕vgl. C.F.M.（Conference of Foreign Ministers in London）2nd Meeting,12 September 1945,Documents on British Policy Overseas,vol.2,pp.118-119.（以下、ＤＢＰＯと略す。）

〔註94〕vgl. revised Brief（F.O.）for U.K.Delegation to C.F.M.20 September 1945,DBPO,vol.2,pp.265-268.

九月二二日、ロンドン外相会議は、早期にオーストリアの中央政府を承認すべき点で合意した。九月二四日には、外相会議はオーストリア臨時政府問題を議論することをやめ、問題をオーストリア連合国委員会に委ねることで合意した〔註95〕。その後、オーストリアで諸州会議（九月二四―二六日）が開催されると、外相会議は、ヴィーンの連合国委員会が諸州会議の結果を判断する、ということで合意した。九月末、諸州会議の開催によって、オーストリア臨時政府承認問題は、ロンドン外相会議の手を離れ、全面的に連合国委員会の軍人たちの手にゆだねられたのである。

やや前後する話になるが、ポツダム会議開催中の七月三〇日、オーストリア占領イギリス軍司令官マクリーリーは、オーストリア占領アメリカ軍司令官政治顧問エアハルト（John Erhardt）と会談していた。エアハルトは、イギリスがレンナー臨時政府を完全に拒否するのではないかと、懸念していた。マクリーリーは、エアハルトに対して、そのようなことにはならないだろうと答え、イギリスは諸州代表を政権に加えた新しい政府の設立を望んでおり、その新しい政府にレンナーをあらためて入れればいい、と主張した。このイギリスの主張に、エアハルトは同意した〔註96〕。

スターリンは、ヴィーンのソ連代表に対して明確な指令を送っていなかったため、オーストリア占領ソ連軍最

〔註95〕vgl. C.F.M. 17nd.Meeting,22 September 1945,DBPO,vol.2,pp.304-305; C.F.M. 18nd.Meeting,24 September 1945,DBPO,vol.2,p.331.
〔註96〕vgl. R.McCreery to M.Lawson,30 July 1945,DBPO,Series 1.vol.1,1984,p.1194.

高司令官コーネフは、西側代表がヴィーンに入ることを許さなかった〔註97〕。さらに、アメリカ軍司令官クラークがオーストリアにいなかったため、イギリス側は、アメリカ側の意思を確認することが困難であった。イギリス外務省ドイツ局長が述べた言葉が表しているように、オーストリアにおけるイギリスの立場は、〈アメリカの支持が根本的に不可欠〉であった〔註98〕。ポツダム会議の最中にイギリスは、多くの条件を課しながらも、オーストリア臨時政府の承認へと動き始めていた。イギリス外務省は、もしイギリスが自国の主張を貫徹するには、アメリカの支持が不可欠であり、完全にその主張を貫けばアメリカの支持を失うことを、ますますはっきりと理解していた。

イギリスは、アメリカ代表クラークがオーストリアに到着したことによって、連合国委員会においてアメリカと共同歩調をあわせた対ソ連・対オーストリア政策をとりうると期待していた。しかし、イギリスを待っていたのは、オーストリアにおけるアメリカとソ連の協調であった。

〔註97〕オーストリアにおけるイギリス代表マクリーリーは、ポツダム宣言の決定に基づいて、連合国会議を八月一四日に開催することをソ連代表コーネフに提案したが、ソ連側はこれを拒否した。イギリス陸軍オーストリア占領軍のウィンタートン (John Winterton) 少将は、マクリーリーに対して、自分たち西側連合国側にはなんらも準備もないので、食糧問題でも臨時政府の問題でも、ソ連の独断場になるだろうと警告した。vgl. ACABRIT to WO for CCLB (Control Commission London Bureau), 11 August 1945,DBPO,Series 1.vol.5,p.33.

〔註98〕J.M.Troutbeck (Head of F.O.German Dept.) ,15-16August 1945,DBPO,vol.5,p.34.

連合国委員会の組織と課題

ヴィーンに進駐したイギリス・アメリカ・フランス西側連合国軍は、すでに東部オーストリアに駐留していたソ連軍とともに、連合国の占領政策を調整・執行する連合国委員会に活動の中心を移した。まず、EACにおいて合意された管理協定について確認しておく必要があるだろう。

一九四五年七月四日にEACにおいて合意された「オーストリアにおける管理機構に関する合意」、いわゆる第一次管理協定は、ヴィーンに占領統治を担う組織、連合国委員会を設置し、〈四ヵ国によって承認され、自由に選挙されたオーストリア政府の設立まで〉、効力を有すると規定した。全一四条からなるこの協定は、一九四三年のモスクワ宣言を基礎として、オーストリアにおける最高意思決定機構を形成することを規定していた〔註99〕。

管理協定によれば、オーストリアの占領統治を担う連合国管理機構の総称は、「オーストリアに関する連合国委員会」(Allied Commission for Austria: 略称ACA)である。その中心的存在としての役割を担うのが、四人の各占領国軍最高司令官によって構成される連合国理事会(Allied Council: AC)である。この連合国理事会は、〈オーストリアにおける最高権威〉として存在する。四人の最高司令官は、それぞれの占領ゾーンにおいて、〈それぞれの政府によって与えられたオーストリアにおける占領軍の資格において〉、最高権威を行使する。つまり、各占領ゾーンの統治は、各占領軍に任せられることが公式に確認された。そして、この連合国

〔註99〕管理協定は、英国外務省外交文書 Treaty Series No.49 (1946), Cmd.6958 で確認できる。更に米国務省の見解も参照。FRUS vol.3.pp.554-556.

理事会を補佐し、決定を執行するのは、連合国理事会の下に設けられた執行委員会(Executive Committee)である。この執行委員会は、各占領軍選出の高官四人によって構成される。さらに、執行委員会は、陸軍、海軍、空軍、経済、財政、賠償、配送、返還、国内問題、労働、法務、戦争捕虜、政治、輸送、という専門部署(Divisions)を通じて、諸決定を執行・調整する(第六条)。この諸部門は、連合国理事会に助言を行う。さらに、ヴィーン市の占領行政に関して、連合国理事会とは別の組織が連合国委員会の下に設置された〔註100〕。これが管理協定に盛り込まれた諸組織の構図である。この連合国委員会の最重要課題は、次の五つからなる。

1 一九四五年六月五日にベルリンにおいて調印された、「ドイツの敗北に関する宣言」の規定のオーストリアにおける実施を確実にする。
2 ドイツからオーストリアの分離を成し遂げる。
3 できるだけ早期にオーストリアの中央行政機構の設立を確保する。
4 自由に選挙されたオーストリア人の政府設立のための方途を準備する。
5 さしあたり、十分なオーストリアの行政を準備させる(以上第八条)。

〔註100〕ヴィーン市は、各占領国軍司令官に任命された四人の代表によって運営されることになった。すなわち、管理協定第一一条によれば、ヴィーン市は、占領国軍司令官によって任命された四人の軍人が連合国間統治機構(Inter-Allied Governing Authority)(Komendatura):ＩＡＧＡ)を通じて統治する。この連合国間統治機構は、連合国委員会の指導を受ける、と規定された。ＩＡＧＡのメンバーは、アメリカ代表トーマス・ルイス准将(Thomas E.Lewis)、イギリス代表ゲオルク・パルマー准将(George V.Palmer)、ソ連代表アレクセイ・ブラゴダトフ将軍、フランス代表ノーエル・ペイラー中将(Henri Noel du Payrat)。

これらの目的遂行のために連合国委員会が設置され、その最高意思決定機関として連合国理事会が置かれ、その決定を調整・執行する執行委員会は各部門を通じて執行し、各部門は連合国理事会と執行委員会を補佐・助言する、統一的占領統治機構が形成された。そして最高意思決定機関の連合国理事会は、一〇日に一度開催され、月に三回の頻度で会合が持たれることになった。統一的なオーストリア占領機構が設置され、諸議題に関する決定は連合国委員会によってなされるが、オーストリア全土への決定の執行は、各ゾーンの占領国軍に任された。

協定第九条には次のようにある。〈オーストリアの中央行政機構設立前の期間に、そしてその期間は可能な限り短期間とし、連合国委員会の決定は、それぞれのゾーンにおける活動を、必要とする限りにおいて占領当局を通じて実施されるであろう。〉そのため、非ナチ化政策（Entnazifizierung）や食糧問題など、各占領ゾーンによって実施内容の濃淡が異なることになった。また、第一〇条において、オーストリアの中央行政が機能するようになれば、すぐに連合国委員会の権限をオーストリア政府に委譲しなければならないことが示唆された。しかしながら、権限委譲の明確な内容は明記されなかったため、権限委譲の内容に関しては連合国理事会に委ねられることになったのである。

さらに、この管理協定によれば、オーストリア外からの救援組織や英米仏ソ四ヵ国以外の他の連合国さえも、オーストリアに代表を送ることや、ましてオーストリアにおいて活動することには、連合国委員会の承認を必要とした（第一三条）。そのため、連合国の戦後復興支援組織であるＵＮＲＲＡ（United Nations Relief and Rehabilitation Administration: UN救済復興機関）のオーストリアにおける活動でさえ、事前の承認をめぐる議論によって引き伸ばされ、戦後直後の一九四五年中に活動することはできなかったのである。このような規定の存在は、最も必要とされるときに、オーストリア人の社会経済生活の復興を妨げることになった。さらに、ＵＮＲＲＡ支援の遅れは、オーストリアにおける占領ゾーンごとの食料・経済援助を四ヵ国それぞれが負担しなければならなかったため、各ゾーンの占領国の占領負担を重くすることにもなったのである〔註101〕。

この管理協定は、オーストリアにおける自由選挙が連合国の監視の下に実施されれば、〈連合国の指令と指導の性格と範囲は、四ヵ国間の別の合意を必要とする。〉（第一四条）すなわち、総選挙後のオーストリアにおける新しい政治状況に対応するために、連合国は新たな管理協定の必要を示唆したのである。

四　臨時政府の国内的承認と国際的承認

九月六日の臨時政府閣議において、レンナーは、西側連合国占領下の西部諸州とソ連占領地域との関係修復のために、各州との会議の開催を提案し了承された。

ソ連は、再三にわたって臨時政府の権威拡大と西側連合国による承認を求めていた〔註102〕。他方、各州の国民党代表者らは、七月二九日と八月一九、二〇日、サルツブルクにおいて諸州会議の布石となる会議を開催した〔註103〕主要議題は困窮する経済問題であったが、そこでは、九月の諸州会議で決定されるべき内容　――ヴィーン臨時政府の拡大――　も議論されていた〔註104〕。この会議にヴィーンの国民党代表が参加していた点を考慮するならば、政党レヴェルにおいても統一的で全土に権威を有するオーストリア政府を希求する要求が高まっていたのである。

〔註101〕vgl. New York Times.22.Feb.1946.
〔註102〕vgl. Winant to Washington,25.August 1945,FRUS 1945 vol.3.,pp.577-578.
〔註103〕vgl. Heinrich Siegler,Österreich: Chronik 1945-1972,1973,S.12.
〔註104〕vgl. M.Gehler (Hrsg.) .a.a.O.,S.60-75.

ツィステルドルフ油田問題

一九四五年のオーストリアにおいては、正当な中央政府が承認されていない状況では、外交と呼ぶよりも他国との接触と呼ぶほうがふさわしいかもしれない。臨時政府の外交主体は、首相カール・レンナーその人であった。臨時政府において外交担当部署が首相府に組み込まれていたことは——後に分離するが——、外交と内政の決定過程が首相に一元化されてることを意味した。第一共和制誕生のときに連合国との交渉を担った経験から、今回もレンナーは連合国と交渉する役割を自ら担ったのである〔註105〕。レンナー臨時政府の権威はソ連占領地域にのみ適用されるため、そして他の占領地域との接触が公式には阻まれていたため、まずもってレンナーの交渉相手はソ連軍当局であった〔註106〕。

〔註105〕レンナーは、首相を辞して連邦大統領に選出されてからも、自らの経験を連合国との交渉に反映させようとし続けた。vgl. G. Stourzh,a.a.O.,1998,S.40-41.

〔註106〕レンナー臨時政府の「外交」目標は、ソ連占領地域ヴィーンに成立した臨時政府の正当性を獲得すること、すなわちイギリス・アメリカ・フランス西側連合国による国際的承認を得ることであった。それこそがまさにオーストリアが独立国家として再建されることであり、占領終結への交渉のための外交の確立に他ならなかった。一九四五年一〇月二〇日、四占領国政府によって承認されるまでのレンナー臨時政府の「外交」は限定的ではあった。一九四五年四月二七日のヴィーン臨時政府設立に際し、前日(二六日)にレンナーはイギリス・アメリカ両政府宛に書簡を送り、臨時政府設立を伝えた。おそらく、レンナーのスターリン宛書簡を除けば、この行為がレンナー臨時政府としての最初の対外的行為であったと思われる。西側連合国は、レンナーの書簡を無視し、レンナー臨時政府をソ連の傀儡政権と決め付けたが、これは無理もないことであった。たとえ臨時政府が社会党と国民党を主流として共産党の力を抑えることができたとしても、ヴィーンにおける共産党の勢力の拡大は明白であった。例えば、ヴィーンの臨時区長二一人

のうち二三人、市政府の四〇%の官僚、ヴィーン警察幹部二一人のうち一六人、そして警察長官ハインリヒ・デュルマイアー(Heinrich Dürmayer)が共産党員であった。ヴィーン警察に関して言えば、一九四七年にいたってさえ、約一〇〇〇〇人の警察官のうちほぼ五〇%が共産党員によって占められていた。(vgl. Wolfdieter Bihl.Von der Donaumonarchie zum Zweiten Republik,1989,S.226.)さらに、オーストリアの国境・領土問題への連合国の支援を取り付けるために、臨時政府は精力的に各国に働きかけた。九月五日、レンナー臨時政府は、九月一一日からロンドンで開催される外相会議に向けて、南ティロールに関する国民投票の開催をアピールした。外相会議は、レンナー臨時政府のアピールを取り上げなかったため、この問題は、翌年、イタリアとの二国間交渉(グルーバー=デ・ガスペリ協定)によって一応の回答が出された。南ティロール問題と同様に、ケルンテンとシュタイアマルクにおけるユーゴスラヴィア軍ならびにブルガリア軍による進駐問題もあった。ケルンテンのユーゴスラヴィア国境に対するユーゴスラヴィアのチトーによる領土要求は、後の国家条約交渉において再燃した。vgl. G.Stourzh,a.a.O.,S.63ff.

臨時政府とソ連の交渉は、臨時政府内、対ソ関係、そして西側連合国との関係全てにおいて、重要な意味を持っていた。一九四五年夏から秋にかけて、ソ連は臨時政府に対して、オーストリア東部にあるツィステルスドルフ油田(Zistersdorf)の共同開発・利用を打診していた〔註**107**〕。当時、この油田はヨーロッパ第二位の産油量(年間約一二〇万トン)を誇っていた。ソ連側は、「サナフタ」(Sanaphta)という合資会社をオーストリア側とソ連側が五〇%ずつ出資して設立することを提案した。そしてその会社の経営には、ソ連人の支配人が置かれ、油田開発の長期継続を主旨とした。このソ連提案をレンナーは、〈たとえ半分でも油田の利権を守ろうとして〉

〔註**107**〕ソ連・スターリンのオーストリア政策における優先事項は、オーストリアにおけるソ連占領ゾーンの経済的利益だったと言われている。vgl. G.Bischof,op.cit.,pp.36-40.

賛同するそぶりを見せ、共産党もこの提案に前向きであった〔註108〕。しかし、国民党と社会党はレンナーに強く反対した。例えば社会党のアドルフ・シェルフは、臨時政府が全占領国によって承認され、全占領国がこの計画を承認するまでは、ソ連との調印をすべきではないとして反対した〔註109〕。

ソ連との油田共同開発の是非をめぐって、レンナー臨時政府内は意見が割れた。共産党閣僚は当然のようにソ連提案に賛成し、社会党と国民党は反対した。レンナーと同じ社会党の副党首シェルフが反対していたことは、レンナーの立場を困難にした。そのため、たとえレンナー自身がソ連との関係に配慮してこの件に賛成しても、国民党はおろか、社会党の反対を無視してまでソ連との協定に調印できるものではなかった。シェルフらの反対理由は、西側連合国の同意なしに油田開発を進めることへの反対だったため、レンナーは、西側連合国の意向を確認する必要があった。

アメリカ占領軍代表クラークは、すでに、レンナー政府が油田開発に関してソ連からの圧力を受けていることを知っており、彼もレンナーの意向を確かめる必要があった〔註110〕。九月一〇日、レンナーは、ソ連代表コーネフに対し、油田の共同開発に関する協定の調印を拒否することを伝えた。これに対してソ連は、九月一四日までに調印するように迫ったが、レンナーは、契約調印を連合国理事会の最初の会合後まで引き伸ばすことを伝えた。クラークは、レンナーがソ連の圧力を受け流し、九月一〇日に迫った油田開発契約の調印

〔註108〕古田善文「「解放」オーストリアの占領と改革」、油井大三郎・中村政則・豊下楢彦編『占領改革の国際比較』三省堂、一九九四年、三一四頁参照。
〔註109〕vgl. E.Barker,op.cit.,p.168.
〔註110〕vgl. Acheson to Winant,9 September 1945,FRUS 1945,vol.3,p.585.

を引き伸ばそうとしているレンナーの態度を評価していた。国務省は、もしレンナーがソ連との調印を引き伸ばすことができれば、この件へのクラークの介入を示唆した。国務長官代理アチソンは、クラークに次のように打電した。

われわれは、オーストリア経済全体に効果を及ぼすに違いないような、オーストリアの石油産業の開発に関する取り決めが結ばれるならば、レンナー政府の権威を承認することはできない。〔註111〕

政府外からの最も効果的な支援者は、連合国理事会アメリカ代表クラークその人であった。九月一一日、クラークは、ソ連代表イワン・コーネフとオーストリア側交渉担当者エドゥアルト・ハインル（Eduard Heinl）に書簡を送付した。クラークはその書簡の中で、オーストリアの油田の権利はアメリカの石油会社が依然として所有しており、連合国理事会の承認なしのオーストリア資源交渉には反対する意思を伝えた〔註112〕。

〔註111〕ibid.
〔註112〕vgl. Arno Einwitschläger,Amerikanische Wirtschaftspolitik in Österreich 1945-1949,1986,S.159-169. オーストリアにおける油田開発・掘削は、一九二九年代後半に始まり、一九三四年以降、ヴィーン近郊のツィステルスドルフにおいて本格的に生産を開始した。一九三八年以前、オーストリアの油田開発には一〇以上もの石油会社が参加していた。ここでは特に、西側資本の会社をいくつか記しておく。①Rohölgewinnungs AG (RAG)：この会社は、イギリスのシェル石油 (Shell) とアメリカのソコニー・バキューム社 (SOCONY-Vacuum Company) との五〇％—五〇％合資会社であった。ここでは、ソコニー・バキューム社の略歴も、その重要性に鑑みて記しておかねばならない。この会社は、一九三一年、ソコニー社とバキューム社が合併した企業であり、前者は資本力と販売網を、後者はその石油精製技術において抜きん出ていた。ソコニー社は、ニューヨー

ク・スタンダード石油社（Standard Oil Company of New York）の略であり、ロックフェラー（John D.Rockefeller）・グループ中核企業の一つであった。ソコニー・バキューム社は、後のモービル社（Mobil）である。②Van Sicle：Richard K van Sicleが興したイギリスとカナダ資本の石油会社。③Erdölsproduktions-Gesellschaft AG：スイス資本の石油会社。④Bank für Petroleum und Bergbau AG: シェルの系列会社。一九四一年以降、名称をPetroleum und Bergbau AGに変更し、一九四六年にはShell Mineralöl AGに改称。⑤Vacuum Oil Co.AG: ソコニー・バキューム社の系列会社。ドイツ資本と合併して生き残った。

一九三八年のアンシュルッス以降、ツィステルスドルフ油田では、特に軍事用生産に拍車がかかり、新たにナチスのスポンサー企業のI.G.Farben、Preussag、Wintershall、Elwerath等がこの油田地帯に参入した。一九四四年の生産ピーク時には、年間一二一万トンを産出した。戦時中においても、シェルとソコニーの合資会社Rohölgewinnungs AGは、石油採掘・精製によって、ナチス・ドイツとのビジネスを貫徹した。（vgl. Adel Hast (ed.), International Dictionary of Company Histories,vol.4,1991,pp.463-465,pp.485-487.）スタンダード石油系列のソコニー・バキューム社は、オーストリアとソ連の油田交渉に強い関心を示し、アメリカ代表に働きかけた。しかし、オーストリア連合国理事会アメリカ代表クラークは、オーストリアとソ連の油田開発問題に関して、アメリカ代表に助言をしてきた石油会社のヤノシェク（Robert Janoschek）とフリードル（Karl Friedl）の意見を退けた。ヤノシェクは、Rohölgewinnungs AGのオーナー兼地質学者でもあり、さらに、ソコニー・バキューム社（ロックフェラー・グループ企業の）の役員であった。フリードルは、Erdölsproduktions-Gesselschaft AGの二五％出資者であり社の主任地質学者でもあった。（vgl. Erhardt to Acheson,13 September 1945,FRUS 1945,vol.3,p.592.）さらに、戦時中、ソコニーと並んでシェルが敵国ドイツとのビジネスを展開できたのは、シェルの大株主であるオランダのユリアナ女王（Queen Juliana）の存在と関係しているように思われる。ユリアナの夫は、武器商人ベルンハルト（Bernhard Zippe-Biesterfeld）である。彼は、ナチスに財政支援を行っていたテュッセン男爵（Heinrich von Thyssen：鉄鋼業者であるフリッツの兄弟）やシュレーダー男爵（Kurt Freiherr von Schöder）の親類であった。

九月一一日、連合国理事会の会合直前にクラークとレンナーの会談が行われた。そこでレンナーは、もし西側連合国の反対がなければソ連との石油開発の取り決めを結ぶ、とクラークに対して暗に迫った。これはレンナーの外交術策であったと思われる。つまり、レンナー臨時政府がソ連との関係において一定の独立を保ちうるのは、西側連合国、特にアメリカの支援がある場合である、ということに他ならなかった。この会談でレンナーがクラークに対して述べたことは、一九一九年に行われたような諸州会議を開催すること、この会議が共産党勢力の比率を減らすことになること、共産党が内務相および教育相を握っていることへの懸念、共産党閣僚を減らし閣僚数を増加させること、一一月末に総選挙を開催すること、プロポルツ・システムが十分に機能していること、であった。クラークは、臨時政府の安定性に関するこれらの保証をレンナー自身から得ることによって、油田問題に関して、ソ連に抗するレンナーの立場への支持を決定したのである〔註113〕。

その結果、連合国理事会は、初会合が催されたとき、イギリスが積極的ではなかったにもかかわらず、レンナー政府を正当な中央政府として承認する重要な一歩を踏み出していたのであった。クラークは、慎重にも、臨時政府の状況に関するレンナー本人からの説明を受け、レンナーの意向を確認してから、レンナーを支持することを伝えたのである。

翌日に契約調印を控えた九月一三日、社会党幹部は会合を開き、ソ連の提案を検討し、否決した。臨時政

〔註113〕アメリカの指示に基づいてレンナーが、ソ連との油田開発契約に署名しないことを、レンナーの外交顧問クラインヴェヒター(Ludwig Kleinwaechter)がアメリカ代表政治顧問エアハルトに対して保証している。vgl. Erhardt to Acheson,13 September 1945,FRUS 1945,vol.3,p.593.

府内の反対は以上のように強力であったが、レンナーが調印を断念した理由はそれだけではなかった。クラーク書簡に対するソ連の返事がなされる前の九月一七日、レンナーは交渉の一時中止を命じた。ソ連側は、オーストリアからの交渉打ち切りに対し、ソ連の貿易使節団をオーストリアから引き上げ、オーストリア貿易使節団のモスクワ訪問を取り消す措置をとった〔註114〕。

ツィステルスドルフ油田の件に表れたように、レンナーは、閣内の反対者だけでなく、西側連合国からの支援を受けて、交渉打ち切りの決定を下した。そしてレンナーは、連合国理事会がヴィーンに形成された後、ソ連とは対立しても、アメリカとは決して対立しなかった〔註115〕。ツィステルスドルフ油田問題を契機として、レンナー臨時政府とソ連との蜜月期間は終わり、その代わりに、オーストリアは連合国による四ヵ国占領管理体制が始まったのである。

連合国理事会

一台のジープに四人の各占領軍隊員が乗り合う姿　――映画「第三の男」に出てくるヴィーン国際ゾーン――

〔註114〕ポツダム会談においてソ連は、東部オーストリアを旧「ドイツ資産」の範囲として規定することに成功していたにもかかわらず、ツィステルスドルフ油田をオーストリア固有の資産としたのであった。（矢田俊隆『オーストリア現代史の教訓』刀水書房、一九九五年、二〇五頁参照）

〔註115〕一九四五年のレンナーについて、〈啓蒙的権威主義（ヨーゼフ主義）の使い古された伝統を復活させた人物〉であり、「民の声」を自ら一人で体現した、と評するビショフの議論は興味深い。vgl. G.Bischof.op.cit.,p.53.

は、冷戦誕生・緊張期における数少ない連合国の協調関係として描かれることが多い〔註116〕。しかしながら、一九四五年九月一一日、ヴィーンにおいて連合国委員会の最高意思決定機関である連合国理事会の初会合が開催されたとき、オーストリアをめぐる連合国代表間の関係は、モスクワ外相会談以来、対立した構図が継続していた。

イギリスは、周知のように、ドイツやポーランドなど中東欧をめぐってソ連と対立しており、ここオーストリアにおいても、同様にソ連と対立していた。ソ連軍が占領した国の国家再建において、「パーセンテージ協定」にもかかわらず、西側連合国がそれらの国の占領統治に関与できないのは、イタリア占領問題が影を落としているのは明らかだった〔註117〕。オーストリアを連合国共同占領することが決定していたとはいえ、一九四五年四月の東部オーストリアにおけるソ連軍の単独行動は、西側連合国のソ連への猜疑心を増幅させるのに余りあった〔註118〕。さらに、ソ連軍がヴィーンを首都とする国家の政府としてレンナー臨時政府設立を後援したのに対し、西側連合国は、彼らの占領地域に中央政府を設立するような意思を抱いたこともなかったし、そのような行動をとることもなかった〔註119〕。特に、戦後オーストリアへの関与を積極的

〔註116〕vgl. Audrey Kurth Cronin,Great Power Politics and the Struggle over Austria,1945-1955,1986,pp.23-30.
〔註117〕豊下楢彦「ヨーロッパにおける占領・改革・冷戦の構図」、油井・中村・豊下編、『占領改革の国際比較』三省堂、一九九四年、一九七―一九九頁参照。
〔註118〕vgl. FRUS 1945,vol.3,pp.95-96.
〔註119〕vgl. Alfred Ableitinger,"Die innenpolitische Entwicklung",Wolfgang Mantl (Hrsg.),Politik in Österreich ―Die Zweite Republik: Bestand und Wandel,1992,S.136.

に打ち出していたイギリス〔註120〕とソ連の対立は、イギリスの政権が、チャーチル率いる挙国一致内閣からアトリー(Clement R. Attlee)労働党政権に代わってからも変わらなかった。

イギリスとソ連が対立する状況において、アメリカの役回りは、こじれた英ソ関係を調整することだった。アメリカは、イギリスとの関係を犠牲にすることになったとしても、ソ連を戦時中のような連合国間協調の枠内に留めておこうとした〔註121〕。アメリカにおけるローズヴェルトからトルーマンへの大統領の交代も、一九四五年オーストリアにおけるアメリカの役回りに変更を生じさせることはなかった。

〔註120〕第二次世界大戦末期、ドイツは、イギリス経済の混乱を狙った贋札作戦「ベルンハルト作戦」を実行した。ドイツ中央保安局による贋五ポンド札の製造は、一億五千万ポンドともそれ以上とも言われ、この贋札は、あまりに精巧に製作されていたため、イングランド銀行に持ち込まれてようやく発見されるという代物だった。この贋札は、主に二つのルートによってイギリスやヨーロッパ中にばら撒かれた。一つは、中立国経由でイギリスの田舎に持ち込んでばら撒かれた。もう一つの方法は、実業家シュヴェント(Friedrich Schwendt)の事業ルートを使ってばら撒かれた。このポンド紙幣偽造「ベルンハルト作戦」が、オーストリアと関係するのには、二つの理由がある。第一に、一九三八年三月のドイツによるアンシュルッスによって、当時ヴィーンにいた優秀なユダヤ人彫版工や印刷工が、強制収容所を免れてこの「ベルンハルト作戦」に従事した。贋札作りは、戦争終了時においても続けられていた。終戦間際には、ドル紙幣の贋札作りにも取り掛かっていた。第二に、一九二三年以来、ヴィーンに設立されたインター・ポール(国際刑事警察機構)は、設立時から贋札対策を最大の任務としていた。ドイツによるアンシュルッスにより、ヒトラーは、インター・ポールの贋札情報を押さえたのである。そして、ばら撒かれずに残った大量の贋札は、一部はナチス残党の逃亡資金やユダヤ人技術者によって利用され、残りのほとんどはオーストリア中のイギリス占領ゾーン内の湖に沈められた。vgl. Anthony Pirie,Operation Bernhard,1961.

〔註121〕vgl. Henry A.Kissinger,Diplomacy,1994,Chap.16 and Chap.17.

オーストリアにおける連合国間協調は、アメリカによる英ソ間の仲介と調整が重要な要素であったと考えられるし、実際にそうであった。

西側連合国がヴィーンに進駐する一週間前、第一回連合国理事会開催の二〇日前の一九四五年八月二二日、オーストリアにおけるイギリス・ソ連関係が緊迫した。オーストリアの食糧供給問題の解決のために、連合国がヴィーン進駐前に何らかの取り決めがなされなければならないと主張するイギリス占領軍最高司令官マクリーリーに対し、ソ連占領軍副司令官ツェルトフ（最高司令官コーネフは、病気を理由に欠席）は激しく反発した〔註122〕。このとき、アメリカ占領軍最高司令官クラークは、アメリカ軍司令部のおかれたサルツブルクにイギリス軍とソ軍の代表を招き、即時にイギリス提案を排して、ソ連側に同調して問題を解決したのである〔註123〕。このときのアメリカ占領軍最高司令官の立場は、次の言葉に表れている。

〔註122〕もし、連合国委員会開催後に、オーストリア食糧供給に関する何らかの取り決めが連合国間において結ばれるならば、例えばUNRRAによる援助は、ヴィーンのレンナー臨時政府を通じて行われることになる可能性が高かった。これは、事実上、全連合国が、レンナー臨時政府を承認したことになる。レンナー臨時政府の承認を渋っていたイギリスは、連合国委員会活動前に、食糧問題にめどをつけておきたかったのである。しかし、それには、アメリカの支持が必要だった。ソ連は、連合国委員会開催後に、連合国委員会において解決されるべきとの立場だった。vgl. Erhardt to Byrnes,22 August 1945,FRUS 1945,vol.3,p.574.

〔註123〕クラークとコーネフの親しい間柄は、次の資料で確認できる。vgl. Erhardt to Byrnes,31 August 1945,FRUS 1945,vol.3,p.580.

ここで、アメリカ人は、われわれ[アメリカとソ連…筆者]の政策が一致するときはいつでも、ロシアの側につくであろう。そして、われわれは、われらが政策を一致させるために最善を尽くすつもりである〔註124〕。

こうしてオーストリアにおける連合国の関係は、マクリーリーがクラークのソ連に対する態度をいくらナイーブだと考えたとしても、米ソ協調を基軸として形成されたことは明らかだった。そして、オーストリアにおけるこのアメリカとソ連の協調を基軸とする関係は、諸州会議の結果を承認する一〇月一日の連合国理事会決定の前提だったのである〔註125〕。

諸州会議

このような国内外の状況を背景として諸州会議開催を閣議決定したレンナーは、続いて、占領軍当局への根回しを始めた。レンナーは、連合国理事会を構成する各司令官へ個別に働きかけた。

レンナーは、まずフランス軍代表シェリエール（Paul D.R.Cherrière）と接触し、会議開催への同意を得た。イギリスは、すでに七月にそのような会議の開催を提案しており、会議開催の障害ではなかった。しかしな

〔註124〕cited in G.Bischof,op.cit.,1999,p.49.

〔註125〕クラークは、後に、激烈な冷戦の闘士（cold warrior）となり、反共・反ソの立場を鮮明にした。それゆえに、冷戦の闘士になってから書かれた回想録では、一九四五年オーストリアにおける対ソ協調という彼の立場は、不明瞭で省略的な記述となっている。vgl. Mark W.Clark,From the Danube to the Yalu,1954,pp.1-11.

がら、レンナー臨時政府は、慎重にも、イギリスの政府と国民に宛てた広告声明をイギリスの新聞『Times』に掲載し、オーストリアの置かれた状況への理解を求めた。さらにレンナーは、アメリカ占領軍代表クラークに対しては、諸州会議が完全に国民党と社会党によって支配され、全ての州の支持を受けることができると請け負った。そして彼はクラークに対して、〈大臣の数を増やして共産党を少数の地位に追いやることもできる〉とも示唆した〔註126〕。

会議に対する懸念は、西側連合国同様にソ連も有していた。ただし、それはソ連にとっては共産党勢力が抑えられることに対するものであった。そのためソ連代表は、レンナーに対して、共産党の勢力を減らす結果となるような諸州会議の提案を撤回するように要求した。だがレンナーは、もしこの会議を取りやめても、結局は西側連合国の手によって召集され、しかもソ連占領地域以外で開催されることになるだろう、と指摘した〔註127〕。

〔註126〕vgl. Erhardt to Acheson,12 September 1945,FRUS 1945,vol.3,pp.589-590.
〔註127〕実際、レンナーは、西側占領地区において諸州会議を開催することをアメリカに打診していた。vgl. ibid.,p.590.

九月一三日、結局ソ連代表はヴィーンにおける諸州代表者による会議の開催に同意した。これらの動きを受けて占領統治最高意思決定機関である連合国理事会は、九月二〇日、レンナーが要請した諸州会議開催を正式議題とした。会議開催に前向きの意向を示していた西側連合国代表に対して、ソ連代表コーネフは会議開催に条件をつけ留保を迫った。まずはレンナー臨時政府の権威をオーストリア全土に拡大し、その三〇日後に占領軍の同意を経た上で会議を開催する。そうすることによって、諸州による中央政府承認に基づいてレンナー政府が公式に連邦政府として承認されるであろう、と力説した。しかし西側連合国代表らは、ソ連のこのような提案を拒否した。対立するかに見えたが結局、ソ連代表コーネフは、クラークのとりなしによって、態度を硬化することなく、諸州会議の開催を連合国理事会において承認した。諸州会議は、レンナー臨時政府の要請どおり、九月二四日と二五日に開催するこになった〔註128〕。

九月二四日の諸州会議初日、開会演説を行ったレンナーは、議論にあたっての自制と協調を求め、建設的な議論を求めた。それは会議が紛糾することを予見するものだった。会議は各小委員会に分かれて行われた。

ここで注目するのは、その中の政治に関する委員会である。国民党内の州代表者会議の時から予想されたように、九月二五日、この委員会においてヴィーン臨時政府の構成が問題となった。特に紛糾したのは、共産党の内相ホンナーをティロール代表のグルーバーに換える要求が出されたときであった〔註129〕。これに対し

〔註128〕vgl. FRUS 1945,vol.3,pp.591-605.

〔註129〕国民党は、目前の諸州会議の対策を練るために、九月一八日から二三日に協議を行った。そこでは、領土問題のための外務担当と産業の国有化対策のための財務保護・経済計画担当の大臣ポストを新たに設置して臨時政府の拡大を行い、国民党メンバーをその地位に就任させて自党の政府内勢力の拡大方針を決定していた。諸州会議の結果、国民党の構想は実現し、外務担当次官にティロールのカール・グルーバー、財務保護・経済計画担当大臣にはケルンテン州のヴィンツェンツ・シュミーが任命された。外務担当が「次官」だったことは、当時、外務担当部署が首相府の中に組み込まれており、首相が外務も担当していたからである。（vgl. Renate Deutsch,Chronologie eines Kampfes: Geschichte der Verstaatlichung in Österreich 1,1978,S.53.）さらに付言しなければならないのは、外務担当次官になったグルーバーが、その政策担当補佐官として任命したのがフリッツ・モルデン（Fritz Molden）だったことである。モルデンは、西側連合軍とオーストリア抵抗運動05のリエゾンとして、特にアメリカのＯＳＳ（Office of Strategic Services: ＣＩＡの前身である戦略情報部）のため

に働き、戦時中から戦後直後まで活動していた。モルデンは後に、ＯＳＳヨーロッパ局長でアイゼンハワー政権のＣＩＡ長官となったアレン・Ｗ・ダレス（Allen W. Dulles）の娘と結婚した。モルデンは、一一月二五日選挙のすぐ後に辞し、その後任には、後に大統領となるクルト・ワルトハイム（Kurt Waltheim）が就任した。（ロバート・Ｅ・ハーズスタイン『ワルトハイム：消えたファイル』〈佐藤信行・大塚寿一訳〉、共同通信社、一九八九年、一九一―二〇一頁参照）

て臨時政府の側、特に社会党と共産党が受け入れず、グルーバーは自州ティロール代表団を引き上げる様子を見せ、臨時政府側に譲歩を迫る場面もあった。

　そして、共産党が国内治安機関の内務省を握っている問題は、最終的に、内務省内に「五人委員会」を設けることで決着した。この「五人委員会」は、各政党代表と内務相の四人、そして内務官僚一名をメンバーとして開催され、内務官僚が委員会の長となり、委員会は全会一致を原則とした。もし「五人委員会」において一致にいたらなければ、その議案は内閣の政策閣議に移され、そこで四人の全会一致によって決定される、というものだった。すなわち、内務大臣の決定権限は、「五人委員会」の委員が一人でも反対すれば、すぐさま各党代表によって構成される政府の政策閣議に移管する。政策閣議において少数派は、結局のところ、辞任によって反対の意思を示さなければならない、という厳しいものであったため、内務省において共産党閣僚の恣意が通用する余地はほとんどなくなったと言っても過言ではなかった。このような制度によって、内務大臣の決定権限が、大幅に抑制されることになったのである〔註130〕。

〔註130〕vgl. Clark to JCS (Joint Chiefs of Staff),29 September 1945,FRUS 1945,vol.3,p.612.

諸州会議では、第一に、臨時政府の政権基盤が拡大したことによって、中央政府は諸州の承認を得た。七人の西部諸州代表（西側連合国占領地域代表）が入閣したことは、西側連合国がレンナー臨時政府をオーストリアの正当な臨時政府として承認することを意味した〔註131〕。事実、会議の数日後の一〇月一日、連合国理事会は、全会一致でレンナー臨時政府の権威が全国に拡大されること、すなわち正当な中央政府として承認したのである。

第二に、共産党が握っていた内務相の権限を、新たな「五人委員会」の導入によって相対的に弱めることに成功したことである〔註132〕。レンナー臨時政府の決定システムである二つの制度と一つの戦術、プロポルツ制と政策閣議、そしてレンナーの権謀術数だけでは、西部諸州や西側連合国は安心しなかった。共産党の影響

〔註131〕諸州会議の結果、臨時政府は、閣僚ポストが一つ増え、四つの次官ポストが増やされ、そして農林担当大臣の交替があった。これにより臨時政府の次官を含めた閣僚総数は、社会党一二人、国民党一四人、共産党一〇人、そして無所属三人の計三九人という臨時的な政府としては稀に見る巨大なものになった。それにもかかわらず、オーストリア臨時政府は、その規模に不釣合いな権限しか与えられていない、と感じていた。レンナーは閣議において、〈臨時政府の権限は、目下、以前の状態の四分の一に制限されている〉と述べている。vgl. H.Altmann,a.a.O.,S.200.

〔註132〕一九四五年のこの時期において、ソ連が、共産党勢力を弱めるような動きを黙認したことは、同時期にソ連軍に占領された他の中東欧諸国の事例を見て分かるように、決して驚くべきことではない。（ジョセフ・ロスチャイルド『東欧現代史　――多様性への回帰――』〈羽場久浘子・水谷　驍訳〉、共同通信社、一九九九年、一二五―一九〇頁参照）

力を最小限度に抑える制度ができて初めて、諸州はヴィーンの臨時政府を中央政府として認めたのである〔註133〕。

第三に、憲法移行法によって復活した一九二〇年（二九年修正）憲法に認められた州の自治が、この会議において承認されたことである。グルーバーは、この問題こそがこの会議の〈本質的な〉ものと位置づけ、完全な成果が得られたと考えていた〔註134〕。各州の権限は、臨時政府によって認められ、常設の諸州議会（Länderrat: 後の連邦議会）を通じて州が連邦政府への影響力を行使する制度が確保された。これは、戦後直後の国内の混乱と分裂を回避するために中央政府（臨時政府）が州側に対して行った最大の譲歩であった。そして州は、諸州会議の席において、わざわざ中央政府に州自治を認めることを宣言・明言させることによって、憲法が規定する連邦制度における州の存在を公的な場において象徴的に印象付けたのである。諸州の側にとっても、中央政府の存在は、各地方の復興上必要不可欠なものであった。

その上、スターリンの撤退指令に従ったとはいえユーゴスラヴィアによるオーストリア（ケルンテン）領土占拠やイタリアとの南ティロール問題など、オーストリア南東州は、対外的脅威を抱えていた。このような切迫した状況にあって、外交主体としての中央政府の確立は、国土の復興、国境の確保と維持、そして国際組織による援助を受けるためにも必要であった。グルーバーが新聞とのインタヴューにおいて認めているように、州の側からも、連邦制に基づく中央政府が必要とされていたのである〔註135〕。

諸州会議が開催されるまで、ヴィーンの臨時政府は、ソ連占領地域にのみ権威の及ぶ限定的で地域的な政

〔註133〕グルーバーは、意外にも共産党のエルンスト・フィッシャー（教育相）が臨時政府において公正な方法で指導していたことを高く評価していた。vgl. M.Gehler (Hrsg.) ,a.a.O.,S.84-85.
〔註134〕vgl. M.Gehler (Hrsg.) ,ebd.
〔註135〕vgl. M.Gehler (Hrsg.) ,ebd.

府であった。歴史的に形成された州の独自性と分権志向からしても、中央政府（連邦政府）の形成は、州による承認と州自治の承認を必要としたのである〔註136〕。一九四五年のオーストリアには、各州の自治を確保しつつ、ヴィーンに中央政府を持つ連邦国家が希求されたのである。

アメリカの諸州会議への対応

連合国は、ポツダム会談のコミュニケに基づいて、諸州会議に参加する政治勢力に対して二つの課題を課していた。一つは、レンナー臨時政府の権限拡大が行われるべきことであり、もうひとつは、年内に自由選挙を開催することであった。

第一の点は、ロンドン外相会議の際、イギリス外相ベヴィン（Ernest Bevin）とフランス外相ビドゥー（Georges Bidault）が主張したところであり（もちろんアメリカも賛同した）、ソ連も賛成していた〔註137〕。選挙開

〔註136〕ペーター・ペルンターラー「『連邦制の理念と課題――オーストリア共和国の現実から』」（山本左門訳）、『法学研究』、38巻2号、二〇〇〇年、四五八―四六八頁参照。

〔註137〕vgl. Winant to Acheson,18 September 1945,FRUS 1945,vol.3,pp.597-598; Erhardt to Acheson,24 September 1945,FRUS 1945,vol.3,pp.604-605. ソ連は、九月二〇日の連合国理事会において、まず、占領国（四人の代表）がレンナー臨時政府の権限拡大を承認すべきであり、その承認後一ヵ月以内に、臨時政府の承認を行うべきだ、と提案した。フランス代表は、このソ連提案は、レンナー政府の事実上の承認に相当すると指摘し、イギリス代表は強く反発した。イギリスは、四人の司令官が合意しうるような政府構成になったときに臨時政府の承認は行いうる、との条件を示した。その条件とは、言うまでもなく、共産党閣僚の排除ないしはできる限り恣意を排除する、ということであった。

催に関する各国の立場は、おおむね、年内開催で一致していた。唯一の条件は、イギリスが提示したものだった。それは、選挙が連合国の管理と監視のもとで行わなければならない、というものだった。レンナーは、諸州会議後のクラークとの会談(九月二九日)において、来るべき選挙の監視は、国民党と社会党のメンバーがほとんどの投票所において行うことになるので、(共産党員やソ連軍による)票の不正操作は起こりにくいだろう、と述べていた。さらに、アメリカは、戦前の国政選挙(一九三〇年)の結果を把握していたので、共産党勢力が選挙によって弱められることを予想していた〔註138〕。それゆえに、これらの課題が諸州会議によって達成された結果、レンナー臨時政府の承認を渋っていたイギリスは、諸州会議の結果を渋々ながらも受け入れたのである。

諸州会議の結果についてクラークは、本国に次の諸点を強調して報告した。第一に、本国政府は、レンナー臨時政府を承認することを素早く表明しなければならない。第二に、諸州会議の結果、七名の新たな入閣者が生じた(内訳は、二つの閣僚ポストと五つの次官ポスト、国民党から五人、社会党と共産党からそれぞれ一人ずつ)。第三に、西側連合国占領ゾーンの諸州は、上記の新たな入閣者を通じて、西部諸州を代表する。さらに、前述の内務省「五人委員会」がオーストリア全土の治安一般を担当し、各州に設置されることになった三人の各党代表による州委員会が、各州の治安事務局(Sicherheitsdirektionen: Security Office)を諮問・監督することになった。第四に、諸州会議が、年内の選挙開催が一一月二五日になるだろうと示したことと、選挙の監視が内務省の「五人委員会」に委任されることである。「五人委員会」は、全会一致の原則に基づいて決定され、も

〔註138〕vgl. Acheson to Winant,21 September 1945,FRUS 1945,vol.3,p.602. Memorandum of Conversation between Clark and Renner,29 September 1945,FRUS 1945,vol.3,p.615.

し不一致の場合、最終的には内閣の政策閣議が決定する〔註139〕。

クラークは、ソ連代表コーネフとの個人的に親密な関係、諸州会議の満足のゆく結果、そして共産党勢力を監視する国民党と社会党の存在をもって、トルーマン政権に対してレンナー臨時政府承認を強く進言した。もしクラークにとっての障害があるとしたら、それは、イギリスの態度だけだった。だが、諸州会議の結果を受けて、イギリスもレンナー臨時政府承認に傾く流れを止めることはできなくなっていた。

一〇月一日、連合国理事会は、〈オーストリア全土におけるオーストリア臨時政府の権威の拡大〉について合意し、各国政府に対して臨時政府承認の勧告を出した。そして同時に、臨時政府省庁各機関の連合国理事会による管理を決定した〔註140〕。さらに、一二月より前の選挙の実施と臨時政府の立法権力が、連合国の承認のもとに付与される、ということも決定した。管理協定に基づく措置であったイギリス提案によるこれらの決定は、特に議論されることなく、他の三人の代表によって支持された。当時、オーストリア国内における深刻な食糧・経済問題の解決のために、〈オーストリア中央行政にとってまったくもって緊急に必要な〉措置として、アメリカは支持したのである〔註141〕。クラークのとりなしによって、このイギリス提案には、ソ連の同意もとりつけられた。これにより、オーストリア全土における連合国占領統治は、第一次管理協定に基づく完全管理体制が始まったのである。

〔註139〕Clark to JCS, 29 September 1945,FRUS 1945,vol.3,pp.611-612.
〔註140〕vgl. Clark to JCS,1 October 1945,FRUS 1945,vol.3,pp.619-620.
〔註141〕Erhardt to Acheson,2 October 1945,FRUS 1945,vol.3,p.622.

イギリスの諸州会議への対応

イギリスは、九月に連合国理事会が開催されると、すでに占領軍政治顧問マックが提示していた臨時政府承認の根本的条件(五月四日)を、二つに絞りこんだ。第一点は、臨時政府構成の見直し、すなわち、新政府の政党構成と共産党閣僚の排除ないしは極度の抑制である。第二点は、諸州代表の入閣であった。イギリス代表マクリーリーは一〇月までこの二点を追求し続けた。言うまでもなく、イギリスのこの方針が十分に実現されるには、アメリカの支持を必要とした。そのため、前述の八月末の事件の帰結(アメリカ代表クラークとソ連代表コーネフの接近)は、イギリスにとって致命的であった。九月一一日に連合国理事会が開催されると、アメリカのソ連寄りの姿勢は、いっそう明白になった〔註142〕。

連合国理事会開催前にイギリス外務省は、ワシントンがレンナー臨時政府の再編に関してイギリスと同調するであろうと考えていた。しかし、八月の事件以来、オーストリアにおけるアメリカ・ソ連の協調が表面化してくると、イギリスは、臨時政府の承認に傾き始めた。九月四日、ついにイギリス外相べヴィンは、前述の条件をつけつつも、レンナー臨時政府の承認の方針を打ち出した〔註143〕。

イギリスは、諸州会議の成果に完全に満足することはできなかったが、もはや臨時政府の承認に反対する強固な理由も見出せなくなっていた。イギリス代表マクリーリーは、一貫して、臨時政府が西部諸州を代表していないことと共産党閣僚の問題を臨時政府承認の条件にしていた。マクリーリーは、レン

〔註142〕vgl. A.Hills,op.cit.,p.189.
〔註143〕vgl. E.Bevin to C.Kerr,4 September 1945,DBPO,Series 1.vol.2,p.48.

ナーとの会談において、後者（共産党閣僚の問題）を特に重視していることを伝えた。さらに西部諸州代表を入閣させた新しい内閣になるなら、再びレンナーを首班とする連立政府になってもよいと伝えていた。それゆえ、イギリスは、オーストリアの新政府が共産党員を内閣から排除するか、比較的重要でないポストに移動させることを望んでいた〔註144〕。

諸州会議の結果を受けてイギリス外相ベヴィンは、アメリカ国務長官バーンズ（James Byrnes）に、諸州会議の結果を考える時間が必要だと述べ、最後の引き伸ばしを試みたが、すでに連合国理事会の日程は決定していたためそれもかなわなかった。それでもなおイギリスは、一〇月一日の連合国理事会直前まで、オーストリア臨時政府の権威拡大についての判断を留保していた。

九月二八日、レンナーはイギリス代表を訪ね、諸州会議の結果を報告した。レンナーはマクリーリーに対して、親西側連合国派のティロール国民党指導者カール・グルーバーの入閣と内務相権限の制限（「五人委員会」の設置）を強調した。このとき既にイギリスは、アメリカが諸州会議の結果に大いに満足しており、ソ連とアメリカの協調路線が生じている状況では、単独で臨時政府の権威拡大の承認に反対することはできないと考えていた。イギリスは、自国のオーストリアにおける地位を強化し、ソ連の影響力を抑制するために、別の方策を必要とした〔註145〕。

〔註144〕vgl. DBPO,vol.5,p.163.
〔註145〕vgl. E.Bevin to W.Mack,30 September 1945,DBPO,vol.5,p.162 (footnote 1).

イギリスは、一〇月一日の連合国理事会において、突然、オーストリア臨時政府の権威拡大を補完する案を提起した。それは、諸州会議の結果、政権基盤の拡大した臨時オーストリア政府の権威は、次の四つの条件の下に、全オーストリアに拡大されるべきである、というものであった。

（1）臨時オーストリア政府は、オーストリアにおける最高権威、すなわち連合国理事会の指導と管理の下に機能する。

（2）オーストリア臨時政府の主要な義務は、一九四五年一二月より前に選挙を開催することである。

（3）オーストリア臨時政府は、全オーストリアに適用される法制定権力を得るが、それは、まず連合国理事会の承認を得るために、提出されることになる。

（4）以上の決定は、現在効力を有する各軍事統治の立法の正当性に影響を与えることはない〔註146〕。

イギリスは、諸州会議の結果、共産党の力が制限されるような結果になったことに不満を持つソ連の状況を逆手に取って、提案したのであった。すなわち、臨時政府の権威がオーストリア全土に拡大されることは承認するが、オーストリアの形式的・実質的な最高権威は、連合国委員会および各占領ゾーンの占領軍にある、ということをオーストリア政府に思い起こさせるための措置であった。そしてさらにこの提案には、アメリカとソ連の協調を牽制する狙いがあったことは、明白だった〔註147〕。

〔註146〕Clark to JCS,1 October 1945,FRUS 1945,vol.3,pp.619-620.

〔註147〕vgl. DBPO,vol.5,p.163. マクリーリーは、連合国理事会がオーストリアにおける「最高権威」だということをレンナー臨時政府に対して思い出させることがイギリスの意図である、と説明した。イギリス外相ベヴィンも、同様のことをアメリカ国務長官バーンズに語っている。vgl. Letter from Bevin to Byrnes,9 September 1945,DBPO,vol.2,pp.212-213.

一〇月一日、連合国理事会が四占領国政府に対して、オーストリア臨時政府の権威をオーストリア全土に拡大する決定を承認するように勧告したとき、イギリスが一〇月一日の議案（臨時政府の承認と連合国委員会による管理）を積極的に提案し、承認に前向きな態度をとったことは、アメリカを驚かせた〔註148〕。そのイギリス提案に対して、アメリカとフランスは承認に積極的な立場であり、問題とはならなかった。ソ連は、一〇月四日、理事会にひとつの注文を出した。ソ連は、「全会一致」という連合国委員会の決定原則は、臨時政府に対して保持すべき連合国委員会の権力として認められるべきだ、と念を押した。イギリスは、このソ連提案が連合国理事会の勧告の承認を遅らせることにはならないだろうと考え、それを認めた〔註149〕。ソ連提案のこの「全会一致」原則の確認は、第一次管理協定の有効期間（一九四六年六月二八日に第二次管理協定締結）において、各占領国政府への勧告とオーストリア政府への指導を行う連合国委員会の役割上、重要な意味を持つものであった。一〇月一日の決定は、「全会一致」の最初のものとなったが、第二次管理協定において修正されたことからしても、連合国委員会だけでなくオーストリア政府にとっても、あまりに大きな権力であった。もしこの「全会一致」原則がオーストリアにとって積極的に機能するとすれば、それは、一〇月一日の状況が続く限りにおいてのみだったのである。すなわち、国際的には、イギリスがソ連と対立し、アメリカがソ連寄りの仲介を行い、イギリスがアメリカの支持を期待できないと判断して妥協するときに機能するものであった。そしてその状況は、臨時政府と連合国理事会の関係の不釣合いなバランスに基づいていた。一〇月二〇日、オーストリア臨時政府の権威拡大の承認に関する各国政府による正式な承認が連合国理事会に報告された。

〔註148〕vgl. DBPO,vol.5,p.163.
〔註149〕vgl. ibid.,p.164.

結び　――総選挙への道――

臨時政府の越権

連合国によって承認されたオーストリア臨時政府の権威の拡大は、同時に、連合国管理協定の厳格な適用、すなわち連合国理事会による完全管理の開始でもあった。しかし、そのことを、臨時政府が十分に理解していたかどうかは、必ずしも明確ではなかった。というのも、レンナー臨時政府は、一〇月二〇日以降、連合国理事会の承認を得ずに、オーストリア全土に布告を出したからである。このレンナー政府の行為が意図的だったのか、それともそうではなかったのかは定かではない。しかし、この臨時政府の行動に対して、連合国理事会は、すばやく対応した。その結果、連合国理事会は、自らこそがオーストリアにおける「最高権威」であることをオーストリア臨時政府に思い出させ、強く認識させたのである。

一九四五年一〇月二〇日の連合国によるオーストリア臨時政府承認以降、連合国委員会の活動は、非常に〈退屈なものになった〉。その活動のほとんどが、臨時政府がオーストリア全土に発布する布告や命令の類を、連合国理事会が許可するために三ヵ国語に翻訳する活動になり、一一月末までにおよそ二〇〇もの布告や命令が、臨時政府から提出された。オーストリアにおける最高意思決定機関である連合国理事会は、臨時政府によって提出された文書一つ一つを無修正の承認、修正による承認、そして承認できないものに分類し、臨時政府に通告しなければならなかった。一九四五年一一月までに連合国理事会は、一五七の布告と命令を修正することなく承認し、一一を修正のうえ承認、そして認められなかったのは四つであった〔註150〕。レンナー臨時政府（改造前から）によってなされた立法のほとんどは、今やオーストリア全土に効力を持つようになった。
しかし、レンナー臨時政府によって発布されたものを、連合国理事会がすべてを監督していたわけではなかった。そのため、連合国理事会は、緊急にレンナー臨時政府に対して勧告を行わなければならなかった。それによれば、

①すべての法的文書は、いかなる形式であれ、発布される前に連合国理事会の承認を受けなければならない。
②オーストリア政府による立法効力のオーストリア全土への拡大は、連合国理事会がオーストリアにおける最高権威であることを放棄するものではない。
③選挙によって誕生する新しい国民議会は、臨時政府の発布したすべての法令を、憲法に照らして検討しなければならない〔註151〕。

連合国理事会が、改めてこのような勧告を行ったにもかかわらず、レンナー臨時政府による意図的とも取れるような、連合国理事会権限の侵犯が行われた。

〔註150〕vgl. Military Government Austria: Annex to Report of the United States Commissioner,November 1945,p.4.
〔註151〕Report of the United States Military Government of Austria 1945-1950,vol.1,November 1945,No.1,p.4.

一一月六日、レンナー臨時政府は、以前に発布した布告や命令がオーストリア全土に適用される「日付」を一〇月一〇日に定める、という布告を自ら承認した。一一月八日、連合国理事会の当月当番の議長であるイギリス代表マクリーリーは、臨時政府の行動は連合国理事会権限を侵すものだとして、臨時政府に対して注意を行った。マクリーリーによる注意の仕方は、直接臨時政府に対して行わず、オーストリア国民すべてに対して行う目的を持って、オーストリア中の新聞紙上においてなされた〔註152〕。

これに対するレンナーの反応は素早かった。翌九日、レンナーは書簡によって、臨時政府は連合国理事会に従うものであることを伝えた。同時にレンナーは、その書簡の中で、連合国理事会の機能を見極めようとしていくつかの質問をした。それによれば、臨時政府の法令を検閲するのは連合国委員会なのか、それとも連合国理事会なのか。レンナーは、連合国理事会が月に三回しか開催されないため、即応力に欠けるため、連合国理事会の決定を支持できないと示唆した。さらに臨時政府は、一〇月二〇日に承認されたことによって、立法権限も付与されたと解してよいのかと質問した。レンナーは個人的な見解を述べて、連合国理事会は即応力に欠けるため、立法権限は臨時政府に与えられるべきと考えると記した。また、連合国理事会の政治的傾向が、布告や命令の審査に影響があるだろうかと問いただした。これらレンナーによって提起された質問に対して、連合国理事会は、総選挙後の一一月三〇日、一点のみについて明確に力強くそして最終的なものとして、臨時政府に対して回答した。

〔註152〕vgl. ibid.,p.5.

連合国理事会は、いかなる誤解も排除するために、すべての法的文書はいかなる形式においても、発布される前に連合国理事会による承認を受けなければならない、ということを無条件に決定した〔註153〕。それでもレンナー臨時政府は、連合国理事会による法令の修正を受け入れることをためらうことや、連合国理事会の決定に公然と異議を唱えることも辞さなかった。連合国理事会は、そのようレンナー臨時政府の態度を、連合国間の不和や不一致を誘引するものであり、それによって連合国理事会からの譲歩を引き出して粘り勝ちしようとしていると見た〔註154〕。このようなレンナー臨時政府の態度は、むしろ、連合国理事会の臨時政府に対する態度を硬化させることになった。

連合国理事会は、これまでのところ躊躇なく活動している。それは、オーストリアにおける最高権威である、ということなのである〔註155〕。

国内的に正当性を獲得し、国際的にも承認されたオーストリア臨時政府は、しかしながら、選挙を通じた国民による承認を受けていない暫定的な政府であった。そのような臨時政府の権力は、連合国占領軍によって保証されることによってのみ、正当性をもちえた。したがって、選挙によって新しい政府が形成されることとなった。

〔註153〕Military Government Austria: Annex to Report of the United States Commissioner,November 1945,p.7.
〔註154〕vgl. ibid.,pp.7-9.
〔註155〕ibid.,p.9.

とによって、連合国とオーストリア政府の関係も変化するのは当然であった。そして、一一月二五日に選挙が開催される以上、連合国理事会は、オーストリア占領に関する新たな取り決めを作らなければならなかった。古い協定は、オーストリアにおける選挙を通じた議会が新しい政府を選ぶまでであり、オーストリアに新しい政府ができれば連合国は新しい協定を結ばなければならない、と規定していた。その意味では、一九四五年七月四日の第一次管理協定は、臨時政府同様に臨時的性格を持つものだった。第一次管理協定の完全管理の下で臨時政府は、連合国が完全に一致する限りにおいて、連合国理事会がオーストリアに対して最高権威であることを理解したのである。

総選挙の開催

レンナー臨時政府の独立宣言から約五ヵ月後に開催された諸州会議は、ヴィーンの臨時政府がオーストリアの正当な中央政府であるとして、その正当性を承認した。第二共和制オーストリアは、オーストリア国内の各政治勢力が第一共和制の憲法を受け入れることによって第一共和制に接木された。そしてそれは、連邦主義に基づく各州の自治と独自性を臨時政府が承認することを条件としたのである。

そして諸州会議の二ヵ月後に行われた戦後初の民主的な選挙は、オーストリア臨時政府が正当性を獲得する一連の過程において、最終的な締めくくりに位置づけられるものであった。すなわち、ヴィーンの臨時政府は、選挙戦を通じて、各政党を媒介とする国民によるレンナー臨時政府への支持、そして選挙開催を通じた国民による正当性を獲得したのである。

一九四五年一一月二五日の総選挙は、オーストリアにおける戦後最初の自由選挙として、成功をおさめた。そして、連合国のオーストリア管理体制が確立し、ソ連とイギリスが連合国委員会権力として残した「全会一致」原則の存在を前提として、ソ連は、共産党候補一七六人中四人しか当選しなかった選挙結果を受け入れたのである〔註156〕。連合国の管理協定に基づくオーストリア管理体制は各国の思惑通り機能したが、結局、それもすぐに書き換えなければならない運命にあったのである。

〔註156〕選挙後、第一党となった国民党のフィグルを首班とする新たな三党連立政権の閣僚名簿が連合国理事会に提出されたとき、ソ連は、三人の任命を拒否するために、この「全会一致」原則を利用し、あらためて「全会一致」を得られる、つまりソ連が容認できる名簿の提出を求めた。vgl. W.Stearman,op. cit.,p.36.

あとがき

《第三部》　ドイツ研究

Ⅰ　冷戦――危機の時代

第一章　ドイツをめぐる冷戦の起源

日本国際政治学会編『国際政治』第五三号特集「冷戦――その虚像と実像」一九七五年一〇月刊所収

第二次世界大戦の起点はドイツであった。戦後冷戦の開始もドイツ問題が起点であった。もし大戦中の連合諸国の協力が、ドイツの戦後処理をめぐって持続されていたら、冷戦は起こらなかったであろう。しかし、この「もし」が成り立ちえないほどに、ドイツの戦後処理の諸問題は、ソ連にとって、また西側資本主義諸国にとって、致命的な重大事であった。しかし、ドイツが冷戦の客体から主体へ転じる一時期を越えて、ヨーロッパにおけるデタントの能動的主体へと変化するに及んで、固い氷は解け始める。

「雪解け」が進むにつれて、「冷戦修正主義」や「冷戦起源論」が出現する。単純な善悪論や正義論は国家的行為と大衆宣伝には常に必要とされるものだが、歴史学や国際政治学では、個別具体的な政策決定過程を精細に分析して策定の背景と意味を読み解くことに徹する。

第二章　西ドイツの戦後復興とナショナリズム

竹原良文代表編著『具島兼三郎教授還暦記念論文集』三一書房　一九六七年四月刊所収

具島兼三郎先生の研究が、戦前のファシズム研究に始まり、戦後はアジア民族主義を主題とされてきたことにちなみ、この記念論文集は「ナショナリズムの政治学的研究」を表題としている。そこでは、九州大学で政治学を学んだ同学の人々がそれぞれの専門研究の立場でナショナリズムを論じている。私は当時帝国主義論と西ドイツ戦後復興過程を研究していたので、「西ドイツの帝国主義復活とナショナリズム」の原題で執筆した。読み返せば未熟さを自認せざるをえないが、いまさら隠しようもない。

しかしながら執筆に際しての問題意識は、鮮明に記憶している。すなわち、ナショナリズムは本来、一国中心主義であり、利己的で分裂的、排他的であるのを本性とする。しかし第二次大戦後の西ドイツは、孤立主義に向かわずヨーロッパ統合に積極参加することによって主権回復をとげた。その政治過程を国際主義と解することも可能かもしれないが、プロシヤ以来の軍国主義とナチズムの重い過去を背負った西ドイツにとって、国際社会への復帰はフランスとの歴史的和解を手始めとするヨーロッパ統合への参画が国益に沿った道であった。

アデナウアー路線とブラント外交は対極にあるように見えながら、主権回復、東西ドイツ統一、国際的地位の確立という国家的、民族的目標の観点では一線上にあったと見ることができるであろう。あえて言えば、ドイツの戦後ナショナリズムの境位が不可避的に国際統合を選択させたということになるであろうか。

第三章　西ドイツの大連立内閣と緊急事態法

社会主義協会編『社会主義』一九六八年二月刊所収

わが国では、一九六四年に「三矢研究」が明るみに出て、緊急事態法（非常事態法）が激しい議論の的となった。それに続く情勢下で執筆の求めがあったように記憶する。依頼誌の性質を考えて啓蒙的な書き方を選んだ。

二〇世紀に入ってヨーロッパで議会制民主主義が定着し始めて以来、議会内多数派を形成するための連合および連立政府の成立は、普通に見られる政治技術であった。だが大連立の形成は、単なる多数派ではなく、憲法に定める改憲手続きに必要な多数議席を必要とするか、もしくは議会内絶対多数の形成によって克服すべき国家的難題が生じた場合であった。

一九六〇年代における西ドイツの大連立政権は、CDU＝CSUとFDPの小連立では解決し難い内外政策上の問題に対処するために形成された。すなわち基本法の改正が必要とされたのであった。その難題の一つが緊急事態法の問題であった。

大連立の内部では、対立と妥協がくり返されたが、外相に就任したウィリー・ブラントは新東方外交の足がかりをつくることに成功した。だが社会民主党が政権参加の経験を積み、政権党としての能力を国民に認知されたことの意味が大であった。

第四章　軍事的主体の再結集

東京経済大学『東京経済大学会誌』第五八号　一九六八年六月刊所収

東西冷戦の過程は、非ナチ化、非軍事化を基本とするドイツ占領の目的を急速に退化させ、ヨーロッパの戦後復興のために西ドイツの経済的再生を、ヨーロッパ防衛のために西ドイツの再武装と主権回復を、要求するようになる。朝鮮戦争の勃発は、この変化を一気に促進した。西ドイツの主権の漸次的回復、再軍備、欧州連合への参加の三要件は併行して進行した。

ただし、軍隊の再建には、その基幹部分を何処より供給するかが問題であった。ヒトラーの支配下でプロシヤ陸軍の誇り高き伝統は破砕され、高級将校から下級将校に至る将校団は、ほぼ完全にナチ化されたのであった。だが、西ドイツが再武装を遂げるには、高級将校たちの知識・経験・組織能力が必須とされた。軍事的主体の再結集には、国内的にも国際的にも、加害者と被害者との間の葛藤をくぐり抜けねばならなかったのである。

第五章　西ドイツの再軍備とデモクラシー

日本国際政治学会編『国際政治』第三八号特集「平和と戦争の研究・Ⅱ」一九六九年四月刊所収

アイゼンハワー連合国軍事司令官あてに発令された米統合参謀本部指令一〇六七号は、ドイツ占領の目的にかんする原則を示していた。それは連合国の主目的を、ドイツが再び世界平和の脅威となることを妨げることであり、その目的を達成する基本的措置は、ナチズムと軍国主義のあらゆる形態の除去、戦争犯罪人の即時逮捕、工業の非軍事化とドイツの武装解除、ドイツの戦争能力に対する継続的管理、将来ドイツの政治生活を民主的基礎の上に再建するための準備であらねばならない、と述べていた。

一九四五年八月二日のポツダム協定でも、ドイツの政治的・経済的将来については、非ナチ化、非軍事化、潜在的戦争能力の除去に力点が置かれ、またドイツ国境の決定は、ポーランドとソ連に対する安全保障が配慮された。

これら終戦の原理、占領目的の原則は、一九四六年三月のチャーチルのフルトン演説に始まる東西冷戦の論理によって死滅へと向かう。

冷戦の開始は、西ドイツ政府の擁立、西ドイツとの平和回復協定の締結、西ドイツ制憲議会の招集を急がせる。（ソ連は西ドイツの再装備を阻止しようと、統一ドイツとの講和条約を主張し、ドイツの非武装・中立化を意図した。）

一九四八年九月に活動を開始した「憲法審議会」は、翌年五月に成文を採択し、同月二三日より施行された。だが基本法の条文は、冷戦の論理が最初から支配するものとはならなかった。ナチの罪責と戦争・敗戦の惨劇を忘れない世論動向、およびワイマール共和制の失敗の教訓が審議会の思考を制約した。また西ドイツの再武装をめぐるフランス国民議会の抵抗が西ドイツの基本法制定の内容に影響を及ぼした。

さらに注目されるのは、ボン基本法がワイマール憲法とは異なって基本的人権の章を冒頭に置いた点であった。ワイマール憲法が生存権的・社会権的基本権を重視したのに比し、自由権的基本権を重視し、国家に対置した個人の権利の尊重を強調したのであった。

個人の基本権を制限し、国家の公権力を強化する基本法の改定は、西ドイツの再武装化に伴って進行する。

Ⅱ　脱冷戦へ

第一章　西ドイツ社会民主党の脱イデオロギー化
経済往来社『季刊社会科学』第二号　一九六七年六月刊所収

一九世紀以降、大陸ヨーロッパの社会主義運動にマルクス主義が浸透するにつれて、社会主義政党の政治綱領には、資本の労働に対する搾取関係が強調され、階級闘争による権力奪取を媒介として社会革命をめざす戦略路線が高唱されるようになった。しかし資本主義の経済的発展と対外膨張は、労働者の生活水準を向上させ、また市民的中産階級を生み出した。さらに列強の帝国主義的膨張と軍国化は、労働者を含む国民大衆の間に愛国主義を育んだ。第一次大戦に際してドイツ社会民主党が戦時公債に賛成したのは象徴的な出来事であった。

ヨーロッパの社会主義運動の内部で、改良主義と革命主義との分裂が進行した理由は他にもあった。それは特に第一次大戦後、議会制民主主義が定着し、労働者政党が合法的に勢力を拡張する可能性が開かれたことであった。内乱や暴力革命に大衆を指導する非合法的な方法ではなく、日常的な生活要求の実現を積み重ねることによって議会内多数派を形成し、権力掌握を目ざすという改良主義の思想と運動が台頭したのである。

第二次大戦後の西ドイツでは、一九四五年、クルト・シューマッハーの「呼びかけ」に応じて旧社会民主党員たちが再結集したが、それは楽観主義的な社会主義路線を公然と主張するものであった。彼は一九四六年のハノーヴァー党大会で党首に選ばれた。この大会で採択された「行動綱領」ではマルクス主義の立場に立った社会主義への方向を宣明したのであった。

この楽観主義は、東西冷戦の開始によって急速にしぼんで行く。一九五三年の総選挙の敗北を境に、党綱領と活動路線の根本的な見直しの動きが活発となる。一九五九年のゴーデスベルク綱領に到るまでの党内論争の過程でとりわけ注目されるのは、地方行政に根を下した「市長派」の影響力であった。

第二章　西ドイツ社会民主党政権の成立　日本国際問題研究所編「国際問題」一九七三年二月刊所収

西ドイツは、アデナウアー政権の時期に、ソ連を除き東ドイツと国交を結ぶ国とは外交関係を断つという「ハルシュタイン原則」を宣言した。それによって西ドイツがドイツ民族を代表する唯一の国家であるとする「唯一代表権」の主張を保持し、東ドイツの国際的孤立化を図った。しかし、東西冷戦の雪解けが始まると、東ドイツを承認する国が次第に増えて行った。

キージンガー大連立内閣では、CDU＝CSUとSPDとの間で対処すべき方針が対立した。首相は妥協的解決で対処したが、社会民主党は東方政策の根本的修正を志向した。キージンガーは外相のウィリー・ブラントに対して「あなたは私の外相なのだ」となじったと伝えられる。

一九六九年九月の総選挙で、連立の両党は公然と対立した。争点は景気・物価対策（マルク切上げ問題）と東方政策であった。選挙の結果は社会民主党の勝利とはならなかったが、東方政策に積極的な第三党の自由民主党（FDP）との小連立工作が成功し、第二次大戦後はじめて社会民主党の主導する政権が成立した。

第三章　西ドイツの東方政策転換——一九七〇年代外交主体の形成——
日本国際問題研究所編「国際問題」一九七九年三月号所収

原題は「西ドイツの対ソ政策転換——一九七〇年代外交主体の形成」であった。第二章では大連立政権内の政策の亀裂が拡大し、大連立から小連立への形で社会民主党主導の政権が成立した経過を述べたが、この章では、とくに東方政策の新展開について詳説した。ウィリー・ブラントは、西ベルリン市長から中央政界へ転じ、社会民主党内で指導権を握り、大連立政権の外相として成果をあげ、第二次大戦後初の社会民主党政権で首相となり、東西ヨーロッパを巻き込んだデタントの潮流をつくり出した。

この人物については、ナチ支配化の亡命生活中に結んだ国際的な人脈が無視できないように思われる。また首相在任中に手がけた労働者の経営参加の政策は、財界の抵抗と司法の否定的判断で挫折したが、ブラント構想の全体像は解明されていない。

私がウィーン留学中に世話になったオーストリア社会党のカール・レンナー研究所所長だったK・R．シュタートラー教授は、いわゆる「社会主義者」をコムニストとゾチアリストとテクノクラートに分け、ドイツのウィリー・ブラントとオーストリアのブルーノ・クライスキーをゾチアリスト、ブラントの後継者のヘルムート・シュミットをテクノクラートと評した。シュタートラー教授は、オーストリア社会党の「マルクス主義から社会主義へ」の変貌についていくつかの著述で論じているが、そのことと関連したブラント評であると受けとめた。

《第四部》オーストリア研究

第一章　オーストリアの危機　一九二七〜三八年

中川原徳仁編『一九三〇年代危機の国際比較』法律文化社　一九八九年七月刊所収

オーストリアの政治史に興味を持つようになったとき、ハプスブルクの歴史に奇妙なものを感じた。ナショナルな基盤が感じられないのだ。eine europäische。Monarchieという表題を「あるヨーロッパの王朝」と訳した例があったが、むしろ「あるヨーロッパ的な王朝」と訳したほうが実体に即していると考えられる。

第一次世界大戦後の終結後、オーストリアは一個の独立国家となったが、オーストリア人の意識ではたやすくネーション・ステイトとして定着しえるものではなかった。国民国家としての統一意識が、すなわちオーストリア人としての自意識が定着しはじめたのは、ようやくヒトラーの支配から解放された後であったと考えられる。オーストリア・ドイツ語は、ドイツの地方的な方言ではなく、オーストリアの国語となったのである。

私はミュンヘンのオリンピア・パルクで同席した初老の夫妻とビールを飲みながら語っていて、彼らがザルツブルクから来たと言うので、オーストリア人かと聞くと、いやドイツ人だと言う。ザルツブルクはオーストリアではないかと問い返すと、私たち日本人には理解し難い返事がかえってきた。「ザルツブルクの近くのドイツです。」

この類の体験をいくつか経ると、オーストリアの第一共和制の不安定性の謎が、底辺から解けてくる。同時に、nationを国家・国民・民族の三様に訳せる日本国の特異性も見えてくる。

この論文は、一九三〇年代の政治危機を国際比較的に眺めてみようと意図した中川原編の一冊に収めたものである。この書に執筆された方々は、いずれも私より十歳以上若い後秀であったが、当時「日本の一九三〇年代」についての執筆者を得ることができなかったので、恩師の具島先生に三〇年代の体験を書いて頂くようお願いした。最初は高齢だからとお断りになったが、ふと眼が光って、「もういちどタイトルを」と問い返された。「私の一九三〇年代」と申し上げると「書きましょう」と力強く仰言った。危機の時代の生々しい体験が伝わってくる作品である。

第二章　オーストリア併合をめぐる国際環境

久留米大学『久留米大学法学』第五・六合併号　一九九〇年三月刊所収

すでに右眼は不能となり、左眼も危ぶまれた状況で、限られた文献によって軽いタッチで描こうとした論策であった。(上)(下)二篇に分かち、(上)だけを活字にすることができた。私の意図では未完成であったが、併合をめぐる国際環境の一半は解明されていると考えて収録した。

オーストリア併合は、ドイツとオーストリアの単純な二国間関係の事象だったのではなく、ドイツ、オーストリア、イギリス、フランス、イタリア各国の権力中枢部における権謀術策の集成であった。とくにドイツとイギリスの政権内部の葛藤を乗り越えたあとの「成果」であった。ドイツとイタリアの力関係の変化が何をもたらすか、チェンバレンは見透せなかった。彼は、意図せずして時勢を大戦へ導いたのであった。

オーストリア併合のプロセスにおけるヒトラーの策謀を詳しく見ていると、ウィーン大学のリンハルト・セップ教授が、あるとき「ヒトラーがオーストリア人でなかったら成功しなかったでしょう」とつぶやいた言葉が、想い起こされる。さまざまな角度で解釈できて興味深い。

第三章　〈資料註解〉オーストリア・ファシズム――初期ハイムウェアの目的と活動――

この作品は、『久留米大学法学』第三二・三三合併号別刷（一九九八年八月刊）に、その（一）を発表したものである。詳細な註釈を付けて、全欧的な政治的保守化ないし反動化との関連を描き出すことが目的であったが、眼疾が不安定で危険だったので中断したままであった。著作集に収めるに当たって、完成しようと試みたが、やはり無理であった。資料註解を意図しながら資料紹介に終わったようである。

この資料を読むと、オーストリア第一共和制がいまだ国家として半完成であったことが解る。イデオロギー的にも政治的にも未完成であった。いずれの政治勢力も同一的国家イメージのもとで権力を争ったのではなかったのである。ドイツのワイマール共和制は「共和主義者なき共和国」と称されたが、オーストリアについてもそうであったと言えるであろう。

それともう一つ。戦間期の中欧における政治的不安定は、ロシアに成立したボルシェヴィズムと中欧全域に連関的に発生した反民主主義・反社会主義の運動とに挟撃されて状況化していたことが判る。オーストリア左翼ももともとは一国完結的な国家建設ではなく、多民族連邦の社会主義、あるいは汎ドイツ的な共和制国家を構想していたのである。

〈**特別寄稿**〉

オーストリア臨時政府の正当性と占領管理（**瀬口　誠**）

瀬口君は久留米大学大学院比較文化研究科の前期・後期の五年間、院生として私の指導下にあった。前期課程では「連合国のオーストリア占領政策の形成一九三八―一九四五」（修士論文）を書き、後期過程で「オーストリア臨時政府の正当性と占領管理」（博士学位中間論文）を書き上げた（二〇〇五年）。

本稿はこれらの研究を基礎に作成されたものである。埋もれさせるには惜しい力作となっているので、この著作集出版に際し、特別寄稿の形で公刊されることを提案したのである。

現在、彼は中国湖南省長沙市に住み、湖南大学外国語学院講師として、日本語教育に活躍中である。彼の地道な仕事が今後の日中関係の発展に役立つ日が必ず訪れると期待している。

中川原徳仁著作集 第二巻【人名索引】

【え】

【お】

【か】

【き】

【く】

【け】

【こ】

【さ】

【し】

【す】

【せ】

【そ】

【た】

【ち】

【つ】

【て】

【と】

【ひ】

【ふ】

【へ】

【ほ】

【ま】

【み】

【む】

【め】

【も】

【や】

【ゆ】

【ら】

【り】

【る】

【れ】

【ろ】

【わ】

〔著者紹介〕

中川原 徳仁（なかがわら のりひと）

旧姓、松隈

1932年3月1日　長崎県対馬厳原町（現・対馬市）出生
1940年　佐賀県鳥栖町（現・鳥栖市）に転居
　九州大学法学部・同大学院にて政治学専攻
1966～1987年　東京経済大学助教授・教授
1970～1987年　同大学柔道部部長、現名誉部長
1976～1978年　ウィーン留学
1979年　松隈姓より中川原姓へ
1987～2002年　久留米大学法学部教授
　法学部長、図書館長、大学院研究科長
2002～2007年　久留米大学特任教授
1995～2016年　西日本図書館学会会長

現在　久留米大学名誉教授
　西日本図書館学会顧問
　東アジア文化研究所代表

中川原徳仁 著作集

――第二巻 ドイツ・オーストリア研究――

2020年3月1日　第1刷発行

著　者　中川原 徳仁
発行者　宮下玄覇
発行所　ミヤオビパブリッシング
〒160-0008
東京都新宿区四谷三栄町8-7
電話(03)3355-5555
発売元　株式会社宮帯出版社
〒602-8157
京都市上京区小山町908-27
電話(075)366-6600
http://www.miyaobi.com/publishing/
振替口座 00960-7-279886
印刷所　モリモト印刷株式会社

 ISBN978-4-8016-0126-0 C1031